2018

宁夏经济发展报告

《宁夏经济发展报告（2018）》

执行主编　段庆林　杨巧红

宁夏蓝皮书

BLUE BOOK OF NINGXIA

宁夏经济发展报告

ANNUAL REPORT ON ECONOMIC DEVELOPMENT OF NINGXIA

（2018）

宁夏社会科学院 编

黄河出版传媒集团
宁夏人民出版社

图书在版编目(CIP)数据

宁夏经济发展报告.2018 / 宁夏社会科学院编. —银川:宁夏人民出版社,2017.12

(宁夏蓝皮书)

ISBN 978-7-227-06856-3

Ⅰ.①宁… Ⅱ.①宁… Ⅲ.①区域经济发展—研究报告—宁夏—2018 Ⅳ.①F127.43

中国版本图书馆 CIP 数据核字(2017)第 330227 号

宁夏蓝皮书

宁夏经济发展报告(2018) 宁夏社会科学院 编

责任编辑 白 雪 周淑芸

责任校对 王 艳

封面设计 张 宁

责任印制 肖 艳

黄河出版传媒集团 宁夏人民出版社 出版发行

出 版 人 王杨宝

地 址 宁夏银川市北京东路 139 号出版大厦(750001)

网 址 http://www.nxpph.com http://www.yrpubm.com

网上书店 http://shop126547358.taobao.com http://www.hh-book.com

电子信箱 nxrmcbs@126.com renminshe@yrpubm.com

邮购电话 0951-5019391 5052104

经 销 全国新华书店

印刷装订 宁夏精捷彩色印务有限公司

印刷委托书号 (宁)0008163

开本 720 mm×980 mm 1/16

印张 26.75 字数 380 千字

版次 2018 年 1 月第 1 版

印次 2018 年 1 月第 1 次印刷

书号 ISBN 978-7-227-06856-3

定价 66.00 元

目　录

总报告

综合战略篇

分析预测篇

改革开放篇

专题研究篇

产业经济篇

目录

区域发展篇

总报告

ZONGBAOGAO

宁夏经济现代化战略安排研究

——2017—2018年宁夏经济形势分析与预测总报告

段庆林

2017年，党的十九大提出中国特色社会主义进入新时代，在决胜全面小康社会的基础上，开启全面建设社会主义现代化国家新征程，对新时代中国特色社会主义发展进行了全新的战略安排。宁夏第十二次党代会提出实施创新驱动、脱贫富民、生态立区三大战略，加快产业转型升级，努力提高经济发展的质量与效益。本文在中央及自治区战略安排背景下，对宁夏各市县工业化发展阶段进行判断，对2017年经济形势进行分析，对2018年经济工作提出了对策建议。

一、新时代宁夏发展战略安排

2017年，党的十九大和宁夏第十二次党代会的胜利召开，对宁夏未来发展指明了方向。

党的十九大提出中国特色社会主义进入新时代，我国社会主要矛盾已经转化为人民日益增长的美好生活需要和不平衡不充分的发展之间的矛盾。我国已经进入全面建成小康社会决胜期，并将开启全面建设社会主义现代化国家新征程，我国经济已由高速增长阶段转向高质量发展阶段，必须以

作者简介：段庆林，宁夏社会科学院副院长，研究员，主要研究方向为“一带一路”与内陆开放型经济、西北区域经济、中国农村经济、宁夏重大经济社会发展战略研究等。

供给侧结构性改革为主线，推动经济发展质量变革、效率变革、动力变革，提高全要素生产率，加快建设现代化经济体系。

充分认识新时代的新特征。党的十九大报告从三个“意味着”、“五个是”时代，对新时代的意义及其特征进行了阐述。这是在新的历史条件下继续夺取中国特色社会主义伟大胜利的时代，具有开启现代化建设，实现共同富裕，贡献中国方案，实现中华民族伟大复兴中国梦的时代。

十八大以来，我国改革开放和现代化建设取得了历史性成就，意味着中华民族已经迎来了从站起来、富起来到强起来的伟大飞跃。宁夏人均地区生产总值从1978年的370元增加到2016年的47194元，区域发展取得翻天覆地的历史性变化。

改革开放40年来，我国生产力水平已经摆脱了落后的社会生产局面，工业化已经进入中后期阶段，我国也已经成为世界第二大经济体。从生产关系来说，我国已经稳定解决了十几亿人的温饱问题，即将全面建成小康社会，人民对物质文化需要不但提出了更高要求，而且对民主、法治、公平、正义、安全、环境等美好生活需要日益广泛。我国社会主要矛盾已经转化为人民日益增长的美好生活需要和不平衡不充分的发展之间的矛盾。我国社会主要矛盾变化是关系全局的历史性变化，必须深刻认识主要矛盾的变化，使社会主义建设更加有的放矢。

区域城乡发展不平衡是我国不平衡不充分发展的突出表现。我国东西部之间、城乡之间发展不平衡不协调的矛盾比较突出，越是欠发达地区，城乡差距、阶层收入差距等越大。打赢脱贫攻坚战，决胜全面小康社会，中央高度重视深度贫困地区，要求集中力量重点解决区域整体贫困。这些深度贫困地区基本上在西部地区。在区域协调发展方面，破解西部地区发展不平衡不充分的矛盾，既要追求发展的平衡性和协调性，更要在充分发展上下功夫，把西部地区现代化建设作为发展重点。在城乡协调发展方面，应该以城市群为主体构建大中小城市和小城镇协调发展的城镇格局，并积极实施乡村振兴战略，建立健全城乡融合发展的体制机制。

2007年，宁夏第十次党代会作出了宁夏仍处于社会主义初级阶段的较低层次的判断；2017年，宁夏第十二次党代会指出“发展不足是宁夏最大的实际，受历史条件、资源禀赋、区位等影响，经济基础薄弱、产业层次较低、综合实力不强，目前正处于经济转型发展的重要关口”。“这充分体现了宁夏发展的阶段性特征”①。党的十九大提出“我国社会主要矛盾的变化，没有改变我们对我国社会主义所处历史阶段的判断，我国仍处于并将长期处于社会主义初级阶段的基本国情没有变，我国是世界最大发展中国家的国际地位没有变”。必须认识到发展的不平衡不充分特征，一切工作立足于国情区情，立足于初级阶段的最大实际，坚持党的基本路线，坚持以经济建设为中心，坚持改革开放，为人民谋幸福。

第十二次党代会提出实施“三大战略”，抓好“五个扎实推进”，打造西部地区转型发展、生态文明建设“两个先行区”，打造全国民族团结进步、脱贫攻坚“两个示范区”，实现经济繁荣、民族团结、环境优美、人民富裕，与全国同步建成全面小康社会的奋斗目标。宁夏第十二次党代会制定的战略安排，符合党的十九大精神和宁夏区情实际，为宁夏发展指明了方向。

二、宁夏各市县工业化阶段判断

工业化水平是判断宁夏处于什么发展阶段的依据。钱纳里、库兹涅茨等经济学家，根据人均收入水平、三次产业结构、就业结构、城市化水平等标准，一般把经济发展划分为前工业化、工业化初期、工业化中期、工业化后期和后工业化五个阶段，我们分析时把每一个阶段又分为前半阶段和后半阶段。

（一）宁夏经济总体处于工业化中期后半阶段

钱纳里认为，随着经济增长，产业结构从低级向高级逐步升级转化，主导产业呈现出从农业—轻工业—能源原材料工业—高加工工业—服务业的变化轨迹。根据《中国工业发展报告（2016）》对工业化标志值的测算，我们将宁夏2016年人均GDP换算成2010年度数据，并以2016年对2010年的平减指数计算出2010年不变价格的各市县人均GDP水平，然后以2010年人民币兑换美元的汇率，将2016年宁夏各市县人均GDP换算成

①石泰峰:《自治区第十二次党代会精神专题辅导报告》,2017年。

2010 年不变价格的美元值。从表 1、表 2 看出，按照人均 GDP 看，2016 年宁夏处于工业化中期后半阶段；按照三次产业比看，宁夏处于工业化后期；按城镇化率看，宁夏处于工业化中期；按第一产业就业比重（2010 年数据）看，宁夏处于工业化初期。由于宁夏经济以重化工业为主，人均 GDP 水平较高，而工业化还需要进一步转型升级，一些民生和社会发展指标滞后，综合评价，宁夏总体上处于工业化中期后半阶段。

《中国工业发展报告（2016）》对宁夏工业化水平测算也印证了我们的计算，基于人均 GDP 和三次产业产值比计算，宁夏处于工业化后期前半阶段；基于工业结构和就业结构评价，宁夏处于工业化初期后半阶段；基于城镇化指标计算，宁夏处于工业化中期后半阶段。综合评价，宁夏总体上处于工业化中期后半阶段。①

（二）宁夏川区处于工业化中期向后期转化阶段

银川市辖区，从人均 GDP 看，处于工业化后期；城镇化率高，产业结构以第三产业为主，处于后工业化时期；从就业结构看，处于工业化后期。银川市作为宁夏首府城市，辖区基本处于后工业化阶段，其经济支撑主要来自于政府公共部门以及宁东基地等工业区。

表 1　工业化不同阶段的标志值

基本指标		前工业阶段	工业化实现阶段			后工业化阶段
			工业化初期	工业化中期	工业化后期	
人均 GDP（美元）	1964 年	100~200	200~400	400~800	800~500	1500 以上
	1995 年	610~1220	1220~2430	2430~4870	4870~9120	9120 以上
	1996 年	620~1240	1240~2480	2480~4960	4960~9300	9300 以上
	2000 年	660~1320	1320~2640	2640~5280	5280~9910	9910 以上
	2002 年	680~1360	1360~2730	2730~5460	5460~10200	10200 以上
	2004 年	720~1440	1440~2880	2880~5760	5760~10810	10810 以上
	2005 年	745~1490	1490~2980	2980~5960	5960~11170	11170 以上
	2010 年	827~1654	1654~3308	3308~6615	6615~12398	12398 以上
三次产业产值比（产业结构）		A>I	A>20% A<I	A<20% I>S	A<10% I>S	A<10% I<S

①黄群慧等:《中国工业化进程评价与特征分析》,载《工业化蓝皮书:中国工业化进程报告(2016)》,北京:社会科学文献出版社,2015 年。

续表

基本指标	前工业阶段	工业化实现阶段			后工业化阶段
		工业化初期	工业化中期	工业化后期	
制造业增加值占总商品生产部门增加值的比重(%)	20 以下	20~40	40~50	50~60	60 以上
城镇人口占总人口的比重(%)	30 以下	30~50	50~60	60~75	75 以上
第一产业就业占总就业的比重(%)	60 以上	45~60	30~45	10~30	10 以下

注:"A"表示第一产业,"I"表示第二产业,"S"表示第三产业。

资料来源:参见陈佳贵,黄群惠,钟宏武,王延忠等:《中国工业化进程报告——1995—2005 年中国省域工业化水平评价与研究》,社会科学文献出版社,2007。

表 2　2016 年宁夏工业化阶段分析

地　区	2010 年人均 GDP (美元)	GDP 构成(%)			工业化率(%)	就业构成(%)(2010 年普查数据)			城镇化率(%)	工业化阶段
		第一产业	第二产业	第三产业		第一产业	第二产业	第三产业		
全　区	6467	7.6	47.0	45.4	33.3	51.12	18.70	30.18	56.29	工业化中期后半阶段
银川市	10180	3.6	51.0	45.3	37.3	25.64	26.00	48.36	75.70	工业化后期前半阶段
银川市辖区	9552	1.8	36.2	62.1	20.3	12.09	25.03	62.88	88.41	后工业化前半阶段
兴庆区	8837	1.3	20.0	78.7	11.8				88.04	后工业化前半阶段
西夏区	11698	2.6	53.3	44.1	35.2				90.07	后工业化前半阶段
金凤区	8777	1.7	49.0	49.3	18.1				87.37	后工业化前半阶段
永宁县	7251	11.9	54.8	33.3	32.9	60.92	17.52	21.56	50.00	工业化中期后半阶段
贺兰县	7223	12.2	56.4	31.4	44.4	51.52	20.36	28.12	52.75	工业化中期后半阶段
灵武市	18208	2.6	85.6	11.8	79.3	32.62	41.68	25.70	55.74	工业化中期后半阶段
石嘴山市	8891	5.1	63.0	31.9	52.9	32.89	33.22	33.89	74.41	工业化后期前半阶段
石嘴山市辖区	9845	1.9	65.0	33.1	54.3	13.08	45.10	41.82	89.44	工业化后期前半阶段

续表

地　区	2010年人均GDP（美元）	GDP构成（%）			工业化率（%）	就业构成（%）（2010年普查数据）			城镇化率（%）	工业化阶段
		第一产业	第二产业	第三产业		第一产业	第二产业	第三产业		
大武口区	9557	0.4	63.6	36.0	53.3				93.02	工业化后期前半阶段
惠农区	10282	3.9	67.1	29.0	55.6				84.01	工业化后期前半阶段
平罗县	7201	12.9	58.1	29.0	49.7	62.74	15.33	21.93	47.88	工业化中期后半阶段
吴忠市	4390	12.5	56.6	30.9	41.3	61.17	15.07	23.76	47.85	工业化中期前半阶段
利通区	5511	10.3	59.7	29.9	42.4	39.07	22.41	38.52	62.98	工业化中期前半阶段
红寺堡区	1192	26.4	44.1	29.5	26.0	80.01	8.75	11.24	30.60	前工业化时期
盐池县	6391	8.3	57.5	34.2	40.6	58.98	14.32	26.70	45.03	工业化中期前半阶段
同心县	2295	19.8	41.2	39.0	28.0	84.03	5.33	10.64	38.41	工业化初期前半阶段
青铜峡市	6282	12.7	60.3	27.0	47.7	54.88	20.45	24.67	50.48	工业化中期前半阶段
固原市	2702	20.5	25.5	54.0	12.6	74.58	8.97	16.45	34.75	工业化初期前半阶段
原州区	3383	13.8	25.4	60.7	14.8	61.10	11.28	27.62	48.33	工业化中期前半阶段
西吉县	2200	26.7	21.6	51.7	6.5	87.72	3.40	8.88	23.78	工业化初期前半阶段
隆德县	1975	22.8	28.6	48.6	10.7	71.70	14.47	13.83	31.58	工业化初期前半阶段
泾源县	2024	17.5	32.6	49.9	9.8	70.19	14.56	15.25	28.06	工业化初期前半阶段
彭阳县	3062	28.1	26.5	45.4	17.1	80.28	8.18	11.54	30.91	工业化初期后半阶段
中卫市	4049	15.5	44.0	40.6	31.0	69.53	11.64	18.83	39.87	工业化初期前半阶段
沙坡头区	5273	14.8	37.5	47.8	30.7	53.07	19.39	27.54	54.68	工业化中期后半阶段
中宁县	5368	13.3	55.0	31.6	35.9	70.66	11.22	18.12	41.03	工业化中期前半阶段
海原县	1677	23.7	34.2	42.2	18.6	86.07	3.75	10.18	23.94	工业化初期前半阶段

石嘴山市作为宁夏最大的工业城市，虽然其城镇化率达到后工业化阶段，但产业结构和就业结构表现出以第二产业为主的特征，其人均 GDP 也处于工业化后期，总体上处于工业化后期。

灵武市人均 GDP 高达 18208 美元，处于后工业化时期；第二产业占 GDP 比重高达 85.6%，产业结构处于工业化后期；第一产业就业比重高达 32.6%，处于工业化中期；城镇化率处于工业化中期。综合评价，处于工业化中期后半阶段。

川区基本整体处于工业化中期。川区各县市中，按人均 GDP 评价，永宁、贺兰、平罗 3 县处于工业化后期前半阶段，青铜峡市处于工业化中期后半阶段，利通区、中宁县、沙坡头区处于工业化中期。从产业结构看，都处于工业化中期后半阶段。从城镇化率看，利通区处于工业化后期前半阶段，沙坡头区、青铜峡市、永宁县、贺兰县属于工业化中期前半阶段，平罗县、中宁县属于工业化初期后半阶段。宁夏川区工业化依然不够充分，就业结构等有待优化。

（三）宁夏山区总体处于工业化初期

山区总体处于工业化初期。盐池县人均 GDP 已经达到工业化中期后半阶段，原州区达到工业化中期前半阶段，其他县（区）基本处于工业化初期。从产业结构看，盐池县处于工业化后期前半阶段，原州区第一产业比重达到 13.8%，但第三产业比重高于第二产业，作为宁南山区区域中心城市，产业结构也以第三产业为主；同心县刚刚跻身于工业化中期前半阶段。山区县基本上第三产业产值比重高，第一产业就业比重大，第二产业增加值比重较低，城镇化率较低，处于工业化初期甚至前工业化阶段的特征。红寺堡区还处于前工业化阶段。

充分认识宁夏所处的发展阶段，对制定符合宁夏区情的发展政策非常重要。

三、宁夏经济形势及其主要政策措施

2017 年，围绕党的十九大和宁夏第十二次党代会精神，各级党委、政府出台了大量政策措施，宁夏经济形势稳中向好，形势好于预期，但一些新问题也值得高度重视。

（一）2017年主要经济工作措施

一是更加重视战略的实施推进工作。党的十九大前后，按照宁夏第十二次党代会提出的“三大战略”等重大部署，自治区政府成立了3个领导小组，由分管副主席牵头制定实施意见。2017年8月18日，召开了“科技支宁”东西部合作推进会暨宁夏沿黄科技创新改革试验区建设启动会。9月27日，自治区党委、政府召开了实施创新驱动战略推进会，出台了《关于推进创新驱动战略的实施意见》。11月6日，召开了实施脱贫富民战略推进会，出台了《关于推进脱贫富民战略的实施意见》。11月13日，召开了实施生态立区战略推进会，出台了《关于推进生态立区战略的实施意见》。11月27日，召开了宁夏全域旅游发展推进会，出台了《关于加快全域旅游示范区建设意见》。12月5日，召开了宁夏民营经济发展推进会。12月22日，召开了银川都市圈建设工作推进会，出台《银川都市圈建设实施方案》。通过召开推进会和出台实施方案等措施，细化战略部署，明确落实责任，加强工作指导，统筹协调推进，确保各项目标任务落到实处。

二是更加注重落实新发展理念。党的十九大后，宁夏各级党委、政府积极落实会议精神，11月银川市召开第十四届委员会第四次全体会议，确定了在全区率先全面建成小康社会，率先开启全面建设社会主义现代化新征程的奋斗目标，提出了“绿色、高端、和谐、宜居”城市发展理念。石嘴山市委十届四次全会提出，着力打造石嘴山经济升级版，打响“山水园林·尚工逸城”城市品牌，建设新型工业之城、创新创业之城、生态美丽之城、和谐宜居之城，打造银川都市圈亮丽北翼，推动石嘴山由全区工业的摇篮向科技创新的摇篮转变、由工矿时代向生态时代转变。吴忠市市委五届五次全会提出坚持新发展理念，坚持高质量发展，以创建全国文明城市、全域旅游示范市等为载体，坚持“抓两头带全局”，一头抓利青同城，融入银川，强牵引、促协同，一头抓盐同红交界处，强弱项、补短板，为建设绿色经济示范市、决胜全面建成小康社会奠定坚实基础。固原市召开四届二次、三次全会，坚定不移地落实“生态优先、富民为本、绿色发展”的定位要求，让生态优先成为固原最持久的优势，让富民为本成为固原最厚重的主题，让绿色发展成为固原最鲜明的特质。中卫市委四届四次全会出台了大力实施“三大战略” 中卫方案，提出打好“三大攻坚战”，实施工业转型升级、特色农业提质增效、培育经济发展新动能、城乡山川协调发展等“四项行动计划”，全力打造全域化旅游城市、枢纽化交通城市、特色化产业城市、国际化云天城市、精准化扶贫城市等 5 个城市。

三是更加注重实体经济转型升级。宁夏始终把发展经济的着力点放在实体经济上，积极促进产业升级，努力提高发展的质量和效益。继续深化供给侧结构性改革，制定了《自治区淘汰落后和化解过剩产能资金管理办法》《关于利用综合标准依法依规推动落后产能退出的实施意见》，积极开展钢铁行业违法违规建设项目清理等专项行动，推动增量配电业务试点，努力去产能、降成本。促进经济转型升级，编制《自治区工业企业技术改造目录（2017 年本）》，推出 100 个重点技术改造项目。拟定《2017 年对标促升级实施方案》，开展与国内外先进行业标准的对标促升级行动。加快培育战略性新兴产业，面向全区征集新开工和续建工业项目，建立工业项目库。突出抓好项目投产达效。积极推动比亚迪跨座式单轨交通及纯电动汽车、吴忠自动化产业园等项目。重点向工信部推荐申报共享装备公司传统铸件智能化改造等 9 个智能化改造项目。推动吴忠市创建“中国制造 2025”试点示范城市。一大批新一代信息产业、高端装备制造业、新能源、新材料等产业项目落地建设或投产达效。实施创新驱动战略，支持创新平台建设，对 14 个国家级和 62 个自治区级企业技术中心进行绩效评价。积极推进“互联网 + 工业”，持续促进“两化”深度融合。积极培育“专精特新”企业，全区“专精特新”中小企业、示范企业累计达到 677 家和 295 家。2017 年 12 月，召开全区工业园区建设发展座谈会，明确园区产业定位，提升园区和企业创新力、竞争力，突出绿色集约发展，突出产城融合发展，大力推进工业园区转型发展，打造园区产业的升级版。

四是更加注重对内开放及其加强区域经济技术合作。宁夏第十二次党代会之后，更加重视全面开放、全方位开放，特别是对内开放，努力加强与沿海地区的技术经济协作，通过打造开放型产业体系，奠定宁夏融入“一带一路”的经济基础。8 月 18 日，自治区召开“科技支宁”东西部合作推进会暨宁夏沿黄科技创新改革试验区建设启动会，提出坚定不移走开放创新、特色创新之路，以沿黄科技创新改革试验区为载体，加强与东部科技强省、国内外科研院所、科技型企业的合作，打造东西部科技合作样板，努力形成可持续、可复制、可推广的东西部科技合作模式。9月30日，银川市人民政府与中关村管委会、中关村发展集团签订战略协议，中关村创新生态体系正式落地银川。银川·中关村创新创业科技园建设的总体构想是由一个中心和一个基地组成。一个中心即银川·中关村创新中心，12月20日，银川中关村创新中心正式揭牌运营，首批24家行业领先企业入驻。基地选址在西夏区，2018年1月9日，西夏区人民政府等与南京储芯电子科技有限公司签订《银川中关村集成电路产业研发中心项目合作协议书》，这标志着宁夏首个存储产品研发项目落户银川中关村创新创业科技园。10月15日，银川丝路经济园举行第一批入园签约仪式，打造面向丝绸之路国家的国际交往中心，非公、跨省、智慧等经济产业集群的创新发展区，以CBD为核心的现代服务业集聚区和健康、文创、旅游产业协作发展区。银川市经济技术开发区还与北京经开区共建“一带一路”国际产业园，滨河新区与苏州工业园区加强合作。

*五是更加注重环境整治工作。*2016年11月，中央第八环境保护督察组向宁夏回族自治区反馈环境督察情况，存在的主要问题是：贯彻落实国家环境保护决策部署不够，全区大气环境和局部水体环境质量下降，部分国家级自然保护区生态破坏问题突出，一些突出环境问题尚未得到有效解决。2017年12月，国家统计局等部委联合发布《2016年生态文明建设年度评价结果公报》，宁夏在全国各省区市中排名倒数第3名，宁夏还是全国唯一的PM_{10}平均浓度不降反升的省区。宁夏生态环境较为脆弱，产业倚重倚能，近年来虽然环境保护工作取得积极进展，但一些环境问题凸显，环境保护工作形势严峻。2017年，宁夏提出实施生态立区战略，实施蓝天、碧水、净土“三大行动”。将2017年确定为“中央环保督察整改落实年”，对125名在贺兰山保护、入黄排水污染、腾格里沙漠治理、淘汰落后产能等方面失职的责任人进行严肃问责。拟订了《全区突出环境问题排查整治行动方案》，加大环境保护力度。贺兰山作为国家级自然保护区，但长期大

量的矿产开发导致保护区内生态系统遭到破坏。2017年5月开始打响贺兰山清理整治攻坚战，关闭滥采矿石企业，拆除违章建筑，完成生态修复整治。全面推行河长制，建立自治区、市、县、乡、村五级河长组织体系，全区840个河湖水系被纳入了河长制管理范围。集中整治解决了一批侵占河道岸线、污染水体、非法采砂等老大难问题。开展大气污染大排查大整治专项行动，关停取缔一批、限期整改一批、停产整治一批，11月，自治区环保厅致函银川市政府，建议责令永宁县启元、泰瑞、伊品生物3家企业停产整治。还对高耗能高污染建设项目，实行环评限批，对重点企业进行错峰生产。加大对城市燃煤污染的管控，以及对农村焚烧秸秆等的查处。

六是更加注重精准扶贫等民生工作。2017年6月，宁夏第十二次党代会提出实施脱贫富民战略。12月，召开宁夏深度贫困地区脱贫攻坚座谈会，确定原州区、西吉县、海原县、同心县、红寺堡区和中部干旱带西部片为深度贫困地区。积极开展产业精准扶贫，激发贫困地区内生动力，努力补齐基础设施等短板，做好社会保障兜底工作，确保到2020年我国现行标准下农村贫困人口实现脱贫，贫困县全部摘帽，解决区域性整体贫困。

（二）2017年经济形势分析

2017年，自治区各级党委、政府，以供给侧结构性改革为主线，全面做好稳增长、促改革、调结构、惠民生、防风险各项工作，全区经济运行总体平稳。前三季度，地区生产总值2449.57亿元，实际增长7.8%，其中第一产业166.46亿元，增长4.3%；第二产业1229.58亿元，增长7.1%；第三产业1053.53亿元，增长9.1%。

1.总体经济形势好于预期

一是供给侧结构性改革取得成效。积极实施“降成本30条”。2017年宁夏通过落实差别化电价政策、电力直接交易，降低企业融资成本，取消全区普通公路收费站收费等降低物流成本，不断扩大“营改增”试点范围，减少养老保险及失业保险缴费，支持园区和企业挖潜增效，共为企业降低成本达70亿元。

积极淘汰落后产能。淘汰钢铁、煤炭、铁合金、电石、平板玻璃、马铃薯淀粉等落后产能。处置“地条钢”生产企业，将贺兰山自然保护区内年产30万吨以下的煤矿和“僵尸企业”全部纳入关闭退出和兼并重组范围。全年淘汰化解落后和过剩产能245万吨以上。

投资结构进一步优化。1—11月，加快推进银西高铁等重大基础设施建设，基础设施投资有所增加，农林牧渔业投资增长52%，交通运输邮政业投资增长21.7%，水利、环境和公共设施管理业投资增长42%。高新技术投资显著加快，工业技术改造投资增长13.7%，科学研究和技术服务业投资增长76.8%，高技术服务业投资增长43.5%，信息传输和信息技术服务业投资增长40.7%。

二是工业企业经济效益逐步提高。宁夏已经结束高增长阶段，开始进入高质量增长的通道，但离高质量发展的要求还有较大差距。2017年1—11月，全区规模以上工业企业累计增加值同比增长8.6%，10月规上工业企业主营业务收入增长23.5%，利润总额增长69.3%，企业亏损面下降。医药、电力、化工、冶金、机械、有色、煤炭等重工业增长率较高。主要工业品增长较多的是滚动轴承、单晶硅、钢材、橡胶轮胎外胎、数控金属切削机床、化学药品原药、精甲醇等。11月，全区60户工业龙头企业完成产值同比增长21%，工业经济效益转好，是宁夏经济向好并好于预期的主要支撑。年产400万吨煤制油项目投产，使宁煤集团从煤炭生产企业转变为煤炭深加工企业。宁夏天元锰业成为世界最大电解锰生产基地。

三是发电量、货运量增长率等先行指标由负转正。随着经济进入新常态，发电量2015—2016年连续两年绝对减少，特别是由于高耗能工业压缩及其节能降耗，从1990年以来，宁夏每亿元工业总产值电力消费量就一直呈减少的趋势。从2016年11月开始，宁夏累计发电量增长率由负转正，2017年1—11月，累计增长率高达19.7%。全社会货运量也呈现积极变化，铁路货运量1—11月累计增长13.7%，但公路货运量依然下降，为12.7%。从2016年11月开始，铁路货运量由负转正，而公路货运量则由正转负，表明运输产品结构及其方式的变化。

四是居民消费价格指数（CPI）稳步提升，工业品出厂价格指数（PPI）由负转正。从2016年第三季度开始，宁夏工业生产者出厂价格指数（PPI）和工业生产者购进指数（MPI）均由负转正，尤其是部分工业产品价格上升，为工业经济效益提高作出了贡献。与此同时，2017年宁夏居民消费价格指数小幅上涨，主要是医疗保健、食品等增长较快，CPI增长幅度高于全国平均水平。

五是财政收支稳定增长，金融信贷趋于活跃。2017年宁夏取得防范化解金融风险的胜利，11月末，宁夏金融机构人民币存款余额增长率为9.4%，首次低于全国平均增长率；宁夏金融机构人民币贷款余额增长率为11.5%，全国为13.3%。宁夏存款余额增长率一直高于全国平均数，而贷款余额增长率一直低于全国平均数，说明过去宁夏投资活动不够活跃。从2017年4月起，宁夏金融机构人民币贷款余额增长率开始高于存款余额增长率，说明固定资产投资贷款和经营贷款增长加快。1—11月，全区完成一般公共总预算收入同比增长12.3%，一般公共预算支出同比增长9.7%，宁夏财政收入稳定增长。

2.需求端喜忧参半

一是基础设施投资快速增长，工业和房地产固定资产投资下降。1—11月，全区固定资产投资（不含农户）同比增长4.3%，其中基础设施投资增长高达32.6%，而工业固定资产投资下降13.8%。2016年宁夏固定资产投资增速高于全国平均增长速度，而2017年却逐步下降，总体低于全国及西部地区的增速。工业固定资产投资的下降，是未来宁夏经济缺乏后劲的原因之一。

二是进出口额高增长，异地法人出口并非拉动宁夏经济增长。2017年1—11月，全区进出口额同比增长57.8%，其中出口增长50.6%，进口增长81.3%。随着国际市场逐渐回暖，一般贸易出口增加，但宁夏对外贸易增长速度全国第一，主要是由于异地法人企业在宁夏报关进出口纳入宁夏统计所致，并非宁夏经济复苏的体现，实际上提高了宁夏GDP的增长速度。对外贸形势切不可盲目乐观。

三是消费品零售总额增长较快，但价格因素影响较大。1—11月，全区社会消费品零售总额同比增长9.8%，其中，石油及制品增长19%，粮油食品类增长16.1%，中西药类增长7.9%，服装、鞋帽、针织品、纺织品类增长2.4%，汽车类增长1.8%。汽车等消费疲软，服装消费等受到网购影响较大。

3.存在的问题

一是轻工业和非公有制工业增加值增长急剧下降。2017年宁夏工业经济中，轻工业增加值一反多年来平均15%左右的增长速度，而呈迅速下降趋势，11月仅为2.6%。而重工业增加值却从2008年的15.1%下降到2016年的5.8%，2017年一直维持在8%~10%的增速。纺织品消费增长缓慢。非公有制企业增加值增速在急剧下降，私营企业增加值仅增长4.2%，外商及港澳台商投资企业同比下降1.7%。大中型企业增加值增长相对平稳，年终增速还有所提升。必须进一步优化营商环境，公平保护各类投资，不能形成国进民退、大企业进、小企业退的格局。

二是房地产投资至负增长。1—11月，全区房地产开发投资下降7.1%，其中住宅投资下降8.8%，办公楼投资下降23.3%。房屋施工面积下降1.5%，房屋竣工面积增长6.5%，商品房销售面积增长7.4%，商品房销售额增长15.8%。宁夏房地产投资从2016年的高速增长到2017年的逐步下行，宁夏房地产市场明显弱于全国及西部地区市场。尽管房地产投资降幅收窄，但房地产市场风险依然不容忽视。

（三）2018年经济形势展望

从2016年下半年以来，全球主要经济体增长加快，2018年世界经济有望保持整体性复苏态势，GDP增长率从3.4%提高到3.7%。其中发达国家可能从2.1%提升到2.4%，发展中国家从4.3%提高到4.6%。全球经济复苏有利于我国对外贸易。美联储加息和美国减税引起美元走强预期，将加大我国资本外流压力。贸易保护主义特别是中美贸易摩擦，可能给我国出口带来负面影响。

我国在经济新常态下，继续呈现“L”型走势，逐步优化经济结构，提高经济发展的质量和效益。从需求端看，出口增速回升，投资增速放缓，消费增速平稳。中央要求稳健货币政策突出中性基调，积极财政政策更加注重结构性调整。经济动能转换加快，继续深化供给侧结构性改革，经济质量提升。房地产市场宏观调控基调基本不变。第三产业增速持续快于第二产业，新经济给企业发展带来机会。

表 3　宁夏主要经济指标景气变化

	2008 年	2012 年	2013 年	2014 年	2015 年	2016 年	2017 年									
							1—2 月	3 月	4 月	5 月	6 月	7 月	8 月	9 月	10 月	11 月
先行指标：																
1.规上工业企业亏损面(%)	34.3	35.0	29.8	28.6	31.7		35.3	36.0	32.0	30.5		27.7	27.3	28.2	25.8	
2.全国货币供应量 M2 增长率(%)	17.8	13.8	13.6	12.2	13.3	11.3	11.2	10.6	10.5	9.6	9.4	9.2	8.9	9.2	8.8	9.1
3.全社会货运量增长率(%)	1.38 倍	11.0	-0.4	0.9	3.1	1.4										
4.房地产开发投资额增长率(%)	26.1	27.6	30.2	17.1	-3.2	14.9	69.8	-1.1	-2.4	-1.0	2.2	1.0	-6.5	-10.1	-9.7	-7.1
5.当年(月)发电量增长率(%)	2.5	7.4	13.4	5.2	-3.8	-0.9	25.3	27.4	16.0	26.8	26.1	29.1	24.7	10.0	7.0	7.4
6.工业产成品库存增长率(%)		3.3	4.9	30.9	9.3		-2.8	0.2	2.3	2.4		3.9	3.8	3.8	3.8	3.5
7.工业产品销售率(%)	95.3	97.5	97.7	95.5	94.3	94.3										
同步指标：																
1.地区生产总值增长率(%)	12.6	11.5	9.8	8.0	8.0	8.1		8.6			8.6			7.8		
2.规上工业增加值增长率(%)	15.1	14.0	12.5	8.3	7.4	7.5	11.2	10.2	9.3	10.0	10.0	9.1	8.5	8.5	8.6	8.6
规上重工业增加值增长率(%)	15.1	14.0	12.1	7.3	6.4	5.8	10.8	9.3	8.8	10.1	10.3	9.6	9.0	9.4	10.0	9.8
规上轻工业增加值增长率(%)	15.0	14.8	15.2	15.0	15.7	15.2	13.0	14.2	11.6	9.8	8.5	6.5	6.0	4.0	2.2	2.6
3.固定资产投资增长率(%)	38.1	27.5	27.1	19.4	10.4	8.6	18.1	16.3	13.9	7.1	9.5	8.1	5.6	4.4	3.9	4.3
4.城镇居民可支配收入增长率(%)	14.8	10.4	6.6	6.3	6.9	5.6		8.2			8.3			8.5		
5.农民人均可支配收入增长率(%)	15.7	12.3	8.1	9.0	7.3	7.3		8.5			8.7			8.9		
6.全社会商品零售额增长率(%)	22.2	14.9	9.9	9.3	7.0	7.0		9.2	9.5	9.7	9.5	9.7	9.5	9.5	9.7	9.8
7.进出口额增长率(%)	18.9	-3.0	45.2	69.0	-30.3	-6.4	1.8 倍	1.4 倍	120.1	127.3	113.8	109.4	102.7	81.0	67.9	58.1
8.一般公共预算总收入增长率(%)	23.7	23.9	14.8	6.9	12.0	5.3	21.2	22.2	17.6	16.9	17.3	16.8	15.5	14.2	13.4	12.3
滞后指标：																
1.一般公共预算支出增长率(%)	33.8	22.7	7.8	8.5	13.8	10.2	17.4	18.1	10.1	10.2	11.1	27.5	24.0	14.6	11.4	9.7
2. 非金融企业及机关团体贷款余额增长率(%)							9.6	9.9	10.8	12.2	11.4	12.0	13.1	11.6	9.9	9.5
3.住户存款余额增长率(%)							6.6	9.5	8.7	10.1	9.7	10.1	10.3	8.9	8.8	8.2
4.居民消费价格指数	8.5	2.0	3.4	1.9	1.1	1.5	0.3	0.7	1.3	1.8	1.7	1.3	1.6	1.4	1.9	2.3

资料来源：根据历年《宁夏统计年鉴》及 2017 年宁夏经济发展月报计算。

2018年是宁夏回族自治区成立60周年大庆之年，基础设施等投资将持续快速增长。一批新园区及其企业投资也将陆续开工或投产，工业投资特别是轻工业投资将逐步回升。但由于防范化解金融风险、打赢污染防治攻坚战等因素影响，不可能出现经济高速增长现象。房地产投资可能实现小幅正增长。宁夏本地企业进出口额将显著增加，但可能因统计因素影响，全区进出口额增长率会低于上年。温和通胀有助于经济稳健运行，但宁夏CPI指数显著高于全国平均水平，也应该防止出现通货膨胀。

四、开启现代化建设新征程

2017年底召开的中央经济工作会议，首提“习近平新时代中国特色社会主义经济思想”，继续坚持稳中求进的工作总基调，提出我国经济已经由高速增长阶段转向高质量发展阶段。

2018年是贯彻党的十九大精神的开局之年，是改革开放40周年、决胜全面建成小康社会、实施“十三五”规划承上启下的关键一年。必须做好深化供给侧结构性改革等8项重点工作，今后3年要打好防范化解重大风险、精准扶脱贫、污染防治三大攻坚战。

2017年是宁夏的重大战略制定年，2018年是宁夏发展战略的实施年。宁夏必须贯彻十九大和中央经济工作会议精神，继续做好以下经济工作。

（一）建设现代化经济体系，重点打造现代产业体系

党的十九大开启了现代化建设新征程，贯彻新发展理念，以供给侧结构性改革为主线，着力推进实体经济，促进从传统产业体系向现代产业体系转变，加快建设现代化经济体系。

一是从决胜全面建成小康社会到现代化建设新征程。从现在到2020年，是全面建成小康社会决胜期，按照中央部署，统筹推进“五位一体”建设，坚定实施“七大战略”，打好“三大攻坚战”。决胜期虽然是短短三年之期，但却是现代化建设中的关键期。从目前发展趋势看，按期建成全面小康社会应该没有问题，必须确保不发生系统性风险，目前也是我国产业转型升级的关键期，任何决策失误都将导致前功尽弃。必须确保打赢脱贫攻坚战略，精准扶贫依然任务艰巨。我国现代化建设从1949年开始的建

设完整工业体系阶段，到1978年改革开放以来的融入国际经济体系阶段，党的十九大以后已经进入建设现代化强国新阶段。中国日益走进国际舞台中央，对我国参与全球治理体系改革和建设能力是全新的考验。宁夏作为欠发达地区，必须紧紧立足于区情，既不能因循守旧，也不能好高骛远，坚持问题导向，振奋精神，实干兴宁，扎扎实实做好各项工作。

二是以深化供给侧结构性改革为主线，把提高供给体系质量作为主攻方向。党的十九大提出坚持质量第一、效益优先，以供给侧结构性改革为主线，推动经济发展质量变革、效率变革、动力变革。建设现代产业体系是建设现代产业体系的核心。宁夏生产的低端产品多而高端产品少，已经严重不适应国内外市场需求变化。必须增强经济质量优势，把提高供给体系质量作为主攻方向，促进产业向高端转型升级。必须形成质量和效益导向的机制。必须加快形成推动高质量发展的指标体系、政策体系、标准体系、统计体系、绩效评价、政绩考核等制度。尤其是转变政绩观。应该转变盈利模式，从过去降低成本、薄利多销来实现企业生存，转变为企业通过科技创新，努力实现超额利润。必须深化供给侧结构性改革，加快“三去一补一降”，合法处置“僵尸企业”，淘汰落后产能，加快市场出清，为新供给提供生产要素和市场空间。

三是构建区域城乡协调发展新格局，实施银川都市圈与乡村振兴战略。按照《宁夏回族自治区空间规划》和“一带三区、一核两极”的总体空间格局，科学划定“三区三线”，实现多规合一。实施《银川都市圈建设实施方案》，大力推进基础设施互联互通、产业发展集群集聚、生态环境共保共治。积极促进区域城乡一体化。党的十九大提出以城市群为主体构建大中小城市和小城镇协调发展的城镇格局，实施乡村振兴战略。宁夏应该积极建设沿黄生态经济带，促进银川都市圈中银川—石嘴山—吴忠—宁东基地等的城际一体化步伐，积极促进银川—贺兰—永宁组团、吴忠—青铜峡组团、大武口—平罗—惠农组团3个组团式大城市的同城化建设。努力提高宁夏沿黄城市群的整体竞争力。改变过去重视城市建设而忽视乡村的做法，按照产业兴旺、生态宜居、乡风文明、治理有效、生活富裕的总要求，促进农业农村优先发展。

宁夏处于工业化中期阶段，继续推进工业化，促进“两化融合”注重实体经济非常重要。银川市、石嘴山市虽然已经进入后工业化时期，但其工业基础依然薄弱，应该积极优化产业布局，促进产业转型升级，银川市辖区内传统产业向宁东基地、滨河新区等园区集聚，市辖区集中发展现代服务业、高端装备制造业及新一代信息产业等。充分利用石嘴山市工业基础雄厚的优势，强化重大工业项目的投资布局。积极鼓励南部山区发展特色优势产业，更加注重绿色低碳发展，努力提高中南部地区工业化、现代化水平。

（二）实施“三大战略”，打赢“三大攻坚战”

中央提出未来3年打赢“三大攻坚战”，宁夏提出未来5年实施“三大战略”，两者具有高度的契合度。

一是实施创新驱动战略，打赢防范化解重大风险攻坚战。宁夏正处于从传统产业体系向现代产业体系转型升级的关键期，跨越中等收入陷阱，必须防范化解重大风险。实施创新驱动战略，尽快促进经济增长、动能的转换，必须落实《关于推进创新驱动战略的实施意见》。走特色创新之路，要紧紧立足于宁夏处于社会主义初级阶段较低层次的区情，积极促进从追赶型技术体系向创新型技术体系转变，既要加强优势领域的自主创新，又要加强部分产业的技术模仿学习消化吸收。尤其是中南部地区还处于工业化初期阶段，更要重视实用技术的模仿、引进、消化和吸收，加快沿黄科技创新改革试验区建设，强化工业园区转型发展。走开放创新之路，争取国家级科研机构和沿海地区“科技支宁”，加快银川市中关村双创园、丝路产业园等建设。建设创新型地区，强化企业科技创新主体地位，加强产学研合作，建设区域创新体系。打造风生水起的创新生态，鼓励各类人才脱颖而出，优化营商环境，建立有利于创新的体制机制。重点防控金融风险，金融要服务于供给侧结构性改革这条主线，服务于实体经济，促进金融和实体经济、金融和房地产、金融体系内部的良性循环。必须转变经济发展方式，不能再依赖传统的增长模式，建立房地产市场长效机制。

二是实施脱贫富民战略，打赢精准脱贫攻坚战。落实《关于推进脱贫富民战略的实施意见》，把精准扶贫更多地瞄准“五县一片”深度贫困地区，到2020年解决区域性贫困问题。合理确定脱贫目标。紧紧抓住贫困村“五通八有”、贫困户“三不愁四保障”脱贫目标，到2020年，稳定实现农村贫困人口不愁吃、不愁穿，义务教育、基本医疗和住房安全有保障。保证现行标准下的脱贫质量，既不降低标准搞数字脱贫，也不吊足胃口搞层层加码。加大投入支持力度。发挥政府投入的主体和主导作用，新增脱贫攻坚资金向“五县一片”深度贫困地区倾斜，加大社会帮扶力度，把闽宁扶贫协作上升为全面区域经济技术协作。增强区域内生动力。着力解决健全公共服务、建设基础设施、发展产业等问题，改善交通等基础设施，加强产业扶贫、金融扶贫、健康扶贫、教育扶贫、旅游扶贫、生态扶贫的力度，必须围绕如何减贫来促进贫困地区发展。做好贫困地区饮水安全、危房危窑改造、社会保障兜底等工作。更加重视扶志与扶贫相结合。

三是实施生态立区战略，打赢污染防治攻坚战。落实《关于推进生态立区战略的实施意见》，必须首先树立尊重自然、顺应自然、保护自然的生态文明理念，坚持人与自然和谐共生，真正认识到“绿水青山就是金山银山”的深刻道理。紧紧围绕自治区确立的打造西部地区生态文明建设先行区的目标，积极实施主体功能区规划，打造沿黄生态经济带，建设宁南生态经济中心。建设生态产业园区，按照减量化、再利用、再循环原则，强调资源循环利用、清洁生产、低碳发展，努力促进传统工业园区转型升级。打赢污染防治攻坚战，实施蓝天、碧水、净土“三大行动”，铁腕治理宁东基地等工业园区污染，严格控制“两高一资”企业发展，切实保护黄河水环境，治理城市雾霾、农村面源污染等。筑牢西北地区重要生态安全屏障，把山水田林湖作为一个生命共同体，加强贺兰山、六盘山、罗山自然保护区的保护，推进西北天然林保护、封山禁牧、退耕还林、防沙治沙等生态建设工程。完善生态文明体制机制，实行领导干部生态环境损害责任终身追究制度，推行河长制，进一步完善绿色发展长效机制。

（三）坚持全面深化改革，形成全面开放新格局

2018年是我国改革开放40周年、宁夏回族自治区成立60周年。宁夏过去发展成就的取得，得力于新中国的成立和改革开放等。宁夏未来的发展，必须坚持改革开放不动摇。

一是深化全面改革，坚持市场化改革方向。全面深化改革的总目标是完善和发展中国特色社会主义制度，推进国家治理体系和治理能力现代化。中国特色社会主义已经进入新时代，我国社会主要矛盾也发生了深刻的转化。改革必须坚持以人民为中心，突破利益固化的藩篱，努力通过改革保障和改善民生，而不是让普通老百姓承担过多的改革成本。经济体制改革是全面深化改革的重点，必须处理好政府和市场的关系，必须深化简政放权、放管结合、优化服务改革，进一步优化营商环境。应该总结改革开放40周年的经验，坚持市场化改革方向，使市场在资源配置中起决定性作用。以完善产权制度和要素市场化配置为重点，推动国有企业改革，支持民营企业发展，深化农村土地制度改革。

二是构建全面开放新格局，建设开放型产业体系。前些年注重开放引领战略，近年来随着国际经济危机和我国经济转型升级需要，开始把创新驱动发展战略作为第一大战略。党的十九人提出推动形成全面开放新格局，实际上对开放提出了更高的要求。宁夏必须坚持全方位开放，更加注重与发达国家的经贸技术合作，更加注重对内开放。不能局限于一说开放就是向西开放，一说向西开放就是重点面向阿拉伯国家开放。宁夏开放应该重点建设开放型产业体系，唯有筑牢产业基础，才能够充分发挥宁夏内陆开放型经济试验区的政策优势。必须以“一带一路”建设为重点，坚持“引进来”和“走出去”并重，形成国际竞争新优势。争取实行高水平的贸易和投资自由化便利化政策，全面实行准入前国民待遇加负面清单管理制度，大幅度放宽市场准入，积极做好与周边地区及国内外的互联互通，扩大服务业对外开放。

综合战略篇

ZONGHE ZHANLUE PIAN

宁夏实施创新驱动战略研究

王　宇

2016年7月，习近平总书记在宁夏视察时指出："越是欠发达地区，越需要实施创新驱动发展战略。"为贯彻习总书记重要讲话精神，自治区第十二次党代会正式确立创新驱动战略，并明确为引领发展的"三大战略"之首，前所未有地强调把发展的基点放在创新上，举全区之力推进创新，让创新成为宁夏未来发展的核心竞争力。党的十九大报告进一步指出："创新是引领发展的第一动力，是建设现代化经济体系的战略支撑。"要"加强国家创新体系建设"，"加快建设创新型国家"。自治区党委、政府贯彻落实十九大精神和中央战略决策，用创新思维推动创新发展，作出了一系列重大安排部署，全力推进实施创新驱动战略，加快建设创新型宁夏。

一、创新驱动战略的内涵

关于创新驱动发展理论的研究不多，无论是关于创新驱动发展战略的格局分析、顶层设计、制度改革等宏观问题研究，还是关于区域、产业、城镇、企业的创新驱动发展路径与方法等中微观问题研究，大多引用了约

作者简介：王宇，自治区科技厅发展计划处处长，主要研究方向为科技创新管理与区域经济发展。

瑟夫·熊彼特和迈克尔·波特的相关观点，其引用核心在于对创新的界定及对创新驱动的认识。也就是说，学术和政策研究领域提及的创新和创新驱动遵从熊彼特意义的创新和波特意义的创新驱动。

（一）创新的含义

约瑟夫·熊彼特在其著作《经济发展理论》中首次以动态的视角提出“创新”一词，认为创新是生产函数的变动，是对现有资源的重新组合。熊彼特对创新的表述包含三层含义：其一，创新是一个经济学概念，创新活动本身是实现价值增值的过程；其二，无论是新的生产要素还是要素的新组合，关键一点是要将其引入生产体系；其三，与传统经济发展理论相比，除了技术、市场、商业模式等影响因素外，制度设计对经济发展至关重要。

（二）创新驱动的阶段性特征

熊波特的创新驱动是对应于要素驱动、投资驱动和财富驱动提出的，四者是经济发展的组成阶段，经济体或顺序或交叉并行地经历各个发展阶段。顺序发展意味着经济体的发展依次由要素、投资、创新和财富 4 个因素之一驱动，交叉并行意味着经济体的发展可能同时由 4 个因素中的两个以上驱动，且发展阶段之间没有明确的划分，比如经济体可能同时处于要素驱动和投资驱动发展阶段。4 个发展阶段的主要驱动力不同，要素驱动发展阶段的主要动力是丰富的劳动力和自然资源，投资驱动发展阶段的主要动力是大规模的投资，创新驱动发展阶段的主要动力是创新能力与水平，财富驱动发展阶段的主要动力是大规模的财富资本投入。与投资驱动不同的是，财富驱动发展阶段的资本较多地流入了金融等财富型产业。熊波特认为前 3 个发展阶段经济逐渐走向繁荣，在财富驱动发展阶段经济出现转折，可能呈现衰退趋势。

（三）创新驱动发展的内涵

对创新驱动发展内涵的阐述主要来自政府政策研究和学术研究两个领域。政府的政策文件和重要领导人讲话中对创新驱动的阐述以《国家创新驱动发展战略纲要》为代表，指出创新驱动发展就是“使创新成为经济发展的第一动力，包括科技、制度、管理、商业模式、业态和文化等多方面创新的结合，推动经济发展方式转向依靠知识、技术与劳动力素质提升，使经济形态更高级、分工更精细、结构更合理”。学术研究领域关于创新驱动发展内涵的阐述可总结为三个方面：一是创新驱动发展将创新作为经济发展的主要动力，二是创新驱动发展依靠知识、信息等创新要素投入打造经济发展优势，三是创新驱动发展的目标是实现可持续的经济发展。

综合政策层面和学术研究层面关于创新驱动发展内涵的理解，笔者认为，创新驱动是一种新的经济增长方式，它不只是解决效率问题，更为重要的是通过对知识、技术、机制和管理模式等要素的创新，实现对有形资本、劳动力、物质资源等要素的重新组合，以创新的知识和技术形成新的生产力。各种物质要素经过新知识和新发明的介入与组合，使科学技术成果在生产和商业上得到迅速应用与扩散，创造了新的增长要素，提高了创新能力，形成了内生性增长。

二、宁夏实施创新驱动战略的时代背景

从全球发展情况来看，当前世界新科技革命正孕育突破，新一轮产业革命蓄势待发，建立在互联网和新材料、新能源等基础上的第三次工业革命即将叩响人类的大门。第三次工业革命将重塑比较优势与竞争优势，刷新世界经济版图，推动经济格局和产业形态深刻调整，为后发国家实现赶超打开“机会窗口”。我国既面临赶超跨越的难得历史机遇，也面临差距进一步拉大的风险，只有切实增强危机意识和忧患意识，努力在创新发展上进行新部署、实现新突破，才能跟上世界发展大势，把握发展的主动权。

经过几十年的持续快速发展，我国经济总量跃居世界第二，人均 GDP 接近 9000 美元，达到中等偏上水平。但同时，产业层次低、结构不合理、发展不平衡和资源环境刚性约束增强等矛盾愈加凸显，处于跨越中等收入陷阱的紧要关头。当前，我国经济发展进入新常态，实现从传统要素驱动向创新驱动的转变，克服经济发展中的矛盾和问题，提高发展的质量和效益，是适应和引领经济发展新常态的应有之义。未来几年是我国全面建成小康社会的决胜阶段，能否成功转变发展方式、成功推进产业升级、成功跨越中等收入陷阱，关键是看能否依靠创新打造发展新引擎，培育发展新动力，为我国创造一个新的更长的增长周期。

宁夏作为欠发达省区，发展的不足，从深层次看主要在于创新不足。在新一轮竞争中，宁夏传统的发展优势正在减弱，有的甚至已经丧失，低成本发展模式走到尽头，资源环境也难以支撑。如果不创新，就会被淘汰；创新慢了，就要落伍掉队。反之，把发展的基点放在创新上，紧紧牵住科技创新这个牛鼻子，让创新成为未来发展的核心竞争力和最鲜明的时代特征，宁夏才能构建以创新为引领的经济体系和发展方式，解决制约经济发展的深层次问题，才能推进发展理念、体制机制等全方位、多层次、宽领域的全面创新，才能把握发展方向，赢得发展先机，在新的历史起点上奋力前行。

三、宁夏实施创新驱动战略的现实基础

近年来，在自治区党委、政府的坚强领导下，宁夏以科技创新为引领，着力实施创新驱动发展战略，支撑产业向中高端发展，取得了显著成效。2017 年，宁夏的区域创新能力从“十一五”末全国排名第 29 位提升到第 22 位，综合科技进步水平从第 27 位提升到第 21 位（2016 年数据）。预计 2017 年科技进步对经济增长的贡献率将首次突破 50%，农业科技进步贡献率超过全国平均水平达到 59%，专利申请和授权量增幅连续多年位居西部前列。

（一）科技研发及成果转化成效明显

通过组织实施一批重大科技专项，攻克一批支撑产业发展共性关键技术，科技研发及成果转化取得实质性突破。

一是攻克一批制约产业升级的关键技术。大型水面舰艇阻拦装置用特种钢丝绳生产技术、高性能 Nb0 粉核心制备技术、高温铌钨合金涂层技术、电网继电保护省地一体化整定计算系统等技术处于国际先进水平。高效节水农业、农业物联网等方面取得一批国内领先的重要成果。

二是取得并转化了一批重要科技成果。坚持聚焦产业重大需求设计，布局重大重点科技项目，先后组织实施了 30 多项国家和自治区重大科技项目，每年布局 100 多个重点科技项目，一些科技成果具有较高水平，有 18 项科技成果连续 10 年获得国家科技进步奖。“十三五”期间将围绕煤化

工、智能制造、新材料、枸杞、葡萄、草牧等领域，组织实施30个以上自治区重大科技项目，2017年以来已经启动实施了17个。

（二）企业创新主体地位持续加强

一是着力培育科技型企业。截至2017年底，已推荐认定国家高新技术企业95家，认定自治区科技型中小企业544家。

二是着力支持企业科技创新。以培育一批创新创业典型企业为抓手，通过实施企业科技创新后补助等政策，引导企业加大科技投入，企业研发经费占全社会R&D经费支出比重达到75%，成为研发投入和技术创新主体。

三是促进科技金融结合。通过贷款贴息和风险补偿资金，支持255家企业获得银行贷款19亿元。启动了科技保险试点工作，累计承保额度超过5000万元。积极探索组建科技成果转化、创新创业投资、科技担保等基金前期工作。

（三）科技创新“两区”加快建设

宁夏坚持“有所为，有所不为”，突出特色，发挥优势，集中创新资源，优化创新布局，破解发展瓶颈。

一是推进沿黄科技创新改革试验区建设。以宁夏科技资源最富集、产业特色最鲜明的银川、石嘴山、吴忠、中卫4市和宁东能源化工基地（简称“4+1”主体）内的国家和自治区高新区、能源化工基地为核心，在经济的核心地带、产业的关键领域先行先试、大胆探索，建设创新发展先导区，叠加放大各种科技创新政策效应，促进宁夏产业结构调整和经济优化升级。沿黄试验区建设被国务院纳入《“十三五”国家科技创新规划》，2017年已制定完成沿黄科技创新改革试验区建设总体方案和“4+1”主体各自的实施方案，并召开沿黄试验区建设启动会，签署责任书，落地一批重大科技项目。根据自治区安排，从2018年起将每年统筹2亿元财政资金，专项支持试验区建设。

二是启动现代农业科技创新示范区建设。宁夏将以5个国家农业科技园区为核心区，以智慧农业为引领，建成1家国家农业高新区，提升5个国家农业科技园区，打造20个以上现代农业科技创新示范展示区，全面提升宁夏农业优势特色产业科技水平。

（四）创新平台与载体建设步伐明显加快

按照“整合、共享、服务、创新”的基本思路，构筑一批紧贴产业需求的创新平台、科技园区和资源共享平台。

一是创新平台建设取得明显进展。2017 年，获批宁夏首家省部共建煤炭清洁利用与绿色化工国家重点实验室，启动自治区产业技术协同创新中心、临床医学研究中心建设工作。

二是创新服务平台建设方面，加快推进科技企业孵化器、众创空间建设。截止到 2017 年 11 月，建立国家和自治区科技企业孵化器 12 家、众创空间 22 家、生产力促进中心 8 家，促进了中小企业发展壮大。正在组建线上线下相结合的技术交易平台。

三是在推进科技园区建设方面，制定了自治区高新区认定管理办法，推动吴忠金积工业园、中卫工业园培育创建自治区高新区。国家高新技术产业开发区达到 2 家，国家级农业科技园区达到 5 家，国家级大学科技园 1 家，实现国家农业科技园区市级全覆盖，成为全国国家级科技园区密度最大的省区。

（五）科技人才队伍建设明显加强

围绕经济社会发展需要，加快培养结构合理的科技创新人才队伍。

一是科技人才政策环境持续优化。制定出台支持人才及培养、引进和使用人才的政策措施 50 多项，有效优化了科技人才创新创业政策环境。

二是科技人员数量持续增长。先后柔性引进院士 119 人、知名专家 338 人，全区从事科技工作人员达到 3.12 万人。

三是科技创新创业人才队伍持续壮大。引进培育科技人才 1200 多名，全区科技创新团队总数达到 77 个，涵盖能源化工、新材料、先进装备制造、现代农业、医药卫生等多个领域。大力推进科技特派员创业行动，科技特派员创业形成了“宁夏模式”。汇聚科技扶贫指导员“百人团”、“三区”人才专项、科技特派员行动等深入推进脱贫攻坚战略，科技扶贫成为促进贫困农民增收致富的利器。

（六）科技合作与交流水平明显提升

以培育对外科技合作示范基地为抓手，加快推进对外科技合作与交流。

一是建立了“科技支宁”东西部合作机制。认真贯彻习近平总书记视察宁夏重要讲话精神，按照“欠发达地区可以通过东西部联动和对口支援等机制来增加科技力量”的重要指示，研究制订了“科技支宁”东西部合作方案。2017 年 8 月在银川成功召开了首届有 6 省市及三大院校负责人参加的“科技支宁”东西部合作推进会，签约合作项目四大类 104 个，形成了三项“科技支宁”东西部合作保障机制，即成立了由科技部和自治区主要领导任领导的“科技支宁”东西部合作协调领导小组，每年召开“科技支宁”东西部合作推进会，每年对接签约一批东西部科技合作项目。

二是与发达国家和地区科技合作取得重要成果。先后与 40 多个国家和地区建立科技合作关系，引进先进适用技术 60 多项。

三是中阿科技合作迈入新阶段。2015 年，中阿技术转移中心落户宁夏。截至 2017 年，成立双边技术转移中心 8 个。依托中阿技术转移中心，中阿双方在椰枣、现代节水农业、农业物联网等领域开展了有效合作。

（七）知识产权工作持续加强

一是知识产权政策环境进一步优化。制订出台贯彻落实国家加快知识产权强国建设若干意见的实施方案等政策措施。银川经济技术开发区、吴忠金积工业园区被确定为 2017 年新一批国家知识产权试点园区。

二是不断推动知识产权强企工程。推荐 11 家企业申报国家知识产权（示范）优势企业。全区拥有专利专员的企业达到 243 家。

三是专利申请授权量稳步增长。截至 2017 年 11 月底，全区共申请专利 7147 件，获授权专利 3058 件，其中授权发明专利 514 件，全区共有有效发明专利 2123 件，万人拥有有效发明专利数达到 3.16 件。神华宁煤集团的“旋流干煤气化炉”专利技术获得第十九届中国专利奖金奖，是时隔 10 年后宁夏再次获得的中国知识产权最高奖。

我们清醒地看到，虽然近年来全区科技创新事业取得较快发展，但科技自身实力不强，支撑经济社会发展能力弱的问题依然突出，与推进以科技创新为核心的创新驱动战略要求相比，还存在一些问题：

一是科技创新工作还未真正居于重要位置。市、县（区）还没有把科技创新与经济发展同规划、同部署，与经济形势同分析，与年度绩效同考核。

二是科技创新投入强度明显不足。2016 年，全区 R&D 经费支出占 GDP 比重仅为 0.95%，R&D 水平在全国排名第 22 位，相当于同期全国平均水平的 45%，实现 2020 年 R&D 经费支出占 GDP 比重 2%的目标还有很大难度。

三是高层次创新人才短缺，特别是“两院院士”“千人计划”等领军人才十分缺乏，严重影响全区科技创新能力提升。

四是创新体制机制改革还需深化。全区科技创新资源碎片化、重复投入问题突出，统筹协调和整合集成不够。

五是科技与经济结合不够紧密，科技服务体系还不完善。市场配置科技资源机制不完善，作用发挥不充分，科技供给数量不足、质量不高，科技成果转化渠道还不通畅，产学研协同创新层次不高、深度不够，科技与经济“两张皮”现象依然突出。

六是企业科技创新主体地位作用发挥不够。科技型企业数量少，在国内外有较强影响力的高新技术企业更少，大部分企业存在“四少一低”现象，即科技投入少、科技创新平台少、科技创新人才少、科技成果数量少和研发水平低。

四、宁夏实施创新驱动战略的基本思路和主要目标

(一) 基本思路

全面贯彻党的十九大和自治区第十二次党代会精神，按照“五位一体”和“四个全面”战略布局总体布局的要求，以“创新、协调、绿色、开放、共享”发展理念为统领，以深入实施创新驱动战略为主线，以深化体制机制改革为动力，以提升发展质量和效益为核心，以支撑产业转型升级和供给侧结构性改革为主攻方向，以实施《国家创新驱动发展战略纲要》、融入国家“一带一路”、建设沿黄科技创新改革试验区和现代农业科技创新示范区为重点，坚持开放创新和特色创新，推动以科技创新为核心的全面创新，更好发挥科技第一生产力、创新第一动力、人才第一资源的作用，促进科技与经济紧密结合，把创新驱动战略真正落实到发展新经济、培育新动能、促进经济转型升级中，着力提高自主创新能力，打造创新生态，为努力实

现经济繁荣、民族团结、环境优美、人民富裕，确保与全国同步进入全面小康社会提供强大支撑。

（二）主要目标

到2020年，基本建成具有宁夏特色的区域创新体系，科技创新活力和动力显著提升，科技对产业支撑引领作用明显增强，科技成果转化应用能力大幅提高，企业自主创新能力普遍增强，科技创新环境明显改善，成为国家区域科技创新改革试验区、东西部科技合作与试点示范区、科技支撑“一带一路”建设试验区。具体目标是实现“一个突破”“两个壮大”和“三个提升”。

“一个突破”：科技对经济发展的支撑能力取得重大突破，全区科技进步贡献率达到55%以上，综合科技进步水平进入全国20名以内。

“两个壮大”：科技型企业队伍明显壮大，高新技术企业发展到100家以上，科技型中小企业增加到1000家以上，科技型“双创”主体达1万家以上。创新型人才队伍明显壮大，培养引进国内外科技领军人才130多名，有科技创新团队100多个，培养高层次科技人才1000多名和高技能人才1万多名。

“三个提升”：全区创新能力大幅提升，各级财政用于R&D投入的年均增速达到30%以上，全社会R&D经费支出占GDP比重达到2%以上，万人发明专利达到3.5件以上，具备科学素质的公民比例达到6.3%以上；产业创新能力大幅提升，各类科技创新平台达到500个以上，高技术产业增加值占规模以上工业增加值比重达到10%左右；企业创新能力大幅提升，企业研发投入明显提高，规模以上工业企业和高新技术企业的研发投入占主营业务收入的比重分别达到1%、5%以上。

五、宁夏实施创新驱动战略的主要任务

（一）优化重点区域布局，打造创新发展增长极

一是加快建设宁夏沿黄科技创新改革试验区。统筹推进科技创新、制度创新和产业创新，着力完善开放型区域创新体系，建设企业育成体系、人才支撑体系、创新平台体系、公共服务体系，支撑引领经济转型升级。

充分调动自治区和市县积极性，明确责任主体，建立激励机制，形成自治区主导、市县主建、部门协作、区域协同的工作机制和责任机制。充分利用内陆开放型经济试验区相关政策，大胆探索，先行先试，不断总结推广，逐步扩大试验范围，使沿黄科技创新试验区成为引领带动全区创新驱动发展的核心载体，科技进步贡献率达到60%以上。

二是启动建设现代农业科技创新示范区。以5个国家农业科技园区和自治区农业科技园区为主，聚焦农业“1+4”特色产业，集成创新高效节水、农机农艺融合、草牧业一体、盐碱地改良等技术模式，构建信息化主导、生物技术引领、智能化生产、绿色技术支撑的现代农业技术体系。组建一批全产业链条农业科技联合体，培育一批农业高新技术企业，建立一批技术领先、业态高端的现代农业示范基地，构建现代农业产业、生产、经营三大体系，带动一、二、三产业融合发展，努力走出一条产出高效、产品安全、资源节约、环境友好的农业现代化道路，全区农业科技进步贡献率达到63%以上。

（二）提升科技供给能力，促进产业转型升级

一是强化重点领域科技创新。促进科技创新与产业发展深度融合，围绕煤炭清洁利用、新能源、新材料、智能制造、大数据、云计算、现代纺织、生物医药、生态环保、优质粮食、草畜、蔬菜、枸杞、葡萄等领域和产业的技术需求，加大引进消化吸收再创新和集成创新力度。聚集优势力量，每年实施200个以上重点研发项目，攻克一批关键核心技术，形成一批重要专利和技术标准，大幅提升科技创新成果质量和数量。在“十三五”期间实施30个以上重大科技项目，在煤制油、铸造用工业级3D打印、枸杞、葡萄酒等领域实现重大技术突破，力争达到国内甚至国际一流技术水平，形成若干战略性技术和产品，推动产业结构转型升级。

二是打造开放型创新平台。加大与国内大院大所、科技园区和科技强省合作，引进并支持在宁夏建立研发机构20家以上。加强与发达国家科技创新合作，建立联合实验室或研究中心。加快组建中科院宁夏产业技术研究院，支持各市建设自治区产业技术研究机构。

三是加强科技成果转化应用。组织实施一批具有自主知识产权、市场竞争力强、支撑经济发展作用明显的科技成果转移转化示范项目，引进并推广应用一批先进成熟适用技术成果，加快新技术、新工艺、新产品产业化。推动科技成果“三权下放”，提高科研人员成果转化收益比例。

（三）培育科技创新主体，提升创新创业能力

一是实施科技型企业壮大工程。充分发挥市场主导作用，通过引导民间资本投资兴办科技型中小企业，对现有中小企业进行嫁接改造，加大引进科技型企业力度以及鼓励大中型企业通过延长产业链兴办科技型中小企业等多种方式，培育引进1000家以上科技型中小企业。每年从全区科技型中小企业中遴选出20多家高成长性、高技术水平的企业。一企一策，通过财政奖补、税收优惠和科技金融等支持方式，加快培育一批科技小巨人企业。开展自治区级高新技术企业认定工作，加快国家级高新技术企业成长梯队建设。

二是激发高校科研院所创新活力。完善稳定支持和竞争性支持相协调的机制，扩大高校、科研院所学术自主权、个人科研选择权，下放科研类会议、差旅、出国经费的管理权限。研究出台扶持高校科技创新能力提升政策措施，支持宁夏大学建成西部一流大学。出台政策鼓励社会资本参与建设发展新型研发机构，在政府项目承担、职称评审、人才引进、建设用地、投融资等方面给予支持。建立和完善公益类科研机构创新绩效分类评价制度，委托第三方机构开展科研创新绩效评价，逐步建立以创新绩效为导向的财政拨款制度。

三是推动创新创业加快发展。深入推进科技特派员创新创业行动，进一步完善科技特派员创业服务机制，打造一批“星创天地”，培育形成法人科技特派员集群。大力发展“互联网+”双创网络服务体系，推进孵化园区、创业社区、创业小镇等创新创业集聚区发展，逐步形成“创业苗圃+孵化器+加速器+产业园”阶梯形孵化体系。

（四）建设创新型人才队伍，提升核心竞争力

一是突出引培“高精尖缺”人才。围绕宁夏发展战略需求，建立产业对人才需求的预测调整机制，突出抓好院士后备人才、青年拔尖人才和领军人才培育工程。加大高层次科技人才、高技能人才和创新型企业家培养力度，依托企业和重大科研项目、重点学科及科研平台基地，培养造就一大批高端产业发展急需的紧缺人才。吸引国内知名高校在宁夏设立分校或二级学院，择优选送高层次人才到国内外知名企业和研发机构研修锻炼。

二是创新科技人才评价机制。建立以创新质量、贡献、绩效为导向的科技人才分类评价体系，基础研究突出中长期目标导向，重视国内外同行评价；应用开发研究注重对产业发展的实际贡献；成果转化和创新创业注重市场和用户评价。完善科学技术奖励评价机制，注重科技创新质量，突出对重大科技贡献、优秀创新团队和青年人才的激励。

（五）加快推进开放创新，深化国内外科技合作

一是进一步完善“科技支宁”合作机制。充分发挥中科院等科研院所及东部科技强省的科技资源和高层次人才聚集的综合优势，围绕宁夏优势资源开发、区域经济社会发展和社会民生的重大问题，积极拓展东西部合作渠道，力争与上海、广东、重庆、四川等省市建立合作关系。立足“科技支宁”现有合作基础，按照“市场主导、政府引导”的原则，积极争取国家批准在宁夏开展东西部科技合作创新驱动发展试点。

二是加强与欧美、日韩等发达国家和地区的科技合作。持续引进欧美、日韩等发达国家和地区高层次人才，派遣科技人员赴国外培训、进修，培养一支具有较高水平的国际科技合作专业队伍。以科技合作项目为依托，开展技术引进、联合研究等多种形式的科技合作与交流，提升宁夏国际科技合作水平和质量。

三是推进与“一带一路”沿线国家的合作。集成全国科技资源和要素，挖掘中国及“一带一路”沿线国家企业和机构的技术合作需求，支持我国具有技术优势和国际市场竞争力的高新技术和装备走向“一带一路”沿线和阿拉伯国家。

（六）优化创新治理机制，营造良好创新生态

一是完善科技计划管理机制。落实《关于深化自治区财政科技计划（专项、基金等）管理改革的方案》，加大科技管理部门对财政 R&D 经费的统筹力度。加大基础性、公益性和重大共性关键技术研究的财政资金引导支持力度。改革和创新科研经费使用与管理方式，让经费为人的创造性活动服务。继续简化财政支持科研项目经费立项审批和拨付程序，进一步放宽科研项目预算调整审批权。提高财政科研项目人员费比例，增加间接费用比重，对劳务费不设比例限制。建立健全科技项目统一管理信息平台和信用制度，加强科技信用管理。

二是构建多元化科技投融资机制。推进科技与金融紧密结合，扩大科技金融专项资金规模，加大风险补偿贷款试点范围，推进知识产权质押融资和科技保险业务。提高自治区产业引导基金支持创新发展效率，对宁夏在“新三板”挂牌的科技型企业，采取直投方式，给予一定数量的参股支持并进一步跟进投资。设立自治区科技创新投资基金和科技成果转化投资基金，鼓励国（境）内外民间资本在宁夏开展风险投资业务并设立风险投资机构。探索商业银行“投贷结合”新模式，鼓励银行设立具有投资功能的子公司或设立科技金融专营机构。支持保险公司针对科技型企业扩大保险险种范围，加大科技保费补助，降低企业科技创新投入风险。支持发展债券融资，推动符合条件的科技型企业发行公司债券及集合债券等私募债。

三是实施知识产权、标准、质量和品牌战略。实施科技型企业消除“零”专利、高新技术企业消除“零”发明专利计划，通过建立专利申请绿色通道，给予专利申请资金补贴，加大专利知识培训力度等措施，提高企业的专利数量和质量。鼓励企业实行研发项目知识产权全过程管理，设立知识产权专员，提供知识产权跟踪、策划、咨询服务。加快推进企业知识产权贯标工作，打造知识产权强企。

四是营造创新氛围。加强舆论引导，大力宣传创新人才、创新企业、创新成果、创新品牌，树立一批先进典型。对有突出贡献、有示范作用、辐射性强的先进集体、创新团队、创新标兵和优秀组织者进行评选表彰。支持举办创新创业论坛、创新创业大赛等活动，活跃全区创新创业氛围。加强培育创新文化，大力弘扬崇尚科学、敢于创新、宽容失败、开放包容的社会风尚。

推进宁夏沿黄生态经济带建设的几个问题研究

刘 雨 孟光永 牛永生

生态文明建设是事关实现“两个一百年”奋斗目标、事关中华民族永续发展的大事。自治区第十二次党代会提出，全力打造生态优先、绿色发展、产城融合、人水和谐的沿黄生态经济带。这是深入贯彻落实习近平总书记视察宁夏重要讲话精神的重要举措，也是大力实施生态立区战略的必然要求。

一、宁夏沿黄地区在经济社会发展中的地位和优势

黄河自中卫入境，从石嘴山出境，途经宁夏5个地级市中的4市，有10个城市聚集在沿黄区域，集中了全区64%的人口、80%的城镇和82%的城镇人口，创造了全区经济总量的90%、财政收入的94%，是宁夏经济发展的“火车头”，是国务院确定的18个国家级重点开发区之一。沿黄地区在宁夏经济社会发展中的地位重要，优势明显。

产业集中布局。宁夏的产业主要集中在沿黄地区，已初步形成了煤炭、电力、冶金、化工、机械、轻纺、生物制药、大数据、云计算、电子商务

作者简介：刘雨，自治区党委政策研究室副主任；孟光永，自治区党委政策研究室综合研究一处处长；牛永生，自治区党委政策研究室综合研究一处副处长。

和特色农产品等具有现代化水平和区域特色的产业布局。

能源储量丰富。沿黄经济区集中了全区 99%的煤炭资源，探明储量超过 300 亿吨，远景储量达 2027 亿吨，分别居全国第六位和第五位；风能、太阳能资源丰富，是我国重要的煤机装备、光伏产品生产基地。

农业特色明显。沿黄两岸地势平坦，土地资源丰富，光热资源充足，引黄灌溉便利，拥有大面积的自流灌区，现有耕地 600 万亩，占全区灌溉面积的 43.2%，枸杞、葡萄酒、水稻、硒砂瓜、畜牧业等农业特色优势产业取得长足发展，是全国四大灌区、十大传统牧区和 12 个商品粮基地之一。

基础设施完善。宁夏地处我国西部包昆纵轴通道与欧亚大陆桥北通道两大交通走廊交会点，是华北、东北连接青藏高原和大西北的重要通道，已经形成以银川为中心的铁路、公路、航空相交织的立体运输网络。银西高铁、吴忠至中卫城际铁路的开工建设，即将结束宁夏没有高铁的历史。同时，也是我国能源安全西北通道的重要枢纽，国家在建和规划建设的西气东输等 8 条油气管线都经中卫向全国分流。

二、建设沿黄生态经济带符合“人与自然和谐共生”的发展要求

党中央高度重视生态文明建设，在大力开展经济建设的同时，采取多种措施应对经济发展与生态环境的矛盾，坚决遏制伴随经济发展而来的生态问题。特别是党的十八大以来，以习近平同志为核心的党中央高度重视并大力推进生态文明建设，从生态、经济、社会有机整体出发，以新视角认识、理解、把握生态与经济协调发展问题，鲜明提出了绿色发展理念。这标志着我们党对人与自然关系和人类文明发展规律的认识达到了新的高度，对生态文明建设规律的认识达到了新的水平，进一步昭示了以习近平同志为核心的党中央加强生态文明建设的坚定意志和坚强决心。

习近平总书记十分关注绿色发展问题，在国内外多个场合，系统阐述了绿色发展的理念、方针、举措。如：“要正确处理好经济发展同生态环境保护的关系，牢固树立保护生态环境就是保护生产力、改善生态环境就是发展生产力的理念。”“既要金山银山，也要绿水青山，宁要绿水青山，

不要金山银山。”总书记十分重视长江、黄河流域的开发与保护问题。2016年1月，在重庆召开的推动长江经济带发展座谈会上强调：“当前和今后相当长一个时期，要把修复长江生态环境摆在压倒性位置，共抓大保护，不搞大开发。”同年7月，总书记视察宁夏时特别强调了黄河保护问题，指出：“宁夏是黄河流出青海的第二个省区，一定要加强黄河保护。沿岸各省区都要自觉承担起保护黄河的重要责任，坚决杜绝污染黄河行为，让母亲河永远健康。”

自治区党委始终按照中央的决策部署和习近平总书记的指示要求，高度重视保护生态文明建设，先后出台《宁夏空间发展战略规划》《关于落实绿色发展理念　加快美丽宁夏建设的意见》，对宁夏特别是沿黄地区的产业发展、生态建设、环境保护等作出系统安排，明确提出了生态立区战略。为推动绿色发展，自治区党委深入开展调查研究，认真分析经济发展和生态建设形势，结合宁夏发展实际，在自治区第十二次党代会上作出了打造沿黄生态经济带的重大决策。这是自治区党委坚持创新、协调、绿色、开放、共享的发展理念，准确研判生态建设形势，顺应人民群众期盼，作出的重大决策部署，充分体现了走生态优先、绿色发展之路的坚定决心。打造沿黄生态经济带，是贯彻落实绿色发展理念、打造优美生态环境、培育发展新优势、创造人民美好生活的具体载体，符合生态文明的绿色发展时代进程，符合可持续发展规律、自然资源永续利用规律和生态环境保护规律，必将在不断开拓过程中实现生态与经济、人与自然和谐统一与协调发展。

三、关于沿黄生态经济带建设的几个问题研究

（一）关于牢固树立绿色发展理念的问题

打造沿黄生态经济带，是自治区党委以新发展理念为指导，把绿色发展与宁夏实际相结合的产物。其核心要义是以保护“母亲河”为己任，推动沿黄地区实现生态与经济相结合的绿色发展、人与自然相和谐的文明发展。从调研情况看，一些地方和领导干部绿色发展理念树立的还不够牢固，加之长期以来受“靠山吃山，靠水吃水”资源开发模式的影响，在认识和实践上还存在一些片面性。一方面重开发、轻保护。宁夏历史上以“天下

黄河富宁夏”而著称，这是一种农耕文明的优势观。这一观念因袭至今，形成了一种索取式的发展思维定式，在实践上造成需水用水而不惜水节水的突出问题。习近平总书记指出：“现在，黄河水资源利用率已高达70%，远超40%的国际公认的河流水资源开发利用率警戒线，污染黄河事件时有发生，黄河不堪重负！”从宁夏看，万元地区生产总值用水量为206.1立方米，是全国平均水平的2.6倍。据有关部门反映，沿黄一带许多企业都开挖自备井，无代价无节制采挖地下水问题相当突出。另据了解，沿黄地区废水排放量占全区废水排放量的92%，主要排水沟水质多数为劣Ⅴ类。沿黄地区集中了全区99%的煤炭资源。多年来，因煤发电、因煤电发展高载能、因煤发展煤化工。应当说，依资源禀赋发展工业具有其客观必然性，但传统工业发展模式对生态和环保的忽视，减少了宁夏发展的“绿色”成分。据了解，2011年，分布于沿黄地区的银川、石嘴山、吴忠、中卫4市城市环境空气质量优良天数分别为91.2%、88.2%、89.0%、86.6%，到2016年，5年间优良天数均明显下降，分别下降22.3个百分点、23.7个百分点、12.5个百分点、7.6个百分点。另一方面重显绩、轻潜绩。由于经济增长是看得见、能反映到账面上的政绩，而生态效益是难以量化、难以直观反映的政绩，加之考核导向驱动存在片面性，一些地方和部门存在着经济增长和生态环境“零和”式的选择性思维，而没有认识到经济建设和生态建设是可以共赢的。基于这种思维的惯性，有的地方穿的是绿色发展新鞋子，走的仍然是传统发展老路子。比如，有的工业园区贴的是“生态”标签，卖的仍是高载能“老酒”；有的地方相关职能部门之间缺乏工作的合力，主攻一点，不计其余，为了谋求经济利益最大化，最大限度地为投资者作出让步，使抓经济建设与抓生态建设存在脱节，弱化了推动绿色发展的力度。从各地近年来实施的招商引资项目看，产能过剩的项目占到70%，打基础、利长远的项目不足30%。从全国工商联第十一次常委会议暨宁夏创新发展大会签约项目来看，能源化工及冶金建材项目占计划投资的43.22%。

理念是行动的先导。打造沿黄生态经济带，应当以解决认识问题为突破口，把推动绿色发展作为内在要求，为沿黄地区发展生态经济奠定深厚而广泛的思想基础、社会基础。

一是加大环境保护和整治力度。坚持防治并举，实行最严格的环境保护政策，严守生态环保底线，全面提高污染防治水平。实施更严格的排污总量控制措施，深化大气污染防治，系统开展水污染治理，尽快实现生态环境质量的突破性改善。严格落实开发项目事前环境影响评价制度，提高产业准入门槛，做到所有工业企业持证排污和达标排放，防止产业承接中的污染转移。针对违规排污、破坏生态环境等突出问题，加强联合执法、综合执法，形成执法合力。强化环境风险防范，加快重点污染企业排污在线实时监测体系和环境监测预警体系建设，提高环境应急响应能力。

二是围绕打造沿黄生态经济带，推动相关区域在全社会开展以“天下黄河美宁夏”为主题的绿色发展大讨论活动，提升社会各界对绿色发展的认识水平，使保护“母亲河”成为社会成员的自觉行动。

三是结合腾格里沙漠地下水污染、祁连山自然保护区、贺兰山自然保护区等破坏生态环境案例，在各级干部中开展相关警示教育，强化各级干部绿色发展意识。

四是利用世界环境日、森林日、水日、低碳日等节日，全方位开展生态环境国情区情和绿色价值观教育，大力传播绿色发展理念，积极培育生态文化和生态道德，让绿色发展理念成为全民共同的价值追求。

五是深入开展生态文明教育进机关、进乡村、进社区、进学校、进企业活动，加快生态文明知识普及。倡导文明健康的生活方式，鼓励居民在饮食、出行、居住等各个方面践行绿色化，逐步培育生活方式绿色化的行为模式。

（二）关于转变发展方式的问题

沿黄地区是全区人口密集区、资源富集区、产业集聚区、经济核心区。改革开放以来，特别是西部大开发以来，沿黄地区经济快速发展，为全区与全国同步建成全面小康社会奠定了比较坚实的物质基础。同时，由于特定的历史背景，全区在推进工业化、城市化进程中主要走的是外延式发展的路子，粗放式发展的特征比较明显。近年来，自治区党委、政府认真贯彻新发展理念，正确处理经济建设、资源利用和环境保护之间的关系，积极推动绿色发展，取得了一定成效，但发展方式粗放的状况还没有得到根本改变，与打造沿黄生态经济带的要求存在较大差距。从调研分析看，全区在沿黄地区打造“生态经济”主要面临着三大瓶颈制约。

一是面临着产业发展瓶颈制约。倚重倚能的产业结构是横阻沿黄地区走生态绿色发展路子的一大关隘。轻重工业结构不合理，全区轻工业占比19%，低于全国平均水平。煤炭、电力、原材料等高耗能产业占全区工业的75%以上。制造业贡献程度较低，全区制造业总产值占全部工业的60%，低于全国平均水平26个百分点。高新技术产业占比不高，国家高新技术企业仅有77家，高端、高附加值工业产品少，产业链不健全，产业配套有待形成。

二是面临着动能转换瓶颈制约。没有发展动能的加快转换，沿黄地区外延式发展的格局就难以从根本上改变。宁夏经济增长属于投资拉动型。2016年，全社会固定资产投资与地区生产总值之比达到1.22∶1，比2011年上升0.43个百分点。一方面反映出经济增长对投资过度依赖，另一方面折射出投资效益低下（2016年固定资产投资效果系数为0.06，比全国低0.04个点，居全国第22位；工业投资效益系数从2010年的0.168下降到2016年0.038），结构不合理，增加投资对经济增长的边际效益下降，意味着依靠投资拉动经济增长将越来越困难。同时，由于受地域条件和经济发展水平等因素制约，宁夏科技创新能力还比较弱，综合科技进步水平指数在全国31个省区市中排名第21~27位。

三是面临着资源利用瓶颈制约。经济难以循环，绿色发展的路子就难以通畅。从“十二五”看，全区单位GDP能耗累计降幅较国家平均水平低11.3个百分点，每吨能源消费产出的GDP是0.54万元，仅为全国平均水平的34.3%。万元GDP能耗是2.1吨标准煤，是全国平均水平的2.8倍。宁夏每万元地区生产总值消耗的能源、水资源均偏高，资源节约与循环利用的能力和水平有待提高。宁东基地、吴忠地区和石嘴山地区粉煤灰综合治理率，石嘴山市、中卫市的冶金类废物（金属镁还原渣和锰渣等）利用率仍然较低，大宗工业固体废物综合利用压力不断加大。

没有发展方式的根本转变，就没有沿黄生态经济带建设的实质性推进。推动沿黄生态经济带建设，应牢牢把握供给侧结构性改革主线，按照“三地”的目标要求加快转变发展方式。

一是把沿黄地区打造为示范转型发展的基地。立足沿黄资源优势和产业基础，加快培育和壮大与沿黄生态经济带定位相适应的现代产业体系。推进农业生产生态化，积极发展循环农业、节能农业、有机农业、立体农业、特色农业、创意农业和生态渔业、林下种养、现代畜牧业，推进规模化、标准化生产，创建一批国家级现代农业示范区和有机产品认证示范区，打响宁夏绿色农产品品牌；大力发展战略性新兴产业，重点培育发展一批高端装备制造、新一代信息技术、新材料、新能源、生物工程、新能源汽车等产业；推动产业园区化、园区专业化，大力发展特色工业园区，推动招商引资向招商选资转变，提升承接产业转移层次，实现工业集聚发展、错位发展和转型升级；加快全域旅游示范区建设，加快发展大健康医药产业，积极发展电子商务、现代金融、科技服务等新兴先导型服务业，推动服务业发展扩规提档。

二是把沿黄地区打造为引领创新发展的高地。以推进宁夏沿黄科技创新改革试验区建设为载体，深化科技体制改革，建立符合生态文明建设领域科研活动特点的管理体制和运行机制；依托现有优势产业，通过技术创新和成果转化，“有中生新”，不断推出新技术、培育新业态；通过招商引资和技术引进等方式，“无中生有”，培育发展新产业；坚持企业创新主体地位，大力培育创新型企业，加强科研院所和高校自主创新能力，推动企业与科研院所、高校形成创新联盟，切实推进产学研合作，提升协同创新能力；加大绿色经济领域的科技供给力度，把科技创新与绿色经济发展、生态建设和环境保护等结合起来，实施一批生态环境科技工程，以不断提高的创新能力推动沿黄生态经济带建设。

三是把沿黄地区打造为聚力循环发展的绿地。全面推进化工、冶金、有色等传统产业节能技术改造，淘汰落后工艺、落后技术和落后装备，采用先进适用技术优化生产流程，切实提高全区能源利用效率。大力发展循环经济，不断延伸产业发展链条，推行企业循环式生产、园区循环式发展、产业循环式组合，加强企业微循环、园区中循环、社会大循环的联通互动，初步形成煤炭、电力、煤化工、石油、冶金、有色金属和建材等产业的大循环发展格局。

（三）关于优化空间布局的问题

由于规划统筹作用发挥得不够，沿黄地区生产、生活、生态空间布局还不够科学，空间利用效率不高的问题还相当突出。一是空间分散，集聚不足。总体布局分散，沿黄城市带仍显发育不足，密度较高的沿黄地区核心圈层城镇平均间距15公里，城镇密度仅为太原城市群的一半、长三角的1/25。二是土地使用粗放。人均城镇用地远远超出国家标准。2016年，自治区人均城镇建设用地（不含独立工矿）为172.7平方米，远超国家115平方米的标准，其中沿黄地区的银川、石嘴山、吴忠、中卫4市人均城镇建设用地分别为173.6平方米、123.4平方米、203.3平方米、181.1平方米。三是园区布局分散，产出效率低，园区数量多。目前宁夏有各类园区50个，其中工业类40个，平均每个地级市有工业园区近8个，存在大量独立于城镇建成区以外的园区（非三类工业），基础设施重复投资问题突出；产业集群效应难以发挥，园区定位与项目落地存在较多错位，同类或相关行业分布分散，导致各地区间工业布局趋同严重，产业集群效益较低；产业准入的规划引导作用较弱，主导产业产值占园区总产值50%的园区只有2个，空间利用效率较低。整体单位用地产出水平较低，工业投资强度9.06亿元/平方公里，单位用地产出仅5.4亿元/平方公里。国家级开发区作为龙头，土地集约利用程度不高，均未达到西部平均水平（85.3亿元/平方公里），部分园区在全国排名落后。

推动沿黄生态经济带有序发展，要全面落实自治区空间规划，按照生产空间集约高效、生活空间宜居适度、生态空间山清水秀的原则，统筹规划包括产业集聚区、人口集聚区、综合服务区、生态保护区等在内的功能分区，形成产业与人口、资源、环境合理分布的格局。一是优化园区布局。按照全区一盘棋的发展思路，统筹优化工业园区布局。以空间聚集化、产业集群化为原则，继续加大园区整合力度，按关联度整合一批小、微、散园区，打造一批空间优化、产业聚集、生态环保、竞争力强的大型园区、重点园区和特色园区。对布局不合理、集聚效应差、难以形成投入产出良性循环的工业园区，采取放缓建设、改变用途、综合整治等办法进行处置。

采取共建或“飞地”形式，鼓励与发达地区、大型企业等合作共建工业园区，支持市县之间合作共建工业园区，探索限制开发区、禁止开发区与重点开发区之间合作共建工业园区。二是实施产业错位发展。坚持规划一张图，按照自治区即将出台的空间规划中产业发展布局和定位，推动沿黄生态经济带产业一体化发展。制定差异化的税收、考核、财政转移支付等产业引导政策，引导产业向规划方向聚集，对于引进的不符合产业定位的项目，坚决不予审批，彻底摒弃在自家“一亩三分地”打转转的地方狭隘思想，推进产业合理布局和融合发展。特别是大力引进投资规模大、带动能力强、产业互动融合度高、科技含量高、市场前景好、产业特色强的高新技术型项目落户。以骨干企业、骨干产品为龙头，加快形成集中度高、关联度大、竞争力强的支柱产业。三是推动城镇协调发展。以银川为核心，以石嘴山、吴忠、中卫为中心，以县城和小城镇为节点，加快形成各具特色、功能互补、协同发展的组团式城镇体系。按照分类指导、集约发展、规模适度、布局合理的原则，重点打造一批特色鲜明、吸纳能力强的中心镇。树立“精明增长”“紧凑城市”的理念，深入推进产城融合发展，大力发展教育、医疗、文化娱乐、商业等与城市功能匹配的服务业，推行街区功能混合、职住平衡的增长模式，实现城市内部空间结构和产业布局有机衔接。

（四）关于保障措施和推进机制的问题

按照《国家主体功能区规划》，宁夏沿黄经济区是国家层面的重点开发区之一。当前，沿黄地区创造了全区90%的经济总量、94%的财政收入。打造沿黄生态经济带事关保护“母亲河”的重要使命，事关宁夏建成全面小康社会和现代化建设大局。在经济新常态下，用新发展理念审视宁夏沿黄地区发展，必须在新的起点上走新路。应该围绕顶层设计、政策措施、工作机制等方面的工作作出新的谋划。

一是强化规划引领。促进沿河、沿湖地区生态经济发展，一些省区进行了探索和实践，做到了规划先行。如，江西省制定了《鄱阳湖生态经济区规划》，湖北省人代会通过了《关于大力推进长江经济带生态保护和绿色发展的决定》，广西制定了《生态经济发展五年规划》。借鉴这些省区的经验，根据自治区第十二次党代会精神，应做好顶层设计。考虑到自治区制定的宁夏空间规划、自治区生态保护与建设“十三五”规划，在空间范围已涵盖沿黄生态经济带，为了确保规划落地和沿黄生态经济带建设有序推进，可制订《沿黄生态经济带建设行动方案》或《沿黄生态经济带建设行动计划》，统筹考虑沿黄地区水资源条件、环境承载能力、防洪要求和生态安全，整合经济社会发展、土地利用、城乡建设、产业发展、生态保护等规划，对现有涉及沿黄生态经济带发展的各类区域规划和行业规划作出修改调整，严格规划硬性约束，并跟进相关政策措施，确保沿黄生态经济带自然生态空间的统一规划、有序开发、合理利用。

二是加大政策支持。推进激励和约束并举的制度创新，建立健全财税、金融、产业等政策，形成促进绿色发展的利益导向机制。完善财税政策，进一步加大生态环境保护投入力度，对资源节约和循环利用、新能源和可再生能源开发利用、环境基础设施建设、生态修复与建设、绿色科技创新等给予支持。探索构建绿色金融体系，完善绿色信贷制度，设立绿色发展基金，扩大绿色金融业务，支持企业发行绿色债券。充分发挥市场作用，鼓励各类投资进入绿色产业市场，积极培育污染治理、生态保护服务业等市场主体，支持开展环境污染第三方治理。

三是健全工作机制。成立自治区层面的沿黄生态经济带建设协调领导组织，或建立联席会议制度，负责统筹沿黄地区生态保护、经济建设协调发展问题。完善绿色发展评价指标体系、考核办法、奖惩机制，增加资源消耗、环境损害、生态效益等考核权重，根据不同区域的主体功能定位，实行差异化绩效考核评价办法。完善环保目标责任制的考核制度，建立健全生态环境保护督查制度，严格落实环境保护党政同责、一岗双责制度，积极推行领导干部自然资源离任审计，实施生态环境损害责任终身追究制度，构筑起生态文明的制度屏障。

宁夏脱贫富民战略研究

王慧春

坚决打赢脱贫攻坚战，大力实施富民工程，确保2020年现行标准下农村人口全部脱贫、与全国同步全面建成小康社会，是自治区党委、政府向党中央立下的军令状，向全区人民作出的庄严承诺。当前，宁夏仍有9个贫困县（区）、41.8万贫困人口尚未脱贫，贫困发生率和返贫率仍然很高。2016年，宁夏贫困发生率11.1%，比全国贫困发生率7.35%高出3.75个百分点，贫困地区农村居民人均可支配收入7505元，比全国贫困地区农村居民人均可支配收入低947元。宁夏中南部地区是革命老区、民族地区、贫困地区，此地区贫困人口大多居住在干旱缺水、山大沟深、不适宜人类居住的农村。2016年，全区贫困人口41.8万人，中南部9县（区）有建档立卡贫困人口36.2万人，占全区贫困人口的86.6%；全区人均GDP为46919元，中南部地区9县（区）人均GDP为25332元，只占全区平均水平的54%；全区财政自给率51.1%，中南部地区财政自给率11.96%，只占全区的23.4%。除此之外，宁夏还有53万城乡低保对象、16万自主移民，这些数字累加起来意味着全区还有110.8万困难群众。因此，全面打赢脱贫攻

作者简介：王慧春，自治区政府研究室农村处副处长，主要研究方向为经济政策、区域经济发展。

坚战，确保到2020年与全国同步全面建成小康社会，时间极其紧迫，任务极其艰巨，还需要付出艰苦卓绝的努力。

习近平总书记高度重视产业扶贫，来宁考察时强调：“发展产业是实现脱贫的根本之策。要因地制宜，把培育产业作为推动脱贫攻坚的根本出路。”中央提出“五个一批”的脱贫路径，排在首位的是发展产业脱贫。产业是经济发展的重要基础和有力支撑，产业兴则经济兴，产业强则经济强，产业扶贫对于促进贫困地区经济发展和贫困群众增收有着十分重要的作用。精准扶贫，产业推进是关键。宁夏认真贯彻习近平总书记产业扶贫重要思想，把农业产业扶贫作为优化农业供给结构、补齐农业现代化短板、实现全面小康的重要举措，务实推进，取得了积极进展。贫困地区多样化的资源优势逐渐转化为产业优势、经济优势和后发优势，贫困农民腰包逐渐鼓了起来。2013—2016年，贫困地区农村居民人均收入连续保持两位数增长，年均实际增长率达到10.7%，其中国家扶贫开发工作重点县农民收入是2012年的1.52倍、2010年的2倍。

自治区第十二次党代会提出要大力实施脱贫富民战略，坚决打赢脱贫攻坚战，大力实施富民工程，积极推进产业富民，要把资源优势有效转化为富民优势，多发展适销对路、能给老百姓带来财富的特色优势产业，依托新型农业经营主体带动，激发贫困群众内生动力，实现贫困人口持续稳定脱贫致富，为确保2020年现行标准下农村贫困人口全部脱贫、贫困县全部摘帽奠定坚实基础。

一、贫困地区产业扶贫发展基本情况

（一）精准扶持，完善政策体系

近年来，自治区党委、政府专门制定出台了《关于加快推进产业扶贫的指导意见》《关于创新财政支农方式　加快发展农业特色优势产业的扶持政策暨实施办法》等加快推进产业扶贫政策，支持贫困县（区）制定了一批特色产业精准扶贫规划和实施方案，形成了特色产业精准扶贫政策体系。固原市制订出台了肉牛产业全产业链提质增效和安格斯高档肉牛繁育基地实施方案，对建档立卡贫困户、脱贫退出户实施“5·30”及其倍增计划，对自我发展能力不足的贫困户实行托管种养、半赠全返、红利反哺等，实现贫困户产业扶持全覆盖。不断加大产业扶贫专项资金投入力度，通过直接补贴、贷款担保、风险补偿、贷款贴息、实物租赁、引导基金、农业保险等方式，支持贫困县（区）发展特色产业。已整合各类产业扶贫项目资金27.7亿元，精准支持冬小麦、马铃薯原原种免费供种、一级种薯推广、新建大中拱棚、标准化养殖棚圈、春秋覆膜等产业发展，建档立卡贫困户肉牛见犊补母政策实行全覆盖。贫困县（区）贷款担保基金和风险补偿基金已全部建立。支持脱贫销号村建档立卡贫困户基础母牛、基础母羊分别补栏11.2万头和36.2万只，繁育优质犊牛6.4万头，新建牛羊棚圈2.5万座、青贮池1.4万座，新建大中拱棚1500栋，春秋覆膜50万亩，中药材5万亩，中蜂养殖1.5万箱等。

（二）精准施策，打造扶贫产业

立足贫困地区资源优势，紧紧围绕特色产业、高品质、高端市场、高效益“一特三高”现代农业，宜农则农、宜牧则牧、宜林则林，选准脱贫致富产业，形成了盐池滩羊、同心有机枸杞、西吉马铃薯、原州冷凉蔬菜、隆德中药材、彭阳辣椒、红寺堡葡萄、海原肉牛等“一县一业”特色产业。推广“公司+基地+农户（建档立卡贫困户）”发展模式，建成了原州冷凉蔬菜、西吉马铃薯、彭阳辣椒等各具特色的生产基地和国家农业科技示范园。同时，因地制宜，因户施策，积极支持贫困户发展小杂粮、油料、中药材、黄花菜、中蜂、黑山羊、珍珠鸡等一村一品地方板块特色种养业。贫困县（区）马铃薯种植260万亩，肉牛饲养量170万头，肉羊饲养量850万只，瓜菜种植100万亩，特色优势产业已成为推动县域经济发展、带动贫困群众增收的富民产业。

（三）精准带动，创新扶贫机制

实施“四个一”示范带动工程，积极培育家庭农场、农民合作社、龙头企业等新型经营主体，与贫困户建立紧密利益联结机制，带动贫困户发展生产。2017年，贫困县（区）有自治区级龙头企业112家、农民合作社3027家、家庭农场886家，形成了整村推进、订单农业、先赊后还、企农共赢、托管代养、资产收益分配、扶贫车间带动、新业态助推8个产业扶贫模式。盐池县滩羊产业脱贫经验在全国产业扶贫暨农业援青现场观摩会上进行了交流，海原县华润集团采取“公司 + 基地 + 合作社 + 农户”基础母牛银行养殖模式，以三户联保的方式为贫困户赊销基础母牛，企业已赊销基础母牛 12117 头，产犊 2675 头。盐池县余聪公司成立资金互助中心，向贫困户提供信贷担保、承贷承还服务，累计发放贷款 1.2 亿元，解决了近 650 户贫困户融资难、融资贵问题。激活农村各类资源要素潜能，组建 27 个土地股份合作社，土地入股 3.9 万亩，增加了贫困户财产性收入。

（四）精准融合，拓宽增收渠道

自治区把推进农村一、二、三产业融合发展，延伸产业链，提升价值链，提高产业扶贫整体效益作为促进贫困群众稳定增收的重要抓手。

一是大力发展农产品精深加工。围绕“1+4”特色产业，优化农产品加工企业布局，引导龙头企业向贫困县（区）种养优势区集中，打造了红寺堡弘德、同心同德、原州圆德、西吉吉德、海原厚德等一批农产品加工园区，带动贫困村优质粮食、牛羊肉、瓜菜、枸杞、葡萄酒等特色农产品全产业链开发，延长了产业链，增加了附加值，贫困县（区）农产品加工转化率达到 56%。

二是着力打造优势农产品品牌。发挥中国“枸杞之乡”“滩羊之乡”“甘草之乡”“硒砂瓜之乡”“马铃薯之乡”优势，做优区域公共品牌，做强企业品牌和产品品牌，扩大品牌影响力，带动贫困群众从农产品品牌优势中获得更多收益。贫困县（区）形成了盐池滩羊、固原黄牛、西吉马铃薯、彭阳辣椒等一批区域公用品牌，创建中国驰名商标 7 个、宁夏著名商标 55 个，“三品一标”认证 137 个。盐池滩羊肉被 G20 杭州峰会选为国宴指定用肉，品牌价值达 68 亿元，滩羊产业已成为盐池贫困群众脱贫致富“金招牌”。

三是积极发展休闲农业和乡村旅游业。大力开展“农业 + 旅游”扶贫，不断拓展农业多种功能，推动休闲农业和乡村旅游与贫困人口脱贫致富有机结合。固原市连通各县（区）和各景区的旅游环线、6 条旅游精品线路，各沿线的美丽村镇等元素联通发展，成功打造了六盘山山花节、龙王坝休闲度假村、新和文化旅游、老巷子休闲养生度假区等旅游品牌和基地。彭阳县被评为国家级休闲农业与乡村旅游示范县，西吉县龙王坝村、大庄村，隆德县红崖村，彭阳县杨坪村都被评为中国美丽休闲乡村，彭阳县梯田景观、隆德县麦收景观、盐池县哈巴湖草原景观被评为中国美丽田园。创建了自治区级休闲农业示范农庄16个，带动贫困县（区）农民就业近2万人。

二、推进产业脱贫对策建议

（一）精准培育特色产业

深化农业供给侧结构性改革，依据贫困地区资源禀赋、产业基础、群众意愿，聚焦“1+4”特色产业，全面落实特色优势产业扶持政策，因地制宜支持贫困地区发展壮大优质粮食、马铃薯、瓜菜、枸杞、葡萄等特色优势产业，积极发展小杂粮、中药材、黄花菜、红树莓、珍珠鸡、肉兔等地方板块特色养殖业，确保贫困群众持续稳定增收。

1.发展优质粮食

大力推广高产优新品种和配套技术，推进粮经饲统筹、种养加一体的农牧结合发展模式。在原州、西吉、彭阳、隆德等县（区）大力发展中筋优质冬小麦，对当地贫困户实行冬小麦免费供种，保证其基本口粮。加大覆膜保墒旱作节水农业技术推广，支持同心、原州、彭阳、西吉等县（区）生产粮饲兼用型玉米。支持西吉、原州、海原、同心等县（区）加大马铃薯种植，给贫困户免费发放马铃薯原原种。

2.发展特色养殖业

在灌区生态移民村大力推广奶牛、肉牛托管模式，发展规模养殖，支持中部干旱带贫困户养殖滩羊，做强“中国滩羊之乡”品牌，推进南部山区养殖大户规模育肥与贫困户自繁自育相结合。全面实施贫困户肉牛“见犊补母”政策，推广华润“投母收犊”基础母牛银行扶贫模式，支持标准化养殖棚圈建设、基础母牛基础母羊补栏、优质牧草种植及加工利用。

3.发展瓜菜产业

倾力打造六盘山冷凉蔬菜、香山硒砂瓜品牌，加快西吉、原州、彭阳、海原等县（区）新设施、新品种、新技术综合配套建设，完善冷链储运体系，支持贫困村集中建设冷链储藏设施，支持贫困户建设设施大中拱棚，通过转包、出租、互换、转让、入股等方式集中土地资源，创建永久性蔬菜基地。

4.发展枸杞产业

在同心、原州、海原、红寺堡等县（区）启动实施低产低效园改造、标准化示范园建设、病虫害预测预报、可视性全程追溯、贴标生产等项目，提升枸杞现代化生产经营水平，鼓励企业、合作社、家庭农场流转贫困户土地，整村推进枸杞规模化基地建设。

5.发展葡萄酒产业

在红寺堡区、永宁县闽宁镇、青铜峡市甘城子等地，加大优良品种繁育、标准化生产基地、特色酒庄建设力度，促进葡萄酒与文化、旅游等产业融合，鼓励贫困户以土地（葡萄园）入股、租赁、流转、托管的方式与企业（酒庄）合作经营，积极引导贫困户到酒庄和葡萄种植基地就业。

6.发展地方板块产业

因地制宜，因户施策，积极支持贫困户发展小杂粮、油料、中药材、黄花菜、色素菊、红树莓等特色种植业和中蜂、黑毛驴、黑山羊、珍珠鸡、肉兔等地方板块特色养殖业，多渠道增加贫困群众收入。

（二）加强贫困地区基础设施建设

1.加大高标准农田建设

持续增加贫困地区农业基础设施建设投入，加大农业综合整治开发，做好土地复垦整理开发和农业综合开发项目，加大中低产田改造，加快建设集中连片、旱涝保收、稳产高产、生态友好的高标准农田，提高贫困地区农业综合生产能力。

2.加大贫困地区农村水利基础设施建设

开展农田水利“最后一公里”建设，大力推进六盘山集中连片特困地区扶贫攻坚水资源高效利用、中部干旱带西线供水和西海固地区脱贫引水等工程建设，加快实施盐环定、红寺堡、固扩扬工程更新改造和中部干旱带脱贫攻坚水源工程，增加贫困地区水资源供给。加强贫困村沟渠清淤和杂草清除、田间渠系配套建设。涉农资金优先保障农村饮水安全巩固提升工程建设，改善贫困地区群众生产生活条件。

（三）积极培育产业扶贫新业态

以产业链延伸、产业范围拓展、产业功能转型为核心，构建农村一、二、三产业融合发展的现代农业产业体系，让农民分享更多的产业增值收益。

1.做大做强农产品加工业

实施贫困地区农产品加工业倍增计划，积极发展特色农产品产地初加工，推动精深加工发展。大力支持贫困地区立足当地特色资源，引进培育农产品精深加工企业，带动贫困村畜牧、蔬菜、果品等特色产业的深度开发，推进贫困地区农产品全产业链发展，提高附加值。引导扶持加工、流通企业在贫困地区建设农产品生产加工基地，使贫困农户更多地分享加工增值收益。积极引导金融信贷、信用担保等政策向贫困地区倾斜，鼓励贫困群众创建小微加工企业，开展农产品产地初加工，提高商品化率。

2.加快农产品现代物流体系建设

立足特色优势产业，构筑多层次、多类型、多功能、多业态的贫困乡村特色农产品供应链。加强农产品流通设施，支持农林产品产地批发市场、乡村集贸市场、农林产品专业市场和农产品集配中心、冷链物流等物流基础设施建设，支持贫困村建设农产品田头市场，降低流通消耗和成本。加大贫困村发展农超对接、直供直销、连锁经营、电商营销等新型流通服务业建设，鼓励大型批发市场、连锁超市等与贫困地区农产品生产基地、新型经营主体建立稳定的农产品产销关系，推动建立上联生产基地、下联零售终端的稳定产销链条。发展农业社会化服务，培育壮大贫困村专业服务公司、专业技术协会、农民经纪人等各类社会化服务主体，提升农机作业、技术培训、农资配送、产品营销等专业化服务能力。

3.大力发展农村电商扶贫产业

加大农村电商平台建设，开展电商进农村综合示范，加快发展贫困村电商人才队伍、电商服务业和电商支撑服务体系建设，帮助贫困村把适宜网络销售的特色农产品卖出去。实施阿里巴巴“村淘计划”项目和“快递下乡”工程，加快发展贫困乡镇末端配送，着力解决贫困村电商配送“最后一百米”问题。

4.大力开展“农业 + 旅游”扶贫

推进农业与全域旅游深度融合，充分利用贫困地区得天独厚的资源和区位优势，支持有条件的贫困村发展多种形式的休闲农业、田园综合体、农耕体验、乡村手工艺、农家乐、特色乡村旅游、乡土文化开发等新业态，不断拓展农业多种功能，拓宽贫困人口就业增收渠道。深度挖掘现代农业园区、特色产业生产加工基地的生态休闲、旅游观光、文化传承、科技教育等多种价值，着力打造生态农庄休闲游、田园风情乡村游、养生体验采摘游、历史文化名村游等休闲观光园区和线路。结合美丽乡村建设，加强旅游扶贫村旅游基础设施和公共服务设施建设，加强农宅合作社建设，支持企业、城镇居民到农村合建房屋，发展休闲观光与民俗旅游，支持贫困村整村推进旅游开发，引导片区化发展。发展一批客栈、民宿、度假乡村、旅游小镇等乡村旅游新业态，推进乡村旅游精品化、特色化建设。

（四）大力培育新型农业经营主体

大力实施“四个一”示范带动工程，进一步做大做强农业产业化龙头企业，大力培育和扶持农民合作社、家庭农场、种养大户和新型职业农民，发展农业社会化服务组织，加快构建贫困地区新型农业经营体系。充分发挥新型农业经营主体在资金、技术、质量、品牌、市场营销等方面的优势，示范带动贫困农户发展增收致富产业，提高贫困农户脱贫致富能力。

1.培育龙头企业“扶贫车间”

支持龙头企业在贫困村建设果蔬、马铃薯、枸杞等特色农产品贮藏、保鲜、烘干等初加工车间，均衡上市，减损增效。鼓励龙头企业向清水河产业带集聚，依托贫困县（区）现有农产品加工园区，带动贫困村优质粮食、牛羊肉、瓜菜、枸杞、葡萄酒等特色农产品的全产业链开发，延长产业链。支持龙头企业在贫困村设立扶贫车间，建设一批贫困人口参与度高的特色农产品加工基地，并在用地、用电、配套设施建设等方面给予倾斜。推广“龙头企业 + 合作社 + 贫困户”经营发展模式，支持龙头企业在贫困村开展订单农业、牲畜托管、土地流转、股份合作、产销对接，建立紧密企农利益联结机制。

2.做实扶贫产业合作社

围绕特色农业种植、养殖、营销、加工等，培育和规范提升扶贫产业合作社，鼓励合作社积极吸纳贫困户入社，统一品种、统一技术、统一收购、统一品牌、统一销售，提高贫困户在产业发展中的组织化程度。鼓励合作社协同农业社会化服务站、专业技术协会、涉农企业等为贫困户生产经营提供低成本、便利化、全方位的服务。推广“合作社＋贫困户”发展经营模式，支持合作社在贫困村开展订单农业、土地流转、产销对接，带动贫困户发展特色产业，形成利益共享、风险共担的利益共同体。支持合作社围绕特色优势产业，建设储藏保鲜和冷链物流体系。积极引导在有条件的贫困村组建土地股份合作社，鼓励贫困户土地入股合作社，发展适度规模经营。

3.发展脱贫致富带头人

坚持分类指导、重点培养、典型示范，培养一批敢尝试、懂技术、能带动、会经营的农村致富带头人发展产业、率先致富，鼓励带领贫困户脱贫致富。发动一批能人回乡创业、开发置业，开展“党建＋”产业扶贫试点，发挥党员干部资源、智力、信息和管理优势，带动贫困户脱贫增收。

（五）加大扶贫产业科技支撑力度

1.加大对贫困地区农业科技推广

实施国家基层农技推广服务体系改革与建设补助项目，改善贫困县、乡两级农技推广机构服务条件，提升农技推广服务能力。多在贫困村建设农民田间学校，实现特色产业技术服务组贫困村全覆盖，农技人员驻村入园入户推广旱作节水、草畜节本增效、蔬菜标准化生产、病虫害防控等先进适用技术。加快贫困地区农村信息化进程，构建自治区、市、县、乡、村农业信息网络服务体系，为贫困户提供政策、市场、科技、价格、保险、气象等生产加工流通信息服务。推进农机农艺深度融合，支持贫困户购买农业机械，发展规模化、集约化、标准化生产，提升玉米、马铃薯、优质牧草等机械化生产水平。利用各级农广校和基层农技推广服务机构，对贫困人口适宜对象开展技术培训，使其熟练掌握扶贫产业生产经营技能。

2.加强贫困地区科普工作

加大科技下乡力度，组织优质科普资源到贫困地区开展宣传。广泛开展农村科技服务和科学普及活动，开展流动科技馆进基层、文化科技卫生“三下乡”、科普大篷车万里行、科技之光青年专家服务团活动等，向贫困县（区）基层党支部赠送科技报刊，提高农民科技意识、科技致富能力和科学素质。

（六）大力发展劳务产业

1.强化新型农民职业技能培训

充分利用现有培训资源，以生产型、经营型、技能服务型人才和农村实用人才带头人为重点，大力开展各种形式的农村生产技术、职业技能培训，加强贫困村农村实用人才和新型职业农民队伍建设。以促进农村贫困家庭劳动力转移就业为重点，积极开展“雨露计划”“巾帼行动”职业教育和技能培训，提高信息化管理水平，简化程序，保障贫困村贫困家庭子女实行免费职业教育，提高贫困群众务工就业本领，促进转移就业稳定增收。加强对贫困地区返乡农民工、本土科技人员、大学生村官、乡土人才、科技示范户等的培训，发挥其科技二传手的作用，使之成为依靠科技实现脱贫致富的带头人。鼓励和支持高等学校、科研院所发挥人才、成果、基地等方面的优势，为贫困地区培养懂技术、会经营、善管理的新型职业农民，造就一批具有科技意识、创新精神的企业家，增强他们带领贫困群众脱贫致富的能力。统筹新型职业农民培育工程资金项目，重点向贫困地区倾斜，扩大贫困地区新型职业农民培育规模，增强示范带动能力，鼓励新型职业农民与有劳动能力的贫困人口建立利益联结机制，开展产业扶贫。

2.积极促进贫困人口转移就业

加大贫困地区农村劳动力劳务输出力度，建立完善劳务输出转移接机制，推动在沿海发达地区、周边省市建立集群式劳务输出转移基地，做好跟踪服务，优先支持贫困劳动力有序外出就业。实施更加积极的创业就业政策，在贫困县（区）重点培育和扶持一批中心镇与重点镇，吸引人口和产业集聚，提供就业岗位。支持引导劳动密集型企业在贫困村特别是移民村投资建厂，支持企业在贫困地区建设培训基地和扶贫车间，吸引贫困群众就业。鼓励引导贫困群众到沿黄城市带、工业园区、产业基地务工就业，促进贫困地区群众务工就业增收。在贫困地区大力发展农产品加工、休闲农业和乡村旅游、农村服务业、羊绒纺织等劳动密集型产业，引导贫困群众向非农产业转移就业。积极引导贫困地区农民工返乡创业，对有创新创业意愿的，在产业规划、项目选择、技术服务、创业信息、市场销售等方面给予重点指导，对贫困地区创新创业农业项目，在资金安排上给予重点支持。

（七）深入挖掘释放资产收益红利

1.落实强农惠农富农政策

不折不扣落实和完善农业“三项补贴”政策，探索推广直接补贴、贷款担保、产业基金、农业保险等相结合的特色产业扶持政策，加强惠农资金监管，确保农业各类补贴资金和农村社会救助资金及时足额发放，增加贫困群众转移性收入。

2.深化农村土地制度改革

扩大农村产权确权颁证范围，依法保障农民土地财产权，推进农民土地经营权入股，支持农民以多种形式流转土地承包经营权，进一步推进全区农村宅基地使用权和房屋所有权统一确权登记颁证工作，赋予农民更多财产权。鼓励贫困村、贫困户的土地依法规范有序流转，引导贫困户以土地承包经营权、生产工具、农业设施等参股到新型农业经营主体或农业项目，按照“量化到户、股份合作、保底分红、滚动发展”方式，抱团入股参与经营决策，最大限度释放贫困村和贫困户的资产潜能。

3.稳步推进贫困县（区）农村集体产权制度改革

深入探索农村集体经济有效实现形式，建立农村产权交易市场，盘活农村集体资产，提高农村各类资源要素的配置和利用效率，多途径发展壮大村级集体经济实力。开展农村土地经营权、林权、“四荒”使用权、农村集体经营性资产、农业生产设施设备等农村产权确认和流转交易。全面开展农村集体资产清产核资，在有条件的贫困村开展农村集体经营性资产股份权能改革试点。探索壮大村集体经济有效路径，分配到贫困村的扶贫资金可折股量化注入龙头企业、合作社支持发展特色优势产业，所得收益按股份给村集体和贫困户分红，有效增加贫困群众财产收益。

4.积极发展股份合作制经济

积极推行“政府＋龙头企业＋金融机构＋科研机构＋合作社＋农户”的多元股份合作模式，推动土地、资金、技术、农宅和集体股权合作等多种形式的股份合作制，保障贫困户、贫困人口在产业发展中获取稳定收益。鼓励农民通过合作与联合的方式发展规模种养业，支持贫困村成立股份合作制经济组织，将扶贫专项资金形成的资产折股量化到贫困户，组成利益联结共同体。农村承包土地经营权、农民住房财产权等可以折价入股，集体所有、用于经营的房屋、建筑物、机械设备等经营性资产可以折价量化到集体经济组织成员，有关财政资金在不改变用途的情况下，投入设施农业、光伏、水电、乡村旅游等项目形成的资产，具备条件的可折股量化给贫困村和贫困户。明确控股并负责生产经营的企业对财政资金形成资产的保值增值负责，建立健全收益分配机制，确保资产收益及时回馈持股贫困户，释放农民更多的财产权和收益权。

（八）推进金融创新扶贫

坚持以金融工具支持扶贫产业发展，打好财政、银行、担保、证券、保险组合拳，引导金融资源向扶贫产业集聚。

1.拓宽扶贫产业融资渠道

创新金融产品和服务模式，鼓励金融机构推广探索试点成熟的金融产品和服务模式，深入实施主办行制度，扎实推进“新农贷”“助农贷”，推广“贷款＋保险”融资模式，引导信贷服务重点向贫困村新型农业经营主体倾斜，发挥其带动建档立卡贫困户发展扶贫产业作用。扩大扶贫产业担保基金范围，探索村级互助资金与银行信贷资金合作放大机制、“贫困户＋合作社＋龙头企业＋金融机构”等多种扶贫融资模式，实现扶贫资金与金融资金捆绑放大。拓展抵质押物范围，稳妥推进农村承包土地经营权和农民住房财产权抵押贷款试点。支持贫困地区企业在“新三板”和区域性股权托管交易中心挂牌融资。

2.大力发展扶贫小额信贷

对建档立卡贫困户进行评级授信，鼓励银行业机构向有生产经营能力和融资需求的贫困户提供免抵押、免担保、基准利率放贷、财政贴息、县建风险补偿金的扶贫小额信用贷款，做到应贷尽贷。推广“政银企户保”多方联动的扶贫合作贷款模式，打通金融产业扶贫绿色通道，壮大贫困地区市场主体经济实力。鼓励金融机构合理确定贷款利率水平，对建档立卡贫困户5万元以下、3年以内的小额信贷由财政按不超过基础贷款利率给予贴息。鼓励金融机构拓展抵押担保物范围，健全相关配套服务。积极争取扶贫再贷款、支农再贷款规模，支持贫困地区地方法人金融机构增加涉农贷款投放，重点支持贫困地区特色产业发展及贫困人口就业创业。探索银行“包干服务”制度，对建档立卡贫困户实行名单管理，逐户信用评定，提供小额信贷服务，保证信贷资金精准到户。

3.大力发展农业政策性保险

推进农业政策性保险扩面增品提标，对纳入财政补贴范围的保险品种实现应保尽保。探索农业商业性保险，扩大蔬菜价格保险范围，鼓励各地因地制宜开展特色农产品保险试点，创新农产品目标价格保险、农业收入保险等保险新产品，为贫困户量身订制组合型农业保险产品。

宁夏乡村振兴战略研究

郭亚莉

党的十九大报告高度关注农业、农村和农民问题。习近平总书记在“新发展理念”中首次提出实施乡村振兴战略，并指出“农业农村农民问题是关系国计民生的根本性问题，必须始终把解决好‘三农’问题作为全党工作重中之重。要坚持农业农村优先发展，按照产业兴旺、生态宜居、乡风文明、治理有效、生活富裕的总要求，建立健全城乡融合发展体制机制和政策体系，加快推进农业农村现代化”，充分体现了以习近平同志为核心的党中央对新时代我国“三农”问题的高度重视。当前，我国社会中最大的发展不平衡，是城乡发展不平衡；最大的发展不充分，是农村发展不充分。推进乡村发展，实施乡村振兴，对促进社会协调发展和实现中华民族伟大复兴“中国梦”意义重大。

一、乡村振兴的内涵

党的十六届五中全会提出要按照“生产发展、生活富裕、乡风文明、村容整洁、管理民主”的要求，扎实推进社会主义新农村建设。十九大提出实施乡村振兴战略要按照“产业兴旺、生态宜居、乡风文明、治理有效、

作者简介：郭亚莉，宁夏社会科学院综合经济研究所研究员。

生活富裕”的总要求，建立健全城乡融合发展体制机制和政策体系，加快推进农业农村现代化。乡村振兴战略是对新农村建设的发展与超越，是城乡发展的重大战略性转变，任现出五个方面的重大变化。

（一）产业兴旺是基础

产业兴旺是乡村振兴的基础。从生产发展到产业兴旺，表明乡村振兴战略对新时期农村经济发展的目标要求更具体，农村产业不仅要发展，还要达到兴旺的更高要求。要求基层组织深入研究农村现代产业的新形态，以推进农业供给侧结构性改革，培训农村发展新动能，加快推进农业产业升级，提高农业的综合效益和竞争力。在推动农业产业化与工业化、城镇化、信息化过程中繁荣乡村。

（二）生态宜居是任务

生态宜居是生态文明建设的重要任务。从村庄整洁到生态宜居，理念上要实现三大转变：一要转变发展观念，把农村生态文明建设摆在更加突出的位置；二要转变发展方式，要构建五谷丰登、六畜兴旺的绿色生态系统；三要转变发展模式，要健全以绿色生态为保障的农业政策。

（三）乡风文明是举措

乡风文明是加强文化建设的重要举措。乡风文明既反映了乡村振兴战略对新农村建设工作的继承性，又表明加强农村文化和精神文明建设仍是新时期农村振兴的重要内容。

自古以来形成的与乡村生活相匹配的乡村文明体系的延续，才是乡风文明的内核。既要体现社会主义核心价值观的普遍要求，又要充分体现出乡村的自有特点。

（四）治理有效是保障

治理有效是加强农村政治建设的重要保障。从民主管理到治理有效，需要逐步构建自治、法治、德治相结合的乡村治理体系。要把乡村社会松散、乡村村社体系建设问题，作为乡村建设的“牛鼻子”，在进一步加强农村基层组织建设、推动农村基层民主实践的基础上，继承和发扬古代乡村治理的优秀传统，特别是要发挥好农村的道德约束作用和返乡创业、退休回乡人员等新乡贤的示范引导作用，共同参与乡村治理。鼓励热爱农村、扎根农村的人士积极参与乡村建设。

（五）生活富裕是要求

生活富裕是建立美丽社会、和谐社会的根本要求。从生活宽裕到生活富裕，需要深入挖掘农民增收的空间，帮助农民从传统的生产者向现代的经营者转变。同时，积极推动农村产权改革，让农民平等参与现代化进程，共同分享现代化的成果：一要拓宽农民的增收渠道，促进农民增收致富；二要加强农村基础设施建设，提高基层公共服务水平；三要开展村庄人居环境整治，推进美丽宜居乡村建设。

二、宁夏农业农村发展现状及问题

党的十八大以来，宁夏农业农村经济发展迅速，成果显著。粮食生产能力稳步提升。农业供给侧结构性改革进展迅速，农业产业结构和生产结构进一步优化，特色农业平稳发展，区域结构更加合理，农民收入持续增长。

（一）发展现状

近年，宁夏农村改革取得重大进展，农村土地承包经营权确权工作成效显著。2016 年，第一产业实现增加值 239.96 亿元，增长 4.5%；优势特色农业发展加快。宁夏围绕发展“一高三特”现代农业，不断优化结构、提升质量，特色优势产业量效齐增，农产品供给能力进一步增强。粮食生产喜获“十三连丰”，粮食总产量达 370.6 万吨，蔬菜产量增长 3.5%，瓜果产量增长 1.3%，园林水果产量增长 4.2%；枸杞产量增长 23.1%；葡萄产量增长 6.8%，肉牛出栏数增长 5.9%，肉羊出栏数增长 3.2%，禽蛋产量增长 10%，水产品产量增长 8.9%。2017 年前三季度，宁夏农林牧渔业增加值同比增长 4.3%。

2016 年，农村常住居民人均可支配收入 9851.6 元，名义增长 8%；人均生活消费支出增长 8.6%，扣除价格因素，实际增长 7.3%。农村居民人均居住面积 32.09 平方米，增长 5.6%。2017 年上半年，宁夏农村居民人均可支配收入 3978 元，增速 8.7%。

劳务产业是宁夏南部山区农民增收的一大产业。据对农民工监测调查资料推算，2016 年宁夏农民工总量达到 91.4 万人，比 2013 年增加 7.3 万人，增长8.7%，年均增长2.1%，劳务产业持续发展。

近年，宁夏全面落实特色产业精准扶贫规划和实施意见，整合落实资金2.5亿元，支持建档立卡贫困户建大棚、修棚圈、覆地膜，补栏基础母畜，种植马铃薯、冷凉蔬菜。组织农技人员驻村包户，一对一，点对点，帮助贫困户掌握技术，发展特色产业。截至2016年年底，宁夏通过发展特色产业，带动9.96万人脱贫，占年度脱贫人数的51.6%，贫困发生率下降到10.3%，扶贫攻坚成效显著。

社会事业全面发展。教育发展主要指标高于全国平均水平，在全国率先实现基本医疗保险、大病保险、疾病应急、医疗救助制度“四个全覆盖”。2016年，义务教育均衡发展水平居西部前列；跻身国家第二批综合医改试点省区，取消县级公立医院药品加成，医保支付制度改革成为国家医改亮点；投资40亿元的中南部城乡饮水安全工程全线通水，113万山区群众喝上了放心水，基本公共服务更加均等化。

（二）面临的问题

伴随着经济社会的快速发展，城乡二元社会的差距在不断扩大。广大农民对缩小城乡差距、共享发展成果、全面建成小康社会的要求越来越迫切。

第一，在快速工业化、城市化和现代化的同时，城乡之间没有实现均衡的增长和良性循环，受制度约束，城乡一体化进程缓慢，乡村的发展依然缓慢，农村社会化程度低，产出效益低，农民的主要收入来源——种植业产品（粮食）的价格，持续处于低迷状态。城乡之间、地区之间、东西部之间居民的收入差距持续拉大，城乡二元结构呈扩大之势，进一步加剧了欠发达地区农村劳动力人口向城市、东部及发达省市的流动。

第二，生态环境脆弱，自然环境差，农村基础设施建设依然滞后。宁夏有2.82万平方公里的土地严重缺乏水资源，自然灾害频发，基础设施建设滞后，道路通达程度差，既不利于人类居住，也不利于农业生产。

第三，农业种植业结构单一，优质产品的比重低，高效经济作物面积较小，农产品附加值低，市场竞争力弱，农村二、三产业发展缓慢，农民持续增收难。

第四，农村空心化。随着土地、人口、经济、社会、政治、精神、文化等要素偏离农村，大量有文化的农村青壮年劳动力流入城市，导致农村精英流失，农村地域范围内包括经济、政治、社会、人口、文化、精神、社会治理等功能虚化、弱化或退化，部分偏远村庄逐渐凋敝和衰败，村庄空心化。

第五，农民文化程度普通较低，依赖严重。

第六，农民抵御风险能力弱，致贫返贫率较高。

三、大力实施乡村振兴战略

目前，全面建成小康社会已进入倒计时，而宁夏农村仍有41.8万贫困人口，广大农村群众能否同步实现小康，事关全面建成小康社会的全局。实施乡村振兴战略，促进农村全面发展和繁荣，是决胜全面建成小康社会的重中之重。

（一）着力完善乡村组织

随着农村经济社会形势的新发展，尤其是农业经营方式的转变、城乡一体化进程的加快等，需要重塑乡村治理结构以适应乡村社会的可持续发展。

一要加强乡村党组织建设。必须以实施乡村振兴战略为契机，发展和壮大农村党组织，充分发挥其在乡村振兴中的核心作用。

二要切实转变乡镇政府职能。乡镇政府要转变管治思维，以全新的治理理念构建治理体系，真正把重心放到为乡村提供公共服务上来。

三要完善现行的村民委员会等群众组织。在近些年各地实践创新的基础上，进一步加快创新步伐，提倡村党组织成员通过民主程序依法进入村民选举委员会，村党组织书记和村委会主任“一肩挑”，村党组织成员和村委会成员交叉任职，充分发挥村民自治章程、村规民约以及村务监督等在村民自治中的作用，使他们成为农村法治建设和协商民主建设的重要载体。

四要鼓励和提高农民的组织化程度，鼓励农民通过自愿结合组成各种社会组织和合作经济组织，使之成为乡村振兴过程中农民利益的代言人、公共服务的提供者、乡村治理的参与者、利益协调的当事人。

（二）继续推进农村各项制度改革

在坚持农村基本经营制度的前提下，深化农村土地制度改革，推进

“三权分置”改革、“三块地”改革、农村集体产权制度改革等，为乡村产业发展厚植改革优势。农村改革要从生产端发力，把增加绿色优质农产品供给放在突出位置，着力完善现代农业经营体制，大力发展绿色农业，从整体上提高农业供给体系的质量和效益，使农业供需关系在更高水平上实现新的平衡。

（三）加快建设现代农业产业体系、现代农业生产体系、现代农业经营体系

农业产业是乡村振兴的基础，也是农村发展的第一要务，必须以推进农业供给侧结构性改革为主线，加快推进农业转型升级，坚持走特色效益农业发展路子。要把农业生产与农产品加工流通结合起来，延伸产业链，提升价值链，优化供求链，完善利益链，培育壮大农村新产业、新业态、新模式，促进农村一、二、三产业融合发展，把农业的增值收益更多留在农村，留给农民。着力构建现代农业产业体系、生产体系、经营体系，建设“产业兴旺”的现代乡村。要强化物质条件支撑能力建设，提高农业良种化、机械化、科技化、信息化、标准化水平，提高农业的产业素质和竞争力。要培育农业新型经营主体，健全农业社会化服务体系，加强新型职业农民培训，发挥适度规模经营的引领作用，提高农业经营集约化、专业化、组织化、社会化水平。

（四）着力复兴乡村文化

随着城镇化步伐的加快，在农民大量进城，第一产业从业比例迅速降低的况下，亟待重构乡村文化，即通过发展农业现代化，提高农民文化自觉意识，以及在文化创新中凸显乡村文化个性。新时代的乡风文明是传统文明与现代文明的融合。我们不仅要传承优秀的家风、村风，继承和发扬尊老爱幼、邻里互助、诚实守信等优秀传统文化，也要体现“五位一体”和“五大发展理念”等新内容。新时代的乡风文明要实现乡村文化与城市文化的融合，不仅要体现传统民俗、风俗等乡村文化，也要让农民在村庄享受到现代城市文明。

一要加强对村民的思想道德建设，立足传承中华优秀传统文化，增强发展软实力，更重要的是发掘继承、创新发展优秀乡土文化。二要充分挖掘具有农耕特质、民族特色、区域特点的物质文化和非物质文化遗产。三淳要推行诚信社会建设，强化责任意识、规则意识、风险意识。四要加强农村移风易俗、文化道德建设，比如文明乡风、良好家风、淳朴良风、伦理道德、风俗习惯，引导广大村民讲文明、改陋习、树新风。五要大力培育乡村文化建设的主体，鼓励农民工返乡创业，吸引城市居民到乡村居住，催生新型乡贤文化，激活传统乡村文化中的活性因子。六要搞好农村公共服务体系，包括基础设施和公共服务，为农民群众搭起展示自我的平台。

（五）着力改善乡村人居环境

随着经济社会的发展，人们对于农村的要求，不仅要提供充足、安全的农产品，而且要提供清洁的空气、恬静的田园风光等生态产品，还要提供农耕文化、乡愁等精神产品。满足这些需求，离不开生态优美的好环境。

近年，农村环境问题日益突出，成为乡村振兴的重要阻碍。因此，迫切需要通过多种途径改善农村人居环境。一要建立绿色发展稳定投入机制，农业项目资金要由产业发展扶持向绿色清洁生产引导转变。发展绿色农业和绿色养殖，通过调整农村产业结构，依靠科技进步和技术创新来改变乡村落后的生产生活方式。全面贯彻“一控两减三基本”要求，推行绿色生产方式，深入实施化肥农药零增长行动，大力推广测土配方施肥，开展有机肥替代化肥试点，加速生物农药、绿色饲料推广运用。加大畜禽养殖污染综合防治力度，开展畜禽标准化养殖场创建。对农业生产过程及投入品“来路”进行全程监控，对农产品的“去路”进行密切跟踪。二要改善农村居住环境，加快农村环卫设施建设，加大环保宣传力度，建立乡村环境保护长效管理机制，使乡村生态环境保护走上规范化、制度化的道路。全覆盖配置农村生活垃圾收储设备，基本实现农村生活垃圾集中处理。实施“天蓝、地绿、水净”工程，推进山、水、田、院绿化、美化、净化，建设生产高效、生态宜居、生活美好、人文和谐的美丽乡村。

（六）着力建设乡村振兴队伍

振兴乡村需要乡村人来实施，其素质的高低、能力的强弱、态度的积极与否直接关系乡村振兴战略的效果。一要培育新型农民，大力培养有文化、懂技术、会经营的新型农民，提高农民的思想道德素质、科技文化水平和生产技能，使其成为名副其实的乡村振兴主体。二要加强乡村干部队伍建设。一方面，要加强村组干部建设，特别是村级党组织主要负责人的培养和选拔；另一方面，要加强对驻村干部、大学生村官、乡村技术员等人员的培养和管理，充分发挥他们的优势和特长。三要发挥乡村人才在乡村振兴中的作用，调动农村经济能人、大学生、退伍军人等乡村人才参与乡村振兴战略。引导精英能人返乡，强化人才保障。外出创业的人士中不乏成功的能人，引导他们回乡创业不仅可以带来投资、信息和经验，而且能带领农民脱贫致富，振兴农村经济。要完善返乡农民创业扶持优惠政策，注重发挥农村致富能人的示范带领作用。

（七）推进城乡要素平等交换和公共资源均衡配置

改革开放以来，我国农村的土地、劳动力、资金等要素向城市单向流动，导致农业规模难以扩大，综合效益难以提高，所以要促进城乡要素双向流动。要推动公共服务均等化。各级政府要加大对农村教育、文化、交通、水利、医疗等投入，要切实解决事关农民最切身利益的问题。要让农村每个孩子都能享有公平而有质量的教育，办好学前教育，推动农村义务教育均衡优质发展，切实解决好义务教育城乡差距大、教师资源配置不均衡、优质教育资源总量不足、分布不均等问题。配套建好农家书屋、农村文化广场，培养农村文化艺人，组建农村优秀传统文化宣传工作队，引导村民忙时从农、闲时从艺，丰富群众精神生活。要把医疗卫生工作重心下移、医疗卫生资源下沉，为村民提供安全有效、方便价廉的医疗卫生服务。引导村民预防重大疾病，养成健康的生活习惯。根据宁夏美丽乡村、全域旅游等项目建设，大力实施乡村振兴战略。

（八）努力实现农民收入持续稳定增长

顺应市场对优质健康农产品的需求，持续推进农业供给侧结构性改革。将农产品生产不断“调优”“调绿”。使特色农产品价格上涨，农民实现增产又增收。在工资性收入上，随着以人为核心的新型城镇化不断加快，住房、就业等优惠政策密集出台，越来越多的农民转变成了市民，有了更多的增收机会。在财产性收入上，有多种形式的适度规模经营的探索。集体产权制度改革稳步推进，赋予农民对集体经营性资产的占有收益分配权力，让农民变股东，共享改革发展成果。

未来一段时间，农民持续增收的压力在增大，政府应从三方面着力提高农民收入，首先，培育农业农村发展新动能。重点发展农产品加工、观光旅游、农村电商等新业态，提升农产品附加值，促进农业一、二、三产业融合。其次，加大对农村农民的支持力度，特别要注重优惠政策的精准性。当前，不少高校毕业生、农民工积极返乡创业，针对这一群体面临的资金、技术、人才和用地等难题，应给予相应政策扶持。最后，实现小农户和大市场的对接。鼓励新型经营主体探索不同模式，带动普通农民、贫困户，建立紧密的利益联结机制。

（九）全方位实施精准扶贫

针对农村贫困家庭，要实施更加有力的扶贫政策。其一，扎实做好精准施策，因村因户因人制定帮扶措施，多给贫困群体致富的政策和建议，扶智与扶志同行，调动他们的主观能动性。其二，扎实做好产业扶贫，通过生态特色产业发展，增强贫困群众造血能力，带动贫困群众增收致富。其三，通过信贷支持、普惠服务、创新扶贫产品等方式，扎实开展精准扶贫。其四，扎实推动健康扶贫，着力解决群众看病贵、看病难以及因病致贫问题。其五，进一步完善贫困村基础设施，改善农村生产生活环境。其六，解决好贫困村集体经济空壳化的问题，增强村级组织的凝聚力和服务群众的能力。

分析预测篇

FENXI YUCE PIAN

2017—2018年宁夏国民经济总体运行情况分析与建议

徐秀梅　马宏德　季　翔

2017年以来，面对错综复杂的经济形势，自治区党委、政府带领全区上下认真贯彻党中央、国务院的各项决策部署和自治区第十二次党代会精神，深入落实新发展理念，坚持稳中求进工作总基调，坚定不移推动供给侧结构性改革，确保经济平稳健康发展。全区主要经济指标稳定增长，产业结构不断优化，质量效益明显提升，新兴动能加快成长，人民生活持续改善。

一、2017年经济运行的主要特点

（一）从宏观经济看，经济运行总体平稳，第三产业贡献突出

2017年以来，自治区党委、政府坚持问题导向，定期分析经济形势，精准施策，相继出台了《关于降低实体经济企业成本的实施意见》和《关于进一步加强工业稳增长工作的通知》等政策措施，及时化解经济运行中不利因素的影响，有效推动了全区经济持续稳定增长。一季度，全区地区

作者简介：徐秀梅，自治区统计局党组书记、副局长、新闻发言人，高级统计师；马宏德，自治区统计局国民经济综合统计处处长，高级统计师；季翔，自治区统计局国民经济综合统计处主任科员。

生产总值同比增长 8.6%，实现了开门红，上半年延续了稳中向好的发展势头，保持了 8.6%的增速，前三季度，全区实现地区生产总值 2449.57 亿元，增速虽然有所回落，增长 7.8%，但仍比全国高 0.9 个百分点。其中，第一产业增加值 166.46 亿元，增长 4.3%，对经济增长的贡献为 4.1%；第二产业实现增加值 1229.58 亿元，增长 7.1%，对经济增长的贡献为 45.2%；第三产业实现增加值 1053.53 亿元，增长 9.1%，对经济增长的贡献为 50.7%。全年全区经济保持了稳定增长的发展态势。

（二）从供给侧看，农业生产保持稳定，工业生产较快增长

1.农业生产保持稳定

2017 年以来，全区扎实推进农业供给侧结构性改革，大力实施特色优势农产品品牌战略，不断优化产业结构，提升农产品质量。前三季度，全区农林牧渔业增加值 177.0 亿元，同比增长 4.3%；枸杞产量增长 4.6%，葡萄产量增长 7.0%，肉类总产量增长 5.2%，牛奶产量增长 10.4%，优势特色产业量效齐增。粮食产量 368.2 万吨，实现“十四连丰”。

2.工业生产增长较快

2017 年以来，受宏观政策调控有力、供需矛盾逐步缓解和部分大型工业项目投产达效等多重利好因素影响，全区规模以上工业实现较快增长，增速始终保持在 8.5%～10%，自 2016 年 12 月开始，增速连续 11 个月居西北第 1 位。1—11 月，全区规模以上工业增加值同比增长 8.6%，增速与 1—10 月持平，比上年同期加快 1.1 个百分点，比全国高 2 个百分点。重工业增加值增长 9.8%，增速比 1—10 月回落 0.2 个百分点；轻工业增加值增长 2.6%，增速比 1—10 月加快 0.4 个百分点。大中型工业增加值增长 7%，增速比 1—10 月高 0.9 个百分点。十大工业产业全部实现增长，其中，医药行业增加值增长 17.4%，电力行业增长 16.4%，化工行业增长 11.4%，冶金行业增长 10.4%，机械行业增长 7.3%，有色行业增长 4.1%，煤炭行业增长 3.1%，其他行业增长 2.6%，建材行业增长 0.9%，轻纺行业增长 0.6%。

（三）从需求侧看，固定资产投资缓中趋稳，市场消费稳中向好

1.固定资产投资缓中趋稳

2017 年以来，全区固定资产投资增速虽然有所回落，但重点项目进展良好，为投资增速企稳提供了有利支撑。1—11月，全区固定资产投资（不含农户）3549.31亿元，同比增长4.3%，增速比1—10月加快0.4个百分点。分产业看，第一产业投资226.94亿元，增长68.4%；第二产业投资1301.52亿元，下降12.6%；第三产业投资2020.85亿元，增长13.6%。工业投资1282.92亿元，下降13.8%，降幅比1—10月收窄0.5个百分点；房地产开发投资620.38亿元，下降7.1%，降幅比1—10月收窄2.6个百分点；基础设施投资848.97亿元，增长32.6%；民间投资1987.10亿元，增长6.1%，增速比1—10月加快2个百分点。

2.市场消费稳中向好

2017年以来，十大扩消费行动深入实施，消费市场增长较快。1—11月，全区社会消费品零售总额846.1亿元，同比增长9.8%，增速比1—10月加快0.1个百分点。其中，限额以上消费品零售额390.8亿元，增长7.3%，增速比1—10月加快0.3个百分点，比上年同期加快6.3个百分点。在限额以上商品销售中，22大类商品呈现“十五增七降”态势，其中，石油及制品类增长19.0%，粮油、食品类增长16.1%，中西药品类增长7.9%，服装、鞋帽、针纺织品类增长2.4%，汽车类增长1.8%。

3.对外贸易快速增长

据银川海关统计，1—11月，全区货物进出口总值311.38亿元人民币，同比增长58.14%，其中，出口227.06亿元，增长50.7%；进口84.32亿元，增长82.4%。货物进出口差额（出口减进口）142.74亿元。

（四）从转型发展看，供给侧结构性改革积极推进，结构调整成效显现

1.供给侧结构性改革扎实推进

房地产去库存取得积极进展。11月末，全区商品房待售面积1036.60万平方米，同比下降14.9%，比2016年末减少210.69万平方米，其中，住宅待售面积474.99万平方米，下降32%，比2016年末减少240.58万平方米。企业降成本效果明显。10月末，全区规模以上工业企业每百元主营业务收入中的成本84.43元，同比下降0.2元，比全国低1.03元。短板领域投资快速增长。1—11月，农林牧渔业投资增长52.0%，交通运输邮政业投资增长21.7%，信息传输和信息技术服务业投资增长40.7%，科学研究和技术服务业投资增长 76.8%，水利、环境和公共设施管理业投资增长 42%，高技术服务业投资增长 43.5%，工业更新改造投资增长 13.7%。

2.结构调整成效显现

从产业结构看，前三季度，全区第三产业对经济增长的贡献为 50.7%，超过第二产业 5.5 个百分点；牧业占农林牧业增加值的比重比上年同期提高 1.4 个百分点，已成为农业发展和农民增收的重要支柱。需求结构不断改善，1—11 月，消费增长快于投资 5.5 个百分点，拉动作用逐步增强；消费升级态势明显，改善类消费较快增长，限额以上单位化妆品类和体育、娱乐用品类商品分别增长 18.7%和 38.8%。从新动能看，创新驱动战略催生的新产业、新业态和新商业模式快速发展。战略性新兴产业和先进制造业领域的废弃资源综合利用业增加值增长 1.07 倍，医药制造业增长 17.4%，专用设备制造业增长 28.7%；水电、风电、太阳能等清洁能源发电量增长 21.8%，占全区电力发电量的 17.6%；技术含量高、市场前景广阔的轴承产量增长 95.6%，数控金属切削机床增长 40.9%。大型商业综合体和互联网信息消费快速增长。1—10 月，全区租赁和商务服务业营业收入增长 16.5%，电信业务总量增长 1.06 倍，互联网宽带接入用户增长 39.9%，4G 电话用户增长 35.6%，移动互联网接入流量增长 1.79 倍，快递业务量增长 17.4%，快递业务收入增长 17.1%。

（五）从质量和效益看，提质增效效果明显，民生保障不断加强

1.企业效益大幅好转

1—10 月，全区规模以上工业企业盈亏相抵后实现利润总额 143.86 亿元，同比增长 69.3%，增速比全国高 46 个百分点。其中，煤炭开采和洗选业利润总额同比扭亏增盈 44.9 亿元，有色金属冶炼和压延加工业扭亏增盈 8.8 亿元，黑色金属冶炼和压延加工业扭亏增盈 8.6 亿元，化学原料和化学制品制造业扭亏增盈 5.5 亿元，医药制造业增长 1.88 倍。主营业务收入利润率 4.14%，比上年同期提高 1.12 个百分点。

2.财政收入较快增长

财政部门统计显示，1—11 月，全区完成一般公共预算总收入 651.68 亿元，同口径增长 12.3%，增速比 1—10 月回落 1.1 个百分点。其中，地方一般公共预算收入376.78亿元，同口径增长12.9%，增速比1—10月回落0.4个百分点，完成年度预算的92.4%。全区一般公共预算支出1217.09亿元，同口径增长9.7%，增速比1—10月回落1.7个百分点，完成年度预算的87.4%。

3.城乡居民收入增长较快

宁夏调查总队监测调查，2017年前三季度，全区城镇常住居民人均可支配收入20981元，同比名义增长8.5%，增速比上半年高0.2个百分点；农村常住居民人均可支配收入6844元，同比名义增长8.9%，增速比上半年高0.2个百分点。

4.居民就业形势良好

人力资源和社会保障部门统计显示，2017年前三季度，全区城镇新增就业7.54万人，比上年同期增加0.22万人；城镇登记失业率3.87%，比上年同期下降0.15个百分点。

（六）从运行环境看，各项价格保持稳定，金融信贷稳健运行

据宁夏调查总队监测调查，1—11月，全区居民消费价格总水平上涨1.5%，涨幅与1—10月持平，与全国持平；工业生产者出厂价格（PPI）同比上涨12.4%，涨幅比1—10月回落0.2个百分点；购进价格同比上涨13.6%，涨幅比1—10月回落0.4个百分点。

金融部门统计显示，11月末，全区金融机构人民币各项存款余额5872亿元，同比增长9.4%，增速比10月末回落0.9个百分点。人民币各项贷款余额6290亿元，增长11.5%，增速比10月末回落0.1个百分点。其中，短期贷款2047亿元，增长10.0%；中长期贷款3843亿元，增长14.0%；票据融资394亿元，下降0.2%。

二、经济发展中存在的突出问题

当前，发展不足仍然是宁夏面临的最主要问题，尤其是进入下半年以来，部分经济指标增长不及预期，产业、行业、企业之间发展不均衡、不协调，需要全区上下抓重点、补短板、强弱项，采取有针对性的政策措施，推动经济持续稳定增长。

(一）经济发展不平衡、不充分的问题突出

发展不足仍是宁夏最大的实际。2017年前三季度，全区地区生产总值占全国的0.4%，居全国第29位，仅高于西藏和青海。区内沿黄经济区与中南部山区间发展差距较大。沿黄经济区以65%的人口创造了86%的经济总量，对经济增长的贡献超过80%。前三季度，全区经济总量不足50亿元的县（区）全部集中在中南部山区，而兴庆区、灵武市的生产总值则超过了300亿元。

(二）部分企业生产经营困难，工业稳增长难度加大

从生产看，一是轻工业增速明显回落。1—11月，全区轻工业增加值增速从一季度的14.2%下降至2.6%。在12个轻工业大类行业中，有7个行业增加值负增长。其中，农副食品加工业下降2.1%，纺织服装、服饰业下降7.3%，酒、饮料和精制茶制造业下降6.6%，烟草制品业下降3.2%，皮革、毛皮、羽毛及其制品和制鞋业下降6.7%。二是停减产企业依然较多。11月末，全区1221户规模以上工业企业中，停产124户，减产387户，企业停减产面超过四成，影响工业产值约200亿元。下一阶段，受已经开展的环保督查、大气污染防治等因素影响，停减产企业将会进一步增加。从经营看，企业经营两极分化。1—10月，全区规模以上工业利润虽然总体呈现较快增长，但分化趋势已经显现。在煤炭、冶金、有色效益大幅好转的同时，电力、轻纺产业利润却同比分别下降53.9%、28.6%，化工行业整体亏损2.47亿元。同时，企业资金紧张的问题还比较突出。1—10月，全区规模以上工业企业财务费用129.1亿元，增长20.2%。其中，利息支出128.1亿元，增长15.5%。企业应收账款也大幅增加。8月末，全区规模以上工业企业应收账款677.7亿元，增长15.0%，应收账款平均回收期为53.7天，比全国平均水平慢15.7天。受此影响，企业资产负债水平持续攀升，10月末，规模以上工业资产负债率为68.2%，比全国平均水平高12.5个百分点。

(三）重点行业投资低迷，投资增长后继乏力

一是工业投资继续下降。2017年以来，全区工业投资增速呈现较大幅度回落，除一季度增长2.8%以外，其他月份均为负增长，1—11月下降

13.8%，占投资的比重由上年同期的43.7%降至36.1%。其中，制造业投资下降4.5%，电力、热力、燃气及水的供应业投资下降42.1%。

二是房地产开发投资低位运行。2017年以来，全区房地产开发投资持续低迷，除1—6月增长2.2%以外，其他各月均处于负增长区间，1—11月下降7.1%，增速比上年同期回落23.4个百分点，占投资的比重由上年同期的19.6%降至17.5%。

三是新开工项目支撑不足。截至11月末，全区5000万元及以上新开工项目606个，同比减少34个，完成投资1031.86亿元，下降3.3%。

四是投资资金保障度不高。全区本年资金来源小计为2717亿元，资金保障度为76.6%，远低于全国99%的平均水平。其中，5000万元以上项目资金保障度为70.5%，投资增长缺乏有效资金保障。在本年资金来源中，国家预算内资金236.53亿元，下降2.5%；国内贷款588.03亿元，下降14.5%。

三、促进经济平稳健康发展的几点建议

2018年是贯彻党的十九大精神的开局之年，是改革开放40周年，是自治区成立60周年，是决胜全面建成小康社会、实施“十三五”规划承上启下的关键一年。从外部环境看，国际、国内环境总体向好。全球经济继续温和增长、稳健复苏。全国经济稳中有进、稳中向好，供给侧结构性改革深入实施，大众创业、万众创新积极开展，新动能持续积蓄，经济结构优化态势十分明显。从区内看，产业结构调整优化，增长动能加快转换，质量效益稳步提升，民生保障继续加强，经济发展的稳定性、协调性和可持续性逐步增强。2018年，全区经济工作要以党的十九大精神为统领，认真落实自治区十二次党代会精神，贯彻新发展理念，建设现代化经济体系，坚持质量第一、效益优先，以供给侧结构性改革为主线，深化创新驱动、脱贫富民、生态立区三大战略，打好抓重点、补短板、强弱项攻坚战，努力实现更高质量、更有效率、更加公平、更可持续的发展。

（一）着力深化改革创新，注重服务实体经济

认真落实党的十九大和自治区第十二次党代会提出的各项目标任务，发挥改革创新效应，促进经济持续健康发展。加强供给侧结构性改革，扩

大优质增量供给，提高生产效率，增强传统优势产业整体实力。继续推进商事制度改革，全面清理非行政许可审批事项，规范企业投资前置审批及中介服务环节，为企业发展创造公平环境，激发和保护企业家精神。提升金融服务实体经济的能力，实施好“引金入宁”计划，促进融资便利化，降低实体经济成本，把更多金融资源配置到经济社会发展的重点领域和薄弱环节，更好满足人民群众和实体经济多样化的金融需求。加快实施创新驱动战略。鼓励更多主体投身创新创业，打造适合各种创新人才、创新主体、创新资本汇聚融合的宜业宜居发展环境，将宁夏打造成自主创新和发展战略性新兴产业的新高地。

（二）着力促进工业发展，加快产业转型升级

落实好自治区人民政府《关于降低实体经济企业成本的实施意见》和《关于进一步加强工业稳增长工作的通知》等政策措施，加大对煤炭、电力、化工、轻纺等传统优势产业的指导力度，落实困难行业、企业帮扶措施，加强生产要素供应，促进行业、产业协调发展。抓好工业园区发展。全区 31 个工业园区要按照打造低成本园区的总目标，集聚发展、组团发展，推动园区优化升级，逐步形成错位发展明显、产业特色鲜明、产业层次较高、发展后劲较强的工业园区集群集约发展新格局，为工业经济提供有效的支撑。结合国家和自治区产业转型升级的新形势、新政策和新要求，对接《中国制造 2025》和“互联网 +”，制定并完善符合宁夏实际的招商引资准入标准，突出“专、精、特、新”，引进一批技术水平高、带动能力强、示范效果好的新兴产业；培育一批成长快、科技含量高、效益好、市场竞争力强的特色产业；承接一批产业层次高、配套能力强、市场潜力大、科研实力强的高技术产业，不断提高资源、能源综合利用水平。

（三）着力抓好项目建设，增强投资发展后劲

紧盯 2017 年全国工商联常委会和中阿博览会的签约项目，强化项目分类调度和要素保障，推动项目建设落地生效、投产达效。突出煤化工、新能源、医药等战略性新兴产业聚集发展和化工、有色、轻纺等传统优势产业转型升级，精心策划和引进一批建链、造链、强链、补链项目，确保年度招商引资任务顺利完成。抓住国家适度扩大总需求、加强基础设施建设的机遇，在海绵城市、地下综合管廊、水利、轨道交通、电信、基础设施、环境治理等方面再争取一批新的投资项目，稳定基础设施投资。支持民间投资健康发展，扩大市场准入，鼓励、引导和支持民间投资通过 PPP、EPC 等途径进入基础设施、基础产业和公用事业等领域，为投资可持续增长注入后劲和活力。积极协调银行信贷，发挥政府性投资四两拨千斤的作用，盘活财政存量资金，提高财政支出效益。加强房地产市场调控，确保房地产市场持续健康发展。

（四）着力培育增长动力，夯实经济向好基础

把培育新增长点作为适应新常态的重要抓手。推进“互联网 +”产业发展，积极发展新产业、新业态核心商业模式。重点推进移动物联网、云计算、大数据为代表的新一代信息技术与产业融合发展，促进大众创业、万众创新，实现经济提质增效升级。大力发展现代服务业，积极推进生产性服务业、生活性服务协调发展。降低门槛，破除壁垒，吸引民间资本进入服务业。强化服务业扶持引导，切实降低服务业企业运营成本，弥补服务业发展短板。大力实施乡村振兴战略，坚持农业农村优先发展，加快农业农村现代化，做好区域、城乡融合协调发展。

（五）着力增强居民福祉，努力提高消费水平

以新型城镇化建设为契机，切实提高教育、医疗、住房和社会保障等基本公共服务水平，不断增进人民群众的获得感。大力实施生态立区战略，保护好绿水青山，做好污染防治工作，补齐宁夏生态短板，推进宁夏绿色发展。把经济结构调整和扩大就业结合起来，大力发展服务业和知识密集型产业，不断扩大就业规模。实施好脱贫富民战略，提高普通职工、离退休人员工资水平和建档立卡贫困人口、农民务工收入，实现居民收入的增长与经济发展同步。同时以收入的提高增强居民的消费能力，加快建立促进消费增长的长效机制，重点发展销售类、消费服务类和跨境贸易类互联网经济。积极培育银川 iBi 育成中心等项目，鼓励发展现代文化产业和服务业。把旅游与文化、工业、农业以及体育、商贸等有机融合起来，开发一批全天候、全方位、体验型旅游产品，推出更多独特旅游商品，拉长产业链，把宁夏全域旅游品牌打得更响。

2017—2018年宁夏农业及农村经济运行情况分析与建议

韩治泰　王洪波　王岚海　王静戟

2017年，全区上下认真贯彻党的十八届六中全会、中央经济工作会议、中央农村工作会议精神，尤其是认真学习贯彻党的十九大精神，深化农业供给侧结构性改革，大力推进农业现代化，着力推进乡村振兴，农业农村经济保持了持续稳定健康发展的良好态势，为全区经济整体增长作出了贡献。

一、农村经济持续稳定发展

（一）认真落实相关政策，强农惠农基础进一步夯实

积极争取中央农业项目资金支持，加强与“十三五”时期全国现代农业发展规划及国家重大工程、重大政策、重点项目的对接，2017年共落实中央和自治区各类农业项目资金30.3亿元，其中中央资金23.7亿元。落实自治区政府《关于创新财政支农方式　加快发展农业特色优势产业的意见》，综合运用直接补贴等7种方式，对特色优势产业关键环节进行精准扶持。各县、市（区）已建立贷款担保基金和风险补偿基金，为农户及各类

作者简介：韩治泰，自治区政府研究室办公室主任；王洪波，自治区农牧厅办公室主任；王岚海，自治区水利厅办公室主任；王静戟，自治区林业厅办公室主任。

新型经营主体提供贷款 26.5 亿元，农业招商引资项目落地 192 个，到位资金 57.1 亿元。

（二）特色产业提质增效，产业骨干作用进一步凸显

优质粮食产业坚持稳定面积、调整结构、优化品质、主攻单产，全年播种面积 1172.8 万亩，示范推广绿色增产模式攻关 213 万亩，预计总产量达到 370 万吨，实现“十四连丰”。粮食生产绩效考核获农业部通报表彰。草畜产业建设节本增效示范点 646 个。畜禽标准化规模养殖比重同比提高 2.2 个百分点，达到 67.8%，预计奶牛存栏 59 万头，肉牛、肉羊饲养量分别达到 270 万头、1822 万只，全区肉、蛋、奶总产量同比分别增长 4%、3.2%和 8.3%。瓜菜产业优化产业布局，创新技术服务，强化产销对接，生产面积达到 315.9 万亩，总产量 698.8 万吨。预计全区特色优势产业占农业总产值的比重达到 86%以上。

（三）不断做亮农业品牌，产业影响力进一步提升

围绕扩大基地、深化加工、打造品牌 3 个环节，实施龙头企业带动工程。全区培育自治区级以上产业化龙头企业 366 家，涉农企业“新三板”挂牌交易达到 22 家，宁夏股权托管交易中心挂牌达到 190 家，同比增加 131 家，预计主要农产品加工转化率达到 64%。培育各类特色农业品牌 300 多个，2017 年认证“三品一标”农产品 213 个，总数达到 610 个，主要农产品产地检测合格率达到 98.9%。充分发挥龙头企业培育农业品牌的主体作用，集中打造 6 个区域公用品牌、20 个知名农业企业品牌、20 个特色优质农产品品牌和 10 个外销窗口，发布了宁夏特色优质农产品品牌目录。有 11 个特色农产品获第十五届中国国际农产品交易会金奖，盐池滩羊肉、中宁枸杞、沙湖大鱼头 3 个品牌获得 2017 年“中国百强农产品区域公用品牌”称号。盐池滩羊肉被授予国家级农产品地理标志示范样板。

（四）持续创新科技推广方式，技术服务水平进一步提高

发挥产业指导组、专家服务组、产业协会“两组一会”的作用，加快农业新品种、新技术和新装备推广应用步伐，2017 年遴选推介主导品种 139 个，主推技术 99 项，开展了 11 项农业关键技术研发、20 项农业重大技术推广，全区粮食、奶牛、肉牛、滩羊良种化率分别达到 92%、100%、

90%和93%。鼓励农技人员创办、领办经营性服务组织，提升农业综合服务社会化站80个。农业科技入户率达到80%，科技进步贡献率达到58%，主要农作物综合机械化水平达到73%，其中小麦、水稻达到91%以上。

（五）坚持农业生态发展方式，绿色发展取得新进展

坚持禁牧封育不动摇，落实新一轮草原生态补奖2599万亩，完成人工种草126.5万亩。全面落实"一控两减三基本"，大力发展高效节水灌溉，推广覆膜保墒旱作节水农业，新增高效节水灌溉面积36万亩，农田灌溉水有效利用系数达到0.51以上，实施化肥农药零增长行动，绿色防控及统防统治面积达到600万亩，畜禽粪污无害化处理率达到86%，农作物秸秆利用率达到81%，残膜回收率达到87%。积极推进银北地区盐碱地改良，完成综合性农艺改良60万亩。精心组织实施农村"阳光沐浴"工程，完成全区20万农户太阳能热水器安装建设任务。

（六）抓好试点试验工作，农业农村改革稳步推进

全区农村承包地确权登记颁证工作基本完成，确权面积1568.9万亩，占计划的96.5%。农村综合改革的"平罗经验"和集体资产股份权能改革的"金凤模式"在全国推广。全区建成19个农村产权流转交易中心，在25个城中村、城郊村有序推进集体资产股份权能改革试点，在5个县（区）开展了农村承包土地的经营权抵押贷款试点，全区发展土地股份合作社78个。积极培育壮大龙头企业、农民合作社、家庭农场和种养大户等新型经营主体，全区家庭农场、农民合作社分别达到2698家和5918家。耕地流转规模化经营总面积299.3万亩，占家庭承包经营耕地面积的27%。

（七）多措并举推动效益增长，农民收入跨上新台阶

以效益为中心，全方位采取措施，大力推进产业增效、农业增收。前三季度，全区农业增加值增长4.3%，高于计划任务0.3个百分点；农村居民人均可支配收入增长8.9%，高于全区GDP增速和城镇居民收入增速，其中中南部9县（区）平均增速达到11%以上，高于全区农民收入增速。预计全年农村居民人均可支配收入跨上万元台阶。

二、水利建设跨入新阶段

（一）全面推行河长制，建立精准治水新格局

加快构建“党政责任链”“部门共治圈”和“公众齐参与”的河长制工作体系。自治区、市、县、乡工作方案全部出台，落实各级河长3672名、河湖巡护保洁员4406名，覆盖了全区所有河湖水系，实现年内建立河长制组织体系的目标。率先在全国启动省级河长制综合管理信息系统建设，实现涉水监测数据集成共享，努力构建河湖管理保护新空间。突出河长制聚合效应，与生态环境损害责任追究、人大监督和政协议政、精准扶贫相结合，河湖治理取得初步成效，推动全区水生态环境整体好转、局部优化。

（二）深入推进水利现代化，水利惠民迈入新的发展阶段

全面落实自治区“三大战略”，推动水利现代化加速发展。

一是水资源利用管理保护日益强化。落实最严格水资源“三条红线”管理制度，实施四大节水行动，累计发展高效节水灌溉面积301万亩。全国省级节水型社会示范区建设取得阶段性成效。实施黄河水等多水源联合调配、统一调度，保障了800万亩农田均衡受益和粮食丰收，确保了宁东等12个主要工业园区和固原等200多万人的城乡供水安全。

二是现代基础设施水网加快建设。主动对接国家部委，黄河黑山峡河段开发论证工作取得新进展，谋划了西海固地区脱贫引水等45项大型水利项目，现代化生态灌区建设规划等城市水源替代工程前期工作深入开展。创新水利投融资体制，黄河二期防洪等重点水利项目加快实施。

三是民生水利增进百姓福祉。全面启动实施了农村饮水安全巩固提升项目，到2017年底全区自来水普及率达到83.2%以上。主动适应土地流转、农业经营集约化新趋势，积极探索现代化生态灌区“投、建、管、服”一体化模式，农田灌排条件和人居环境持续改善，筑牢现代农业发展的水利基础。战胜了中南部地区严重旱情，打赢了隆德县城乡抗旱攻坚战，得到了自治区和水利部充分肯定。

四是水生态环境质量不断改善。贯彻落实水污染防治行动计划，银川四二干沟等11条重点入黄排水沟综合整治取得阶段性成效，完成生态补水

量1.66亿立方米，沙湖、星海湖、艾依河等湖泊水体水质明显改善。大力推进全国水生态文明城市和国家海绵城市试点建设，治理水土流失面积781平方公里，治理区生态环境明显改善。

五是水利管理服务能力明显增强。实施“互联网＋水利”六大行动，应用系统论开展水治理战略研究，积极探索中央治水方针“宁夏模式”。水利惠民进入新的发展阶段。

（三）引黄古灌区申遗实现突破，开放治水开创新境界

宁夏引黄古灌区成功列入世界灌溉工程遗产名录并授牌，实现宁夏申遗零的突破，向世界亮出了宁夏世界级文化金名片。“塞上江南”水文化传遍了全世界，凝聚起服务现代水利发展强大合力。

三、林业建设取得的成绩

（一）营造林面积稳步扩大，绿色生态基础进一步夯实

紧紧依托三北防护林、天然林保护、退耕还林等国家重大林业工程，重点实施了六盘山重点生态功能区和引黄灌区平原绿洲绿网提升工程，全力推进新一轮15万亩退耕还林工程。成功举办第九届中国花卉博览会，建成24个市民休闲森林公园。固原市成功创建国家园林城市，永宁县被命名为国家园林县城。全区完成营造林106.6万亩，完成补植补造58.8万亩。完成荒漠治理50万亩。

（二）林业改革稳步推进，林业发展活力进一步增强

国有林场改革主体任务已基本完成，制定下发了配套政策。在银川、石嘴山、固原、中卫全面启动湿地产权确权试点工作。深化集体林权制度改革，大力发展林下经济，总面积达到360.1万亩，实现产值20.8亿元。

（三）资源管理扎实有力，生态保护有序强化

全力推进贺兰山国家级自然保护区生态环境综合整治工作，在自治区党委、政府铁腕治理下取得阶段性成果。加强自然保护区基础设施建设，推进六盘山、罗山自然保护区功能区确界落界。加强天然林资源和林木抚育管护。强化湿地保护与恢复，开展湿地保护及动植物监测，湿地保护面积达310万亩，全区湿地保护率达到51%。加强林业有害生物防控，落实防控责任，有害生物成灾率控制在6.5‰以内。

（四）骨干产业不断壮大，林业贡献持续增强

实施再造枸杞产业发展新优势工程，围绕枸杞产业近期和远期目标任务，推进枸杞质量安全体系建设，建立了枸杞产区病虫害气象预测预报体系。中宁枸杞以161.56亿元品牌价值进入全国农业区域品牌价值十强，“宁夏枸杞”“中宁枸杞”被评为全国消费者最喜爱的100个优质农产品品牌。大力扶持苹果、红枣、文冠果等特色优势林产业发展。主动服务脱贫攻坚战略，积极争取国家林业局新增1500名建档立卡贫困户生态护林员指标，落实补助资金1500万元。结合林业重点工程，优先使用建档立卡贫困户的苗木，苗农苗木收入达10亿元以上，劳务收入达10亿元。

（五）强化项目争取，支撑能力显著提升

加强项目资金管理，围绕国家和自治区重点工程建设，加大项目资金的争取力度，全年共落实项目资金18亿元。组织引进9个优新树种，扩繁3个树种。加强林木种苗建设，良种使用率达到53.7%。重点推进林业共性关键技术攻关和吸收消化再创新，服务林业供给侧结构性改革能力显著增强。

四、存在的问题

一是农民增收难度加大。农民工就业存在不稳定性，部分农产品价格季节波动对农民增收产生不利影响。

二是特色产业精准扶贫组织化程度较低，产业脱贫带动能力有待进一步加强。

三是农村一、二、三产融合不紧密。农产品生产、加工、流通、消费衔接不紧，缺乏有影响力的大型龙头企业带动，加工转化率偏低。

四是特色农产品品牌影响力不够。“五大之乡”的品牌优势还没有完全发挥出来，与高端市场、高效益的目标还有差距。

五是缺林少绿的林情还没有根本转变，较全国21.66%的森林覆盖率低9.03个百分点。

六是林业建设投入总量严重不足、渠道单一狭窄，与实际投入存在较大缺口，严重影响地方造林的积极性。

七是经济社会发展对林地征占用需求持续攀升，个别地方违法占用林地案件易发多发。

八是枸杞产业发展面临异常严峻形势，周边省区枸杞产业对宁夏枸杞产业影响大，枸杞产业供给侧结构性改革艰巨而紧迫。

五、2018年农业农村工作建议

（一）全面落实富农政策，推进农民持续增收

全面落实自治区党委、政府《关于推进脱贫富民战略实施意见》，以特色产业提质增效增加经营性收入，以稳定和扩大就业增加工资性收入，以完善保障和帮扶机制增加转移性收入，以盘活农业农村资产增加财产性收入，确保农村居民收入增速高于全区GDP和城镇居民收入增速，建档立卡贫困户收入增速高于全区农村居民收入增速。

（二）切实抓好重点工作，推进特色优势产业持续升级

围绕沿黄生态经济带农业现代化和中南部地区特色产业精准扶贫，推动现代农业示范区、重要农产品生产保护区、农业可持续发展试验示范区，以及大宗特色农产品精准流通销售典型区建设，进一步巩固优势特色产业的骨干地位，推进农业特色产业现代化。

（三）大力实施品牌工程，进一步提升特色产业综合效益

围绕“1+4”特色产业，建立完善农业品牌目录管理制度，大力培育企业品牌，推进标准化生产，集中打造宁夏大米、供港蔬菜、盐池滩羊、六盘山马铃薯、香山硒砂瓜、中宁枸杞、贺兰山东麓葡萄酒等一批区域公用品牌，培育一批企业知名品牌和名优特新产品品牌，把宁夏“五大之乡”和“原字号”“老字号”“宁字号”的农业品牌打造得更加响亮。

（四）深化农业农村改革，激发农业农村发展活力

全面深入地宣传贯彻党的十九大关于“三农”工作重中之重、农业农村优先发展的战略方针，宣传贯彻实施乡村振兴战略“产业兴旺、生态宜居、乡风文明、治理有效、生活富裕”的总要求，宣传贯彻第二轮土地承包到期后再延长30年的政策。巩固全区承包地确权颁证成果，完善“三权”分置制度，扩大农村“四荒地”、草原、水域滩涂、设施农业、大型农

机具等确权登记颁证范围，积极稳妥推进农村“两权”抵押贷款试点，认真抓好城中村、城郊村集体资产股份权能改革试点，全面开展农村集体资产清产核资，发展多种形式的适度规模经营，因村制宜发展壮大集体经济，消除“空壳村”，激发农业农村发展活力。

（五）大力发展绿色生态产业，促进农业可持续发展

认真践行“绿水青山就是金山银山”理念，全面落实生态立区战略，坚持禁牧封育政策不动摇，全面落实“一控两减三基本”，实现农业节水灌溉、农药化肥零增长和农作物秸秆、畜禽粪污、农田残膜基本资源化利用，推动农业可持续健康发展。

（六）认真实施“四个一”工程，扎实推进产业精准扶贫

认真实施“四个一”示范带动工程，推广订单生产、托管代养、能人带动、股份合作等产业扶贫模式，提高产业组织化程度，建立持续稳定脱贫长效机制。针对脱贫销号村、巩固提升村和建档立卡贫困户实际，因村、因户施策，大力发展草畜、马铃薯、冷凉蔬菜、硒砂瓜、小杂粮、油料、食用菌、中药材、黄花菜、中蜂、休闲农业、乡村旅游等特色产业，促进如期脱贫。

（七）强化林业资源管理，为生态文明建设保驾护航

勇于担当、敢于碰硬，旗帜鲜明、态度坚决地予以推进，全面打赢贺兰山环境整治战。对全区其他林业类型的自然保护区和非法侵占林地问题，全面排查，督促整改，进一步提升林政执法监管水平，坚决制止、从严惩处各类破坏生态环境的违法犯罪行为，还自然以宁静、和谐、美丽，为生态文明建设保驾护航。

（八）加大优质生态产品供给，促进产业升级融合发展

既要在提高森林、湿地、荒漠、生物多样性等生态服务价值和公共服务能力上下工夫，也要在优质绿色林产品供给上有新作为。牢牢把握优质、安全、绿色的工作导向，围绕标准体系建设、质量安全监管、区域公共品牌塑造等重点环节，推动枸杞、红枣、苹果、花卉等特色林产业全环节升级、全链条增值。主动顺应大趋势，再造枸杞产业新优势，实现大发展。抓好以农残降解为重点的质量标准体系建设，推进以提高附加值为目标的功能性产品研发，加大市场营销力度，突出品牌引领，强化龙头企业带动作用，提高市场占有率，掌握行业话语权。发挥林业产业特有的投资潜力、市场潜力、就业潜力和增长潜力，大力培育森林旅游、休闲、康养、创意等新兴业态，以林业的多功能发展推动乡村振兴战略，服务全域旅游和一二三产业融合发展。

（九）开展大规模国土绿化行动，夯实全面小康生态基础

项目化管理、工程化实施，走精准造林之路，开展大规模的国土绿化行动，重点抓好六盘山重点生态功能区造林绿化、引黄灌区平原绿洲生态区绿网提升、南华山及外围区域水源涵养林建设和同心、红寺堡生态经济林种植“四大工程”，聚焦脱贫富民战略，助推沿黄生态经济带和银川都市圈建设，切实牢固全面小康生态基础，为宁夏与全国同步建成全面小康社会提供有力的生态支撑。

2017—2018年宁夏工业经济运行情况分析与预测

周　涛

2017年以来，在自治区党委、政府的坚强领导下，全区工业战线着力推进供给侧结构性改革，坚定不移推进新型工业化进程，加快结构调整，力促转型升级，切实推进自治区“降成本30条”等减税降费政策，紧盯目标任务，加强宏观管理，做好各项协调服务工作，力促全区工业经济生产稳定增长、传统产业和高新技术战略性新兴产业协同发展、效益明显提高的良好发展态势。

一、规模以上工业经济运行特点

2017年以来，全区工业经济年初实现开门红，达到近几年来的高点，随着市场降温，增速逐渐回落，但始终高于全国平均增速，处于比较合理的增长区间。1—11月，全区规模以上工业增加值同比增长8.6%(按可比价格计算，下同)，比2016年11月高1.1个百分点，比全国高2个百分点，居全国第7位、西部第5位、西北第1位。

(一) 轻、重工业保持增长，重工业拉动明显

1　11月，规模以上轻工业增加值增长2.6%，比1—10月高0.4个百

作者简介：周涛，自治区统计局工业处副处长，统计师。

分点；重工业增加值增长 9.8%，高于规模以上工业平均水平 1.2 个百分点，对规模以上工业增长的贡献率高达 94.7%，拉动规模以上工业增长 8.1 个百分点。

（二）大中型工业企业增加值不断增长

1—11 月，规模以上大中型工业企业增加值增长 7.0%，比 1—10 月高 0.9 个百分点，对规模以上工业增长的贡献率高达 63.2%，拉动规模以上工业增长 5.4 个百分点。

（三）国有控股企业增加值保持较快增长

1—11 月，规模以上国有控股企业增加值增长 9.3%，高于规模以上工业平均水平 0.7 个百分点，占规模以上工业的 51.3%，比 2016 年同期提高 1.4 个百分点，对规模以上工业增长的贡献率高达 54.5%。

（四）十大工业产业全面增长

1—11 月，全区十大工业产业全部实现增长，其中，电力行业增长 16.4%，医药行业增长 17.4%，化工行业增长 11.4%，冶金行业增长 10.4%，机械行业增长 7.3%，有色金属行业增长 4.1%，煤炭行业增长 3.1%，其他行业增长 2.6%，建材行业增长 0.9%，轻纺行业增长 0.6%。

（五）六成以上重点工业产品产量实现增长

1—11 月，在重点监测的 40 种工业产品中，25 种产品呈增长态势，14 种产品下降，1 种产品持平。其中，增长较快的有：轴承增长 95.6%，单晶硅增长 69.4%，钢材增长 58.1%，烧碱增长 55.8%，橡胶轮胎外胎增长 45.6%，化学药品原药增长 40.0%，金属切削机床增长 39.4%，活性炭增长 33.0%，精甲醇增长 21.4%，水泥增长 13.5%，电石增长 10.9%，原铝增长 9.3%，大米增长 3.9%，服装增长 4.3%。下降的有：变压器下降 50.1%，工业自动调节仪表与控制系统下降 29.0%，葡萄酒下降 2.8%，农用化肥下降 11.0%，电工仪器仪表下降 11.3%，饮料酒下降 6.5%，石墨及碳素制品下降 3.2%，铁合金下降 1.1%。

（六）新动能加速成长

一是装备制造行业增长较快。1—11 月，规模以上装备制造业中的重点行业都实现高速增长，其中，通用设备制造业增长 10.9%，专用设备制造业增长 28.7%，汽车制造业增长 43.4%。

二是战略性新兴行业高速增长。1—11 月，战略性新兴产业工业领域的行业废弃资源综合利用业增加值增长 1.1 倍，医药制造业增长 17.4%。清洁能源生产高速增长，其中，风力发电量增长 16.5%，太阳能发电量增长 39.2%。

（七）供给侧结构性改革成效显现

随着供给侧结构性改革持续推进，“三去一降一补”成效逐渐显现。

一是去杠杆取得成效。10 月末，规模以上工业资产负债率为 68.2%，比 6 月末降低 0.9 个百分点。

二是降成本效果显现。1—10 月，规模以上工业企业每百元主营业务收入中的成本为 84.43 元，同比减少 0.2 元；主营业务收入利润率 4.14%，同比提高 1.12 个百分点；每百元资产实现主营业务收入 46.4 元，同比增加 4.6 元。

（八）企业利润明显提高

1—10 月，规模以上工业企业盈亏相抵后实现利润 143.9 亿元，同比增长 69.3%，其中，采矿业实现利润 37.9 亿元，同比扭亏增盈 44.8 亿元；制造业实现利润 83.5 亿元，增长 46.8%。

二、工业运行中的主要问题

（一）停产减产企业较多

2017 年以来，为遏制大气环境污染，部分企业限产、减产和错峰生产，受生产季节性因素影响，工业经济增长受到一定的影响。11 月，全区 1221 家规模以上工业企业中停产企业有 124 户，占全部规模以上工业企业的 10.2%；1—11 月，有 387 家企业同比产值下降，占全部规模以上工业企业的 31.7%。

（二）轻工业增速回落

1—11 月，全区规模以上轻工业增加值增长 2.6%，低于全区工业增长平均水平 6 个百分点，比 1—9 月回落 1.6 个百分点，比 1—6 月回落 5.9 个百分点，比一至三季度回落 11.6 个百分点。特别是轻纺工业十分显著，其涵盖的 11 个工业大类行业中有 6 个呈下降态势。

(三) 高耗能工业增长较快，节能降耗压力加大

1—11 月，全区六大高耗能工业增加值增长 11.3%，比上年同期高 8.7 个百分点，增速高于全部规模以上工业 2.7 个百分点，高耗能工业增加值占规模以上工业的比重持续高位运行，节能降耗压力增大。

三、形势预判和对策建议

2017 年以来，全区工业经济保持了 8%以上的平稳增长，运行质量效益得到提升。但随着四季度 PPI 在 2016 年翘尾因素影响下逐步回落，工业产品价格逐步回归合理区间，对企业生产的刺激逐渐衰退，企业生产回归常态增长，煤炭、电力、石油化工、冶金、有色金属、建材轻纺等主要工业产业自然增长的动力或会减弱。另外，2017 年工业投资持续下降，大型工业项目不接续，导致工业经济发展后劲乏力；大气环境治理、节能减排等约束性指标对企业生产的倒逼压力逐年加大，工业经济增长的不确定性增加，工业行业生产效益的进一步分化，增加了企业生产经营中的困难，保持工业经济增长的压力加大。

党的十九大报告提出：“我国经济已由高速增长阶段转向高质量发展阶段，正处在转变发展方式、优化经济结构、转换增长动力的攻关期，建设现代化经济体系是跨越关口的迫切要求和我国发展的战略目标。”2018 年是全面贯彻落实党的十九大精神的第一年，也是“十三五”规划承上启下的关键一年，将决胜全面建成小康社会，开启全面建设社会主义现代化国家新征程。宏观政策将更加强调从经济增长速度向增长效率和质量提升转变；发展经济的着力点放在实体经济上，把提高供给体系质量作为主攻方向，必然会对工业经济发展产生积极深远的影响，推动工业经济转型升级，促进产业融合发展。

(一) 紧盯保持活力工业项目

按照自治区“无中生有”谋划新产业，“有中生优”谋划新项目、大项目的要求，继续加大招商力度，保持新建新投项目的拉动作用，抓住“一带一路”倡议和加强西部工业化与城市化水平重要发展机遇，高质量高起点引进一批技术先进、带动能力强、发展前景广阔的大项目、好项目。

二是加大已引进项目落地成形和在建项目建设力度，提升服务水平，加强服务力度，解决项目建设过程中遇到的困难和问题，不断提升工业发展后劲。

（二）瞄准转型升级挖掘潜力

转变工业经济增长方式，首先要转变工业投资的方向，要减少对产业低端、产品粗放、产出效益不高的传统工业产业的投入，适度降低高耗能、高投入、低产出工业产业的投资率；在现有工业产业结构上，逐步淘汰那些与全区经济发展战略定位不一致、与生态立区战略不协调的落后产业。大力实施传统产业提升工程，推进工业企业转型升级，加强对产品质量的监督管理，不断提高产品质量水平，实现工业企业的内涵式增长，推动工业向集约高效、环境友好、惠及民生方向发展，不断提升工业经济的核心竞争力和可持续发展能力。

（三）聚焦创新驱动，不断提升能力

自治区第十二次党代会提出，大力实施创新驱动战略。创新不但是工业提升改造的根本动力，也是工业经济新动能的源泉。要充分发挥企业创新主体作用，推进工业经济持续健康发展。组织企业从产品设计、技术研究、产业组织及体制机制等方面进行全方位的创新，大力培育发展战略性新兴产业，特别是在医药、装备制造业等有基础的产业上取得实质性的突破。在科技创新和技改领域不断加大投入，撬动民间资本向创新聚集，积极研究并出台有效政策，吸引、鼓励生产要素向创新流动，实现规模与效率相结合、做大与做强相结合、发展转型与壮大实力相结合，从而补齐工业发展的最大短板，推进工业经济发展的质量变革、效率变革、动力变革，实现全要素生产率的提高。

2017—2018年宁夏服务业运行情况分析与建议

张广益

2017年，全区上下认真贯彻落实党中央、国务院决策部署和自治区第十二次党代会精神，坚持稳中求进工作总基调，牢固树立创新、协调、绿色、开放、共享发展理念，进一步加大稳增长、调结构力度，着力推进供给侧结构性改革，认真贯彻落实国家和自治区促进服务业发展的各项方针政策，服务业继续保持平稳发展态势。2017年前三季度，全区实现地区生产总值2449.57亿元，按可比价格计算，同比增长7.8%，其中，服务业实现增加值1053.53亿元，同比增长9.1%，比上年同期提高0.1个百分点。

一、服务业经济总体特征

（一）服务业经济发展韧性强

1. 服务业贡献率持续创新高，引领作用不断增强

2017年前3季度，全区服务业对经济增长的贡献率持续创新高，达到50.7%，高于上年同期2.3个百分点，高于第二产业5.5个百分点。拉动GDP增长4个百分点，比上年同期提高0.1个百分点，与第二产业相比，拉动经济增长0.5个百分点，服务业推动经济增长的能力在稳步提升，对

作者简介：张广益，自治区统计局服务业统计处处长，统计师。

经济增长的贡献基本保持稳定增强态势。

2. 服务业发展增速呈现“四个高于”

2017年前三季度，全区服务业发展保持增长态势，服务业对全区经济转型升级的带动作用进一步增强。服务业增速与GDP、第二产业、上年同期增速及全国平均水平相比，继续呈现“四个高于”。

一是高于GDP增速。上半年宁夏GDP增长8.6%，服务业增速高于GDP增速0.7个百分点；三季度GDP增长7.8%，服务业增速高于GDP增速1.3个百分点。

二是高于第二产业。上半年服务业增速高于第二产业1.1个百分点，三季度服务业增速高于第二产业2个百分点。

三是高于上年同期增速。上半年增速高0.3个百分点，三季度增速高0.1个百分点。

四是服务业增速高于全国平均水平。上半年服务业增速比全国平均水平高1.6个百分点，三季度服务业增速比全国平均水平高1.3个百分点。

3. 服务业比重“一升一平”

2017年前三季度，全区服务业增加值占全国的比重、占全区GDP的比重呈“一升一平”。一是服务业增加值占全国的比重逐季提升，一季度为0.27%，二季度为0.30%，三季度为0.34%。二是各季所占全区GDP的比重与上年同期相比刚好持平。

（二）服务业相关领域发展态势良好

1.服务业投资力度加大，发展后劲增强

2017年1—11月，全区服务业完成投资同比增长13.6%，高于第二产业26.2个百分点，服务业投资占比达56.9%。现代服务业和与民生相关的服务业投资增速明显加快。信息传输、软件和信息技术服务业增长23.9%，金融业增长352.3%，租赁和商务服务业增长49.0%，科学研究和技术服务业增长76.8%，水利、环境和公共设施管理业增长42.0%，文化、体育和娱乐业增长32.6%。投资力度的加大，使服务业发展后劲增强。

2. 服务业吸纳就业能力增强，税收快速增长

2017年前三季度，从事服务行业就业人数占全部就业人数的26.5%，

同比增长 2%。信息传输、软件和信息技术服务业增长 4.7%，租赁和商务服务业增长 24.1%，居民服务、修理和其他服务业增长 14.2%，文化、体育和娱乐业增长 17.9%。2017 年 11 月末，服务业国税收入占全部国税收入的 37.7%，完成税收增长 38.7%。

二、服务业重点行业发展特点

（一）消费市场缓中有升，稳步发展

2017 年 1—11 月，全区社会消费品零售总额同比增长 9.8%。2017 年前三季度，全区批发零售业和住宿餐饮业增加值分别增长 8.7%和 6.7%。批发零售业增长幅度高于上年同期 4.5 个百分点，住宿餐饮业增幅与上年同期水平持平。批发零售业和住宿餐饮业对服务业增长贡献率为 9.9%和 2.7%，分别拉动经济增长 0.9 个百分点和 0.2 个百分点。

（二）金融业存贷款保持稳定增长，总体呈平稳发展

2017 年 11 月末，全区金融机构人民币存贷款余额保持稳定增长。人民币各项存款余额同比增长 9.4%，人民币贷款余额同比增长 11.5%。2017 年前三季度，金融业增加值增长 9%，高于全国平均水平 4.6 个百分点，高于上半年 0.2 个百分点，对服务业增长的贡献率为 16.5%，拉动服务业增长 1.5 个百分点。

（三）其他服务业增长不均衡，但总体呈上升趋势

一是营利性服务业增长明显。2017 年 1—10 月，电信业务总量同比增长 105.99%，增速比上半年提高 14.4 个百分点；其他营利性服务业营业收入同比增长 12.4%，增速比上年同期提高 4.5 个百分点。2017 年前三季度，全区营利性服务业增加值同比增长 28.7%，比上年同期加快 4.4 个百分点，拉动服务业增长 5.5 个百分点。

二是非营利性服务业增速回落。2017 年前三季度，全区非营利性服务业增加值同比增长 2.4%，增幅比上半年回落 1.8 个百分点，拉动服务业增长 0.7 个百分点。

三、需要关注的问题

“十三五”时期，我国经济发展进入新常态，这是我国经济向形态更高级、分工更优化、结构更合理的阶段演进的必经过程。在这种大环境下，宁夏服务业发展任重道远。在转型升级过程中还面临一些新问题、新情况，存在着诸多不确定因素，也存在一些问题和隐忧，需要引起关注。

（一）相关指标低于全国平均水平和上年水平

一是与全国平均水平相比，服务业贡献率低于全国平均水平。2017 年前三季度，全区服务业对经济增长的贡献率达到 50.7%，低于全国平均水平 8.1 个百分点。

二是服务业增加值占全区 GDP 的比重与上年同期相比有所下降。2017 年上半年，服务业增加值占全区 CDP 比重为 44.9%，比上年同期下降 1.4 个百分点；三季度为 43%，比上年同期下降 1.3 个百分点。

三是交通运输、仓储和邮政业增加值增速低于全国平均水平。2017 年一季度宁夏为 4.2%，低于全国 4.5 个百分点；二季度与三季度宁夏为 -0.6%，低于全国 9.8 个百分点。2017 年三季度，全区交通运输、仓储和邮政业增加值同比下降 0.6%。

四是住宿和餐饮业增加值增速低于全国平均水平。2017 年一季度宁夏为 7.2%，低于全国 0.2 个百分点；二季度增长 7.1%，低于全国 0.1 个百分点；三季度增长 6.7%，低于全国 0.5 个百分点。

五是房地产业增加值增速低于全国平均水平。2017 年一季度宁夏为 5.9%，低于全国 1.9 个百分点；二季度增长 5.3%，低于全国 1.6 个百分点；三季度增长 3.4%，低于全国 2.5 个百分点，比上年同期回落 1.8 个百分点。

（二）服务业发展依然是经济发展的短板

1.经济发展呈“二三一”结构

从经济发展的一般规律看，当经济发展到一定阶段时，服务业成为主导产业是普遍现象，三次产业结构最终将演进为“三二一”结构。从全国来看，产业结构已演变为“三二一”结构。在服务业经济到来的大背景下，宁夏的产业结构仍是“二三一”结构，且服务业增加值占 GDP 比重在 45%

上下徘徊。

2.市场品牌知名度不高，竞争力弱

宁夏服务业虽有较快发展，但存在品牌知名度不高、竞争力弱等问题，部分服务行业市场配置资源的基础作用未得到充分发挥，在规模经济水平、组织程度和营销管理水平上与发达地区都存在一定的差距，具有高知识含量和高附加值的现代服务业发展依然缓慢，新的比较优势有待于培育发展，产业创新能力和核心竞争力不强，加快服务业发展仍面临严峻挑战。

3.服务业发展监管力度不够

近年来，各级政府对服务业发展的关注程度日益提高，发展服务业的意识不断增强，但与其他行业相比监管力度仍然不够。由于服务业分布范围广泛，涉及各行各业，主管部门较多，导致主抓单位不明确，出现问题较难协调，无法有效地指导和管理服务业的发展。

4.规模以上服务业经营效益下降，发展后劲不足

2017 年 1—10 月，全区规模以上服务业企业营业利润同比下降 13.9%，企业亏损面为 42.2%，亏损额同比下降 5.7%。租赁和商务服务业、信息传输软件和信息技术服务业、物业管理及房地产中介和自有房地产经营活动等行业利润总额同比下降 38%。

四、促进服务业发展的对策建议

当前，全区上下认真学习贯彻党的十九大精神，按照“五位一体”总体布局和“四个全面”战略布局要求，牢固树立和践行新发展理念，坚持稳中求进工作总基调，以供给侧结构性改革为主线，实施创新驱动战略。服务业不仅是减缓经济下行压力的“稳定器”，也是促进传统产业改造升级的“助推器”，更是孕育新经济新动能成长的“孵化器”。在今后的发展过程中，加快经济结构转型升级，积极培育新兴产业、新型业态及新商业模式。把握经济转型升级的大趋势，坚持推动服务业发展，加快构建“三二一”产业格局，走出一条推动现代服务型经济发展的新路子。

（一）处理好政府部门管理与市场发展互补关系

自治区十二次党代会提出：“以经济体制改革为重点，处理好政府与

市场的关系，深化行政管理体制改革，加快政府职能转变，充分发挥市场在资源配置中的决定性作用，着力解决市场体系不完善、政府干预过多、服务管理不到位问题，用行政权力的减法换取市场活力的加法。大力推进‘放管服’改革，严格落实‘两个清单’制度，更加彻底地‘放’、更加有效地‘管’，更加优质地‘服’。”这对于完善服务业管理机制，提高服务业管理水平有着非常重要的指导意义。推进服务业发展是一项涉及面广、复杂艰巨的系统工程，事关全区经济发展大局。要在“放管服”方面，实现更加彻底的“放”、更加有效的“管”、更加优质的“服”。

一是全面放开服务业市场准入，按照“法无禁止即可为”的原则，进一步拓宽民营资本依法进入更多服务业领域的路径。按照市场经济要求，进一步转变政府职能，集中力量解决市场办不了、办不好的事情。

二是积极推进各项体制机制改革，严格落实“五证合一、一照一码”、注册资本认缴、“先照后证”等登记注册制度。积极培育市场主体，壮大企业规模。由主管部门牵头，做好企业筛查工作，对接近规模的企业，加大扶持力度，重点扶持有竞争实力和发展潜力的服务业企业，引导各类生产要素向其倾斜，做好规模以上服务业企业培育壮大工作，扶持中小企业快速成长。

三是深化服务业供给侧改革，提高服务业经济效益。以增强企业活力、提高效率为中心，以供给侧结构性改革为主线，推进国有资本战略性调整，强化政策扶植力度，以国有企业的发展加快推进新旧动能转换步伐。

四是加强对服务业发展指标、重点任务、政策落实和项目推进情况的检查考核，对实绩突出的地方、单位和个人予以表彰奖励，没有完成任务的要严肃问责。

五是探索建立政府投资、补贴和价格协同的投资回报机制，通过适当给予贴息、减税、让利、暂缓投资同类项目等政策扶持，确保服务企业获得依法合规的收益，推进服务业持续发展。

六是加强部门监督管理。明确部门职责，建立部门统计制度，确保部门统计畅通。要定期向政府统计主管部门提供行政区域内本行业单位和个体工商户名录，从源头上确保是一个真实全面的服务业名录库。部门要负责组织（协调）所属行业范围内服务业单位报表的布置、收集、评估、报送工作，确保报送工作渠道的通畅。

（二）处理好二产与三产发展、生产性服务业与生活性服务业的互补关系

自治区十二次党代会提出："实施传统产业提升工程，加快用新技术新业态改造提升传统产业，煤炭、电力、冶金、化工、建材等传统产业，要坚持高端化、智能化、绿色化方向改造提升。""实施新兴产业提速工程，加快发展大数据产业，推进西部云基地、新型智慧城市建设，争取建设国家级军民融合产业示范区，打造中阿网上丝绸之路经济合作试验区暨宁夏枢纽。做好'互联网+'的文章，推动大数据产业与工业、农业、现代服务业融合发展。"在今后的发展过程中，要从优化产业基础上推动产业升级，处理好二产与三产发展、生产性服务业与生活性服务业之间互补关系，调整好服务业结构。

一是坚持生产性服务业与生活性服务业并重。生产性服务业贯穿于生产、消费、流通等各环节，积极引入新理念、新模式、新技术，推动生产性服务业向专业化和价值链高端延伸。以互联网、大数据、云计算技术为基础，引导传统服务业向精细化和高品质方向转变，向有效供给精准化持续迈进，加快构建多元化中高端产业体系，切实提高服务业发展的质量和效益。

二是推动工业等重资产企业主辅分离，鼓励将辅业从主业中分离出来，进入高附加值、低杠杆的设计研发服务与售后维护服务领域，加快生产制造与高技术服务业的融合发展。以生产需求和转型升级为导向，依托制造业的发展，开拓创新服务业发展空间，培育服务业新增长点。

三是积极补短板，大力发展生活服务业。紧紧围绕旅游、文化、体育、健康、养老、教育培训等重点领域，引导社会资本加大幸福产业服务投入力度，通过提升服务品质，增加服务供给，不断释放潜在消费需求，推进幸福产业服务消费提质扩容，优化服务业产业结构，加快培育新的经济增长点。

(三) 处理好传统服务业与现代服务业的互补关系

自治区十二次党代会提出:“加快现代金融发展,实施‘引金入宁’计划,培育多层次的资本市场,切实解决融资难、融资贵问题。加快发展电子商务、现代物流、会展博览、健康养老等产业,推进房地产业平稳健康发展,推动服务业发展提速、比重提高、水平提升。”从服务业发展趋势看,今后,宁夏在推动服务业发展提升上,坚持现代服务业与传统服务业并举,加快服务业市场主体增量提质。

一是巩固传统服务业重点行业,发挥其支撑带动作用,推动转型升级,大力发展现代服务业。坚持大众创业、万众创新的新思路,鼓励集成创新,完善以企业为主体的产学研相结合的创新体系。构建特色鲜明、相对集聚的战略性新兴服务业体系。根据服务业集聚发展、融合共生的产业特性,汇聚优质资源和关键要素,培育服务业领军企业,构建门类齐全、层次较高、具有核心竞争力的现代服务业体系。

二是以重要交通枢纽、产业园区、开放平台为依托,着力融合运输、仓储、信息等产业,积极推进公路、铁路、航空等紧密衔接的物流干线多式联运发展,促进宁夏现代物流业的快速发展。

三是深化金融体制改革,完善银行、保险、信托、证券、金融租赁公司等各类金融组织体系,支持互联网金融发展,培育壮大第三方支付、电商金融等服务平台。坚持大中小企业一起抓,不断培育壮大服务业市场主体。

(四) 处理好全域旅游发展与中心城市特色建设的互补关系

自治区十二次党代会提出:“实施现代服务业提档工程,加快全域旅游示范区建设,把旅游业融入经济社会发展全局,推进旅游向全景全业全时全民的全域旅游转变,建设一批精品旅游景区,优化旅游综合配套服务,创新多形式、多业态、多元化商业模式,发展休闲旅游、体验旅游、康养旅游,吸引游客,留住游客,打造西部独具特色的旅游目的地。”如何吸引游客、留住游客,是全域旅游向纵深发展的关键,乃至带动服务业发展的关键。在推进旅游向全景全业全时全民的全域旅游转变过程中,要有容百川、内朴实、不惧小、自奋强的情怀,要有“来了都是宁夏人”的胸怀,坚持全域旅游发展与中心城市特色建设并重,培育壮大旅游产业,顺应消费需求多样化趋势，把以旅游产业为重点的服务业作为推动经济结构转型升级的强大引擎。

一是全域旅游推动全方位升级。当大众旅游需求侧从观光游到体验游、深度游转变时，发展旅游不再依托单个景点，整个城市都是旅游的目的地。深入挖掘城乡生态、人文、生产、生活等各类元素，在建筑布局、道路布局、城市绿化等方面烙上地方特有印记，拓展旅游与中心城市融合发展的广度和深度。

二是大力开发引进旅游项目。引进实力雄厚的旅游龙头企业和市场多元主体，通过资本投入，整合现有资源，打造一批辐射面广、带动力强、符合现代休闲养生需求的拳头产品，形成以“新、奇、特”为特征，集游、购、娱于一体的旅游项目。进一步把旅游与文化、健康、体育、商务等结合起来，加大旅游综合体建设力度，满足多元化消费需求。

三是促进产业融合发展。以创建全域旅游示范区为契机，做好现有资源与旅游产业相互融合的文章。进一步挖掘旅游业与其他产业的融合衍生产品。精心推出旅游精品，打造农业旅游、工业旅游、康体旅游、红色旅游、民族风情旅游、会展旅游、文化商贸旅游、节庆旅游等新型旅游经济。实现旅游方式由单一化向多元化发展，多方位满足游客的需求。

（五）处理好服务业创新驱动投入与科研人才研发的互补关系

自治区十二次党代会提出：“着力推进创新驱动发展。以科技创新带动全面创新，着力解决创新投入不足、创新活力不强、创新人才缺乏等问题，切实增强发展的竞争力。”在深入推进供给侧改革中，应坚持服务业创新驱动投入与科研人才研发并重，在加大实体经济创新驱动中，积极发挥财政资金的杠杆作用，加大对服务企业的支持力度，引导社会资金投向服务业过程中，要与建立人才培养激励机制、提升服务业人员素质通盘规划。积极培育和引进服务业创新人才，健全服务业高层次创新人才的激励机制。利用各类人才计划，引进和培养一批懂技术、懂市场、懂管理的复合型服务高端人才，推动服务业产业再升级。支持大中专毕业生进入服务业领域创业，加快构建服务业众创、众包、众扶、众筹等创业创新支撑平台。使服务型人才开发与经济社会发展相适应。

2017—2018年宁夏财政税收运行情况分析与预测

刘建洲　袁海龙

一、宁夏财税运行情况

（一）一般公共预算收入情况

1—11月，宁夏一般公共预算总收入651.7亿元，同口径增长12.3%。其中中央级收入274.9亿元，同口径增长11.5%；地方级收入376.8亿元，同口径增长12.9%，为年度预算的92.4%。

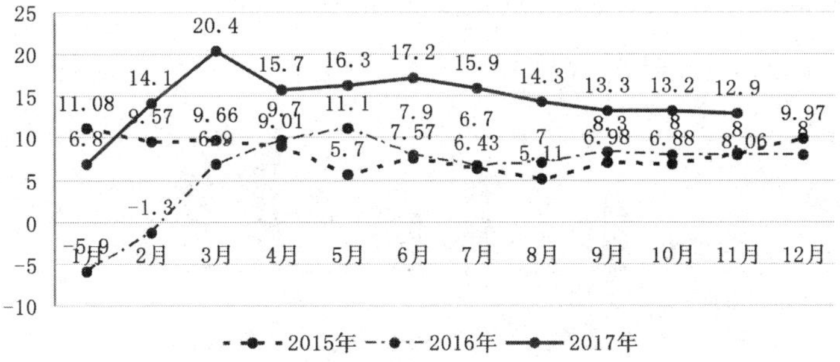

图1　2015—2017年宁夏地方一般公共预算收入增长情况

作者简介：刘建洲，宁夏财政政策研究中心主任；袁海龙，宁夏财政政策研究中心研究助理。

分结构看，税收收入250亿元，同口径增长17.8%，为年度预算的96%；非税收入127.1亿元，同口径增长4.5%，为年度预算的86%。

分级次看，区本级收入131.7亿元，同口径增长14.9%，占地方级收入的35%；市县级收入245.1亿元，同口径增长11.9%，占地方级收入的65%。

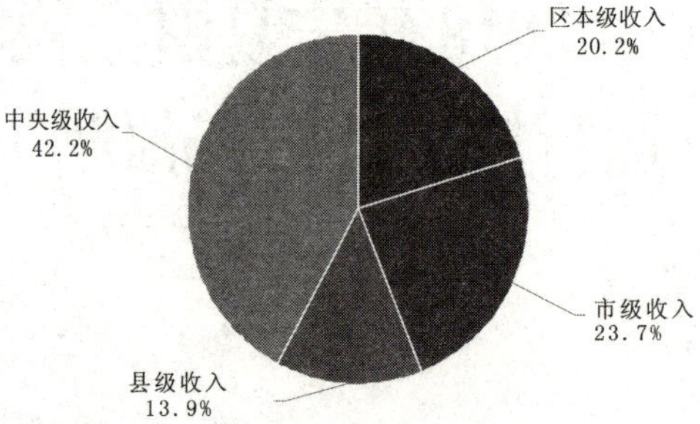

图2　2017年1—11月宁夏一般公共预算总收入分级构成情况

（二）一般公共预算支出情况

1—11月，宁夏一般公共预算支出1217.1亿元，同口径增长9.7%，增支115.3亿元。分级次看，区本级支出300.2亿元，同口径增长11.7%；市县级支出916.9亿元，同口径增长9.0%。从支出重点项目看，1—11月，医疗卫生支出增长31%，教育支出增长16.7%，农林水支出增长14.7%，城乡社区支出增长10.1%，此四类民生项目增支值均在20亿元以上。节能环保支出增长47.1%，增支14.6亿元。

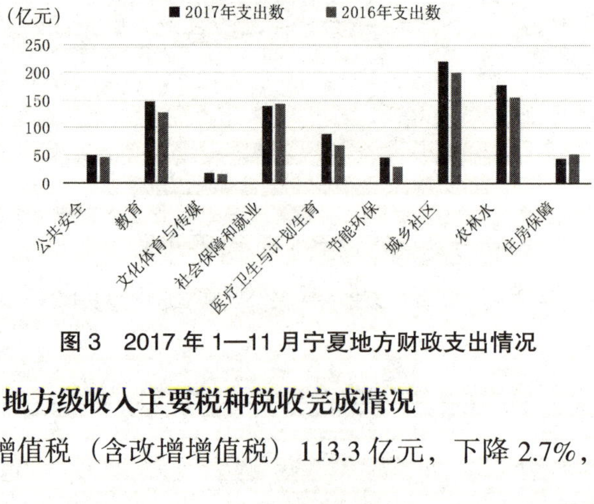

图3　2017年1—11月宁夏地方财政支出情况

（三）地方级收入主要税种税收完成情况

国内增值税（含改增增值税）113.3亿元，下降2.7%，减收3.1亿元。

分主要行业看，电力下降 61.9%，减收 1.1 亿元，主要受电煤价格上涨和供电预征率下调影响。

企业所得税 25.3 亿元，增长 6.1%，增收 1.5 亿元。受部分工业品价格下降因素影响，宁夏以电解铝为代表的有色金属下降 87.4%，主要是当前电解铝企业大规模亏损，氧化铝厂利润势必被压缩。受此影响，电解铝企业平均理论成本从 16000 元 / 吨下降近千元，恐将继续下行，成本对铝价的支撑显著弱化，短期内预计铝价仍将振荡偏弱运行。

个人所得税 14 亿元，增长 60%。主要是工资薪金所得税增收。

资源税 17.6 亿元，增长 99.6%。其中煤炭资源税入库 1.2 亿元，增长 7.6%。主要受煤炭价格上涨带动，11 月全国电煤价格指数为 521.7 元 / 吨，环比上涨 11.2%，同比上涨 59.6%。6 月开始，全国综合电煤价格指数已连续 6 个月上涨，11 月的全国综合电煤价格指数创 2014 年 1 月以来的最高值。

城市维护建设税 16 亿元，增长 5.8%。

中小税种普降。房产税、印花税、城镇土地使用税、土地增值税、耕地占用税分别增长 21.6%、22.3%、29.6%、34.2%、53.8%。

非税收入 127.1 亿元，同口径增长 4.5%，增收 8.7 亿元。主要是国有资本经营收入增长 4.6 倍，增收 6.8 亿元。

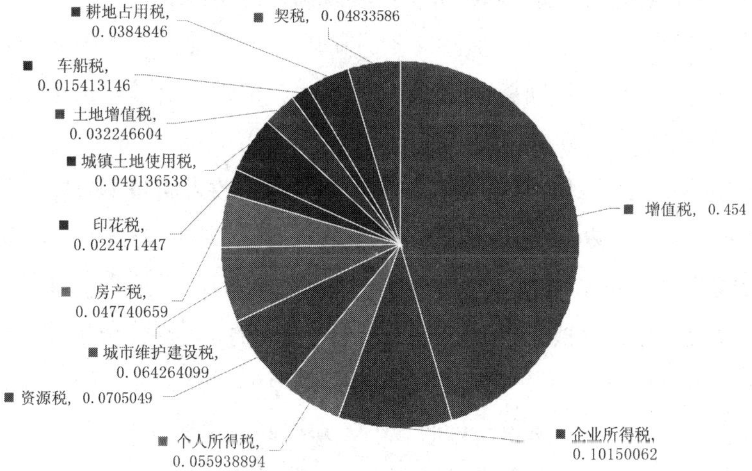

图 4　2017 年 1—11 月宁夏税收收入构成

（四）政府性基金预算收支情况

1—11 月，宁夏地方政府性基金收入 83.2 亿元，同口径下降 20%，其中国有土地使用权出让收入下降 23.4%。宁夏政府性基金支出 100.2 亿元，同口径下降 5.5%，其中国有土地使用权出让支出下降 17.4%。

二、宁夏地方财税经济运行特点分析

（一）财政收入呈“低开高走、波动趋稳”特点

宁夏地方财政收入同口径增幅由 6 月的 17.2%逐步回落至 11 月的 12.9%，增幅较前三季度 13.3%略有下降，但地方财政收入仍超序时进度 0.8 个百分点，地方税收快于序时进度 4.4 个百分点。地市间收入增幅差异较大，五个地市中（含辖区及县市），中卫市增长 18.8%，主要是查补清欠以前年度耕地占用税、入库永大线水利工程审计款。固原市增长 22.9%，主要受煤炭、建筑业以及房地产业增收带动。银川市增长 12.6%，主要受宁东地区带动以及非税收入支撑。吴忠市增长 9.2%，主要是电解铝及卷烟量价双涨、清缴以前年度耕地占用税形成增收。石嘴山市下降 0.4%，主要是该市作为老工业城市，受经济结构转型、去产能等因素影响，增收难度相对较大。

（二）财政收入继续小幅回落，但收入向好态势没变

受上年第四季度收入基数逐步抬升影响，宁夏地方财政收入同口径增幅从 9 月的 13.3%逐步回落至 11 月的 12.9%，但地方财政收入仍超序时进度 0.8 个百分点，地方税收快于序时进度 4.4 个百分点。

（三）税收增长对收入拉动力持续增大，财政收入质量不断提升

1—11 月，宁夏地方税收同口径增长 17.8%，增收 25.5 亿元，成为地方财政收入主要贡献力量。以增值税、所得税和资源税等为代表的主体税种增长较快，累计完成 185.3 亿元，占税收收入的 74.2%，税源结构保持稳定，拉动税收增长 25.6 个百分点。其中，增值税增收 41.1 亿元，企业所得税增收 1.5 亿元，个人所得税增收 5.2 亿元，资源税增收 8.8 亿元，耕地占用税增收 3.4 亿元。税收持续拉动源于经济结构的不断优化，经济增长中新动能、新业态的出现对税源结构变化产生积极影响。截至 11 月末，宁夏地方税收收入占财政收入的66.3%，分别比一、二季度提高了3.3个百分点和2.1个百分点。非税收入同口径增长4.5%，占地方财政收入的33.7%。从增收贡献看，税收增收贡献度不断提升，非税增收贡献率逐步下降。

（四）部分地区财政收入，以及部分税种提前完成年初预算任务

区本级和平罗县、盐池县、西吉县、彭阳县、宁东管委会等地区财政收入均已超年初预算。税收中，企业所得税、个人所得税、资源税、房产税、印花税、城镇土地使用税、土地增值税、耕地占用税等分别完成年初预算的101.4%、132.8%、176.0%、108.4%、102.0%、123.9%、104.6%、137.3%。

（五）部分科目支出增幅变动较大

科学技术增长2.1倍，同比增支3.3亿元。资源勘探信息下降3.2倍，同比减支5.2亿元。主要是支出科目调整导致科学技术和资源勘探信息增幅此增彼降。2017年，全区设立科技创新投资基金后，本月对年初安排在资源勘探信息科目的预算进行调整，调整后在科学技术支出进行反映。同时，由于资源勘探信息2017年度预算安排资金同比有所减少，综上因素导致资源勘探信息当月支出降幅较大。城乡社区下降45.6%，同比减支8.9亿元，主要是2016年同期支出较多，基数较大。

（六）支出进度同比加快，但支出均衡性较差

1—11月，宁夏财政支出完成进度快于上年同期（85.3%）2.1个百分点。分级次看，市县级财政支出超序时进度1.2个百分点，区本级则慢于序时进度17.3个百分点。分地区看，5个地市中（不含辖区），银川市提前完成年度预算，固原市超序时进度，石嘴山市则慢于序时进度5个百分点。14个县（市）中，永宁县、贺兰县、青铜峡市慢于序时进度分别为30.6个百分点、14.8个百分点、14.8个百分点。

三、当前财税经济运行中存在的主要问题

前三季度，宁夏财税经济呈现稳步增长态势，但受工业、投资和第三产业部分行业增速回落因素影响，财税经济增长速度有所回落，应引起高度关注，把稳增长作为当前工作重中之重，采取有效措施，确保全年财税

经济稳定增长。

（一）经济增速回落，下行压力加大

从经济发展趋势看，一季度，宁夏经济实现开门红，地区生产总值增长8.6%，上半年延续了平稳增长势头，增长8.6%。但进入下半年以来，工业、投资等主要经济指标增速逐月回落，前三季度地区生产总值增长7.8%，增速比上半年回落0.8个百分点，显示经济下行压力加大。工业上，随着上年基数的抬升和部分行业的增速回落，规模以上工业增加值增速从上半年的10.0%回落至前三季度的8.5%。投资上，宁夏投资在一季度实现较高增速后，逐渐波动下行。一季度增长16.3%，上半年增长9.5%，前三季度增长4.4%，由于投资的下滑，也导致了建筑业增速回落。

（二）部分企业生产经营困难，工业稳增长难度加大

从生产看，一是轻工业增速明显回落。前三季度，宁夏轻工业增加值增速已连续6个月回落，从一季度的14.2%下降至4.0%。二是停产减产企业依然较多。截至9月末，宁夏1209户规模以上工业企业中，停产122户，减产392户，企业停产减产面达到42.5%。从经营看，企业经营两极分化。1—8月，宁夏规模以上工业利润总体较快增长，但分化趋势已经显现。在煤炭、冶金、有色效益大幅好转的同时，电力、轻纺、化工三大产业利润却同比分别下降41.2%、33.0%和14.0%。企业应收账款大幅增加，受此影响，企业资产负债水平持续攀升，截至8月末，规模以上工业资产负债率为68.4%，同比增加1.6个百分点，比全国平均水平高12.7个百分点。

（三）重点行业投资低迷，投资增长后继乏力

一是工业投资继续下降。2017年以来，宁夏工业投资增速呈现较大幅度回落，除一季度增长2.8%以外，其他月份均为负增长。前三季度，宁夏工业投资1019.06亿元，同比下降15.1%。工业投资占投资的比重也由上年同期的44.3%下降至36.0%。

二是房地产开发投资降幅扩大。受房地产调控政策影响，开发企业持观望态度，房地产投资479.55亿元，下降10.1%，降幅比1—8月扩大3.6个百分点，呈现下降态势。

三是新开工项目支撑不足。前三季度，宁夏5000万元及以上新开工项目481个，比上年同期减少70个，下降12.7%；完成投资789.92亿元，下降5.4%。

（四）民营经济贡献降低，分化发展特征明显

民营经济是宁夏经济发展的主要动力，但进入下半年以来，增长逐月回落，对经济的贡献不断降低。前三季度，宁夏民间投资1592.29亿元，同比增长3.4%，增速比上年同期下降18.7个百分点，比全区投资平均水平低1.0个百分点，比全国民间投资平均水平低2.6个百分点。规模以上非公有工业增加值增长8.8%，增速比全区平均水平高0.3个百分点，但比上年同期回落5.4个百分点，比国有控股企业低1.5个百分点，占规模以上工业增加值的比重由上年同期的44.8%下降至40.1%。

（五）财政运行与管理中的困难和问题需要进一步研究解决

一是主要税种增速回落。受上年“四大行业”营改增收入翘尾因素影响，增值税较快增长，但随着下半年收入基数的抬升，增值税增速逐月回落。

二是行业企业税收差异较大。自2016年第三季度以来，煤炭价格较快上涨，从200元/吨上涨至340元/吨左右，煤价整体处于历史高位，煤炭行业税收大幅增长，带动煤化工行业税收增长。但由于煤炭价格上涨较快，火力发电企业进项增大，留抵企业增加，行业整体亏损。

三是价格因素对经济和税收的拉动作用波动较大。2017年以来，工业价格快速上涨，对工业经济和税收的拉动作用明显，特别是工业税收对工业价格尤其敏感，其中煤炭等原材料加工行业税收受益明显。

四是部分市县增收压力较大。宁夏9个市、县（区）税收占比低于全区平均水平（66.4%），部分市县税源储备不足，增收压力仍然较大。

四、2018年宁夏财税形势预测及政策建议

从全国形势看，党的十九大为中国未来发展制定了宏伟蓝图，确定了行动纲领，指明了发展方向；2017年，全国经济稳中有进、稳中向好的发展态势为宁夏财税经济稳定增长奠定了宏观基础。从区内发展看，自治区第十二次党代会为宁夏发展谋划了新思路、新举措、新办法；2017年宁夏经济运行总体平稳，发展质量和效益不断提升，工业经济持续保持稳定增

长的良好态势，这对宁夏2018年财税收入平稳向好提供了良好的内生动力。从影响2018年财税运行形势的主要因素分析：

一是宁夏规模以上工业增速加快，企业效益大幅提高，将带动财税收入稳步增长和质量提升。前三季度，宁夏规上工业增加值同比增长8.6%，增速高于2016年同期1.1个百分点。宁夏规上工业企业盈亏相抵后实现利润总额同比增长69.3%；主营业务收入利润率4.1%，比上年同期提高1.1个百分点。宁夏地方财政收入已连续10个月保持12%以上的增速，财税收入形势平稳向好，预计2018年宁夏财税运行形势将进一步改善，在新经济、新业态驱动下，增长基础将更加稳固。

二是工业生产者价格涨势总体趋稳，税收收入增势将整体趋稳。宁夏工业生产者出厂价格和购进价格双双较快增长，分别增长13.0%、13.4%。其中，宁夏工业生产者出厂价格涨幅自2016年10月起至2017年10月一直高于全国平均水平。分行业看，黑色、有色金属类产品价格略有下降，化学原料及制品和电力、热力生产供应价格分别上涨，煤炭、造纸、成品油价格涨幅较大。1—11月，税收增速达到17.8%，其中，资源税、所得税拉动明显，预计2018年在资源类价格涨势趋稳下，税收增长形势将整体趋于稳定。

三是宁夏非税收入增速放缓，随着税收收入稳速增长，非税收入占比重将继续下降，财政收入质量进一步提升。

（一）坚持创新发展，推动工业加快发展

大力实施创新驱动战略，发挥政策在促进工业转型中的引导效应，支持工业新技术新产业发展，提高产品附加值。推动新建和技改工业项目投产达效，增强工业经济稳定性，强化“一企一策”“一行一策”执行力度，让停产、减产企业尽快恢复生产，利用当前市场好转的有利时机，督促企业扩大生产能力，提高生产效率。重点推动31个工业园区集聚发展、组团发展，提高园区竞争力和贡献度。加强企业家队伍建设，通过培训、交流、引导等方式，提升企业家队伍素质，带动企业竞争力的提升。

（二）支持项目建设，切实增强经济发展后劲

积极扩大有效需求，稳定经济增长。狠抓有效投资，更加注重投资结构、投资效益，以有效投资带动转型发展。紧紧盯住银西高铁等重大投资项目，加强与业主对接，加快项目推进步伐。想方设法加快项目进度，特别是对一些进度滞后的政府性投资项目，要及时分析、排除影响工程进度的因素，倒排工期，强化督查，确保按期完工。积极争取国家预算资金，鼓励金融机构加大对投资项目的支持。支持民间投资健康发展，扩大市场准入，为投资可持续增长注入后劲和活力。引导房地产投资合理增长，确保房地产市场持续健康发展。

（三）挖掘消费潜力，推动新业态发展

采取有效措施，通过提高普通职工工资水平、低保人员标准、养老保险标准和农民务工收入，加快提升宁夏城乡居民收入，切实增强居民消费能力，稳定居民消费预期，增强居民消费信心。大力发展互联网经济等新型消费业态，重点发展电子商务，建设一批商品销售类、消费服务类和跨境贸易类电子商务平台，激发居民消费意愿，促进和引导居民消费。积极推动落实带薪休假制度，支持各地旅游产业发展。

（四）培育新经济增长点，进一步夯实发展基础

把培育新增长点作为适应新常态的重要抓手。推进“互联网 +”产业发展，发展新兴业态。重点推进移动物联网、云计算、大数据为代表的新一代信息技术与产业融合发展，促进大众创业、万众创新，实现经济提质增效升级。加强引资平台建设，抓住引资重点，切实把引资项目做细做实。要更加注重招商选资，抓好重点领域招商，突出重大项目招商，提高招商引资针对性。积极培育达标入规企业。各级部门要加强新增企业和项目的培育，做大总量，稳定存量，优化增量。

（五）围绕目标任务，保障经济发展

紧盯预算执行突出问题，加强区本级及市县横向、纵向组织收支工作联动机制，逐月、逐旬、逐级明晰目标，动态监测收支增减趋势，充分发挥资金使用效益，保持收支增长良好势头，圆满完成全年财政收支任务。不断提升财政收入质量，与自治区税务部门共同制定提升财政收入质量工作措施，积极培育税源，强化收入征管，杜绝收入空转，确保税收比重高于上年水平。进一步调整优化财政支出结构，盘活存量资金，优化增量配置，严格落实财政支出与预算安排的考核、通报、约谈、挂钩机制，提高资金拨付效率。全力保障自治区党委、政府重大战略部署和重点工作任务，创新财政投入管理方式，增强财政调控力，集中财力推进实施“三大战略”，支持产业布局和结构调整，促进经济转型升级，保障和改善民生，充分体现支出质量和效益，推进财政可持续发展。

2017—2018年宁夏金融业发展分析与预测

自治区金融办

2017年，自治区金融工作局自觉把党的十九大精神贯彻到金融工作全过程，坚定不移以习近平新时代中国特色社会主义思想为行动指南，自我加压，履职尽责，自觉把工作重心落在全面提升金融工作水平上来，积极发挥参谋助手、桥梁纽带、平台通道和统筹抓总作用，自觉把重点任务放在心上、抓在手上，在引进组建金融机构、发展资本市场、发展普惠金融、助推脱贫攻坚、防范化解金融风险等方面实现了新突破，取得了新进展。

一、宁夏金融工作基本情况

截至2017年11月末，宁夏共有银行机构58家、证券机构56家、保险主体23家、小贷公司194家、融资担保机构73家，初步形成了多层次、全方位、广覆盖的综合金融服务格局。5年来，宁夏社会融资规模累计增加3259亿元，其中，人民币贷款余额从2013年初的3339.6亿元增长到6253.93亿元，增长87.27%；保险业保费收入由62.69亿元增长到144.89亿元，增长131.1%；为全社会提供的风险保障由不足1万亿元，增长到9万亿元。

一是信贷保障实体经济发展持续有力。积极引导金融机构扩大信贷规模，重点支持自治区重大战略、基础设施和重大工程建设，以及“三农”、小微企业等薄弱领域和社会民生改善。2017 年以来，全区贷款余额突破 6000 亿元大关，并保持两位数增长态势。截至 11 月末，全区人民币贷款余额达到 6290.02 亿元，同比增长 11.5%，1—11 月新增 622.14 亿元，同比多增 92.35 亿元。其中，中长期贷款余额 3843.29 亿元，同比增长 14%，高于各项贷款 2.5 个百分点；1—11 月新增 415.63 亿元，占全部新增贷款的 66.8%；第三产业贷款增速分别高于第一、第二产业 7.7 个百分点和 11.4 个百分点。截至三季度末，全区涉农贷款余额 2143.14 亿元，较年初增加 222.02 亿元，同比增长 13.38%；小微企业贷款余额 1863.99 亿元，同比增长 18.53%，高于各项贷款平均增速 4.36 个百分点。

二是资本市场直接融资功能持续增强。推动落实上市绿色通道、新三板扩容政策，组织举办 IPO 推进培训会，深入开展资本市场市、县轮训，资本市场培育呈现出“主板突破、三板持续、四板踊跃、融资增长”的良好局面。嘉泽新能成功上市，宝丰能源开始申报 IPO，晓鸣农牧等 8 家企业进入辅导阶段，40 多家企业列入上市企业后备库；新增新三板企业 10 家，总数达 64 家，位居西北五省区第三；区域四板市场新挂牌企业 215 家，总数达 719 家，均提前完成年初既定目标。上市公司并购重组取得新进展，银星能源等 4 家企业并购融资 11.74 亿元；债券发行呈现快速增长态势，2017 年累计发行政府债、同业存单、企业债券等各类债券 1080 亿元，是 2013 年的 36 倍。境外发债和资产证券化取得突破，通联资本成功发行 3 亿美元境外债券，石嘴山银行开展宁夏首笔信贷资产证券化业务。融资结构持续优化，新增贷款、债券融资、股权融资比例由 2014 年的 7：2：1 逐步调整为 3：6：1。

三是金融助推脱贫攻坚成效持续扩大。以中国人民银行正式批准宁夏打造全国首个以省为单位的金融扶贫示范区为契机，大力推广金融扶贫“盐池模式”“蔡川模式”，纵深推进“一行一县”“一司一县”“一保一县”金融精准扶贫，有力助推了脱贫攻坚。截至 11 月末，全区扶贫小额贷款余额 225.5 亿元，其中，建档立卡户扶贫小额贷款余额 69.63 亿元，覆盖率 72%，户均贷款 4.5 万元。在全国率先实现“一司一县”全覆盖，推动 9 家商业银行和 19 个保险公司分别与 9 个贫困县达成对口帮扶协议。“扶贫保”基本实现全覆盖，承保大病补充医疗保险72.8万人，贫困户家庭和借款人意外伤害保险18.9万户，特色产业种植险59.4万亩、养殖险53.5万头（只），保障额度992.5亿元。

四是“引金入宁”计划实施持续深入。坚持引进、组建、培育三管齐下，兴业银行银川分行挂牌运营，彭阳县、永宁县、西吉县、西夏区4县（区）村镇银行相继开业，新设金融资产管理公司1家、村级互助担保基金管理中心1家，批准筹建互联网小贷公司4家。民营银行组建工作稳妥推进，亚太人寿、中青人寿等4家保险公司设立工作进展顺利，消费金融公司、法人证券公司等设立工作正在积极对接。银川阅海湾中央商务区CBD金融中心建设步伐加快。自治区支持金融业发展优惠政策较好落实，70余家新设机构获得税收优惠减免。金融人才公寓投入使用。

五是防范化解金融风险工作持续稳慎。充分发挥债委会作用，帮助大部分企业实现稳贷、部分企业实现增贷。在全国首批建立非法集资监测预警平台，实现对地方金融机构舆情监测和风险预警定期推送。建立举报制度，深入开展非法集资和互联网金融风险专项整治，积极稳妥查处和规范了一批问题机构。全面开展防范金融风险宣传教育。认真开展清理整顿各类交易场所“回头看”工作，交易场所风险得到初步化解。相关做法得到国家处非办和清整联办肯定。

六是金融领域专项改革创新持续推进。推动宁夏银行、黄河农村商业银行增资扩股，增强资本实力，原州区、贺兰县、西吉县等县（区）4家农村信用社成功改制为农村商业银行，海原、泾源农信社改制工作稳步推进。深入开展农村金融改革创新和农村土地经营权抵押贷款试点工作，农村土地经营权抵押贷款余额达6.3亿元。探索开展助贷资金池和村级互助担保基金业务，为企业提供转贷资金195.58亿元，为农户贷款担保6589万元。推动首个政银担“5221”风险分担协议落地实施。盐池金融扶贫、彭阳普惠金融等4个示范区建设进展顺利。推动普惠金融发展的做法得到中央改革办督察肯定，强调将宁夏作为全国普惠金融创新发展的前沿和观察哨。

二、当前宁夏金融发展面临的形势和存在的问题

从当前国际国内经济金融形势看，宁夏金融业发展的机遇和挑战并存，总体向好。从国际看，金融市场依然动荡，今后一段时间，美国经济复苏的可持续性，美联储加息、“缩表”的力度和节奏，欧元前景，其他新兴经济体形势的不确定性等，也可能对国内金融市场产生影响，但是，随着人民币国际化和金融业双向开放推进，人民币成功加入国际货币基金组织特别是提款权货币篮子，成为全球60多家央行的储备货币，以及外汇储备保持在3万亿美元左右，人民币汇率弹性持续提升，应对外部冲击风险的能力不断提高。从国内看，党的十八大以来，我国金融改革发展取得新的重大成就。金融业保持快速发展，金融产品日益丰富，金融服务普惠性增强，金融改革有序推进，金融体系不断完善，多层次资本市场体系建设不断增强，货币政策和金融监管得到改进，宏观审慎政策框架正在形成，守住不发生系统性区域性金融风险的能力增强。从区内看，全区经济社会发展势头良好，工业化、城镇化、农业现代化新动能加快形成，新的增长点和增长动力有序培育，开放开发空间积极拓展，全面深化改革红利不断释放，为全区金融业快速发展奠定了坚实基础。特别是自治区第十二次党代会，为全区未来5年发展绘就了蓝图、指明了方向，也为自治区金融业自身发展和发挥作用提供了广阔空间。

宁夏金融业虽然发展形势较好，但不平衡不充分的矛盾依然突出，主要表现在：

一是金融资源配置不均衡。全区法人金融机构数量仅44家，远低于全国130余家的平均水平和西部其他省区。同时，金融机构城乡、山川分布不均衡。

二是资本市场发育不充分。宁夏经济过度依赖间接融资，同时融资成本较高。现有上市公司再融资能力较弱，具备上市、发债条件的企业较少，企业在引入战投、兼并重组、让渡股权等方面的理念和行动滞后，综合运用金融工具融资的意识和能力有待提高。

三是中小微企业融资难融资贵问题需进一步破解。金融创新不足，现

有金融产品和服务难以满足中小微企业融资需求。企业自身管理规范化程度低、效益稳定性弱，又缺乏有效的担保和抵押物，难以满足中长期贷款或上市、挂牌、发债条件。

四是金融风险防控形势不容乐观。金融机构不良资产处置难度大，债权人委员会协调事项较难落实，债转股目标企业和意向企业少，不良贷款盘活和核销不良资产的效率较低。羊绒企业受经济下行、行业面临转型升级等因素影响，生产经营困难；同时，部分企业因贷款陆续到期、资金“短借长用”、流动资金不足等原因，无法按时偿贷，企业信用风险形势十分严峻。截至11月末，不良贷款余额121.81亿元，较上月减少2.42亿元，不良贷款率为1.86%，较上月下降0.05个百分点，较年初上升0.15个百分点。

五是金融扶贫方面，扶贫贷款额度小、期限短、用途不明等问题依然存在，对新型农业经营主体的金融支持力度不够；部分扶贫户贷款有效需求不明显，扶贫信息不对称，精准识别还存在一定难度，农村信用体系仍然较为薄弱，风险防控亟待加强。

三、2018年金融工作建议

党的十九大报告提出，深化金融体制改革，增强金融服务实体经济能力，提高直接融资比重，促进多层次资本市场健康发展。健全金融监管体系，守住不发生系统性金融风险的底线。未来，我们要认真贯彻落实好党的十九大和全国、全区金融工作会议精神，坚持把学习的成果切实转化为履职尽责、真抓实干的具体行动，围绕全国和全区金融工作会议提出的目标任务，按照自治区第十二次党代会确定的“三大战略”“五个扎实推进”的部署要求，坚持问题导向、目标导向，对金融工作进行全面谋划和部署，以服务实体经济为目的，以防控金融风险为保障，以深化金融改革为动力，突出重点、补齐短板，扮演好服务、协调和监管三个角色，为如期实现自治区第十二次党代会确定的各项目标任务提供坚强有力的金融保障。

（一）加大服务实体经济力度

为实体经济服务是金融工作的天职和宗旨。要始终把服务实体经济作为金融工作的出发点和落脚点，围绕自治区重大决策部署、重大工程建设、重点产业发展和重要民生领域，有效增加金融供给，扎实推进金融助推脱贫攻坚工程和困难企业融资辅导工程，全面提升金融服务实体经济的效率和水平，引导更多金融资源配置到经济社会发展的重点领域和薄弱环节，更好满足实体经济转型升级和社会民生改善的需求。大力发展科技金融，支持实施创新驱动战略。以沿黄科技创新改革试验区和现代农业科技创新示范区为载体，落实“创业培训＋担保贷款＋创新服务”三位一体帮扶机制，有力支持高新技术企业成果转化、创新园区建设、大众创业万众创新及新旧动能接续转换。大力发展普惠金融，支持实施脱贫富民战略。加快推进以省为单位的“金融扶贫示范区”建设，推广金融扶贫“盐池模式”“蔡川模式”，深化“一行一县”“一司一县”“一保一县”对口帮扶工作，不断扩大“扶贫贷”“扶贫保”助力脱贫攻坚效应，支持贫困地区发展休闲农业、乡村旅游、流通服务和电子商务等新业态。持续改进“三农”、小微企业等薄弱领域金融服务，支持金融机构持续降低涉企收费标准，合理确定利率和担保收费水平。大力发展绿色金融，支持实施生态立区战略。加快构建绿色银行、绿色证券、绿色保险体系，为加快沿黄生态经济带建设、实施一体化生态保护和修复工程、环境污染整治等提供有效充足的金融保障。

（二）认真落实“引金入宁”计划

金融牌照稀缺、金融资源匮乏是宁夏融资难、融资贵的根本症结所在。解决这些问题，重点是实施好自治区第十二次党代会提出的“引金入宁”计划，加快引机构、引资金、引人才，努力做大金融总量，为实体经济引入源头活水。建议结合宁夏实际，加快引进组建证券公司、人寿保险、消费金融、金融租赁等机构，构建完善的现代金融组织体系。积极协同驻宁商业银行，争取总部信贷资源，支持地方法人银行扩充资本金，加快推进“险资直投”，大力发展天使投资、私募股权投资，引导各类资本规范有序进入实体经济。积极培养引进金融复合型人才，加快金融人才库建设，强化与“双一流”高校金融育智、引智合作，为促进金融业持续健康发展提供智力支撑和人才保证。

（三）加快培育多层次资本市场

资本市场是直接融资的主渠道，企业是直接融资的主体。宁夏资本市场发育还不充分，直接融资比重较低。要继续深入实施资本市场效能发挥工程。大力发展直接融资，不断提高直接融资比重，拓展资金来源渠道，着力破解融资难、融资贵问题。加强与沪深证券交易所等的交流合作，推动发展股权融资，持续扩大债券融资规模，更新并优化上市、挂牌、发债后备企业库，提升四板市场活跃程度，加快培育上市挂牌骨干企业群，引导更多企业上市挂牌融资。紧盯后备企业自身问题和最新发审政策，开展有针对性的培训。

（四）严密有效防控金融风险

防范化解金融风险是金融工作的永恒主题。坚持早识别、早预警、早发现、早处置，严格落实属地和主体责任，全力推进金融风险防范化解工程。加大防范非法集资宣教力度，严厉打击非法集资行为。持续开展互联网金融风险专项整治，进一步强化日常监管，推动各类交易场所规范发展。强化风险源头管控，严格市场准入，增强监管穿透性，着力整治乱办金融等严重扰乱金融秩序行为。立项建设宁夏地方金融监管和风险防控平台，健全完善金融风险监测预警、非现场风险监控、风险应急处置机制，守住不发生区域性系统性金融风险底线。

（五）稳妥推进金融改革创新

完善地方金融监管体系是推进构建现代金融监管框架的重要组成部分。在坚持中央统一规则和自觉维护国家法治、市场、政令统一的前提下，完善地方金融监管体系，健全地方金融监管制度，建立金融工作议事协调机制，协调好地方金融监管部门和中央驻宁监管机构之间的关系，发挥各地政府职能作用，压实属地监管责任。严把市场准入关，强化事中事后监管，加大问责力度，有效规范金融机构交易行为和地方金融市场秩序。加快推动典当行、商业保理等 7 类金融机构实行统一归口管理，确保接得住、管得好，监管不缺位、不跑偏。

（六）营造良好金融生态环境

良好的金融生态环境是促进经济和金融良性循环、健康发展的重要保障。深化地方金融机构改革，持续推进农信社改制，增强地方金融机构资本实力和抗风险能力；加快实施担保体系推进提升工程，健全完善政府支持的融资担保体系，推进动产、应收账款质押融资；稳步扩大农村金融改革试点，推进农村“两权”抵押贷款试点，推进农业保险提标扩面增品，夯实“三农”发展基础。切实加强金融法治、政策保障、信用体系、人才队伍建设，加强金融知识培训和普及，不断提高服从、服务经济社会发展的能力和水平，努力为确保实现经济繁荣、民族团结、环境优美、人民富裕，与全国同步建成全面小康社会营造良好的金融生态环境。

2017—2018年宁夏固定资产投资运行分析与预测

杨瑞博

2017年，面对错综复杂的经济形势，全区上下认真贯彻落实自治区党委、政府决策部署和自治区十二次党代会精神，牢牢把握稳中求进工作总基调，以供给侧结构性改革为主线，着力推进创新驱动战略，全区固定资产投资规模不断扩大，区域统筹发展，投资结构不断优化，质量效益进一步提升。同时，也面临着新开工项目减少，工业投资、民间投资增长乏力，资金保障不足等困境，下行压力依旧较大。

一、2017年固定资产投资主要运行特点

（一）全区投资规模持续扩大

1—11月，全区固定资产投资完成3549.31亿元，同比增长4.3%，比1—10月回升0.4个百分点，比上年同期回落4.9个百分点，继续呈现高开缓走趋势。其中，基本建设投资完成2467.21亿元，同比增长6%；更新改造投资完成443.35亿元，同比增长13.7%；房地产开发投资完成620.38亿元，同比下降7.1%。

作者简介：杨瑞博，自治区统计局投资处主任科员。

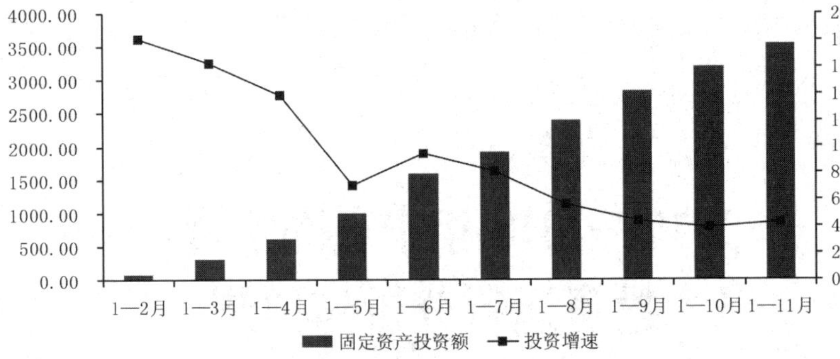

图 1　2017 年宁夏各月固定资产投资走势图（亿元、%）

与全国相比，1—11 月，宁夏投资增速低于全国平均水平 2.9 个百分点，比西部平均水平低 5 个百分点，位居全国第 26 位、西部第 10 位。

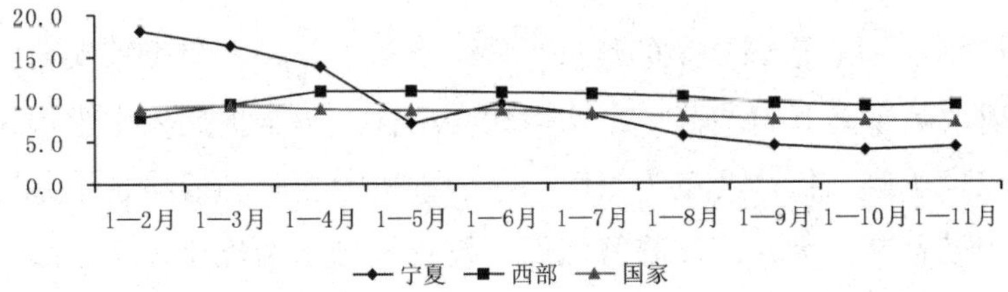

图 2　2017 年以来全国、西部、宁夏各月固定资产投资增速示意图(%)

（二）第一、三产业投资比重提升

1—11 月，第一、第三产业比重小幅提高，第二产业比重小幅回落。全区第一产业投资完成 226.94 亿元，同比增长 68.4%，占全区投资的 6.4%，比上年同期提高 2.4 个百分点；第二产业投资完成 1301.52 亿元，同比下降 12.6%，占全区投资的 36.7%，比上年同期回落 7 个百分点；第三产业投资完成 2020.85 亿元，同比增长 13.6%，占全区投资的 56.9%，比上年同期提高 4.6 个百分点。三次产业投资比重由 2016 年同期的 4.0∶43.7∶52.3 转变为 6.4∶36.7∶56.9。

（三）结构调整步伐加快

一是“去产能”成效显现。1—11 月，全区高耗能行业投资完成 675.31 亿元，增速持续下降，由上年同期的增长 4%转为下降 34.6%。分行业看，六大高耗能行业均呈下降态势，其中，电力、热力的生产和供应业，有色金属冶炼和压延加工业，非金属矿制品业下降幅度最大，分别下降44.9%、44.6%和26.7%。

2017 年 1—11 月宁夏高耗能行业投资完成情况表

	1—11 月			比重(%)		
	本期（亿元）	同期（亿元）	增速（%）	本 期	同 期	增 减
总 计	675.31	1033.17	-34.6	100.0	100.0	
石油加工、炼焦及核燃料加工业	41.02	54.26	-24.4	6.1	5.3	0.8
化学原料及化学制品制造业	256.70	318.83	-19.5	38.0	30.9	7.1
非金属矿制品业	38.13	52.02	-26.7	5.6	5.0	0.6
黑色金属冶炼和压延加工业	14.16	17.84	-20.6	2.1	1.7	0.4
有色金属冶炼和压延加工业	17.98	32.43	-44.6	2.7	3.1	-0.4
电力、热力的生产和供应业	307.32	557.79	-44.9	45.5	54.0	8.5

二是“补短板”精准发力。2017 年以来，全区强化对工业企业技术改造的政策引导和资金支持，全区技术改造投资增速持续加快。1—11 月，全区工业技术改造投资完成 443.35 亿元，同比增长 13.7%，占工业投资的34.6%，相当于全区每 3 元工业投资就有 1 元投入技术改造，比上年同期提高了 8.4 个百分点，工业技术改造投资持续加快，带动了工业投资整体回升，降幅比 1—10 月收窄 0.5 个百分点。这表明，在转型升级和创新驱动方面，企业加大了投资力度，薄弱环节得到加强，增长动能逐渐由外延转向内涵。

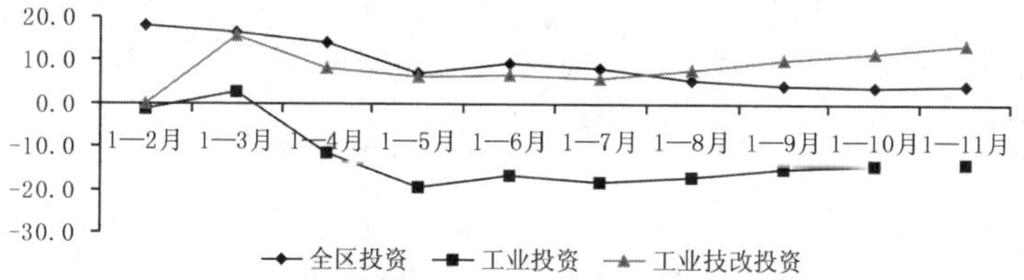

图 3 2017 年全区工业技改投资走势（%）

三是“争创新”步伐加快。1—11 月，全区高技术产业投资完成211.28 亿元，同比增长 26.6%，比三季度上升 11.2 个百分点，占全区投资的 6%，比上年同期提高 1.1 个百分点，高技术产业发展不断加快。其中，高技术服务业投资完成 122.92 亿元，同比增长 43.5%，高出全区服务业投资增速 29.9 个百分点；高技术制造业投资完成 88.36 亿元，同比增长 8.7%，高出全区制造业投资增速 13.2 个百分点。

（四）民生领域投资力度不断加强

以基础设施建设为代表的民生领域投资增长较快。1—11 月，全区基础设施投资完成 848.97 亿元，同比增长 32.6%，高于全区投资增速 28.3 个百分点，比上月回落 2.8 个百分点，比上年同期提高 7.5 个百分点，继续延续年初以来快速增长态势。基础设施投资占全区投资比重为 23.9%，比上年同期提高 5.1 个百分点，对全区投资增长的贡献率高达 142.2%，是拉动宁夏投资增长的主要动力。其中，交通运输邮政业投资完成 355.31 亿元，增长 21.7%；信息传输和信息技术服务业投资完成 52.16 亿元，同比增长 40.7%；水利、环境和公共设施管理业投资完成 441.50 亿元，同比增长 32.6%。其他如教育、卫生、文体等与人民生活息息相关的民生重要领域也保持较快增长，其中，教育业增长 28.7%，卫生业增长 29.7%，文化艺术业增长 37.4%，体育业增长 1.1 倍。

（五）区域统筹发展，差距进一步缩小

1—11 月，与全区平均水平比较，宁夏三大区域固定资产投资呈现“两高一低”增长态势。其中，市辖 5 区投资完成 1058.81 亿元，同比增长 8.5%，比全区平均水平高 4.2 个百分点，占全区投资比重由上年同期的 28.7%提高至 29.8%；川区 8 县投资完成 1633.91 亿元，同比下降 1.3%，比全区平均水平低 5.6 个百分点，占全区投资比重由上年同期的 48.6%下降至 46.0%；山区 9 县投资完成 811.38 亿元，同比增长 10%，比全区平均水平

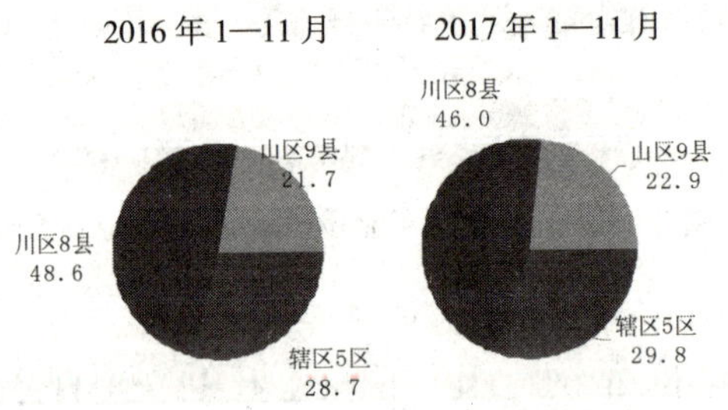

图 4　2016 年 1—11 月与 2017 年 1—11 月宁夏地区投资比重对比（%）

高 5.7 个百分点，占全区投资比重由上年同期的 21.7%提高至 22.9%。山区发展脚步加快，三大区域投资差距明显缩小。

二、需要关注的问题

（一）工业投资仍然低迷

1—11 月，全区工业投资完成 1282.92 亿元，同比下降 13.8%，低于全区投资平均增速 18.1 个百分点，下降幅度较上个月收窄 0.5 个百分点，占全区投资的比重为 36.1%，比上年同期回落 7.6 个百分点，继续延续年初以来的低位运行态势，始终处于低迷状态。其中，采矿业投资完成 138.82 亿元，增长 1.6 倍；制造业投资完成 796.72 亿元，同比下降 4.5%，较上年同期回落 14.7 个百分点；电力、热力、燃气及水的生产和供应业投资完成 347.38 亿元，同比下降 42.1%，较上年同期回落 46.7 个百分点。

能源工业投资和非能源工业投资增速同时下降。1—11 月，全区能源工业投资完成 510.85 亿元，同比下降 25.7%，增速较上月回升 1.8 个百分点，其中，煤炭开采和洗选业投资完成 93.74 亿元，同比增长 3.5 倍；石油和天然气开采业投资完成 28.71 亿元，同比增长 1.3 倍；新能源工业投资完成 142.73 亿元，同比下降 47.4%；火力发电项目投资完成 109.52 亿元，同比下降 34.2%。全区非能源工业投资完成 772.07 亿元，同比下降 3.6%，增速较上月回落 0.9 个百分点，其中装备制造业投资完成 189.22 亿元，同比增长 46.7%。由于工业在全部投资中所占比重高，因此工业投资大幅下降对全区投资增长影响较大。

（二）投资后劲严重不足

1—11 月，全区 5000 万元及以上新开工项目 606 个，同比减少 34 个，同比下降 5.3%，投资完成 1031.86 亿元，同比下降 3.3%。其中，亿元以上新开工项目 406 个，同比减少 14 个，同比下降 3.3%，投资完成 928.07 亿元，同比下降 2.1%。全区新开工大项目持续减少，投资后劲乏力。新开工大项目数量和完成投资双双下降，加之宁夏为进一步深入贯彻实施生态立区战略，强化 2017 年冬季大气污染防治工作，对项目采取停工、停产措施，支撑全年经济增长的投资量不足，对投资持续增长带来压力。

（三）民间投资意愿不足，投资活力亟待激发

1—11 月，全区民间投资完成 1987.10 亿元，同比增长 6.1%，增速比上年同期回落 8.4 个百分点，占全区投资比重为 56.0%，低于全国平均水平 4.5 个百分点。随着宁夏工业和房地产投资的下降，工业民间投资和房地产民间投资持续下滑，其中，1—11 月，全区工业民间投资完成 899.92 亿元，同比下降 3.1%，较上年同期回落 14.4 个百分点，占全区民间投资的 45.3%；房地产民间投资完成 540.19 亿元，同比下降 3.6%，较上年同期回落 16.8 个百分点，占全区民间投资的 27.2%，占比超七成的两大行业投资下降成为制约全区民间投资增长的主要因素。同时，面对当前复杂严峻的经济形势，市场需求波动较大，市场劳动力和原材料成本上升，未来不确定因素增多，企业很难把握投资方向，对未来预期不乐观，致使民营企业投资意愿下降。

（四）建设资金保障程度较低，融资难问题仍然突出

·是全区建设资金紧张问题依然突出，项目资金保障程度较低。1 11 月，全区本年资金来源为 2717 亿元，资金保障度为 76.6%。其中，5000 万元以上项目资金保障度为 70.5%，比上年同期下降 1.3 个百分点。

二是政府资金支持有所减弱。1—11 月，全区国内预算资金 236.53 亿元，同比下降 2.5%，政府资金对投资的杠杆撬动作用有所减弱。

三是金融信贷支持力度不强，国内贷款占比下降。1—11 月，全区国内贷款资金 588.03 亿元，下降 14.5%，下降幅度较上月提高 1.9 个百分点，下降趋势不断扩大，占本年到位资金的 21.6%，比上年同期下降 5 个百分点。国内贷款下降趋势持续，企业投资获得金融信贷的支持力度不足，不但直接影响了项目投资进度，还将导致企业投融资成本提高，抑制了投资热情。

（五）房地产开发投资低位运行

2017 年以来，全区房地产开发投资持续低迷。1—3 月、1—4 月和 1—5 月，房地产开发投资分别下降 1.1%、2.4%和 1%，1—6 月由负转正，增长 2.2%，1—7 月小幅回落至 1%，1—8 月、1—9 月下降幅度扩大至—6.5%、–10.1%，随后两个月下降幅度缩小至 –9.7%、–7.1%，始终处于低位运行区间。1—11 月，房地产开发投资占全区投资比重为 17.5%，比上年同期回落 2.1 个百分点，作为房地产开发投资的一个重要先行指标，房地产房屋新开工面积下降 12.7%，后期房地产投资增速下降的趋势将会延续，对全区投资增长造成较大压力。房地产开发由过去带动全区投资增长的重要引擎，转为影响投资平稳增长的制约因素。

三、2018 年固定资产投资发展趋势判断

（一）有利因素

一是国家“一带一路”倡议的加快推进为宁夏产业发展创造了新的机遇，无论是空间位置还是时间结点，宁夏都是企业投资的理想选择。

二是随着《中国制造 2025 宁夏行动纲要》、“工业 10 条”“降成本 30 条”、《宁夏民营经济创新发展三年提升计划》、“创新驱动 30 条”等相关产业政策的持续发力和实施，在推动企业创新、支持技术改造、缓解企业融资、扶持民营企业、强化公共服务等方面进一步凸显政策优势，继续释放政策红利。

三是全区将深入实施创新驱动、脱贫富民、生态立区三大战略，持续加大在创新能力建设、产业升级、民生保障、基础设施、生态环保等短板领域的投入力度，将形成新的投资增长动力。

四是随着银川都市圈在推进基础设施联通、产业集群发展、生态环境治理、公共服务建设等方面建设项目的组织实施，以及自治区 60 周年大庆一批重点建设项目的确定实施和顺利推进，将有力缓解全区新开工项目持续下滑的压力，对 2018 年全区投资增长形成较强的支撑。

（二）不利因素

一是在全球经济缓慢增长、金融市场持续动荡和经济前景充满未知数的背景下，发展中国家普遍面临经济结构调整、增速放缓的压力，外部需求偏弱的情况没有根本扭转，加之美国制造业的回归和欧洲制造业的崛起对我国实体经济造成较大冲击，外部竞争进一步加剧，对企业特别是中小微企业的投资积极性带来不利的影响。

二是随着房地产调控政策的密集出台，宁夏房地产开发投资 2017 年各

月基本处于下降态势，已经成为掣肘全区投资增长的主要因素之一。国家坚持对房地产市场的宏观调控政策不放松，预计 2018 年将继续对宁夏投资增长有一定程度的影响。

三是国内外经济环境使企业的整体经济效益下降，用于投资建设的土地、资金、劳动力等生产要素成本上升，使企业难以找到新的投资方向，致使企业投资意愿不强。

目前，宁夏仍处在工业化、城镇化发展初期，今后一段时间内，扩大有效投资、注重投资方向是推动经济高质量发展的关键手段，但作为一个投资拉动型的欠发达省区，经济发展仍然靠投资建设为主要拉动力，保持适度投资规模是宁夏经济发展的重要基础。2018 年，宁夏工作总基调仍然是坚持稳中求进，预计全区固定资产投资将持续保持平稳增长态势。

四、几点建议

2018 年是贯彻十九大精神的开局之年，是改革开放 40 周年，是决胜全面建成小康社会、实施“十三五”规划承上启下的关键一年，也是自治区成立 60 周年，做好 2018 年的经济工作意义重大。我们要全面贯彻党的十九大精神，落实好自治区党委、政府坚决打好“三大攻坚战”，深入实施“三大战略”，认真落实“五个扎实推进”等重大决策部署，以供给侧结构性改革为主线，更加注重投资质量和效益，更好地继续发挥投资对宁夏经济增长的关键作用。

（一）思想高度重视，转变投资工作重心

要按照自治区十二次党代会“大力实施创新驱动战略”要求，深刻认识到越是欠发达地区越要重视高质量发展，坚持存量变革和增量崛起“双轮驱动”，继续把工作的着力点放在供给侧结构性改革上，坚定不移走高质量发展的新路。克服惯性思维、速度情结和路径依赖，投资工作重心要由关注投资总量及增速转向关注投资规模、速度、质量和效益的协调统一。引导各方面把注意力放在提高投资质量和效益上，不仅要解决投速、投量的问题，更要解决好投向、投效的问题，为全区加快转变经济发展方式创造良好环境。

（二）加强项目的谋划和实施

要紧盯中央政策资金，围绕乡村振兴、重大产业、基础设施、公共服务、民生保障、脱贫攻坚、生态环保等重点领域和薄弱环节，精准谋划、有效对接。同时，借助自治区60周年大庆以及宁商大会等，充分利用银川都市圈、沿黄城市带等战略区域建设，制定积极、科学的引资政策，加大内引外联，深化与京津冀、长三角、珠三角等重点区域的产业合作，引进一批科技含量高、市场潜力大、核心竞争力强的企业和项目，进一步健全自治区、市、县三级项目库，以投资结构优化带动产业发展转型。

（三）加大项目落地推进力度

要牢记“社会主义是干出来的”，树立“投资和项目只有落地才能变成真金白银”的意识。要抓好项目落地，推动形成现实投资量。对于已经签订的投资协议，引进来的合作项目，要抓好这些签约项目和投资的跟踪落实，发改、国土、金融、环保等部门要兼顾经济发展与环境保护，分类施策，协同联动做好项目要素保障。尤其是对已经定下来的重大项目，要排出工期，列出进度，建立台账，按时督查。

（四）合理发挥政府对投资方向的引导作用

注重政府引导，充分把好新开工项目关。新开工项目是投资结构调整的源头，要在资源要素等方面制定相关政策配套措施，引导企业加大技改投入，加快对煤炭、电力、冶金、化工、建材等传统产业改造提升。对已有过剩产能、落后企业和高耗能项目要腾笼换鸟、坚决淘汰，尤其是要严格控制此类新上项目。重点抓好现代农业、现代煤化工、现代纺织、新能源、大数据、全域旅游、社会民生、现代服务业等领域的投资项目，发挥重点领域对投资结构调整的带动作用，进一步强化投资导向。

2017—2018 年宁夏物价形势分析与预测

赵 艳

2017 年以来，宁夏各级政府积极推进经济结构战略性调整，适应经济发展新常态，坚持稳中求进工作总基调，深化供给侧结构性改革，发展质量效益同步提升，实现经济社会健康持续稳定发展。在经济运行总体稳定、稳中有进的宏观背景下，居民消费价格运行平稳。受国际国内经济回暖、大宗商品市场兴旺及去产能政策影响，工业生产者价格高位运行。

一、2017 年居民消费价格形势

（一）居民消费价格运行特点

1.总体运行平稳

1—11 月，宁夏居民消费价格总水平比 2016 年同期上涨 1.5%，与全国持平。涨幅较上年同期增加 0.1 个百分点，与上年全年总水平持平。其中，食品烟酒价格比上年同期下降 0.6%，服务价格比上年同期上涨 2.6%，工业品价格比上年同期上涨 2.4%。整体上看，温和上涨仍是 CPI 运行的主基调。从近年同期水平看，当前 CPI 仍在底部区域运行。

作者简介：赵艳，国家统计局宁夏调查总队综合处，高级统计师，主要研究方向为经济计量分析研究。

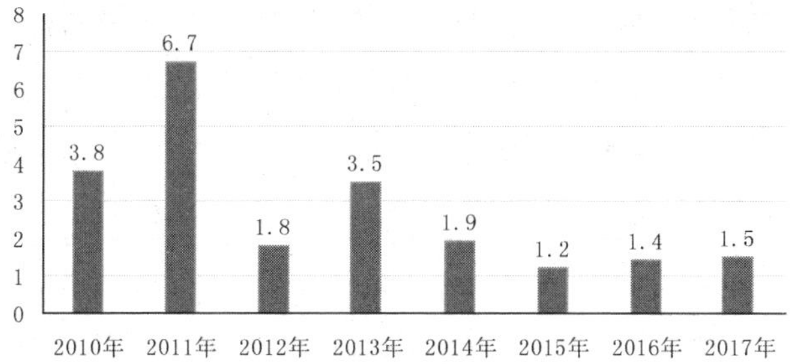

图 1　2010—2017 年居民消费价格变动情况

2.运行稳定性增强，波动幅度较小

1—11 月，宁夏居民消费价格运行较为平稳，波动幅度较小。从环比看，除 1 月受春节假期影响、8 月食品类价格受季节因素影响涨幅较大外，居民消费价格环比分别上涨 0.9%和 0.6%，其余 9 个月基本围绕 100 这个涨跌临界点上下小幅波动。前 11 个月居民消费价格环比高低只相差 1.3 个百分点，而上年同期 CPI 环比高低相差 2.9 个百分点。

从同比看，居民消费价格变动整体呈现倒“V”走势。1 月，受翘尾因素、季节性回升、节日需求拉动、工业品原材料价格上涨、医疗价格改革、国际大宗商品价格调整等综合因素的影响，居民消费价格总水平首月涨幅高启，同比上涨 2.6%，为 2014 年 4 月以来涨幅最高月份。2 月，由于春节错月及上年雨雪寒潮天气影响同期基数较高，翘尾因素由正变负，价格总水平同比涨幅大幅回落，上涨 0.3%。3 月，CPI 同比指数开始回稳，温和上涨，自 5 月以后呈现窄幅震荡走高的态势，至 11 月达到 2.3%的年内小高峰。

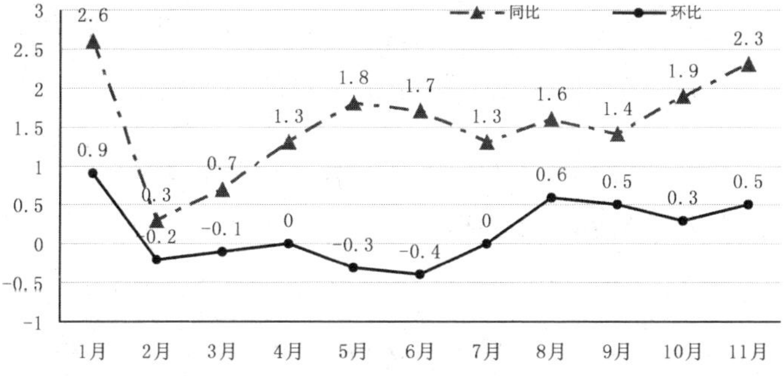

图 2　2017 年 1—11 月宁夏居民消费价格同比、环比变动情况

3.食品类价格低位运行，服务项目和工业品价格上涨明显

1—11 月，八大类商品及服务项目价格同比呈“七涨一降”态势。食品烟酒类价格呈下降态势，同比下降 0.6%。医疗保健、交通通信、居住三大类 CPI 分别上涨 4.8%、2.8%和 2.4%，共同影响 CPI 上涨约 1.2 个百分点。服务项目和工业品价格是推动 CPI 上涨的主因。1—11 月，宁夏居民消费服务项目价格上涨 2.6%，涨幅比上年同期高 0.8 个百分点，影响总指数上涨约 0.83 个百分点。工业品价格转降为升，上涨 2.4%（上年同期下降 0.2%），拉动总指数上涨约 0.9 个百分点。

4.与全国 CPI 走势基本一致，涨幅略低

1—11 月，宁夏 CPI 与全国 CPI 走势基本一致，整体都呈现高开—低走—震荡的走势。其中 6 月、7 月、10 月、11 月同比涨幅与全国持平，2 月、3 月、4 月、5 月、8 月、9 月均比全国低，仅 1 月比全国高 0.1 个百分点。在全国 31 个省区市中，与山东、湖北、广东、广西并列居第 14 位，在西北 5 省区中居第 3 位，比新疆（2.1%）、陕西（1.6%）低 0.6 个百分点和 0.1 个百分点，比甘肃（1.3%）、青海（1.4%）分别高 0.2 个百分点和 0.1 个百分点。

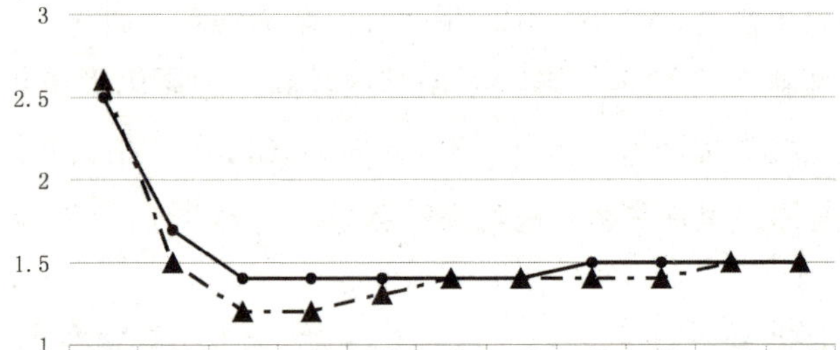

	1月	2月	3月	4月	5月	6月	7月	8月	9月	10月	11月
宁夏	2.6	1.5	1.2	1.2	1.3	1.4	1.4	1.4	1.4	1.5	1.5
全国	2.5	1.7	1.4	1.4	1.4	1.4	1.4	1.5	1.5	1.5	1.5

图 3　2017 年 1—11 月宁夏与全国 CPI 同比走势

（二）影响价格变动因素分析

1.食品类价格低位运行，肉菜价格回落。

1—11 月，宁夏食品类价格同比下降 1.2%，影响居民消费价格总水平回落 0.25 个百分点。2—11 月，食品价格受鲜菜、猪肉价格回落影响，同

比指数始终在100%以下运行，是2017年居民消费价格总水平平稳运行的主要因素。1—11月，受鲜菜、猪肉价格回落影响，CPI回落约0.45个百分点。食品价格由以往上涨变为下跌的运行态势，较为罕见。

2017年，宁夏气候较为稳定，极端天气较少，有效抑制了鲜菜价格的上涨，1—11月鲜菜价格同比下降10.8%。其中，除春节期间鲜菜价格环比涨幅较高；2月大部分鲜菜价格回落明显；3月各地气温回升，大棚蔬菜陆续上市，蔬菜价格随着气温上升呈季节性回落，价格明显低于上年；4—9月，温棚大地蔬菜生产供应衔接顺畅，鲜菜价格运行平稳。

2.政策性因素推动药品和医疗服务价格涨幅明显

2017年，宁夏全面推行公立医院综合改革，全部取消药品加成，落实医疗服务价格改革政策，自治区物价局先后出台新增医疗服务价格管理办法、放开药品价格监管办法等政策，直接影响药品和医疗服务价格。其中，综合医疗类、诊断类、治疗类、中医医疗服务类价格分别上涨7.1%、3.0%、12.8%和6.3%。

3.刚性成本及上游产品价格的上涨推升工业品价格

社保制度的日益完善和劳动力工资的提高直接带动劳动力成本上涨，土地租赁、仓储配送、包装运输、环境保护等成本呈逐年增加趋势，推动部分工业品价格的上行。PPI自上年9月开始上涨，石油、黑色金属、有色金属等大宗商品价格上涨幅度较大，加之供给侧结构性改革和去产能政策的影响，煤炭、钢铁、水泥等产品价格有所回升，逐步传导到家用电器、住房装潢材料等部分工业品，推升工业品价格上涨。1—11月，宁夏工业生产者出厂价格同比上涨12.4%。PPI对CPI的传导助推作用逐渐显现，对建材、家具、家电等商品价格上涨有助推作用。其中，1—11月，住房装潢材料、家具、家用器具、其他燃料价格分别上涨4.6%、3.2%、3.1%和13.9%。

4.服务需求拉动相关服务价格上涨

随着居民生活水平的提高，居民服务需求日益多样化和个性化，对服务质量更加重视，服务型消费需求不断增加，人力成本不断增大，推动相关服务价格逐步上涨。如1—11月停车费上涨18.4%，养老服务费上涨

8.1%，其他保险费上涨 9.1%，旅行社收费上涨 8.2%，家政服务费上涨 5.6%，物业管理费上涨 4.5%，小学初中教育费上涨 4.3%。

5.输入性因素助推汽、柴油价格上涨

国际市场大宗商品价格的变动影响了国内相关产品的价格。1—10 月，我国进口原油 3.49 亿吨，增长 11.8%，进口均价为每吨 2567.9 元，上涨 31.5%；进口成品油 2435 万吨，增长 4.7%，进口均价为每吨 3248.3 元，上涨 26.7%。受其影响，1—11 月，宁夏汽油、柴油价格累计分别上涨 11.9% 和 12.8%。

二、2017 年工业生产者价格形势

随着国际大宗商品价格上涨和宁夏“三去一降一补”供给侧结构性改革的进一步深化，市场需求明显回升，钢铁、煤炭、有色金属等行业工业品价格大幅上涨，拉动 PPI 价格稳步上行。1—11 月，宁夏工业生产者出厂价格同比上涨 12.4%，涨幅较上年同期高 15.3 个百分点；工业生产者购进价格同比上涨 13.6%，涨幅较上年同期高 18 个百分点。

（一）总体运行特点

1.工业生产者出厂价格各月环比呈涨—跌—涨—跌的“M”形走势，呈前稳后降的波浪形走势

从环比看，1—11 月，宁夏工业生产者出厂价格除 6 月价格下降外，其余各月均呈上涨态势，特别是 8 月以来，受大宗商品价格上涨影响，环比价格大幅上涨。10 —11 月，受上年黑色金属、有色金属价格大幅度上涨形成翘尾因素逐步消失的影响，黑色及有色金属冶炼和压延加工业价格涨幅逐步回落，带动出厂价格环比涨幅回落。

从同比看，宁夏工业生产者出厂价格自 2016 年 9 月以来持续上涨，2017 年 3 月价格大幅上涨，4—7 月涨幅逐月回落，8 月涨幅又有扩大，9 月涨幅达到近年来最高点 14.9%后出现大幅回落。

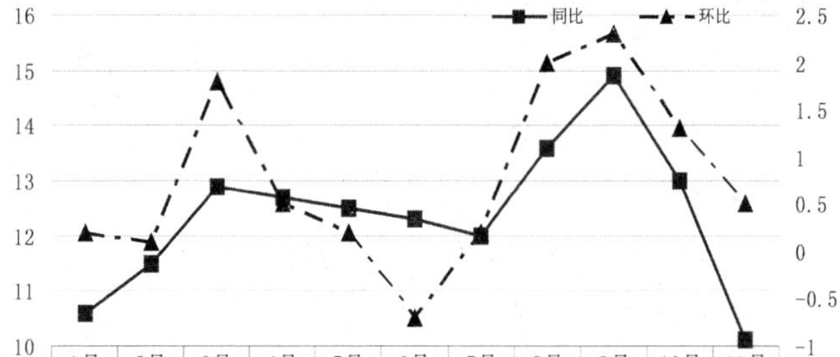

	1月	2月	3月	4月	5月	6月	7月	8月	9月	10月	11月
同比	10.6	11.5	12.9	12.7	12.5	12.3	12	13.6	14.9	13	10.1
环比	0.2	0.1	1.8	0.5	0.2	-0.7	0.2	2	2.3	1.3	0.5

图 4　2017 年 1—11 月工业生产者出厂价格同比、环比变动情况

2.生活资料出厂价格走势平稳，生产资料价格上涨是总指数上涨的主要动力

1—11 月，生产资料出厂价格同比上涨 13.7%，助推工业生产者出厂价格总水平上升 12.3 个百分点。其中采掘类、原料类、加工类出厂价格同比分别上涨 20.0%、14.9%、9.6%。同期，生活资料出厂价格同比上涨 0.7%，带动工业生产者出厂价格总水平上升 0.076 个百分点。

3.重点工业行业对宁夏工业生产者出厂价格上涨起主要支撑作用

1—11 月，29 个工业行业大类产品出厂价格“二十升五降四平”，行业上涨面为 68.9%。重点工业行业产品价格全部处于上涨区间。其中，煤炭、石油加工、黑色及有色金属压延加工、电力生产供应业、化学原料及化学制品 6 个行业产品出厂价格分别为 28.7%、18.5%、20.1%、13.7%、7.4%、10.2%，影响出厂价格总水平上涨约 11.3 个百分点，对 PPI 的影响程度达 91%。

4.九大类原材料购进价格呈全面上涨态势

1—11 月，宁夏九大类原材料购进价格呈全面上涨态势，其中，黑色金属材料类、燃料动力类、有色金属材料类、化工原料类、建筑材料类价格涨幅分别达到 20.5%、17.0%、16.4%、15.3%和 10.7%，其余四大类购进价格同比涨幅在 2.8%～4.7%。

5.工业生产者价格指数高于全国平均水平，在全国排位靠前

宁夏工业生产者出厂价格同比上涨 12.4%，比全国平均水平高 6 个百分点。涨幅在全国 31 个省区市中居第 6 位，其中涨幅最高的是山西，上涨

20.7%；最低的是北京，上涨 0.8%。在西北 5 省区中，宁夏 PPI 涨幅居第 4 位，低于青海（17.3%）4.9 个百分点、甘肃（14.9%）2.5 个百分点、新疆（13.7%）1.3 个百分点，高于陕西（11.3%）1.1 个百分点。

（二）主要行业产品出厂价格变动情况

1.煤炭价格大幅上涨是推动 PPI 上涨的首要因素

1—11 月，宁夏煤炭开采和洗选业产品出厂价格同比上涨 28.7%，影响 PPI 同比上涨约 3.7 个百分点，其中，烟煤、洗煤、筛选煤价格同比分别上涨 20.0%、40.7%、37.6%。

2.石油加工业是推动 PPI 上涨的第二大因素

2017 年，受 OPEC 原油限产协议、全球经济同步复苏使原油需求增加等因素影响，国际原油价格维持在 50 美元左右的高位震荡，总体价格比上年同期有较大幅度上涨。1—11 月，宁夏石油加工业价格同比上涨 18.5%，影响工业生产者出厂价格总指数同比上涨约 2 个百分点，影响程度 16.4%。其中，汽油、柴油、石油液化气价格分别上涨 10.8%、10.0%、16.0%。

3.黑色、有色金属价格不断波动

1—11 月，宁夏黑色、有色金属冶炼和压延加工业产品出厂价格同比分别上涨 20.1%和 13.7%，二类产品价格上涨共同影响工业生产者出厂价格总指数上涨约 3 个百分点，影响程度 24.3%，对出厂价格总指数的影响程度仅次于煤炭和石油加工业。

（三）价格走势成因分析

1.国际国内经济逐渐回暖

2017 年，美国、中国、欧洲经济出现同步回暖迹象。11 月，中国制造业采购经理指数（PMI）为 51.8%，高于上年同期 0.1 个百分点，仅次于 9 月份指数，高于 2017 年均值水平 0.2 个百分点，表明我国制造业持续保持扩张的发展态势，前景良好。总的来看，市场需求上升，价格继续上涨，企业经营活动活跃，新动力引领作用增强，经济稳中向好态势进一步巩固。

2.大宗商品市场供需两旺，有效带动大宗商品价格

2017 年以来，受欧美积极的货币政策、供需结构变动以及金融期货市场炒作等因素影响，石油、煤炭、铁矿石等国际大宗商品价格回升势头强

劲。其他大宗商品如有色金属、煤炭、橡胶等产品价格也先后出现反弹，对企业生产成本的抬升和销售产品价格的上涨形成有力支撑。

3.供给侧结构性改革深化，相关行业价格恢复性上涨

随着去产能政策的深入实施，效果逐渐显现，市场供求关系发生变化，2017 年，煤炭、钢铁、水泥等行业价格不断回升，价格出现恢复性上涨。同时，因为环保督查使得部分行业企业被迫停产、限产，导致产量下降，助推价格上涨。

三、2018 年物价形势预测

（一）居民消费价格运行预测

居民消费价格适度上涨既是经济企稳的结果，也是未来经济进一步好转的有利条件。目前，国际经济复苏向好变数仍多，而我国正处于结构调整的关键时期，经济实现平稳增长，但仍面临一定压力，物价大幅上涨的可能性较小。一是我国将继续推进供给侧改革，执行稳健中性的货币政策，为物价的平稳运行奠定基础。二是农产品价格大幅波动的可能性不大。进入冬季，猪肉消费需求旺季即将来临，猪肉价格或将有一定幅度反弹；冬令菜的陆续上市使得蔬菜价格将有所回升，食品类价格跌幅收窄。需注意的是，如果食品价格上涨，而服务、工业品价格坚挺，CPI 上行压力将显现。三是国际大宗商品价格虽有所回暖，但随着供给侧结构性改革持续深化，投资和消费增速将有所放缓，PPI 持续上涨动力不足，对下游产品价格的拉动作用有限。综上所述，温和平稳上涨应仍是后期居民消费价格运行的主基调。

（二）工业生产者价格预测

从国际形势来看，2017 年全球经济复苏，宏观经济企稳回升对大宗商品市场具有坚实的支撑作用。我国经济稳中向好，市场需求增加，后期主要国际大宗商品价格有望稳中有升。同时，受 OPEC 原油限产协议有望继续延长、冬季取暖用油需求增加等因素影响，国际原油价格后期走强的可能性较大。

从国内形势看，去产能仍在不断推进，抑制了煤炭、水泥、化工等产

品的供给，有利于相关行业产品价格的企稳回升。随着冬季到来，北方采暖需要大量用煤，煤炭供给不足将可能带动市场煤价反弹，或将形成PPI上涨的又一带动因素。综合判断，预计工业生产者价格全年仍将保持上涨态势，但涨幅将有所收窄。

2017—2018年宁夏消费品市场分析与建议

聂一平　勉　伟

2017年以来，面对复杂多变的外部环境，面对我国经济发展进入新常态等一系列深刻变化，自治区党委、政府坚持稳中求进工作总基调，全面做好稳增长、促改革、调结构、惠民生、防风险各项工作，完善促进消费的体制机制，增强消费对经济发展的基础性作用，推进商业领域供给侧结构性改革，持续深化内贸流通体制改革发展。截至11月，宁夏消费品市场运行总体平稳，消费升级持续加快，部分商业指标回暖趋势明显，基本实现年度总目标，但是下行压力逐渐增大，前景不容乐观。

一、2017年宁夏消费品市场运行情况

（一）消费品市场平稳运行，零售总额稳步增长

随着城乡居民收入持续提高以及消费观念的转变，居民消费开始步入规模持续扩大、结构加快升级、消费贡献率不断提升的发展新阶段。2017年前11个月，宁夏消费品市场呈现平稳运行态势，1—11月实现社会消费品零售总额846.1亿元，同比增长9.8%，低于全国平均水平0.5个百分点，

作者简介：聂一平，自治区统计局贸易外经统计处处长，高级统计师；勉伟，自治区统计局贸易外经统计处主任科员。

在西北5省区排第2位。

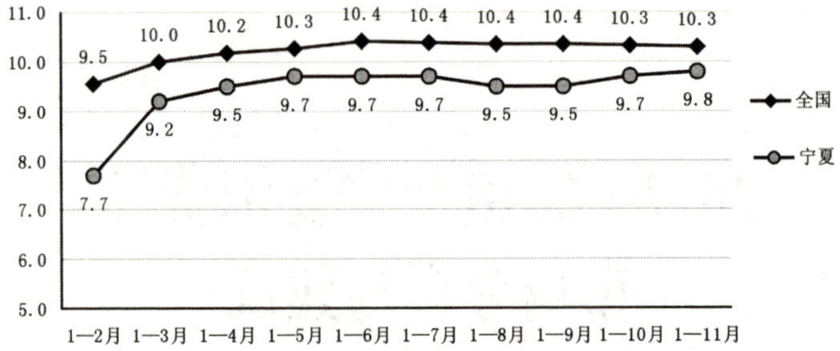

图1　2017年1—11月社会消费品零售总额增速宁夏与全国对比情况

（二）限额以上企业经营稳步回暖，拉动作用提升

2017年以来限额以上企业经营情况稳步回暖，1—11月，限额以上企业零售额390.8亿元，按可比口径①增长7.3%，比1—3季度提高0.7个百分点，比去年同期提高6.0个百分点，拉动社会消费品零售总额增长3.5个百分点，贡献率达到36.1%，扭转了2016年下拉零售增长的趋势。

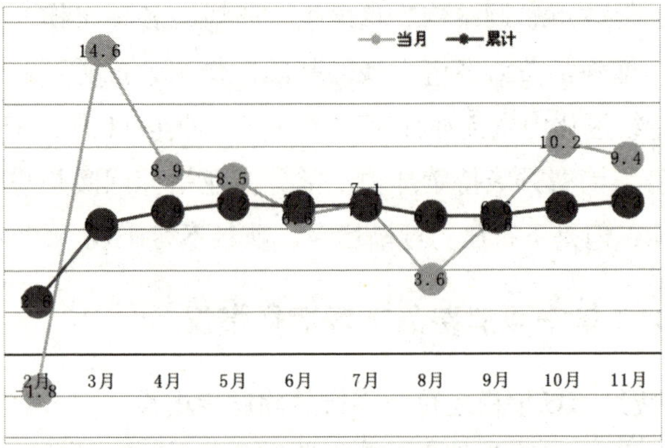

图2　2017年1—11月宁夏限额以上企业零售额按可比口径增速

（三）城镇零售额占比稳步提升，继续居于主导地位

前三季度，全区城镇实现社会消费品零售额616.1亿元，占社会消费品零售总额的91.8%，同比增长9.3%，对全区消费品零售总额增长贡献

①开业一年及以上并且上年同期数不为0的单位汇总数。

率达 89.7%，拉动消费品零售总额增长 8.5 个百分点，居于消费品市场主导地位。

（四）重点企业经营稳定，起到了“稳定器”的作用

作为宁夏消费品市场的重点企业，新华百货、新百连超等大型商超经营稳定，对宁夏社会消费品零售总额的增长起到了“稳定器”的作用。1—11 月，宁夏 41 家百货商场、大型超市实现零售额 95.4 亿元，同比增长 9.4%，拉动限上零售额增长 2.3 个百分点。

二、存在的问题

（一）网络购物对宁夏社会消费品零售总额影响较大

网络购物的普及不仅创造了新的消费需求，引发了新的产业热潮，推动了服务转型升级，催生了新兴业态，成为经济发展的新动力，同时对传统零售业产生了巨大影响和冲击，也给消费品市场带来了严峻挑战和发展机遇。截至 6 月，我国网民达到 7.51 亿人，网络消费近年来也一直保持着高速增长。

由于宁夏地处内陆，运输距离远，物流成本高，宁夏网络消费主要还是以买入为主。2017 年前三季度，宁夏按卖家所在地分的网上零售额为 25.3 亿元，增长 145.0%，其中实物商品网上零售额 9.6 亿元，增长 24.9%；按买家所在地分的网购零售额 138.3 亿元，同比增长 56.3%，“网买”①与“网卖”②逆差 113 亿元，分流了消费品市场近 1/6 的购买力，主要影响了宁夏服装、鞋帽、针织品、纺织品、日用品、家电类商品零售额。自 2013 年以来，宁夏服装、鞋帽、针织品、纺织品、日用品家电类商品零售额逐年震荡下行。

---

①通过互联网购入的商品零售额。

②通过互联网销售的商品零售额。

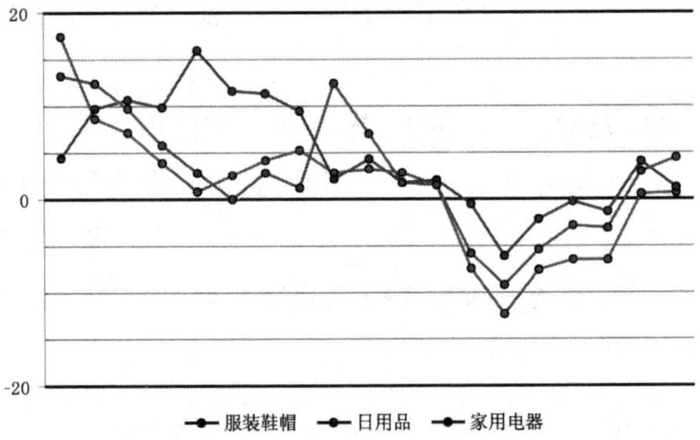

图 3　2013 年一季度至 2017 年三季度部分商品零售额增速

（二）人口总量小，消费品市场规模难以进一步扩大

2016 年宁夏社会消费品零售总额 850.1 亿元，人口 674.9 万人，人均社会消费品零售总额 1.26 万元，在西北 5 省区中排在陕西省和青海省之后(陕西省 1.92 万元、青海省 1.29 万元、甘肃省 1.22 万元、新疆 1.18 万元)。预计 2017 年宁夏人均社会消费品零售总额将达到 1.35 万元，在西北 5 省区中排名第 2。由于人口数量有限，消费基础薄弱，消费品市场规模难以进一步扩大。

2013—2016 年全国及西北 5 省区人均社会消费品零售总额表

单位：万元

地 区	2013 年	2014 年	2015 年	2016 年
全 国	1.72	1.92	2.19	2.40
陕 西	1.39	1.57	1.73	1.92
青 海	0.95	1.06	1.17	1.29
宁 夏	1.02	1.11	1.18	1.26
甘 肃	0.92	1.03	1.12	1.22
新 疆	0.96	1.06	1.10	1.18

（三）商业综合体对传统商贸企业的分流作用明显

截至三季度末，宁夏共有商业综合体 14 个，年客流量近 5000 万人次，实现销售额 44.5 亿元，同比增长 9.8%，较大地分流了原有传统商贸业的客流及营业额。由于统计方法的制约，这 14 家商业综合体无法全部纳入限额以上统计，不但没能在社会消费品零售总额中体现宁夏经济生活的活跃度，反而有下拉作用。

（四）个体经济发展情况没有得到客观反映

前三季度，宁夏共有产业活动单位和个体经营户48家，占整个限上企业数的8.2%，远低于全国24.6%的平均水平。前三季度，个体户实现零售额2亿元，占社会消费品零售总额的0.3%，低于全国平均水平7个百分点，对经济生活的促进作用发挥不明显，主要是因为个体户出于怕露富、怕交税的心理，不愿意被纳入统计范围，不愿意如实报送统计报表。

（五）重点商品增长压力较大

汽车类商品作为宁夏消费品市场的重点商品，由于体量大，对全区社会消费品零售总额的走势起着重要作用，1—11月，宁夏汽车类商品零售额126.4亿元，增长1.8%，占社会消费品零售总额的14.9%，仅拉动社会消费品零售总额增长0.3个百分点。2017年底国家小排量汽车购置税优惠政策将全面退出，预计2018年汽车类商品零售额增长压力较大，不利于宁夏社会消费品零售总额的增长。

三、对策建议

（一）降低传统贸易业运营成本，增强市场竞争力

传统贸易业与电商相比，优势是用户购物体验好，质量及售后服务有保障，劣势是成本高、价格贵。而成本高的主要原因是房租、人工、运费、税费以及其他运营成本。建议：一是协调水务、电力、供暖、税务等部门，在水电费、暖气费、税金等方面给予企业政策优惠；二是加速现代物流体系建设，降低商品的运输成本；三是协调城管、工商等部门简化企业宣传促销活动的审批流程，减免场地租金，想方设法帮助企业降低成本，增强市场竞争力。

（二）引导传统企业实现线上线下融合

互联网时代正在以不可逆转的速度改变着人们的生活，以“互联网+”为牵引的新型消费业态亮点纷呈。人们的消费方式更多地从“线下”转到“线上”。传统企业要积极适应这种变化，融入到“互联网+”的消费模式中，发挥实体店自身的优势，深度结合互联网的方便、快捷，实现线上线下融合，依托网络交易平台、订餐平台、微信等拓宽消费渠道，吸引更多消费者。

（三）加强个体工商户入库工作，大力推进“个转企”工作

2013 年第三次全国经济普查数据显示，全区批零住餐个体经营户近 16 万家，由于怕露富、怕上税，经营户不愿转为法人企业，无法纳入统计范围。依据《自治区政府办公厅关于转发自治区财政厅财税支持小微企业做大做强的意见的通知》精神，以及国家“营改增”政策，工商、税务、质监、消防、商务、统计等相关部门密切配合，拿出具体有效的措施，做好批发和零售业、住宿和餐饮业个体经营户转为法人企业的工作。建议依据《工商行政管理法》等有关规定，要求从业人数超过 4 人以上的个体经营户登记注册为法人企业，建立健全规范的财务管理制度，为全面落实“营改增”政策铺平道路；对于经营情况稳定、年销售额达到 500 万元以上的零售业、年营业额达到 200 万元以上的住宿餐饮业个体工商户，能转为法人企业的，转为法人企业，不愿转为法人企业的，做好政策宣传和统计工作。同时，积极培育、助推这些企业扩大经营规模，增强对全区经济的拉动作用。

（四）增加城乡居民收入，提升居民消费能力

增加城乡居民收入、增强消费能力是扩大消费的基础条件之一。建议：一是分批出台深化收入分配制度改革配套措施和实施细则，多渠道促进农民增收，实现居民收入增长和经济发展相适应。在改善企业经营的同时，更加关注消费主体，既吸引百姓消费，又给百姓大胆消费的底气和实力。二是健全社保体系，让群众敢消费、能消费。提高医疗保险保障水平，全面推开大病保险。统筹推进社会救助体系建设，进一步提高政府支出用于改善民生和社会事业比重，进一步扩大社会保障制度覆盖面，进一步完善基本公共服务体系，提振居民更好的消费预期。

（五）布局新能源车配套设施建设

新能源车作为未来消费市场的新热点，势必会掀起一轮新的增长，国家也出台了一系列的扶持政策，然而，由于配套基础设施建设的滞后，迟滞了新能源车在宁夏的发展步伐，建议政府出台政策，鼓励企业、民间资本积极参与新能源车配套基础设施建设，出台优惠政策，推动新能源车在宁夏的普及。

（六）改善消费市场环境，将消费需求释放在区内

随着消费能力的提升，消费者对产品质量、品牌有了更高的要求，只有把住了供给质量关，才能有效改善消费环境，提升人们的消费意愿。一是加快企业诚信体系建设，让守法经营的企业得到更多实惠，让投机钻营的企业无法生存，从而实现净化消费市场的目的。二是大力推进跨境电商和免税店建设，实现境外消费的回流。积极引进高端品牌、知名企业入驻，让宁夏消费者在家门口就能买到世界各地最新、最时尚的商品，从而将消费能力释放在区内，实现境外消费的回流，减少国内外消费品市场对区内消费市场的分流作用。

2017—2018 年宁夏对外贸易形势分析与预测

聂一平　周　莹

2017 年，全球经济温和增长，国际市场需求总体回暖，国内经济稳中向好、稳中有进的态势持续发展，在内外部积极因素带动下，1—11 月，宁夏货物进出口增长延续了上年底以来持续向好走势。据银川海关统计，1—11 月，全区货物进出口总额 311.38 亿元人民币（下同），比上年同期增长 58.1%，其中：出口 227.06 亿元，增长 50.7%；进口 84.32 亿元，增长 82.4%。货物进出口差额（出口减进口）142.74 亿元。

一、宁夏对外贸易的特点

（一）进出口额不断增长

2017 年，宁夏货物进出口快速增长。一季度货物进出口增长 1.4 倍；上半年增长 1.1 倍，增速居全国第一；前三季度增长 81%；1—11 月增长 58.1%，比全国平均水平高 42.5 个百分点。

（二）一般贸易占主导地位

一般贸易进出口 272.08 亿元，增长 47.6%，占全区外贸进出口总值的

作者简介：聂一平，自治区统计局贸易外经统计处处长，高级统计师；周莹，自治区统计局社会科技与文化产业统计处（农村统计处）副处长，高级统计师。

87.4%，其中，出口增长44.1%，进口增长60.6%，分别占全区出口值和进口值的92.2%和74.3%。加工贸易进出口36.51亿元，增长2.4倍，占全区进出口总值的11.7%，其中，出口增长2.3倍，进口增长2.5倍。

（三）民营企业出口比重提升

1—11月，全区民营企业进出口总额246.78亿元，增长74.3%，其中，出口185.41亿元，增长72.2%，占全区出口总额的81.7%，比上年同期提高8.3个百分点，继续保持出口经营主体地位。中外合资企业出口增长28.9%，国有企业出口下降18%，外商独资企业出口下降11.8%。

（四）欧盟、美国、香港地区为前三大贸易伙伴

1—11月，宁夏对欧盟进出口53.23亿元，增长86.9%，其中，出口44.36亿元，增长85.9%；对美国进出口46.13亿元，增长1.1倍，其中，出口44.18亿元，增长1.3倍；对香港地区进出口39.30亿元，增长98.8%，其中，出口23.14亿元，增长28.8%。

（五）主要重点出口产品保持增长

1—11月，主要重点产品中，金首饰及零件出口增长3.8倍，新的充气橡胶轮胎增长1.5倍，铁合金增长90.5%，果蔬汁增长59.7%，碳化硅增长49.3%，蛋氨酸增长48.2%，金属锰增长36.8%，钽铌铍制品增长25.4%，双氰胺增长10.9%，羊绒衫下降65%，枸杞下降27.4%，活性炭下降3.2%。

二、促进外贸增长的因素分析

（一）国际市场回暖

2017年以来，世界经济呈现回暖向好态势，贸易和投资回升。根据国际货币基金组织（IMF）预测，2017年全球经济增长将达到3.6%，其中美国、欧元区和日本等发达经济体GDP实际增速将分别达到2.2%、2.1%和1.5%，呈现同步增长态势。根据WTO公布的最新数据（按美元统计）显示，1—9月，65个主要经济体进口增长10.2%，其中日本、韩国、美国、欧盟进口分别增长9.6%、20.1%、6.4%和7.3%。

（二）国内经济稳中向好

2017年以来，我国经济保持稳中向好、稳中有进的良好态势，经济发展质量和效益双提升。1—11月，固定资产投资（不含农户）同比增长7.2%，11月制造业采购经理人指数（PMI）为51.8，国内经济稳中向好带动进口需求增加。根据WTO数据，我国进口增速明显高于全球平均水平和美国、德国、日本等贸易大国。1—11月，仅原油、铁矿砂、天然气等十类大宗商品就拉动进口总额增长7.8个百分点，其中进口数量增长0.7%~24.4%，进口价格上涨6.8%~63.7%。

（三）宁夏外贸进出口持续增长

一是机电产品、原油、黄金是拉动进口增长的主力。1—11月，宁夏进口增长82.4%，比上年同期高72.1个百分点，其中，机电产品进口16.5亿元，增长96.9%；黄金进口16.46亿元，增长3.9倍；原油进口14.4亿元，增长39.6%。这三种商品进口总值47.36亿元，占全区进口总值的56.2%。二是本地出口产品大幅增长。宁夏医药品出口16.4亿元，增长19.4%；黄金出口13.84亿元，增长3.8倍；农产品出口8.2亿元，增长16.8%；蛋氨酸出口5.54亿元，增长48.2%；未锻轧锰出口8.64亿元，增长36.8%；轮胎出口5.74亿元，增长1.5倍。三是开拓新兴市场仍具潜力。1—11月，宁夏对“一带一路”沿线国家进出口74.36亿元，增长11%，其中，出口60.37亿元，增长20.6%。宁夏与非洲国家进出口同比增长59.7%，与拉美国家进出口同比增长33.7%。总体来看，新兴市场开拓潜力大。

三、存在的问题

2017年，宁夏对外贸易延续回稳向好的趋势，在进出口双增长的形势下，仍然存在制约对外贸易发展的因素。一是异地货源商品出口存在不稳定性。上半年，宁夏39家异地货源商品出口64.4亿元，占全区出口总值的53%，其中，仅5家企业较上年同期有出口，存在很大不稳定性。二是出口商品结构存在短板。宁夏外贸出口以资源型产品为主，占比达80%以上，且结构单一，竞争优势弱。出口商品附加值不高，具有竞争优势的品牌少。出口商品以原材料初加工居多，缺乏高新技术、高附加值产品，大部分产品处于国际产业分工中的较低端层次。三是外贸企业生产经营成本高，政策支撑保障能力弱。2016年，宁夏社会物流总费用占GDP的比率为

20.8%，高出全国平均水平 5.9 个百分点。同时，企业综合融资成本超过 12%，也高于其他省区。加之企业土地成本、劳动力成本等要素成本上涨，能源资源约束力日益增强，大大降低了宁夏外向型企业国际市场竞争力。

四、对策建议

认真落实自治区第十二次党代会确定的主要任务，依托高效便捷、成本低廉的空中、陆上物流通道优势，推进外贸供给侧结构性改革和需求侧管理创新，积极帮助企业降低成本，促进外溢贸易回流，不断积蓄外贸发展新动能，培育外贸竞争新优势，推动货物贸易双向互动，带动对外贸易快速发展。

（一）着力优化结构，推动转型升级

支持外贸企业加快供给侧结构性改革，积极培育新动能。加快调整出口商品结构，稳定高新技术产品、机电产品、纺织服装、农产品四大类产品出口规模；支持宁夏特色优势产业和行业龙头企业延长产业链，提高国际化经营水平；扩大先进技术装备、关键零部件、资源型产品进口，促进产业结构调整和优化升级。用好内陆开放型经济试验区先行先试的政策优势，以综合保税区和各类开发区建设为载体，以政策创新、制度创新为突破口，大胆试验、大胆探索，积极借鉴复制自由贸易试验区改革经验，营造国际化、法治化、便利化的营商环境，全面提升开放水平。

（二）有序承接东中部地区产业转移

抓住国家大力支持内陆沿边地区承接产业梯度转移重大机遇，与广东、浙江、江苏、重庆等东中部地区建立产业梯度转移承接联系协调机制，发挥宁夏比较优势，完善载体资源集聚功能，提高产业承接能力，依托银川综合保税区、空港物流园区、银川经济开发区、石嘴山经开区、宁东能源化工基地、生态纺织产业园，重点引进技术含量高、增值空间大、产业关联度高和带动能力强的高端加工贸易项目，鼓励东中部地区企业将整机生产、零部件、原材料配套和研发结算环节向宁夏转移。用好用足加工贸易产业发展专项资金，坚持扶大扶强，对新增企业、新增产能、新增产量进行重点支持，降低加工贸易企业内陆运输、技改研发、厂房租赁、技能培

训等生产经营成本。

（三）提高贸易投资便利化水平，推动企业降本增效

推行国际贸易“单一窗口”管理模式，年底前与国家同步上线运行；提高“宁贸通”外贸综合服务平台的运营能力，引进培育有实力的外贸综合服务企业，为外经贸企业提供全程供应链服务；加快肉类、水果、种苗进口指定口岸建设，提高贸易便利化水平。多措并举，全方位多领域支持企业降低物流、仓储、融资、担保和技改成本，促进外溢贸易回流。

改革开放篇

GAIGE KAIFANG PIAN

宁夏深化改革综合报告

刘凯华　安　军　马晓立

党的十八大以来，在以习近平同志为核心的党中央坚强领导下，在自治区全面深化改革领导小组的有力推动下，全区上下深入贯彻党的十八大及十八届三中、四中、五中、六中全会和中央深改组会议精神，深入贯彻习近平总书记系列重要讲话精神和视察宁夏重要讲话精神，紧紧围绕中央深改组工作要点部署的改革任务，以及自治区党委深改组工作要点安排的改革事项，把准大势，把握大局，统筹谋划，狠抓落实，各项改革有力有序有效推进。2014年以来，自治区安排部署的总任务416项，2017年，已完成重点改革任务198项，107项重要改革事项和111项改革试点稳步推进。全区改革呈现出全面发力、多点突破、蹄疾步稳、纵深推进的良好态势。

一、深化改革主要做法及成效

（一）围绕激发发展动力，着力推进经济体制改革

突出经济体制改革重点，着力推进阻力大、利益调整难的"硬骨头"，加大攻坚力度。

作者简介：刘凯华，自治区党委政策研究室副主任；安军，自治区党委政策研究室（改革办）协调处调研员；马晓立，自治区党委政策研究室（改革办）协调处主任科员。

供给侧结构性改革方面。持续推进“去降补”，着力解决产业层次不高、结构上倚重倚能、市场竞争力不强的问题，提高经济发展的质量和效益，推动产业转型升级。截至目前，全区化解煤炭过剩产能、淘汰落后产能近700万吨，工业产品库存下降10%以上，为企业降低经营成本70亿元。

财税体制改革方面。在建筑业、房地产业、金融保险业、生活服务业等行业全面铺开“营改增”改革，累计减少税费90亿元，规上工业企业利润增长47.9%。推进资源税改革试点，在全区实施矿产资源税从价计征。积极推进省以下财政事权和支出责任划分改革，制订出台自治区与市县财政事权和支出责任划分改革方案。完成自治区行政机关单位公车改革。推进“合理简并纳税人申报缴税次数”和“推行办税事项区内通办”改革试点，全区地税系统的所有办税服务厅实现了办税事项区内通办，办理117户446笔跨区、县异地申报征收业务，入库税款145.12万元；办理83户99笔跨区、县异地审批类业务，为纳税人提供了更加便捷的办税服务。立足实际开展输配电价格改革试点，制订宁夏首个监管周期（2016—2018年）输配电价改革方案，将宁夏电网目录电价中的大工业基本电价每千瓦每月降低5元、每千伏安每月降低8元，为全区大工业企业减轻负担约7.6亿元。宁夏输配电价改革工作走在了全国前列，得到国家发改委的肯定。

国资国企改革方面。围绕建立和完善现代企业制度，研究出台国有企业改革的总体意见，从领导人员业绩考核、监事会管理、内部审计、违规经营投资责任追究等方面制订了10多项具体改革方案，形成了比较完备的国资国企改革政策制度体系。启动实施自治区属国有企业重组改革，对资本实力弱、规模小的区属32户企业进行重组改革，组建国有资本运营公司，形成4家国有资本投资集团公司、2家国有资本运营集团公司和1家产业集团公司的总体框架。从区属国有企业中挑选1家条件比较成熟的环保企业，大胆开展混合所有制“破冰”改革，目前改革方案已进入实施阶段。

金融改革方面。以服务实体经济为核心，研究出台改善金融发展环境支持金融业健康发展的若干意见及配套奖励政策，着力激发金融业发展活力。2017年，宁夏企业上市13家，挂牌企业达64家，融资规模达66.5亿元。以农村产权制度改革为核心，开展“两权”（农村土地承包经营权和农民住房财产权）抵押贷款、设立村级互助担保基金、建立农村担保经营组织等改革试点。2017 年，全区土地承包经营权贷款抵押余额达到 7 亿元，先后探索出“盐池金融扶贫”模式、“蔡川模式”“脱贫保”等一些改革亮点，经验走向全国。

商事制度改革方面。在全国率先探索试行同城同办制度，率先启动“五证合一”“一照一码”制度改革，建立完善了“多证合一”“一照通”联批平台。全区注册窗口推行“一门一站、一窗一表、一趟办结”式服务，审批事项减少 75%，登记时间压缩 60%，当日办结率提高到 80%。商事制度改革以来，全区核准企业名称 11.31 万个，新登记企业 8.27 万户，市场发展呈现企业核名多、新设企业多、注册资本多、公司制企业多、第三产业多“五多良好态势”。2017 年，全区实有市场主体 51.02 万户，增长 13.81%，2017 年以来，平均每天诞生“创客”301 个，增加就业 100 多人。

“放管服”改革方面。推进行政审批制度改革，在全区建立三级“两个清单”制度，自治区直属部门 6264 项行政权力清理调整为 1941 项，精简幅度达到 69%；行政审批事项由 2013 年初的 812 项精简为 304 项，减少了 75.6%。积极推进在线审批，建设宁夏投资项目在线审批监管平台，开展不见面审批或只见一次面审批改革。截至目前，累计受理办理各类投资项目 6010 个，涉及项目总投资 6204.46 亿元。积极推进宁夏电子口岸和国际贸易“单一窗口”，为企业提供报关、报检、物流、退税等业务“一站式”服务。

城镇化改革方面。出台加强城市规划建设管理工作意见，制定全区新型城镇化工作要点和城镇化专项改革工作要点，积极探索户籍管理、农村转移人口市民化社会保障、支持农民工返乡创业等城镇化改革，建立“人地钱”挂钩机制，完善转移支付制度，建立全区农业转移人口市民化奖励机制，2017 年争取中央农业转移人口市民化奖励资金 1.04 亿元。截至目前，宁夏常住城市人口达 318 万，城镇化率达 56.29%。进一步推进综合执法体制改革，在银川等核心城市推进城市综合管理体制改革试点，加快提升城市管理水平。

持续推进农业农村改革。制定出台自治区《关于深化农村改革的实施意见》，全面铺开农业农村改革。在农科院改革中，对科研激励、学科建设、协同创新等方面进行了“真刀实枪”的改革，有力地激发了科技创新活力。在农垦改革中，成立农垦集团，真正做到了政企分开、事企分开。加快推进供销社综合改革、农业综合水价改革和国有林场改革，确保按期全面完成改革任务。

（二）围绕促进公平正义，扎实推进司法体制改革

全面推开以司法责任制为核心的基础性改革。推进法检系统改革。建立司法人员分类管理制度，落实员额制改革，推进法官、检察官单独职务序列改革。2017 年，遴选入额法官 926 名，入额检察官 707 名，分别占总编制的 30.5%、31.4%。着力推进办案责任制改革，优化司法职权配置，强化司法权监督制度。自治区高级人民法院、检察院制定《独任法官、合议庭办案规则》《关于建立司法人员权力清单制度的意见》《检察官办案责任制暂行规定》等制度，通过完善工作机制，改革审核事项，逐步转变权力运行模式。健全司法人员职业保障制度，落实法官、检察官工资制度改革方案。建立自治区高级人民法院、检察院人财物统一管理体制。推进以审判为中心的刑事诉讼制度改革。出台检察机关办理及审批民事、行政公益诉讼的工作规定，2017 年，公益诉讼立案 25 件，提出诉前检察建议 17 件。推进公安系统改革。出台全面深化宁夏公安改革的实施方案，进一步完善维护国家安全工作机制，创新社会治安治理机制，深化公安行政服务管理改革，完善公安执法权力运行机制，实施机构编制优化和警力前置。探索总结出内部挖潜警力资源、“一村（社区）一警”警务模式、执法权力运行机制、服务型窗口建设等做法，出台全区户籍制度改革实施细则，实施城乡统一户口登记制度，推出无户籍人员落户政策，建成宁夏流动人口综合信息服务管理平台，实现网格化管理全覆盖。深化司法行政改革。推进律师制度、监狱制度、社区矫正制度和司法鉴定管理体制改革。

（三）围绕释放创新活力，深入推进文化体制改革

紧紧围绕培养社会主义核心价值观和建设社会主义文化强国，深化文化体制改革。推进国有文化企业分类改革。坚持重点突破和全面推进，制订自治区深化文化体制改革实施方案，积极推进宁夏新闻网、非时政类报刊等完成转企改制，推进黄河出版传媒集团等 6 家国有文化企业逐步建立现代企业制度。推进宁夏日报报业集团和宁夏广播电视台及五市党报党刊采编与经营分离、广播电视制播分离。成立自治区网信办，完成五市网信办内设机构组建，网络空间治理联动机制不断完善。深化公益性文化事业单位改革。推进同城内图书馆总分馆制改革，开展公益性事业单位组建理事会试点。加快文化市场综合执法改革，建立了分级分层监管体制，健全文化市场综合执法管理机制。推进宁夏社科院内部改革，加快宁夏新型智库建设步伐。

（四）围绕改善和发展民生，持续推进社会体制改革

坚持以人民群众利益为中心，围绕解决好人民群众最关心、最直接、最现实的问题，深入推进教育、文化、医疗卫生、社会保障、扶贫、食品药品安全等领域的改革，以普惠性、均等化改革提高公共服务共建能力和共享水平，让老百姓感受到实实在在的好处。

积极推进社会保险改革。把被征地农民全部纳入城镇职工养老保险，提高了养老保险待遇标准，全区 80 余万名企业退休人员、城乡居民受益。推进“五险合一”经办体制改革，建成覆盖全区的五级社保信息网络，实现了区内异地就医结算系统全部联网。

积极推进社会救助机制改革。建立以居家为基础、社区为依托、机构为支撑的社会养老服务体系，研究制定困境儿童分类保障和农村“三留守”人员关爱服务制度及适度普惠型儿童福利制度等。

积极推进综合医改试点。出台省级综合医改试点“13+1”配套政策，建立药品（耗材）供应新机制，实行公立医疗机构药品采购“两票制”、网上集中招标采购和跨省区联合采购，全区所有公立医院全部取消药品加成并同步调整医疗技术服务价格。建立现代医院管理制度，成立自治区公立医院管理委员会，探索人事薪酬制度改革，实行公立医院事业编制审批管理和人员总量备案管理相结合，实行编内编外人员同工同酬同待遇。建立分级诊疗制度，全区通过遴选 150 种非基本药物，下沉基层使用，落实职称评定“凡晋必下”制度，探索建立紧密型医疗联合体和组建“家庭医生”服务团队等措施。

（五）围绕生态保护，加快推进生态文明体制改革

深入实施“生态立区”发展战略，加强生态环境保护顶层制度设计。推动生态保护体制机制改革。全面落实中央生态文明体制改革“1+6”方案，推进生态环境制度改革，出台落实绿色发展理念与加快美丽宁夏建设的意见、加强美丽宁夏建设和生态文明体制改革协调调度工作通知等 24 个文件，明确 8 项制度、45 项改革任务，目前已有 36 项改革任务启动实施。

出台领导干部自然资源离任审计试点方案，编制自然资源资产负债表，开展先行先试。推行环境污染责任保险试点，制定出台环境污染责任保险试点工作实施意见，探索在全区排污企业创新开展环境风险强制评估工作，建立全区环境风险管理体制。2017 年，共有 17 家企业参保。坚持补齐生态环境短板。深入实施蓝天碧水净土行动，扎实推进大气污染防治，建立统一规划、统一标准、统一监测、统一防治监管的协作机制，实施主要污染物协同控制、污染源综合治理，严控大气污染物新增排放。深入落实水污染防治工作方案，全面加强黄河干流、支流、重点入黄排水沟和重要湖泊湿地污染防治。全面实施土壤污染防治工作实施方案，从源头上保障农产品质量安全和人居环境安全。大力加强水生态环境建设。制定实施全面推进节水型社会建设意见，全面推行“河长制”，压实属地责任，实行最严格的水资源管理制度考核办法。扎实推进空间规划（多规合一）改革试点。制定出台空间规划（多规合一）改革试点方案及用地差异处理意见、资源环境承载能力评价方法等 9 个配套编制文件，举全区之力推进空间规划（多规合一）改革试点，在规划编制和制度规范方面探索出可供全国复制推广的“宁夏经验”。

（六）围绕全面从严治党，协调推进党的建设制度改革

深入贯彻落实中央全面从严治党总体部署，围绕坚持党的领导，加强党的建设，统筹推进党的组织制度、干部人事制度、基层组织建设制度、人才发展体系等制度改革，统筹推进党的纪律制度改革。

推进党的建设制度创新。制定《深化党的建设制度改革实施意见》《关于推进全面从严治党若干问题的意见》等总体设计方案，推出 60 多项制度性成果，基本搭建起了党的制度建设主体框架。围绕落实“两个主体责任”，制定了把纪律挺在前面、责任追究办法、“一案双查”暂行办法等配套制度，牢牢扎起制度的“笼子”。严格落实责任追究办法，坚持把责任追究作为落实党风廉政建设“两个责任”的“撒手锏”。实行“一案双查”，加大追责问责力度，2015年以来，全区共查处92起“两个责任”落实不力问题，117人被追责，其中39人受到党纪政纪处分。

推进干部人事制度改革。制定干部考核办法、干部选拔任用工作动议办法、综合分析研判领导班子和领导干部的意见等制度，为营造风清气正的用人环境提供重要保障。围绕人才发展体制机制，出台《创新体制机制促进人才与经济社会协调发展的若干意见》及相关配套制度，创新5个方面22条政策措施。截至目前，培养选拔院士后备人才5名、科技创新领军人才36名、青年拔尖人才180名，建设自治区优势产业人才高地7个，建成国家和自治区级重点实验室76个，科技创新团队77个，牵头组建首个国家级产业创新中心“国家智能铸造产业创新中心”。

扎实推进基层党的建设制度改革。围绕“全面进步、全面过硬”的总基调，制定农村基层党建工作若干意见、服务型党组织建设的实施意见、星级基层服务型党组织创建活动的指导意见等改革文件，建立联系服务群众24项制度，全区基层组织建设水平得到有效提升。

稳步推进群团改革。出台《关于加强和改进党的群团工作的实施意见》，完成自治区总工会、共青团、妇联、科协、侨联的改革任务。自治区、市、县三级群团组织已经全部启动，青联、学联、少先队等改革一并纳入群团改革一体部署、一体落实。工商联、残联、伊协、社科联、法学会、红十字会等群团组织改革正在启动实施。

二、存在的主要问题

一是思想认识上需要进一步提高。一些干部的思想观念与日益发展变化的新形势脱节，面对改革开放、面对经济下行压力出现的各种问题，思想不解放，眼界不宽，胸襟不开阔，办法不灵验。在深化改革方面，有的还舍不得割肉，缺乏真改、实改的劲头，一涉及本地本部门和自身的利益，就紧紧握住口袋不松手。比如，建立“三个清单”、厅局所办企业脱钩、清理红顶中介等涉及部门利益的改革事项推进难度比较大。有的对一些难啃的“硬骨头”改革绕着走，没有担当意识，存在畏难情绪，不敢改、不愿改。

二是一些领域市场化改革还不够充分。围绕“使市场在资源配置中起决定性作用深化经济体制改革”这一要求，自治区在经济领域推出一些重大改革举措，但从实际情况看，市场在资源配置中的决定性作用还没有充分发挥出来。比如，区属国有企业以市场为导向的选人用人和激励约束机制探索不多，法人治理结构尚不完善，市场化聘任职业经理人的机制不健全；公车改革后，政府采购确定的车辆租赁费高于汽车租赁市场价格；等等。

三是有些改革还需要法律法规及时跟进。受国家法律和上位法的制约，一些改革事项在推进中受到一定的影响，特别是正在开展的空间规划（多规合一）、相对集中行政许可权、农村产权制度、行政综合执法等一批重要改革试点，在先行先试的情况下，有些新的体制机制已经建立起来，但土地、环保、林业、质监、矿产等国家层面的相关法律法规还没有“立改废”，造成一些政府行为缺少法律支撑。比如，司法部门惩戒失信企业缺少法律法规支撑，被征地农民参加养老保险政策与国家部委相关要求不符，等等。

四是有些改革还存在“上下不协调”。每一项改革都需要发挥好部门和市县两个积极性，形成上下联动、共同推进的格局。但实际工作中存在的“下改上不改”“上面放得下，下面接不住”“你放我不放”“明放暗不放”等问题依然比较普遍。宁夏实行市县市场监管机构“三合一”体制后，由于中央和省一级没有整合，市场监管体制上下不衔接、不配套。据有关部门统计，在简政放权改革中，基层对下放事项接不住、接不好的问题有17个，个别下放事权不合理、不合规的问题有4个。

五是涉及财力保障的改革举措落实还不到位。由于地方财力有限，一些改革方案中提出的财政保障措施落实不及时，特别是涉及公共服务、社会保障、医疗卫生等民生领域的改革事项，各地落实难度比较大。比如，在公立医院薪酬制度改革中，有些市县虽制定了医疗人员薪酬保障政策，但在执行中本级财政都没有按定额标准进行保障；在引进人才中，自治区出台的引才优惠政策，明确由用人单位落实的住房等保障都没有得到全面落实。

六是“信息孤岛”障碍还没有取得突破。目前，各地各部门在信息资源上各自为政、各成体系、互不往来，信息壁垒问题依然存在，阻碍改革进程。在行政审批方面，部门之间信息不共享、不兼容；在市场监管方面，部门之间信息不畅通、不衔接；在公共服务方面，部门之间信息不互通、不公开。比如，投资项目在线审批监管平台、行业性行政审批信息系统和地区性行政审批综合服务平台相互不兼容，造成在线并联审批、网上联合监管难以实现；公安、工商、银行等信用系统不对接，影响诚信体系建设；政法云系统与电子政务外网以及综治成员单位没有实现数据信息共享，造成执法司法质效不高；公共租赁住房和廉租住房信息不共享，联审机制没有建立起来的问题比较突出。

三、推进宁夏全面深化改革的对策建议

党的十九大报告指出，只有社会主义才能救中国，只有改革开放才能发展中国、发展社会主义、发展马克思主义。必须坚持和完善中国特色社会主义制度，不断推进国家治理体系和治理能力现代化，坚决破除一切不合时宜的思想观念和体制机制弊端。当前，要对照党的十九大关于全面深化改革的新部署、新要求，对照中央已出台的改革方案，对照自治区十二次党代会“三大战略”“五个扎实推进”总体总局，与时俱进地审视宁夏全面深化改革工作，进一步完善改革的主体框架和布局，为推进全区实现经济繁荣、民族团结、环境优美、人民富裕，与全国同步建成全面小康社会目标努力奋斗，以实际行动迎接改革开放 40 周年。

一是在改革的理念上，应紧紧围绕市场在资源配置中的决定性作用，全面推动各领域改革。经济体制改革是全面深化改革的重点。政治、文化、社会、生态文明体制改革和党的建设制度改革必须依靠经济体制改革来牵引。党的十八届五中全会在面临新的形势和任务下，提出了创新、协调、绿色、开放、共享的发展理念，这是关系我国发展全局的一场深刻变革，也是全面深化改革的应有之义。当前和今后，进一步全面深化改革应当紧扣这一主线，紧紧围绕市场在资源配置中的决定性作用和更好地发挥好政

府作用深化经济体制改革，加快形成引领经济发展新常态的体制机制和发展方式，加快推进有利于实现创新发展、协调发展、绿色发展、开放发展、共享发展的改革，加快推进有利于提高资源配置效率、提高发展质量和效益的改革，加快推进有利于充分调动各方面积极性的改革，加快推进有利于国家治理体系和治理能力现代化的改革。

二是在改革的重点上，应着力破除经济社会发展中的体制机制障碍，建立起充满活力的新体制新机制。全面深化改革必须紧紧抓住制约发展全局性、根本性重大问题的体制机制进行改革，在关键领域、关键环节上实现重点突破。当前，我国进入经济发展新常态，经济仍面临较大下行压力，特别是西部地区由于产业结构、资源约束、科技创新等方面存在的不足，发展面临的困难和问题更多。因此，必须在如何激活市场主体、加快产业转型升级、加快转变政府职能、推进科技创新、推进城乡一体化发展、扩大对外开放等体制机制方面狠下功夫，通过改革进一步释放活力。对宁夏而言，应该在简政放权、理顺园区管理体制等方面积极探索创新。应进一步加快推进行政管理体制改革，特别是要理顺园区管理体制，整合宁东工业区、银川滨河新区、银川综合保税区、宁夏生态纺织示范园，争取早日设立国家级城市新区。

三是在改革的落地上，应鼓励各地大胆进行差别化探索，力求改革取得新突破。西部地区在改革开放的实践中有不利因素，但也有中央倾斜政策多、渴望改革的热切心情、问题倒逼改革的紧迫程度大等有利因素。宁夏人口少、地域小，船小好调头，近年来在农垦改革、空间战略发展规划立法、行政审批集中权改革、农村土地交易制度改革、大病医疗保险全覆盖等方面走在全国前列。今后，应当争取中央在制定政策时，把全国性改革试点多向西部和宁夏安排。

四是在改革的推进上，应把深化改革与扩大开放结合起来，以扩大开放促进深化改革。以开放促改革、促发展，是我国改革发展的成功实践。改革和开放相辅相成、相互促进，改革必然要求开放，开放也必然要求改革。改革开放 40 年来，中西部地区虽然发生了巨大的变化，但由于西部地区与中部、东部地区相比，区位条件、资源禀赋、基础设施等差距大，对外开放明显滞后，开放程度低，开放型经济缺乏活力。特别是像宁夏这样的西部少数民族边远地区，对外开放面临的困难更多，任务更重。一方面，必须围绕建立现代市场机制、政策创新机制、对外合作机制、多元投资机制方面多下功夫，通过改革着力构建开放型经济新机制，走出自我发展的路子。另一方面，积极争取国家在制定扩大开放政策的时候，在生态补偿、基础设施建设、承接东部产业转移、财政转移支付、社会民生保障等方面，给予贫困地区更多的特惠性政策支持和扶持。比如，着眼全国不同区域生产力布局，制定有利于西部地区发挥比较优势、承接东部产业转移的产业规划、产业政策，建立西部地区承接东部产业转移统筹机制，等等。

五是着力强化敢于担当、攻坚克难的用人导向，加快建设一支推进深化改革的干部队伍。中央明确要求，要着力强化敢于担当、攻坚克难的用人导向，把那些想改革、谋改革、善改革的干部用起来，激励干部勇挑重担。从中央到地方，应大胆使用改革促进派和实干家，在改革开放中发现干部、培养干部、使用干部。必须加强改革工作队伍建设，配强省、市、县三级改革工作机构、领导班子和工作人员，保障改革开放任务顺利推进。

宁夏空间规划改革试点报告

艾红兵　吴灵捷　刘世文

党的十九大报告指出，“必须坚持节约优先、保护优先、自然恢复为主的方针，形成节约资源和保护环境的空间格局、产业结构、生产方式、生活方式，还自然以宁静、和谐、美丽”，“完成生态保护红线、永久基本农田、城镇开发边界三条控制线划定工作”，“构建国土空间开发保护制度，完善主体功能区配套政策”。

2016 年 4 月 18 日，中央全面深化改革领导小组第 23 次会议批准宁夏开展空间规划（多规合一）试点。同年 7 月，习近平总书记来宁视察时要求宁夏要“大胆探索，细化方案，敢于碰硬，争取交出一份合格的答卷”。自治区党委、政府高度重视，深入学习领会习近平总书记重要讲话精神和中央对改革试点的要求，把试点工作作为自治区全面深化改革、转变发展方式、推进生态文明建设、推动治理体系和治理能力现代化的重大政治任务，扎实推进各项工作，顺利完成了试点任务。2017 年 8 月 29 日，中共

作者简介：艾红兵，自治区规划管理委员会办公室综合处处长，自治区空间规划（多规合一）改革试点工作领导小组办公室综合协调组副组长；吴灵捷，自治区人民政府台湾事务办公室秘书联络处处长，自治区空间规划（多规合一）改革试点工作领导小组办公室政策法规组副组长；刘世文，自治区规划管理委员会办公室综合处副主任科员。

中央总书记、国家主席、中央军委主席、中央全面深化改革领导小组组长习近平主持召开中央全面深化改革领导小组第三十八次会议并发表重要讲话。会议审议通过了《宁夏回族自治区关于空间规划（多规合一）试点工作情况的报告》。会议指出，党中央授权宁夏回族自治区开展多规合一试点以来，在编制空间规划、明确保护开发格局、建设规划管理信息平台、探索空间规划管控体系、推进空间规划管理体制改革等方面，探索了一批可复制、可推广的经验做法，下一步，要继续编制完善空间规划，深化体制机制改革，保障空间规划落地实施。

一、坚持以习近平总书记讲话精神为指引，统一思想认识，凝聚空间规划改革合力

（一）强化组织领导

自治区成立了由党委书记任组长，主席任第一副组长，党委副书记、副主席、军区分管负责同志担任副组长的改革试点工作领导小组，分管副主席担任办公室主任，发改、国土、环保、住建、林业、交通等28个部门主要负责人和各市市长任办公室副主任。办公室设在自治区规划办，下设发展战略、规划编制、信息平台、行政审批、政策法规、综合协调6个专项小组，抽调相关部门业务骨干集中办公。试点市县都成立了一把手负责的领导机构和工作团队，形成了高位协调、上下衔接、左右协同的工作机制。自治区党委、政府主要领导抓工作谋划和工作部署，先后召开6次主持会议，研究决策重大问题。领导小组办公室组织了110多次专题会议协调解决具体问题，这些都是空间规划改革取得成效的坚强保证。

（二）统一思想认识

认识到位才能改革到位。自治区党委常委会先后5次组织研读习近平总书记关于空间规划相关讲话精神，学习中央关于生态文明建设和空间规划重要文件，并邀请专家讲座，组织了两次党委中心组空间规划专题学习辅导，同时加强对基层干部和工作人员的培训，共组织32次专题培训班，累计培训3500余人次，进一步统一了思想、凝聚共识，形成了推进试点工作的强大合力。

（三）积极争取部委支持

自治区领导先后7次带队赴国家部委，就空间规划编制、用地差异调整、法律法规等方面沟通汇报，争取国家部委支持。先后在北京组织召开9次研讨会和征求意见会，邀请中央和国家部委负责同志把脉问诊。中央改革办、中央经济与生态文明体制改革专项小组、国家发改委多次来宁督促指导试点工作，国家发改委、国土资源部、环境保护部、住房和城乡建设部、交通运输部、水利部、国家林业局等在土地用途调整置换、占补平衡、生态红线划定等方面进行试点，解决了很多制约工作的难题。

二、落实“多规合一”，绘就一张蓝图，构建统一衔接的空间规划体系

（一）编制覆盖全域的一本规划

以宁夏空间发展战略规划为引领，以主体功能区规划为基础，探索经济社会发展、城乡、国土、环保、林业、交通、农牧、水利等8类规划合一，编制自治区空间规划。自治区空间规划在资源环境承载能力评价和国土空间开发适宜性评价基础上，合理划定生态、农业、城镇三类空间及生态保护红线、基本农田保护红线、城镇开发边界三条控制线（三区三线），形成空间规划底图。在此基础上，统筹布局城镇建设、产业园区、基础设施、公共服务等空间要素，形成融发展与保护、开发与管控为一体的一本规划、一张蓝图。同时选择全区5市和3个县作为试点，编制市县空间规划。自治区与市县空间规划编制压茬进行、上下结合，采取“四下四上、八次对标”的工作方式，在双评价结果、目标指标分解、基础设施布局、资源统筹利用等方面反复校核，确保自治区、市县两级空间规划协调一致。

（二）制定空间规划编制技术规程

探索出空间规划编制指引、用地分类标准、资源环境承载能力评价方法、国土空间开发适宜性评价方法、用地差异处理意见、三区三线划定技术规程、空间管控指标体系、开发强度测算方法、自治区市县协同编制规划指南等9个技术规程及审查审批暂行办法，形成了一套成体系的空间规划编制技术规程。实现了规划编制“六统一”，即统一用地分类标准、基础

数据、坐标系统、技术规程、规划期限、技术路线，保证了空间规划编制的科学性。

（三）着力调整规划用地差异

统一各类空间性规划坐标系统后，通过叠加、比对、分析，发现各类规划确定的林地、草原、耕地、建设用地等矛盾差异。按照“生态优先、总量控制，尊重历史、尊重现实，占补平衡、上下衔接”的原则，建立矛盾协调解决机制，由自治区确定范围、下达指标，市县采取现场调研、高分影像判读等方式，通过用地类型转换、空间调整等方式解决建设用地、耕地、林地、牧草地和其他用地等矛盾，初步实现了全区用地单一属性，为空间规划落地奠定了基础。

（四）提高公众参与度

坚持开门编规划，广泛听取部委领导、专家学者、社会公众的意见建议，成立了由相关专家、人大代表、政协委员、民主党派和无党派人士、群众代表组成的规划评议委员会，在空间规划编制大纲和成果阶段开展民主评议。规划编制完成后，在政府门户网站、主要媒体全文公布，设置一个月的公示期，广泛征求社会各界和广大群众意见。规划最后由同级人民代表大会批准，使其成为全体人民的意志，以立法的方式保证规划的执行。规划执行过程中开设社会监督渠道，各级政府对规划的执行接受人民监督，向同级人民代表大会报告。在空间规划的制度设计中，把公众参与贯穿到规划编制执行和管理的全过程，让人民群众了解、认识空间规划，支持、认同空间规划，自觉地执行空间规划，使空间规划成为人民群众自己的规划。

三、坚持生态优先，强化空间管控，优化国土空间开发保护格局

（一）突出战略引领

按照“先落棋盘、再落棋子”的要求，以发展目标、战略定位和空间格局三个核心部分构成的空间发展战略作为空间规划的灵魂，统领全区产业发展、基础设施建设和资源要素配置。把习近平总书记来宁视察时对宁夏提出的“实现经济繁荣、民族团结、环境优美、人民富裕，与全国同步

建成全面小康社会”作为发展目标，打造西部地区转型发展先行区、全国民族团结进步示范区、西部地区生态文明建设先行区、全国脱贫攻坚示范区；把建设丝绸之路经济带战略支点、建设国家重要的现代化能源化工基地、构筑西北重要的生态安全屏障、创建宜居宜业的新型城镇化示范区、创建西部绿色发展示范区作为战略定位，通过实施创新驱动、脱贫富民、生态立区三大战略，把习近平总书记对宁夏的要求落到实处；提出了“一带三区、一主两副”的空间格局，明确了全区发展保护的总体布局。空间发展战略的确定，是全区国土空间开发建设有了一个总体安排，是统筹今后一个时期基础设施、产业布局、城乡发展、资源环境利用的基本遵循。

（二）划定三区三线

多规合一最后统一到什么底图上，是空间规划编制中一个十分重要的问题。在试点过程中把划定生态、农业、城镇空间和生态保护红线、永久基本农田、城镇开发边界三区三线，作为底图有机叠加其他各类规划。在实践中，把三区三线划定作为编制好空间规划的基础性工作，下大力气把底图做好。划定过程中，自治区与各相关部门和市县采取上下结合、反复校核的方式，通过 8 次沟通对接，最大限度地取得了共识，在坚持生态优先、保护生态环境、正确处理发展和保护的关系上统一了思想。三区三线的划定，为多规合一奠定了坚实的基础。

（三）强化空间规划管控作用

为发挥空间规划在管控开发建设行为、优化国土空间布局方面的基础性作用，自治区空间规划编制在综合分析各替代规划主要管控内容的基础上，进一步强化空间管控，以分区管控、指标管控、方向管控构成空间规划管控体系，即通过三区三线，对国土空间实行分区分类管控、开发强度管控和责任分级管控；从经济社会发展、空间管控、生态环境保护、资源节约 4 个方面，明确 28 项约束性和预期性指标；立足十五年的规划期，对基础设施、城乡布局、产业建设、公共服务、资源环境保护利用等提出方向性管控要求。

四、打破信息孤岛，建设一个平台，推动国土空间治理能力现代化

（一）搭建系统整体框架

空间规划、多规合一涉及大量的数据分析、比对和整合，必须依靠现代信息技术才能完成。试点之初，把规划管理信息平台建设放在重要位置，作为改革试点的重要任务来推动。在认真学习借鉴其他地区规划信息化管理经验的基础上，结合规划管理体制、行政审批制度改革的总体考虑，聚焦规划编制、审查、实施、监督、公开公示等功能，形成了“1+6+1”(1个数据中心、6个应用系统、1个门户网站）的信息平台总体建设框架。与国土地理信息空间共享库、投资项目在线审批监管平台、遥感监测平台、政务服务平台对接，打破信息孤岛，推动各部门规划信息和资源共享共用，实现国土空间共管共治。以自治区规划管理信息平台为基础，试点市县同步部署建设，自治区、市、县三级紧密衔接，按照空间规划管控层级明确管理使用权限，自治区侧重规划协同和宏观管控，市县侧重规划实施审批和批后监管，与国土空间治理体系、规划管理体制和审批制度改革相对应，形成了以空间规划一张图为基础，功能集成、融合对接的一张空间治理网络。

（二）建设规划数据中心

数据中心是平台的核心，以自治区、市县空间规划为主，收集了全区已编和在编各类规划554项，包含973个矢量图层，数据量达552兆，按照统一的标准格式和坐标系统进行处理与整合，形成了规划数据库。由于带有精确坐标和矢量数据的规划信息涉及国家安全与公众利益，在国家测绘地理信息局的大力协助下，开展了国土空间地理信息系统课题研究，严格区分规划信息的密集程度和管理范围，对进入平台的数据进行脱密处理，对访问的用户设定了不同的管理权限，实现了规划管理公共应用和信息保密的有效兼顾。

（三）强化平台应用功能

6个应用系统功能紧紧围绕空间规划管理实际，可以对各类规划进行统计、查询和智能分析，可以对需要比对处理的规划进行冲突差异检测和

矛盾协调，对空间性规划进行合规性审查，辅助项目选址和审批，全面监测各类项目审批、开工、竣工和规模、资金、用地情况，为全区国土开发和宏观管理决策提供支撑。系统通过与发改委投资项目在线审批监管平台互通，实现建设项目投资核准、规划用地审批等业务全流程在线办理。门户网站整合了规划公开公示、公众意见收集、规划执行监督举报等功能，成为公众参与的重要窗口。

五、创新体制机制，制定政策法规，形成相对完善的国土空间治理体系

（一）创新规划管理体制

自治区党委专题研究空间规划管理体制事宜，自治区成立了规划管理委员会，设立规划管理委员会办公室，独立行使空间规划的编制和管理职能，统筹各职能部门和各地市与空间规划相关的规划事务。5个地级市设立规划管理委员会，与规划管理局合署办公，试点县明确一个相对独立的综合性部门，统筹各市县的空间规划编制管理事务，形成全区统一、相互衔接、分级管理的空间规划职责体系和管控体系。

（二）完善法规政策

在《宁夏回族自治区空间发展战略规划条例》基础上，修订形成了《宁夏回族自治区空间规划条例（草案）》，经自治区人大常委会审议通过，赋予空间规划相应的法律地位。下发了《自治区人民政府办公厅关于建立生态保护补偿机制推进自治区空间规划实施的指导意见》，制定了与空间规划挂钩的招商引资统筹、差异化考核、惩处问责等政策规定，初步形成了激励与约束并重、引导与管控并行的保障空间规划落实的制度机制。

（三）完善审批服务制度

利用发改委建设项目审批平台与空间规划信息管理平台，推行“一图管控、一表申请、一窗受理、一网运行、并联审批、全程监督”的审批服务方式。试点市县以空间规划为基础优化建设项目审批流程，取消、下放、整合审批事项，减少审批环节，清理中介服务，初步实现了建设项目并联审批和“一站式”办理，审批时限从199个工作日压缩到94个工作日。

空间规划改革是一项系统、复杂、庞大的工作，改革永远在路上，宁夏试点期间完成的任务走出了万里长征的第一步。我们将严格落实《宁夏回族自治区空间规划条例》，编制自治区非试点县市空间规划，形成全域覆盖、上下衔接的空间规划体系。进一步加强规划执行监督，完善规划监督手段，形成法律监督、行政监督和社会监督相配套的监督管理格局。进一步完善规划实施保障制度，严格落实生态补偿机制、惩处问责机制、差异化考核等政策，继续推进规划与审批相结合的制度创新。发挥好规划信息平台作用，保障空间规划落实，推动各市县按照功能定位，合理布局生产生活生态空间，实现错位发展、协同发展、科学发展。

宁夏地方国有企业推进混合所有制改革的调研报告

马红波

2016年12月，中央经济工作会议明确混合所有制改革是国企改革的重要突破口，并要求2017年推进混合所有制改革迈出实质性步伐。深化宁夏国有企业混合所有制改革，对激发国企内在活力、增强企业市场竞争力具有重要的现实意义。

一、宁夏推进国有企业混合所有制改革基本情况

截至2017年3月，自治区属七大投资运营集团下辖93家企业中，有混合所有制企业19家（见附表），这些企业主要通过注册和上市方式形成，规模较小，经营较为灵活，经济效益较好。截至2016年底，19家企业资产总额为68.78亿元，净资产49.12亿元，营业收入14.31亿元，利润总额0.17亿元。2017年，5市共有28家混合所有制企业，其中银川市25家，石嘴山市2家，中卫市1家。

2017年5月，自治区政府印发了《关于推进区属国有企业混合所有制改革的实施意见》，鼓励具备条件的营利类企业先行一步，对主业处于充分竞争性行业的自治区属国有二级及以下企业全面实行混合所有制改革，并

作者简介：马红波，自治区政协经济委员会办公室主任。

初步确定了开展改制上市、改革重组、员工持股等方面的试点企业。自治区国资委研究制定了相应的改革操作指引、开展员工持股试点实施办法等，标志着自治区国企混合所有制改革工作全面启动。

二、宁夏国有企业混合所有制改革面临的问题

（一）推进改革的氛围不浓，紧迫性不足

一是改革进展比较缓慢。推进混合所有制改革，涉及引进投资、企业重组、员工持股等诸多复杂问题，需要与之相配套的一系列政策，宁夏推进国企混改的指导意见和相关实施细则及办法出台较晚。同时，自治区新成立的各个投资集团公司正在开展内部子公司整合，理顺管理关系，完善法人治理结构，尚未深入研究所属二级企业的混改思路。加上本轮混改国家没有硬性时间要求，企业普遍存在观望和等待思想。

二是存量国有资产对社会资本的吸引力不足。自治区现有国企主要集中在基础性行业，倚重倚能特征明显，缺乏核心竞争力，设备陈旧，负债率高，融资困难，历史遗留问题较多。调研显示，吸引民营资本的主要是具有市场垄断地位的天然气、供水、供电等行业和具有较高行业资质的企业。但是，民营企业担心不是大股东，没有话语权，参与混改自身权益难以保证。

三是保护改革担当的制度建设和舆论引导工作滞后。政府示范引领的社会诚信体系建设亟待加强。鼓励改革的容错机制尚未形成，依法合规的改革操作规则还未完全建立，主管部门和企业负责人对混改顾虑较多，担心改不好因失职被追责。促进混改的政策宣传还不够到位，推进改革的舆论氛围不浓。一些企业对混改的主要精神学习领会不够深入，积极主动推进改革的意识不强。

（二）法人治理体系尚未健全，企业运行不规范

目前，宁夏国企股权结构还比较单一，产权改革、股份制改造进展缓慢，有效制衡的法人治理结构和灵活高效的市场化经营机制尚未形成。在具体运行中，有的企业董事会、监事会未能发挥应有作用，外部董事决策能力不强，作用发挥有限；经营管理行政色彩浓厚，运行效率低，考核和

奖罚机制没有力度，经营层没有压力；有的地方国企与央企或民企组建合资公司，公司章程与合作协议对权责划分不清晰，双方在经营管理中经常产生矛盾，企业运行机制不畅。

（三）职业经理选聘比例较低，考核激励机制有待完善

宁夏国有企业在建立市场导向的选人用人和激励约束机制建设方面探索不多。在自治区属企业中，还没有完全建立市场化聘任职业经理人的机制，七大投资运营集团经营管理层普遍采用任用制，没有摆脱在局部范围选人和少数人中选拔企业经理人的弊端，懂企业、善经营、会管理的复合型人才缺乏。同时，与市场经济相适应的企业薪酬分配制度和对企业经理人的有效激励机制还未完全形成。

（四）企业发展质量、效益不高，员工持股信心不足

本轮员工持股主要采取增资扩股、出资新设等方式，员工自愿参与，混改和员工持股可同时开展。调研显示，参加混改的企业员工对增资扩股信心不足，多数希望以“转换身份”的补偿金换取股权。同时，对于党委、政府和国资委任命的企业领导人员不得持股如何界定，国有股东是否非要控股（持股比例不得低于企业总股本的34%），员工个人持股不高于1%，企业都期待这些问题能够尽快明确，并在实施一厂一策的混改过程中能够有所突破。

三、对策和建议

（一）加强政策宣传，凝聚改革共识

一是创造激励改革的政策环境。全区各级政府要坚持依法行政，认真履行契约，发挥引领社会诚信的示范作用。国资监管部门推进国企混合所有制改革要防止两种倾向：第一是防止以少管为由，不管不问；第二是防止引导变主导，为混而改。要以积极进取的改革精神，坚持因地施策、因业施策、因企施策，一企一策的引导，及时总结推广试点工作经验，不断跟踪完善政策措施，促进混改健康有效的开展。

二是加强保护改革担当的制度建设。审计、纪检监察、干部管理等部门要制定激励和保护国企领导大胆改革的相关政策和具体可行的容错制度。

国资监管部门要明确国企混改的操作流程，健全国有产权流转程序和国有资产定价机制，发挥专业化中介机构作用，加强监管，杜绝国有资产流失。

三是加强舆论引导和社会监督。各级政府和国资监管部门要做好政策解读和信息公开工作，自觉接受社会和舆论监督，要主动深入企业调查了解真实情况，总结宣传混合所有制改革成功经验，回应社会关切，使广大群众了解和支持改革。

（二）坚持分类有序推进改革，不断增强企业活力

各级政府要加大推动改革的力度。国资监管部门要尽快按照营利类、功能类、公益类对自治区属各投资运营集团进行分类引导。7 家投资运营集团对所属二级及以下企业，要深入地进行研究分析，“宜独则独，宜控则控，宜参则参。”

一是对于营利类企业。在非公有资本已占主导地位的完全竞争性行业，如建筑装饰、服装、农资经销等行业，国有资本可有序退出，实现“国退民进”；对具有竞争优势的国企，通过支持改制上市、引入其他国有资本或各类非国有资本实现股权多元化的方式，发展混合所有制经济；对需要盘活存量资本，提高国有资本资源配置效率的企业，可引入非公有资本控股，发挥民营企业经营灵活的优势，促使企业焕发生机和活力。

二是对功能类企业。国有资本以控股为主，引入战略投资者实施改革重组，支持非国有资本参股，可引入 3 家以上企业，实现股权多元化的混合经济。

三是对公益类企业，应根据水电气热、公共交通、公共设施等行业和领域的特点加强分类指导，国资可相对控股，推行投资主体多元化，通过购买服务、特许经营、委托代理等方式，鼓励非国有资本参与经营。要通过分类有序推进改革，切实增强国有企业活力，使企业能够适应市场经济的激烈竞争。

（三）积极发展混合所有制经济，促进产业结构优化

本轮混合所有制改革，要积极推动国有资本向重点行业和关键领域集中，促进宁夏产业结构的调整和优化。

一是对特色优势产业，如枸杞、医药产业，通过产业扶持资金股权注入方式，与区内外有技术、有市场、管理规范的民营企业成立混合所有制企业，加大科技创新支持力度，推进一、二、三产业融合发展，提升特色产业发展质量水平。

二是对传统重点骨干企业，通过制定鼓励非公有资本进入的政策，加快技术创新、管理创新、商业模式创新，合理限定法人层级，有效压缩管理层级，聚合产业优势，打造优势产业集群，增强产业活力。三是对需要引导发展的新兴产业领域，新办企业和新上项目，积极引入其他各类资本设立混合所有制企业。

四是鼓励自治区属国有企业将承担的基础设施、公用事业、公共服务等领域项目，以 PPP 模式引入各类非公有资本投资或参股。通过发展混合所有制经济，使企业真正成为以市场为导向、以效益为中心、以质量为保障的市场主体，不断提升宁夏企业发展的质量和效益。

（四）加强混改企业党的建设，不断完善法人治理结构

强化党的基层组织建设，进一步完善混合所有制企业权责更加对等、制衡更加有效、运行更加协调的法人治理结构，对保护各方参与混改的积极性尤为重要。

一是加强混合所有制企业党建工作。把建立党的组织、开展党的工作，作为国企推进混改的必要前提。根据不同类型混合所有制企业特点，明确党组织的设置方式、职责定位和管理模式。推行党委会和董事会、监事会、经理层成员交叉任职。党委会和董事会意见发生重大分歧时，应遵照法律法规和公司章程由股东会议进行表决。

二是要进一步明晰权责关系。健全以公司章程为核心的企业制度体系，依照法律法规和公司章程，严格规范履行出资人职责的机构、股东会（包括股东大会）、董事会、经理层、监事会、党组织和职工代表大会的权责。混合所有制企业相关股东依章程约定设置董事会、经理层和监事会。各国有集团公司（出资人机构）混改试点应将章程协商修订工作先行，研究提出出资人机构审批事项清单，建立对董事会重大决策的合规性审查机制，制定监事会建设、责任追究等具体措施，建立规范透明的重大事项信息公开和对外披露制度，为混改全面推行提供可示范样本。

三是进一步完善外部董事制度。探索建立专职外部董事制度，加强外部董事人才库建设。混改企业的外部董事人选由控股股东和其他股东推荐，由股东会选举或更换。

（五）加大职业经理选聘力度，完善考核激励机制

一是在自治区属国企推行银川市国企高管由行政化任免转向职业化聘任的做法，除自治区党委任命的集团公司高管外，其他经营管理人员均授权国资监管机构、资本运营公司和经营企业实行市场化管理，并转换身份。

二是国资监管部门在试点的基础上完善职业经理人选聘办法，作为推进混合所有制改革的配套文件。国企要以推进混合所有制改革为契机，采取党组织推荐、董事会选择、市场化选聘、契约化管理的办法，对企业经理人进行市场化选聘。

三是创新对国有企业及国有控股企业的管理，推广银川市用可用资本收益率指标对国有企业进行考核的办法。建立完善企业负债约束机制。对充分竞争性企业采取与经营业绩相挂钩的差异化薪酬分配制度，上不封顶。

四是发挥好存量人才的作用。组织和人力资源管理部门要对宁夏各类专业人才进行摸底排查，鼓励有企业管理经验的党政干部参加企业选聘，使现有人才能够人尽其才、才尽其用，弥补企业管理人员不足的问题。

（六）稳妥开展员工持股，激发职工积极性

一是各级国资监管部门要促进试点工作，明确企业领导层持股的人员范围，增强企业员工参与混改的信心。推行员工持股坚持公开透明和效率效益优先，不能搞平均持股。尽快建立规范化的职工持股产权交易市场及交易规则。

二是优先支持转制科研院所、高新技术企业、科技服务型企业开展员工持股试点。

三是对难以引进战略投资方的，应立足于现有企业职工特别是管理骨干和技术骨干参股、持股。

四是要依法保护职工合法权益。对于涉及职工切身利益的劳动关系解除，必须由工会、职工代表大会审议通过。

附 表

自治区属19户混合所有制企业分类统计

所属投资集团	企 业
宁夏建设投资集团公司(3户)	宁夏建设投资集团装饰工程有限公司
	宁夏杜古姆建设工程有限责任公司
	宁夏德坤环保科技实业集团公司
宁夏旅游投资集团公司(5户)	宁夏丝路风情网络风情旅游公司
	宁夏汇川服装有限公司
	宁夏农产品流通投资有限公司
	宁夏香渔大酒店有限责任公司
	宁夏观光夜市文化旅游股份有限公司
宁夏交通投资集团公司(2户)	宁夏银百高速公路建设管理有限公司
	宁夏红崖子黄河大桥建设管理有限公司
宁夏农业投资集团公司(1户)	宁夏金沙湾国际葡萄酒庄有限公司
宁夏国有资产控股投资集团公司(1户)	宁夏登记结算中心有限公司
宁夏农垦集团公司(5户)	宁夏沙湖旅游股份有限公司
	宁夏农垦贺兰山奶牛繁育有限公司
	宁夏农垦沙湖农业开发股份有限公司
	宁夏农垦金融控股有限公司
	宁夏农垦田野农资有限公司
宁夏国有资本运营集团(1户)	宁夏水务投资集团清水源净水剂公司
西部创业股份公司(上市公司)	

关于石嘴山市产业转型升级示范区建设的问题及对策

陈　萍　陈　岩　丁　力

2017年4月，国家发改委、科技部、工信部、国土资源部和国家开发银行下发《关于支持首批老工业城市和资源型城市产业转型升级示范区建设的通知》，将石嘴山列入全国首批12个老工业城市和资源型城市产业转型升级示范区。自治区第十二次党代会也将推进宁夏东北部老工业城市和资源型城市产业转型升级示范区建设纳入全区未来五年经济社会发展的主要任务，这一新的发展机遇对推动石嘴山市由全区工业摇篮向技术创新摇篮转变，由工矿时代向生态时代转变，加快推进产业转型升级，具有重大而深远的意义。

一、石嘴山老工业基地转型实践及发展机遇

石嘴山现有78.8万人，总面积5310平方公里，是国家“一五”“二五”和“三线建设”时期重点布局建设的以煤炭、电力、钢铁、煤炭、机械、有色金属等产业为主的国家级老工业基地。石嘴山境内矿产资源丰富，煤炭探明储量25亿吨，硅石42亿吨，电力总装机容量351万千瓦，人均

作者简介:陈萍,石嘴山市委政研室副主任,副教授;陈岩,石嘴山市委政研室副科长;丁力,石嘴山市发改委科员。

发电量全国第一。60多年来，为全国累计贡献煤炭约5亿吨，输电1500多亿度，创造工业产值2000多亿元，GDP曾经占到全区的40%以上，为国家和宁夏经济建设、改革发展作出了巨大贡献。随着资源逐渐枯竭，依赖资源的粗放型发展方式已难以为继，转型发展势在必行。2008年，石嘴山被确定为全国首批资源枯竭型城市。近年来，石嘴山在国家和自治区大力支持下，突出产业转型、民生转型和生态转型，成功创建国家森林城市、国家园林城市、国家卫生城市、绿化模范城市，2017年11月，成功创建第五届全国文明城市。先后被确定为国家老工业基地调整改造重点城市、全国首批15个小微企业创业创新基地示范城市、国家循环经济示范城市、全国生态文明先行示范区和全国中小城市综合改革试点。石嘴山经济技术开发区、高新技术产业园区先后升级为国家级经开区和高新区，石嘴山经济技术开发区、生态经济开发区（平罗工业园区）被列为国家循环化改造示范试点园区，石嘴山市因而成为全国唯一拥有两个国家级循环化改造示范试点园区的地级市。2017年4月24日，国务院办公厅下发《关于对2016年落实有关重大政策措施真抓实干成效明显地方予以表扬激励的通报》，对石嘴山老工业基地调整改造、承接产业转移和产业合作等通报表扬，国家发展改革委网站对石嘴山市的典型经验进行了介绍。石嘴山已经从典型的煤炭工业城市逐步转型为独具特色的山水园林新型工业城市。

当前，国内经济分化特征明显，经济结构矛盾依然突出，实体经济、资源性产业面临的挑战多、压力大，老工业城市和资源型城市更是在历史上因工业和资源开采而兴起，产业结构呈现偏重、偏传统、产业链短、产业集约化程度低的短板。在经济发展进入新常态后，产业层次不高、产业结构不合理等问题已成为制约这类城市转型发展的瓶颈，因此，实现产业转型升级成为老工业城市和资源型城市转型发展的必由之路，也是国家推进供给侧结构性改革的重中之重。2017年“两会”期间，习近平总书记在参加辽宁代表团审议时强调：“要推进供给侧结构性改革，深入实施东北老工业基地振兴战略，全面做好稳增长、促改革、调结构、惠民生、防风险各项工作。”老工业基地振兴已上升为国家战略。

从宁夏经济社会发展看，也面临着两大关键问题，一是南部山区脱贫攻坚问题，二是北部石嘴山老工业基地振兴问题，这两大问题不能妥善解决，都会影响宁夏未来经济社会发展的进程。南部山区脱贫攻坚，全区上下已形成共识，各方合力，鼎力推进。北部石嘴山老工业基地转型还缺少强有力的支持政策，还没有形成合力。由于受国内外大环境影响，宁夏经济增长的不稳定、不确定因素依然很多，面临的下行压力依然很大。石嘴山更是面临产业接续断档、结构调整艰难、资源环境制约等困难，一些资源型产业衰退明显，新产业新业态培育十分艰难，如果不能尽快实现产业结构调整和升级转型，势必会变成宁夏经济社会发展的掣肘之力。石嘴山老工业基地转型已经不能仅仅依靠石嘴山一己之力来解决，必须上升为全区战略，举全区之力来解决。

2016 年 9 月 13 日，国家发展改革委等 5 部委下发《关于支持老工业城市和资源型城市产业转型升级的实施意见》(以下简称《意见》)，《意见》重点明确了推动全国老工业城市和资源型城市产业转型升级的总体思路、实施路径、重点任务和配套政策措施，提出开展产业转型升级示范区试点示范工作。此项工作得到宁夏回族自治区党委、政府的高度重视。2017 年 4 月 21 日，国家发展改革委等 5 部委联合印发通知，将石嘴山列入全国首批 12 个老工业城市和资源型城市产业转型升级示范区，并对石嘴山延伸煤炭和煤化工等产业链，推进循环经济发展等产业转型初步取得的具有示范意义的经验做法给予了肯定。

2017 年 6 月，自治区第十二次党代会又将“推进宁夏东北部老工业城市和资源型城市产业转型升级示范区建设”纳入全区未来五年经济社会发展的主要任务。从国家部委的要求到自治区党委的部署，石嘴山市产业转型升级获得了前所未有的发展契机，一方面是对石嘴山市近年来取得的转型成绩的充分肯定，另一方面更是给石嘴山转型发展提供了难得的历史性机遇。

二、石嘴山产业转型示范区建设存在的问题

近年来，石嘴山市围绕产业转型升级和结构调整，取得了一定的经验和成绩，但受经济增长结构性减速，又逢煤炭钢铁去产能工作持续推进，

主导资源产业及其下游产业受到较大冲击，接续替代产业仍在培育，产业转型升级和可持续发展面临诸多困难。

（一）资源型企业转型升级难

一是石嘴山市原有发展模式对资源依赖较大，单一资源发展形成的粗放式发展模式会产生较强的路径锁定效应，导致资源型产业转型空间变小，不确定风险增大，大部分企业自发转型积极性不高。同时，受资金、技术、人才等要素制约，转型难度加大。

二是煤炭资源开采业及相关冶炼、加工产业均属于资本密集型产业，设备专业化程度高，导致企业资本退出难度大，转型成本较高。

三是因煤炭及电力产业比重过高产生的资金挤出效应，使接续和替代产业发展滞后，产业创新能力偏弱，从而严重制约了经济多元化发展的空间。近年来，石嘴山市围绕优势资源基础，不断加强产品开发，延长产业链条，如发展碳基材料、煤化工等，但煤炭产业链的效益整体下滑，使部分产业转型成效甚微。

（二）产业转型资金缺口大

一是在经济下行压力持续加大背景下，大宗商品销售量价齐跌，特别是石嘴山市产业多为上游产业，产业链末端产品市场需求下降，导致上游产业利润整体严重下滑，企业回款和资金周转变得极为困难，转型资金严重短缺。

二是受国家去产能政策影响，煤炭及电力行业收益明显下滑，导致政府财政收入明显减少，严重制约了政府对转型升级的资金支持能力。

三是金融体系发展相对滞后，金融产业的扶持政策、组织体系、金融创新等方面存在差距，企业融资渠道较窄，融资成本较高，直接融资比重较低，对新兴产业支持不足，制约了石嘴山市多元化转型步伐。

（三）新兴产业培育起步难

一是受传统发展模式的影响，石嘴山市产业发展主要依附于煤炭及相关产业，产业前向关联度较大，对下游产业及相关产业发展带动力不强，对新兴产业发展形成明显的资源挤出效应，非煤产业发展缓慢，近年来始终维持在55%左右。

二是石嘴山市在基础设施、园区功能、服务体系建设等方面欠账较多，新兴产业创新能力培育和技术积累不足，市场化机制不健全，经济体系长期处于较为封闭的状态，不利于形成适合新兴产业发展的经济生态。

三是在全球化、信息化发展趋势下，技术更新日新月异，市场竞争日益加剧，各县（区）在新兴产业选择上存在同质化倾向。

（四）社会就业维稳压力重

一是在去产能、去库存、国企改革的大趋势下，煤炭、火电等企业关停，导致下岗和失业职工增加，仅神华宁煤集团在石嘴山就有 3 万多名职工下岗或转岗，涉及煤炭职工及家属 9 万人，居民收入增速放缓、企业冗余人员安置成为转型发展的较大负担。

二是增长潜力不足、产业层级不高、银川虹吸效应加大等问题，容易产生人口和人才的大量流失，进一步恶化了转型发展的人文环境。

（五）环保和节能减排空间日益收窄

一是 2013 年以来国家先后对大气污染、火电排放、资源循环和综合利用提出了更高的要求，环境承载能力接近上限，经济发展环境约束日益增大。

二是工业结构性矛盾突出，重化工比重达 98%左右。近年来不断加大节能减排力度，削减主要污染物排放量的空间越来越小。

三是环保压力增加。由于经济下行压力加大，企业效益下降，加之融资困难，资金短缺，节能减排资金投入不足，影响了节能减排工程建设力度和进度。

三、石嘴山产业转型示范区建设的对策建议

产业转型升级示范区建设既是一项十分紧迫的现实任务，更是一项具有艰巨性、复杂性和长期性的系统工程。五部委每年年底将组织对示范区建设进展和效果进行评估，并建立健全评估考核奖惩激励机制和动态调整、有进有出的示范区管理体系。对成效明显的示范区，进一步加大政策支持力度；对连续三年进展缓慢、工作不到位的示范区，取消资格，不再享受相应政策。因此，举全区之力，完成示范区建设任务，确保宁夏东北部产业转型升级示范区建设取得实质性成效尤为重要。

（一）突出重大课题研究，做好顶层设计规划

按照国家发改委的要求，示范区建设要重点推进体制机制创新，要在推进供给侧结构性改革、振兴实体经济、培育新动能等领域探索经验，为全国同类城市提供示范和借鉴。此次五部委在《关于支持首批老工业城市和资源型城市产业转型升级示范区建设的通知》中，首次有针对性地结合各地实际，明确了12个示范区各自应探索的重点任务和示范领域，对宁夏东北部（石嘴山—宁东）产业升级示范区提出“探索煤炭等传统优势产业改造升级和延伸产业链的有效途径，探索毗邻城市（园区）产业分工协作和协调发展的有效途径，探索加快新材料、先进装备制造、新能源等现代产业发展的有效途径，探索通过龙头企业带动产业集群发展和产业园区建设的有效途径”的工作要求。

由于宁夏示范区涉及石嘴山和宁东两个行政区域，在实际工作中如何统一协调推进，情况复杂。国家对宁夏东北部产业转型升级示范区提出的探索四项重点任务及石嘴山、宁东两地的统一协调，毫无疑问是一个系统性问题，需要从自治区层面综合考虑体制、机制创新，同时也会涉及基础设施、环境保护、经济发展、城市建设等各个领域，因此，建议自治区组织区内外专家学者开展“宁夏东北部（石嘴山—宁东）产业转型升级示范区建设规划”“产业转型升级示范区建设三年行动计划”“示范区建设管理推进机制”及“石嘴山老工业基地产业转型升级发展”等重大课题研究，从系统的角度，进行顶层设计和整体思考，给出正确的解决线路和方案，以便能够指导具体实践，从而探索出转型发展的新路径。

（二）强化与国家部委沟通，汇聚各方支持合力

五部委对示范区建设高度重视，已初步量身订做了对示范区建设的支持政策。产业政策方面，拟支持示范区对接“中国制造2025规划建设制造业创新中心”。创新政策方面，将支持示范区加快推进重大科技基础设施、高水平创新平台和科技成果转化平台。金融政策方面，国家开发银行将加大对示范区重点项目建设的支持力度，在融资总量、授信准入、产业投资基金和企业债务等方面予以倾斜。土地政策方面，将支持示范区所在城市纳入城镇低效用地再开发试点，鼓励有条件的城市开展工矿废弃地复垦和再利用，并支持示范园区发展规划、土地利用规划、城乡规划“三规合一”。投资政策方面，国家发展改革委将在中央预算内投资设立专项资金，以支持示范区内的示范园区和重点园区建设，此外，城区老工业区、独立工矿区改造前期工作专项补助资金也将向示范区倾斜。这一系列支持政策，对于渴望在新一轮振兴中完成结构调整和转型发展历史任务的石嘴山来说，无疑是一场“及时雨”，因此，建议召开不同层级的会议，提前组织学习、研究、辅导和解读，拆分具体任务，开出责任清单，分解到各个厅局和市县（区），成为宁夏向上争取项目和资金支持的“金钥匙”，争取形成政策合力，让宁夏在产业转型升级示范区建设中赢得先机。

（三）出台地方支持政策，加大对示范区的扶持力度

按照五部委要求，示范区建设的主体在地方，除中央部门加大支持力度外，示范区所在的省（区、市）也要出台加快示范区发展的配套支持政策和措施。建议自治区召开宁夏东北部产业转型升级示范区推进会或石嘴山老工业基地振兴专题会议，比照国家支持东北等老工业基地做法，尽快出台《自治区人民政府关于支持宁夏东北部产业转型升级示范区建设意见》《自治区人民政府支持石嘴山老工业基地产业升级三年行动计划》等一揽子政策，从创新、金融、土地、投资等政策方面给予倾斜，力促示范区建设取得实实在在的成效，形成在全国可复制、可推广的“石嘴山经验”，适时争取国家发展改革委在宁夏石嘴山市召开全国老工业基地产业转型升级示范区建设经验交流会或现场观摩会，助推石嘴山市转型发展。

（四）突出统筹推进，建立协调联动机制

首批示范区中除了单个城市，还有部分是多个城市组成的经济区，宁夏东北部（石嘴山—宁东）产业转型升级示范区就属于12个示范区中的经济区。石嘴山市和宁东基地是全国资源衰退型城市和资源成长型城市，是宁夏经济发展的主战场、国家“能源化工金三角”的重要一极，二者从资源结构、产业结构等方面具有优势互补，两地组团创建示范区，可以形成以资源成长型城市带动资源衰退型城市产业转型升级的示范效应。而且两地从产业合作、经济联系、协同转型方面看，联合创建产业转型升级示范区，有利于形成错位发展态势，有效避免产业趋同带来的无序竞争，可以实现两地资源优化配置和产业分工协作，构筑沿黄经济区北部产业带，打造新的经济增长极，在更高层次上推动宁夏经济快速增长。建议建立由自治区主要领导牵头的自治区级联席会议制度和两地协调推进机制，构建投资体制、产业联动机制、资金融通机制、信息连通机制等，在产业链、技术链、创新链、价值链、营销链上加强协作，实现资源利用高效、区域协同发展的局面。

（五）突出产业动能转换，加快示范区建设

《关于支持老工业城市和资源型城市产业转型升级的实施意见》和《关于支持首批老工业城市和资源型城市产业转型升级示范区建设的通知》，主要是针对老工业城市和资源型城市产业结构如何实现升级等问题出台的政策，指向性十分明确，因此，示范区建设所要完成的主要任务在石嘴山。而产业转型升级也恰是经济发展进入新常态后石嘴山转型发展的重中之重，是绕不过去的坎，也是经济领域的主旋律。为此，石嘴山要将产业转型升级示范区建设作为未来统领本市转型发展的一面旗帜，以创建国家产业转型升级示范区建设引领实现整个城市的转型。

目前，石嘴山市结合示范区建设，制定《石嘴山市全国老工业城市和资源型城市产业转型升级示范区建设三年行动计划纲要（2017—2019年）》，作为今后本市转型工作的纲领性文件贯彻实施，此做法得到国家发展改革委肯定。同时，配套出台《石嘴山市科技创新“双倍增”行动计划（2017—2019）》《石嘴山市工业开发区转型升级三年行动计划指导意见》《石嘴山市“三名工程”实施方案》等文件，力求通过综合施策打好组合拳，加快推动示范区建设。下一步，要突出工作落实，力促产业动能转换。要大力实施科技创新“双倍增”行动计划，加快推动发展动力向创新驱动转换；大力实施开发区转型升级行动计划，形成集中布局、集聚发展、用地节约、特色鲜明的产业发展平台；要大力实施名牌、名企、名家工程，推动优势产业集群和特色产业向创新驱动、绿色低碳、智能制造发展转型；要大力实施新经济培育行动，加快发展信息经济、文化创意、健康产业等新产业新业态；要深化“放管服”、投融资体制等重点领域和关键环节改革，优化投资发展环境，激发市场主体活力。

总之，争取用 10 年左右时间，通过创新发展、转型追赶，建立健全石嘴山市支撑产业转型升级的内生动力机制和形成以园区为核心载体的平台支撑体系，构建特色鲜明的现代产业集群，将宁夏北部打造成为现代工业示范区、新经济新业态聚集区、创新发展引领区和改革开放试验区，建成全国老工业城市和资源型城市产业转型升级示范区。

宁夏推进银川都市圈建设研究报告

刘　雨　刘凯华　安　军　马晓立

自治区第十二次党代会坚持协调发展，统筹兼顾，妥善处理区域发展各方面关系，作出大力推进银川都市圈建设重大决策部署，发挥首府银川市的辐射作用，推动银川、石嘴山、吴忠和宁东一体化发展，推进产业发展协作互补、基础设施互联互通、生产要素统筹配置、公共服务共建共享，形成同城效应、整体优势。

一、关于产业发展协作互补的问题

产业是都市圈发展的基础支撑。近年来，宁夏坚持不懈稳增长、调结构、促转型，经济发展稳中有进，以银川市为核心城市的都市圈工业转型加快发展，已形成了煤化工、现代纺织、新能源、装备制造等新型工业的产业集群。2016 年，银川都市圈地区生产总值 2727.94 亿元，占全区地区生产总值的 86.6%，成为全区经济发展的主阵地。但是，与京津冀、长江三角洲、珠江三角洲、成渝、中原等都市圈发展水平相比，银川都市圈产

作者简介：刘雨，自治区党委政策研究室副主任；刘凯华，自治区党委政策研究室副主任；安军，自治区党委政策研究室（改革办）协调处调研员；马晓立，自治区党委政策研究室（改革办）协调处主任科员。

业的发展还存在不少问题。

一是整体产业层次低。据统计，煤炭、电力、化工3个行业增加值分别占规模以上工业增加值的20.3%、16.4%、23.2%，三大行业合计达到59.9%，占据了主导地位。传统产业倚重倚能特征明显，产品主要是初级产品，存在整体产业层次不高、竞争力不强等问题。

二是产业配套协作不紧密。从都市圈城市产业布局来看，城市与城市之间产业存在同质化，相互之间配套协作不明显。从产业自身来看，绝大部分产业的原料、市场两头在外，产业之间关联度不高，产业链条短，带动力不强，存在产业“孤岛”现象。

三是产业结构不合理。目前，全区三次产业比重为7.6：46.8：45.6，而全国三次产业比重为8.6：39.8：51.6，相比之下，宁夏第二产业比重高，第三产业发展滞后。一方面，宁夏工业处于低端水平，产品以原材料和初级产品为主，发展生产性服务业空间有限；另一方面，宁夏城镇人口总量相对较少，集聚度不高，生活性服务业发展的动力不强。

四是招商引资存在趋同性。各市县培育和发展产业的积极性很高，招商引资力度很大，但由于资源、环境禀赋条件接近，在项目选择上有趋同性，市与市、县与县之间还存在争项目、抢项目的问题。比如，银川市引进了山东如意纺织产业，石嘴山市、吴忠市也引进了纺织产业，虽然这些纺织产业在产品上有棉纺、纱纺的区别，市场也比较广阔，但比较分散，没有形成产业集群。

随着经济全球化发展，区域经济的竞争越来越体现在产业链的竞争，推进银川都市圈建设，应当把培育和发展特色优势产业作为发展牵引，坚持走产业协作互补的路子，进一步优化产业布局，为区域经济发展提供动力和支撑。

一是进一步明确都市圈各城市产业定位。从一些外省区成功的都市圈经验看，他们的圈中城市都能结合各自实际，来定位产业发展的方向。银川市作为都市圈的中心城市，应围绕打造区域性中心城市的发展目标，重点发展文化旅游、商贸会展、现代物流、信息服务、现代金融、人才教育等业态，逐步将一般性加工业向其他市县工业园转移，促进产业结构优化升级。石嘴山市应加快资源型城市转型，调整产业和产品结构，与银川市产业实现互补。重点发展现代物流、新材料和先进装备制造业，打造银北辐射蒙西的枢纽城市和物流中心、全国老工业城市和资源型城市产业转型升级示范区、宁夏新材料及先进装备制造业基地。吴忠市应重点发展健康产业和特色产业、先进装备制造业，打造成为沿黄城市带上独具特色的滨河城市、健康产业和特色产业基地、先进装备制造业基地。宁东应重点发展现代能源化工产业，以转变能源生产消费方式和促进绿色发展为重点，建设国家重要的大型煤炭基地、西电东送火电基地、国家现代煤化工基地，打造国家重要的现代能源化工基地。

二是引导各园区向专业化、差异化、集约化发展。目前都市圈有各类园区 18 个，这些园区大都围绕新型煤化工、装备制造、现代纺织、新能源、新材料和葡萄酿酒等产业，与发达省区相比，工业园区多、弱、散、小的问题比较突出，产业聚集能力还比较低。因此，必须走优化整合的路子，应根据园区资源优势、现有工业基础，明确主攻方向，培育主导产业，发展特色园区，形成特色鲜明、关联度强的园区发展格局。做大做强宁东能源化工基地，推动与滨河新区、银川综保区、空港物流园协同发展，使之成为园区发展的龙头和产业核心集聚区。推动沿黄城市带工业园区优势互补、相互协作、以产兴城、产城融合，使之成为园区发展的主力军和产业主要集聚区。

三是制定推进产业错位发展的差异化政策。通过税收、价格等政策，引导产业转移，推进产业优化布局。探索实行差别化电价、气价、水价、热价等，逐步疏解银川非首府功能，努力为银川发展高端服务业、智慧产业、共享经济、互联网、创意产业等新产业、新业态、新模式腾出空间。同时，通过政策引导，支持石嘴山、宁东等工业体系建设。

二、关于基础设施互联互通的问题

基础设施的互联互通是都市圈经济发展的前提条件。近年来，受惠于国家政策的扶持，银川都市圈交通、通信、水利、能源等基础设施建设步伐很快。3 个地市和宁东基地“一小时生活圈”已基本形成，信息通信基础设施全面升级，水利设施建设逐步健全。但从长远发展来看，作为西部地区的都市圈，基本设施整体水平还不高，推进基础设施互联互通的任务比较紧迫。从目前来看，有两个方面的短板：一是交通运输发展水平相对滞后。宁夏处于全国综合交通体系末梢，综合运输体系不完善，运输方式较为单一，公路运输占主导地位的局面未从根本上改变；向外连接的高速铁路还没有建成，宁夏是全国除西藏外唯一没有通高铁的省区；普通省道网技术等级低，目前全区普通国、省道规模达 5160 公里，普通国、省道二级及以上比重仅为 44.6%，三级及以下公路里程 500 多公里，省道中尚存在部分低等级公路及未贯通路段。比如都市圈内省道 303 线、304 线尚缺失连接黄河东西岸的黄河大桥；受方方面面条件制约，银川都市圈城市轨道交通还没有开工建设。综合交通的不完善导致物流运输成本总体偏高，2016 年宁夏社会物流总费用占 GDP 的比率为 20.8%，高于全国平均水平 5.9 个百分点。二是信息基础设施建设相对滞后。与全国相比，宁夏都市圈内各城市城乡信息网络基础建设仍存在较大差距，农村宽带家庭接入率和城市宽带接入能力还普遍较低。据统计，2016 年，宁夏互联网宽带接入用户 111.9 万户，互联网普及率仅为 50.7%，而全国互联网普及率为 51.7%，宁夏比全国低 1 个百分点。同时，宁夏水利、能源、市政等基础设施建设上还存在很大差距，这些都是制约都市圈发展的重要因素。

基础设施的互联互通，在城市群发展进程中起着“催化剂”的作用。自治区有关部门应大力支持都市圈推进交通、信息、能源、水利等基础设施建设，推动形成布局合理、功能完善、衔接高效的基础设施网络。一方面，应积极推进交通设施互联互通。结合落实《自治区“十三五”综合交通运输体系发展规划的通知》《自治区综合交通运输体系战略规划（2016—2030 年）》，加快都市圈城市综合交通枢纽建设，完善公路网络体系，优化路网结构，提高路网密度，畅通省际出口通道，实现内联外通。加快发展城际公交、轨道交通建设，减少换乘时间，缩短换乘距离，提升换乘效率，降低换乘成本。推动高速公路多路联通，加快繁忙路段增线扩容，开展普通干线公路瓶颈拥堵和低等级路段升级改造。大力发展智慧交通，鼓励城际客运公交化运营，推广“一票式”联程和跨城市“一卡通”服务。构建现代货运物流体系，发展“一单制”联动服务，推动交通物流融合高效发展。另一方面，应积极推进通信信息互联互通。发挥“智慧银川”的优势，加快都市圈高速光纤网络基础设施建设，打破“信息孤岛”和数据分割，促进大数据、物联网、云计算等新一代信息技术与城市管理服务融合发展。加快建设都市圈统一的信息传输、应用和管理平台，提升城市治理和服务水平，推动银川、石嘴山、吴忠建设现代化智慧城市。加大大数据应用，积极布局建设金融、证券、保险、物流等行业后台服务中心。

三、关于生产要素统筹配置的问题

生产要素主要是指土地、资本、劳动力、技术、人才和信息等。宁夏生产要素配置存在的主要问题：一是劳动力人才市场存在结构性矛盾。主要是“用工难”和“就业难”现象突出，一面是大量农村剩余劳动力和亟待转岗的产业工人等待就业，另一面是技术人才供给不足，企业招不到人。据统计，宁夏能源、煤化工、装备制造、电子信息、现代农业等行业科技、管理等人才缺口很大。部分行业不但高端人才缺乏，而且产业工人、技术人才也缺乏。二是土地配置不合理，利用率不高。目前，宁夏都市圈内城市“土地城镇化”快于人口城镇化现象比较明显，建设用地粗放低效，圈内部分城市存在“摊大饼”式扩张，新城新区、开发区和工业园区人口密度与经济密度偏低，不适应发展都市圈经济对人口、产业等集聚的要求。有的园区只有几家企业，还有的园区一些企业长期处于关停状态。三是资金配置不均衡，使用效率低。主要表现在两个方面：一方面，实体经济发展过度依赖银行贷款，运用股票、债券、保险、基金等现代融资手段的水平较低。目前，宁夏银行信贷资金超负荷运转，贷存比率超过 100%，宁夏是全国少数贷存比率超标的省区。另一方面，地区间金融服务差异性较大，资金分布不均衡，部分地市金融资源匮乏，资金不足问题突出。从都市圈各城市来看，2016 年，银川市、石嘴山市、吴忠市银行信贷资金余额分别为 4076.57 亿元、422.83 亿元、500.39 亿元，信贷占比分别为全区的 71.92%、7.46%、8.83%。这些数据表明，资金主要流向银川。同时，宁夏发展都市圈经济在科技投入、技术、信息、人才保障等方面还存在一些制约因素，如科技投入强度不够，R&D 经费投入强度超过 1%的地区只有银川，达 1.9%，石嘴山市、吴忠市分别为 0.89%、0.69%，科技水平落后，制约了都市圈创新发展；信息化程度不高，大数据产业停留在基础设施建设层次，应用还不够广泛；等等。

从实践来看，各种生产要素总是由边际收益低的地区流向边际收益高的地区，发展都市圈经济的核心就是要实现区域要素高效自由配置，最大限度发挥好各类要素效率。应突出四个方面：人才上，实现资源自由流动。加快户籍制度改革，促进都市圈内劳动力自由流动。推行居住证制度，有序推动外来人口落户。建立统一规范的人力资源市场，联合圈内各地推进集政策咨询、职业指导、职业介绍、创业服务等功能于一体的就业服务平台建设。加强都市圈内人才制度衔接，健全人才柔性流动机制，联合共建人力资源开发基地。探索实行人才引进、培养和使用的鼓励性政策，从住房、薪酬、待遇、研发平台、科研资金等方面入手，出台管用实用政策，吸引人才聚集都市圈建设。土地上，通过土地制度改革释放红利。推进都市圈一体化土地市场建设，强化土地利用总体规划实施管理。完善城乡建设用地增减挂钩制度，研究完善都市圈内低效和闲置土地退出机制。通过提高建设用地容积率、单位面积土地产出等方式，提高企业节约集约用地水平。加大都市圈内“僵尸企业”处置力度，盘活闲置土地，增加存量建设用地。有关部门应借鉴四川省城乡建设用地增减挂钩试点经验，制定出台相应管理办法，探索都市圈内开展跨行政区城乡建设用地增减挂钩试点。资金上，促进有效利用。针对资本效率不高的问题，应进一步加强金融创新，提升金融服务水平，特别是要盘活聚集在银川的资金投入，充分引导资金向周边地区流动。为此政府要在特色和可持续产业上给予金融政策倾斜，金融监管机构尽快建立和引导符合各地区发展规律和未来发展目标的金融服务机制，各商业银行制定信贷策略时考虑产业梯度衡量标准，打破贷款界限。技术上，推动共享共用。推进建设都市圈科技资源共享、服务平台，实现科技资源整合、信息开发共享互动、技术成果交易及科技金融服务无缝对接。鼓励各科研院所、高等院校联合大型企业，共建科研成果研发和转化基地。

四、关于公共服务共建共享的问题

近年来，宁夏基本公共服务水平虽然有了较大提升，但是都市圈整体公共服务能力还比较弱，部分城市吸引力不强，主要是：公共服务整体水平较低。作为西部欠发达地区，受经济发展水平和公共财政保障能力制约，宁夏基本公共服务供给规模和质量还不能满足群众日益增长的需求，总体水平与全国相比仍然落后。城市间基本公共服务不平衡。都市圈内城市间公共服务差异明显，区域公共资源配置不均衡，公共服务发展不平衡的问题较为突出，各城市在就业服务、教育资源分布、医疗卫生服务、社会保障等公共服务差距较大。如，在医疗服务方面，2016 年，银川市每千人床位、执业（助理）医师、注册护士分别达到 7.1 张、3.81 人、4.36 人，石嘴山市为 6.13 张、2.97 人、3.15 人，吴忠市为 3.82 张、1.76 人、1.95 人。共建共享机制不完善。基本公共服务提供主体和提供方式比较单一，社会力量参与程度不足。

要解决好这些问题，应坚持民生优先，推进公共服务一体化建设，不断优化公共服务和民生保障，让广大群众有更多获得感。一是推动基本公共服务均等化。健全完善推进基本公共服务均等化体制机制，统筹公共资源布局，创新服务提供方式，打破城市界限，分层次、有重点推进基本公共服务均等化。在义务教育、公共就业服务、基本医疗、住房保障、公共文化服务等方面实现普惠性、均等化、可持续发展。二是建立公共服务成本共担机制。探索建立跨市公共服务建设项目成本分担机制，探索建立都市圈内地区间横向生态保护补偿机制、区域生态建设投入激励机制等，在水资源调配、生态环境建设、财政转移支付等方面实施区域平衡政策。三是推进教育、医疗、养老、文化等资源共享。教育方面，采取“互联网+教育”等方式，推动网上教育，促进银川优质教育资源圈内共享；医疗方面，通过建立医疗联合体等形式，促进医疗资源多向整合，实现都市圈内医学检验、影像检查结果互认、诊疗信息畅通流转、医生在多点执业等环节的落地，推进互联网医疗在都市圈长足发展；养老方面，实行社保一套缴费标准、统一报销标准、统一报销流程；文化方面，实现文体设施、会展、图书馆等公益设施共建共享，加大都市圈现代媒体共建共享，尽快开通银川都市圈电视和广播频道，进一步满足群众文化娱乐需求，推进银川都市圈的舆论宣传和话语体系建设。

五、关于推进同城化协调机制的问题

从国内外经验来看，发展成功的都市圈都建立了高效的、多元化的协调机制，比如美国在发展都市圈中建立的区域规划协会、纽约大都市区委员会等协调组织，在规范城市管理、促进城市协调发展、解决“城市病”等方面做了大量有效的协调工作。京津冀、南京、武汉、杭州、成渝等都市圈也都从经济运行和管理机制方面建立了一系列协调机制。与这些都市圈相比，宁夏在推进区域一体化、城市间同城化发展、产业互补发展等方面还存在短板，究其原因主要是缺乏高效的利益协调机制，部分市县观念落后，过分强调自身发展，缺乏协同发展意识，导致区域整体竞争力不强。

建立完善高效的组织协调机制是都市圈实现强强联合、经济有效整合的重要保证。

一是建立健全运行管理协调机制。银川都市圈建设领导小组应加大研究解决都市圈发展的重大问题、重大战略、重要事项、重点项目。建立并实施 3 个层次的联席会议制度，即市长联席会议、常务副市长联席会和职能部门联席会议制度，对区域发展面临的共同问题进行磋商，协调立场、统一行动。发挥部门协商合作机制作用，研究具体运作措施，落实发展规划和市长联席会议确定的事项，推动部门合作和分管领域一体化发展。建立高规格的专家咨询委员会，定期研究成果并提出相关的政策建议，提供决策依据。建立行业交流机制，促进都市圈建立各类行业协会组织，引导社会层面广泛融合、深度交流。

二是建立地区间横向生态保护补偿机制。推进都市圈环保设施一体化建设，实现联防联治、共建共享，合理界定流域生态保护区和生态服务受益区，建立科学转移支付标准，促进生态补偿横向转移支付常态化、制度化。加强跨市界环境污染纠纷协调，建立环境污染赔偿机制，制定具体赔付补偿办法，同时探索建立区域生态建设投入激励机制。

三是探索建立差异化考核机制。推进都市圈基础设施建设、产业集聚发展、民生事业均等化、重大项目、重点工作的顺利实施，需要灵活运用考核指挥棒，发挥差异化考核引导作用。有关部门应借鉴外省区经验，建立健全考核指标体系，将推进情况、时间进度、完成效果纳入年度考核内容。

宁夏高铁项目建设与经济社会效应分析

王愿如

在全面建成小康社会的决胜阶段和供给侧结构性改革的深化阶段，基础设施建设要先行。交通运输是牵动国民经济发展的重要命脉，也是关系民生的重大基础设施工程。铁路建设是主要的交通方式之一，也是构建综合交通运输体系的关键。高速铁路建设在发挥铁路交通运输作用的过程中，需求越来越高，效益也越来越明显。高铁的建设和快速发展是促进稳增长、合理调结构、增加有效投资、扩大消费的重大举措。

宁夏回族自治区第十二次党代会提出：要着力推进基础设施建设，加快交通基础设施建设，打通主动脉，畅通微循环，促进公路、铁路、航空有效衔接，加快构建以快速交通为骨干、连通全国交通网络的综合交通运输体系。要加快推进银西、中兰、包银等高铁项目和宝中铁路建设，到2022年地级市全部通高铁（快铁），全面融入全国高铁网，早日实现宁夏人民的“高铁梦”。

一、 全国和宁夏高铁发展规划及现状

（一）全国高铁规划

2004年，我国发布了《中长期铁路网规划》，规划提出到2020年的建

作者简介：王愿如，宁夏社会科学院综合经济研究所研究实习员。

设目标是建成 1.2 万公里“四纵四横”快速客运专线网。2008 年对《中长期铁路网规划》进行修改，提出到 2020 年建成 1.6 万公里高速铁路。2016 年又修编了《中长期铁路网规划》，规划期为 2016—2025 年，远期展望到 2030 年。2016 年新的建设目标规划是到 2025 年铁路网规模达到 17.5 万公里左右，其中高速铁路 3.8 万公里左右，网络覆盖进一步扩大，路网结构更加优化，骨干作用更加显著，更好发挥铁路对经济社会发展的保障作用。到 2030 年，基本实现内外互联互通、区际多路畅通、省会高铁连通、地市快速通达、县域基本覆盖的目标。建成现代高速铁路网作为最主要的规划，预期要达到连接主要城市群，基本连接省会城市和其他 50 万人口以上大中城市，形成以特大城市为中心覆盖全国、以省会城市为支点覆盖周边的高速铁路网的目标；并且实现相邻大中城市间 1~4 小时交通圈，城市群内 0.5~2 小时交通圈，为乘客提供安全可靠、优质高效、舒适便捷的运输服务。为满足快速增长的客运需求，优化拓展区域发展空间，在“四纵四横”高速铁路的基础上，增加客流支撑、标准适宜、发展需要的高速铁路，部分利用时速 200 公里铁路，形成以“八纵八横”主通道为骨架、区域连接线衔接、城际铁路补充的高速铁路网，实现省会城市高速铁路通达、区际之间高效便捷相连。因地制宜、科学确定高速铁路建设标准。高速铁路主通道规划新增项目原则采用时速 250 公里及以上标准（地形地质及气候条件复杂困难地区可以适当降低），其中沿线人口城镇稠密、经济比较发达、贯通特大城市的铁路可采用时速 350 公里标准。区域铁路连接线原则采用时速 250 公里及以下标准，城际铁路原则采用时速 200 公里及以下标准。

自《中长期铁路网规划》实施以来，我国铁路建设和发展成效显著，铁路建设结构布局不断完善，铁路覆盖和辐射范围更广，铁路运输更加高效便捷。铁路网基本形成并发挥积极作用，特别是在铁路网规模不断扩大和高速铁路不断增加的情况下，经济社会发展和民生保障不断推进，在协调区域发展、配合国家重大战略部署上发挥了极为重要的作用。

（二）全国高铁发展情况

2004—2005 年，高速铁路进入设计和试行，高速动车组开始设计并生产，广深铁路的时速达到160公里。2007年，对高速铁路运行进行提速，“和谐号”投入运行，繁忙干线提速区段达到时速200～250公里。2008年，时速380公里的高速列车研发运营，中国第一条具有完全自主知识产权、世界一流水平的高速铁路京津城际铁路通车运营。2008年后，武广、郑西、沪宁、沪杭、京沪等高速铁路先后建成通车。2009年，时速350公里的京港高铁武广段开通运营。2010年，连接中部和西部、时速350公里的郑西高速铁路开通运营。2012年，哈大高铁通车运营。2013年，高铁新增运营里程达到1107公里，中国高铁总里程达到1.2万公里，“四纵”干线基本成型。2014年，实现高速动车组牵引电传动系统和网络控制系统完全自主创新，高速铁路营业里程超过1.6万公里，稳居世界第一。2015年，高速铁路营业里程达到1.8万公里，以高速铁路为主骨架的快速铁路网基本建成，总规模达4万公里以上。截至2015年底，全国铁路营业里程达到12.1万公里，其中高速铁路1.9万公里。2016年，全国高速铁路营业里程达2.2万公里，沪昆高铁全线运营。2017年7月9日，连接中国中部和西部、时速350公里的沪兰高速铁路开通运营。

（三）宁夏高铁建设规划

《宁夏回族自治区国民经济和社会发展第十三个五年规划纲要》提出建设通疆达海铁路网，构建以银川为中心、辐射周边重要节点城市的四通八达的高速客运网、功能完善的干线铁路网和方便快捷的城际铁路网。重点推进银川连通呼和浩特（北京）、兰州、郑州、乌鲁木齐、西安、青岛等6个方向的高速铁路通道建设。建成银西铁路，打通银川至西安的高铁通道；建成中卫至兰州高铁，打通银川至兰州、乌鲁木齐的高铁通道；争取建成银川至呼和浩特高铁，打通银川至北京的高铁通道；开工建设宝中铁路平凉至中卫段、太中银铁路扩能、海原至环县、定西经固原至庆阳、银川至巴彦浩特等铁路工程；积极争取银川至郑州铁路纳入国家规划，实现银川至北京、西安、兰州等方向3～6小时到达。建成吴忠至中卫等城际铁路，依托国铁实现五市“同城化”，形成1～2小时通行圈并覆盖全区主要景区。推进银川市城市轨道交通和旅游专线铁路前期工作，适时启动建设。

(四) 宁夏高铁建设现状

1.正在建设的高速铁路

一条是银西高铁，银川至西安段。银西高铁位于宁夏、甘肃、陕西三省区境内，线路全长 640.4 公里，其中宁夏境内长 182 公里，设计速度目标值为 250 公里 / 小时。计划 2020 年全线建成通车，从银川到西安由 14 小时缩短至 3 小时左右。全线设站 23 处，其中在宁夏设 7 站，包括银川、银川东、河东机场、灵武西、吴忠、白土岗、惠安堡、甜水堡、洪德、环县、曲子、庆城、庆阳、宁县、彬县东、永寿县、乾县、礼泉南、机场西、西安北。西平增建二线段，设车站 3 处，分别为茂陵、礼泉、南市车站。第二条是中卫至兰州高速铁路宁夏段，全长 219.7 公里，其中宁夏境内 46 公里，设计速度目标值为 250 公里 / 小时。计划 2022 年全线建成通车，从银川到兰州由 10 小时缩短至 2 小时左右，从中卫至兰州仅需要 1 小时。全线设站 10 处，分别为北滩站、平川站、靖远北站、白银南站、兰州新区南站、北湾站、兰州新区站、兰州西站、陈官营站、福利区站北滩站，线路自吴忠至中卫城际铁路的中卫南站引出。

2.计划中的高速铁路

一条是银川至包头，京呼银兰是国家高速铁路网“八纵八横”中的重要“一横”，包头—银川高铁是京呼银兰大通道的重要组成，全长 508 公里，其中宁夏段 114 公里。计划 2017 年底开工，“十三五”末建成通车。另外，银川至巴彦浩特高速铁路与银包高铁打包建设，全长 90 公里，其中宁夏段 52 公里，计划按照双线每小时 200 公里技术标准设计，预留每小时 250 公里的提速条件。第二条是太中银铁路定边至银川段扩能改造，计划在“十三五”内完成，实现青银通道贯通。

这 4 条高铁道路建成通车后，宁夏的高速铁路将实现与全国高铁网的全面接轨，向东连通长三角经济区方向，向南连通川渝以及珠三角经济区方向，向西连通兰白经济区，向北连通京津冀经济区方向。并且还将规划建设京港（台）、呼南、京昆、包（银）海、青银、兰（西）广、京兰、厦渝等高速铁路通道。届时，从银川到兰州只需 2 小时左右，到西安 3 小时左右，到太原 3.6 小时，到北京、重庆、成都各 5 小时，到上海 7 小时，到广州10小时。

3.开工建设中的城际轨道

一条是银川至吴忠城际铁路，该部分属于银西高铁一段，银西铁路银川至吴忠段按客运专线时速250公里目标值预留，计划在2018年建成运营。以两地约60公里的距离计算，建成通车后，银川到吴忠只需20多分钟。第二条是吴忠至中卫城际铁路，吴忠至中卫城际铁路全长134.75公里，新建车站3座，预留车站2座，设计时速250公里，预计将于2018年建成通车，将吴忠、中卫融入全国高速铁路网。

4.规划中的城际铁路

宝中铁路固原至中宁段扩能改造，计划“十三五”末建成通车，该项目的建设能够填补固原市没有快速铁路的空白，也是固原市实现对外快速铁路通道突破。

二、宁夏高铁建设项目预期经济社会效应分析

宁夏处于与全国同步建成全面小康社会的决胜阶段，经济社会发展面临的新趋势新机遇，对交通发展提出新的要求。推进供给侧结构性改革，是发展现代经济的核心环节，同时也要求扩大高速铁路有效供给。随着“一带一路”建设支点建设不断推进，创新驱动战略部署，精准脱贫实现成效和城乡协调发展新格局的建立，运输需求不断扩大，客运保持快速增长，货运也会明显增强。增加铁路公共产品和服务有效供给，有利于降低社会物流成本，补齐基础设施短板，全面增强经济保障能力，为经济发展增添新动能。

（一）推进宁夏构建综合交通运输体系

宁夏高铁的建设将填补宁夏高速铁路的空白，健全宁夏交通运输形式和内容，完善和丰富交通建设综合网络内涵。推动形成多方位的对外和对内交通运输大通道，完善城际交通运输网络，构建更加健全高效的综合交通枢纽体系。提升城市综合交通承载力和服务水平，提升宁夏综合交通运输体系的一体化、现代化水平，支撑宁夏建设全国重要的区域对外开放中心，积极连通丝绸之路经济带，支撑和引领对外开放和转型发展。通过高

铁建设项目，基本建成布局合理、优势互补、顺畅衔接、安全高效的综合运输网络。重点强化“沿黄”发展主轴城际综合运输通道功能，着力提升银川综合交通枢纽作用。全面构建城市综合交通系统，加快建设城市配送系统等，加快推进银川市城市轨道交通建设。连通全国综合交通运输体系，纳入全国同步建成综合交通运输体系，与全国同步推进和建成高效安全、合理布局和贯通全局的综合交通运输网络。

（二）推动绿色生态建设

贯彻生态文明建设要求，就要以绿色发展的观念来推进交通运输低碳发展，提升综合运输通道效能。绿色生态建设和发展必然要求交通资源的合理配置和交通运输结构的优化，充分发挥铁路运能大、效率高、排放少的作用，为构建现代综合交通运输体系和推进生态文明建设作出新贡献。高速铁路的建设有利于推动绿色出行战略的落实，推动宁夏交通向低碳、绿色和环保方向发展。高速铁路的建设，城际交通的发展，将通过高效和安全的方式，弥补公路交通运输的一些弊端，减少汽车尾气排放带来的负面效应。宁夏要打造西部地区生态文明建设先行试验区，尊重自然、顺应自然和保护自然的绿色发展观念要贯彻建设和发展的各个环节。高铁建设项目将推动居民出行和物流运输的绿色及低碳化，促进生态文明建设在交通方面的贯彻实施。

（三）推动产业优化发展

高速铁路的发展对于沿线地区区域产业发展和产业结构调整产生作用，通过缩短地区间的时空距离，加强了区域之间的经济联系，带动了要素流动，对于区域经济的优化发展产生积极作用。宁夏产业层次不高，结构上对重工业和能源产业倚重较大，产业的竞争能力也相对较弱。在供给侧结构性改革过程中，需要减少无效和低端的供给，扩大有效和中高端的供给。传统产业继续提升和改造，向高端化、智能化和绿色化的方向发展，这就需要依托优势产业的聚集、产业链的延长和产业的优化重组。高速铁路的发展，将有利于发挥现代纺织园的聚集作用，推动现代纺织向高端方向发展；推动能源新能源、新业态的产业聚集发展；推动优质粮食、酿酒葡萄产业、枸杞产业和瓜菜产业的延伸和发展，连接沿线市场，发挥宁夏在这些产业上的优势，扩大和发展沿线的市场，把宁夏“枸杞之乡”“滩羊之乡”“硒砂瓜之乡”和葡萄酒产业的品牌效应不断扩大；推动现代服务业和现代物流业的发展，扩大金融供给，引进产业发展需要的人力、物力和资本，促进产业发展的优化升级和发挥宁夏重点产业的优势。

（四）推动全域旅游发展

宁夏旅游进入快速发展时期，全域旅游示范区建设不断推进。交通与旅游是相辅相成的两个产业，交通运输的发达和客运量的承载能力与旅游行业的接待能力和景区承载能力之间的关系十分密切。宁夏推进全域旅游发展，必然要考虑交通方便和交通承载能力较大的区域优势的特点。宁夏在建的两条高速铁路、规划内的高速铁路和城际铁路，是连接全域的重要环节，与公路交通相比，高速铁路体现出更为安全和高效的特点，在乘客的选择中，高速铁路的选择意愿更高。高速铁路的发展还可以带动区域旅游资源的有机整合、产业融合发展，在推进社会共享机制上发挥积极的作用。旅游业作为供给侧结构性改革的关键产业，是现代服务业发展的重要力量，也是人力资源需求相对较高的产业。高速铁路的发展将带动人口流动和城市连接的便利化发展，必然推进人力资源的合理和优化流动，促进现代服务业在人力资源方面的需求的有效供给。全域旅游发展的目标是增加游客接待量和创造旅游收入，高速铁路带动沿线城市人口流动的同时也会吸引沿线游客，提高游客的接待量，同时达到旅游业创收的目标。

（五）推动银川都市圈发展

自治区第十二次党代会提出：“大力推进银川都市圈建设，发挥银川首府城市的辐射带动作用，推动银川、石嘴山、吴忠和宁东一体化发展，推进产业发展协作互补、基础设施互联互通、生产要素统筹配置、公共服务共建共享，形成同城效应、整体优势。”银川都市圈的建设和发挥银川市辐射带动作用，需要交通便利的支持。高速铁路的建设在连接吴忠市、中卫市的过程中，将辐射和带动作用更好地发挥。银川与石嘴山、吴忠、宁东交通的畅通，推动基础设施的高效利用和互联互通，产业连接作用不断扩大。通过高速铁路的建设带动人力和物力资源的流动，不断提高城市承载力。银川与石嘴山、吴忠和宁东的优势产业不断加强融合，强化协作分工的作用，提高产业聚集力。高速铁路的建设有利于整合各市优质资源，推动优势的高效发挥，同时提高要素吸引力，促进公共服务均等化，提高公共服务保障力。

（六）促进脱贫富民战略的落实

面对41.8万贫困人口脱贫的艰巨任务，居民生活质量和经济发展水平相互适应的协调发展是关键。贫困地区由于地理位置、气候环境的制约因素，产业发展滞后，传统农业无法满足农民生活需求。高速铁路的建设，打破了交通和地理位置的限制。使得劳动力流动加快，就业机会增加，就业成本降低，使得就业扶贫能够真正实施落地，为乡村振兴提供有效的基础设施服务。产业的聚集和产业的优化布局，不再受到交通成本高的限制，使得产业扶贫真正能发挥作用。高速铁路的建设可以推动公共服务的普惠化，高速铁路的便利和高效发展使得教育、医疗、养老资源的共享程度不断提高，使全民享受教育、医疗、养老资源的供给，提高全民身体素质和生活质量。

（七）促进人才交流和文化繁荣发展

人才的培养与发展是经济和社会发展的关键环节，在科技创新带动全面创新、创新驱动战略实施过程中，起到关键作用的是创新人才的引进、培养和交流发展。宁夏在创新人才培育和发展方面存在短板，高校数量较少，人才流动较大，高端人才和创新人才紧缺。在关键行业、重点领域和科技创新方面，缺少人才的支撑成为创新驱动的制约因素，而本土人才的培养需要更大的时间成本。促进人才的引进成为解决问题的关键，高速铁路的开通，缩短宁夏与周边省区的时间，打通全国人才流动的交通和时间成本高的限制。山西、陕西、北京等人口大省的高端人才引进更为方便，人才的交流合作不断推进，行业优秀人才来宁夏交流指导也更为方便。大众创业和万众创新将打开新的局面，宁夏市场将不断被发掘和扩大。宁夏声音和宁夏故事也通过交流发展不断扩大影响力，宁夏形象将以全新的姿态展示出来。

三、宁夏高铁发展需要关注的问题

（一）合理培育壮大高铁经济

以高速铁路通道为依托，培育和发展高铁经济。高铁站点要建设好配套基础设施，提高服务水平。首先带动高铁站点周边的经济发展，合理布局高铁站点的商业和服务业。引领支撑沿线城市、基础设施、公共服务、优势产业和人口等合理布局，促进宁夏各市县之间的密切交流合作和资源优化配置，加速产业转型升级，培育壮大高铁与经济深度融合发展的经济新业态。以高铁站区综合开发为载体，发展站区经济，引导与推动现代物流、商贸金融、电子商务、旅游餐饮等关联产业聚集和规模发展，努力形成品牌效应和规模效益。促进运营管理、服务品质、人才科技、关联产业、治理能力等全方位提升，带动技术、信息、人力、资本在高铁站区和沿线的要素流动，提高资本共享和合理分配的格局，推动现代物流、劳动力资本大市场的形成和发挥积极作用。

（二）高速铁路网覆盖仍需进一步扩大

随着在建和规划的高铁项目的建设，交通运输紧张状况将基本得到缓解，瓶颈制约基本消除，基本适应经济社会发展需要。但也应看到，与经济发展新常态要求、与其他交通运输方式、与发达省份相比，宁夏高速铁路仍然存在区域布局不均衡问题。以固原为例，固原目前仍然没有在建高铁项目，高铁规划项目也十分少。固原仍然存在交通不发达、交通成本高的问题，制约了固原市与其他市县的协同发展。城市群之间的快速通道通而不畅，网络层次还不够丰富和清晰，城际客运系统发展缓慢，现代物流、综合枢纽、多式联运等配套设施和铁路集疏运体系以及各种交通运输方式衔接有待加强。推进城乡一体化和新型城镇化，实施贫困地区脱贫攻坚，必然要求建设横贯东中西、沟通南北方的大通道，形成区域覆盖广泛、服务层次多样的现代铁路网络，促进对外全面开放、城乡区域协调发展。

（三）提高市场竞争力，打造全国品牌

城市在高铁修建后会随着产业发展的变化而改变，高铁连接的沿线城市之间因为人口和生产要素的流动，会不断形成合作和竞争。高铁设站城

市作为增长点，辐射带动了周围的城市发展。随着高铁网络的完善，区域发展最终将会形成“多中心化”的城市模式。城市经济规模、产业结构、服务功能趋于一致，因此在市场竞争中要突出优势和特色。高速铁路在宁夏建设，给宁夏带来了多方面的积极效应，使得宁夏参与到沿线的市场经济竞争当中。在推动区域合作的过程中，要不断提高自身的竞争力。在同质的产品和市场的竞争中，宁夏要提高产业水平，提高产品质量，创建宁夏品牌，要在全国市场的竞争当中体现优势和特色。

（四）重视中小微企业的发展

随着高铁沿线经济的区域化发展，生产技术、劳动力、信息、资本等生产因素将向经济密集地区集中。在竞争中获得优势，将给宁夏带来更大的经济效益。但是在竞争的过程中，中小微企业的竞争优势相对较小，面对生产因素外流的危机。中小微企业发展，特别是科技型企业的发展，要高度重视人才和技术生产要素的外流。因此，要重视中小微企业的发展，通过宏观政策的引导，加强对人才和技术生产要素的保护。积极帮助有发展潜力和发展优势的中小微企业解决发展过程中遇到的难题，特别要支持实体经济，不断提高中小企业的竞争力。要在竞争中不断培育新的经济增长点，加大对人才和科技资本的支持力度，做强中小微企业的核心竞争优势。

专题研究篇

ZHUANTI YANJIU PIAN

关于推进宁夏营商环境建设的研究报告

刘　雨　张洪斌　解孝龙

习近平总书记在中央财经领导小组第十六次会议强调，“要改善投资和市场环境，加快对外开放步伐，降低市场运行成本，营造稳定公平透明、可预期的营商环境，加快建设开放型经济新体制，推动我国经济持续健康发展。”当前，营商环境日益成为难以复制的竞争力和显性生产力。国际国内经济形势发生深化变化，世界各国都高度重视改善营商环境，充分利用外资实现经济向更高形态发展，提升国际竞争力。与以前相比，宁夏在资源、土地、成本等方面的优势已逐渐消失，靠拼环境、要素投入、低成本竞争的粗放型增长方式难以为继。只有通过营造良好的营商环境，才能进一步推进供给侧结构性改革，加快转型发展和产业结构升级。因此，切实打造良好的营商环境，对宁夏来说已迫在眉睫。

一、有关省市推进营商环境建设的基本经验做法

党的十八大以来，各地都把创优营商环境作为重点工作、竞争高地，从各方面加速打造营商环境新优势，伴随营商环境持续改善，新产业新业

作者简介：刘雨，自治区党委政策研究室副主任；张洪斌，自治区党委政策研究室农村研究处处长；解孝龙，自治区党委政策研究室改革协调处主任科员。

态蓬勃兴起，高新技术产业、新兴服务业、“互联网+”大量涌现，为新常态下我国经济结构升级提供了强大动力。世界银行发布的《2018年全球营商环境报告》显示，我国营商环境便利度列第78位，其中“开办企业便利度”排名从2016年的第127位上升至2017年的第93位，上升了34位。“优化注册流程”分别在“促进开办企业便利度好的改革做法”和“国别典型改革做法列表——中国”两部分中得到世界银行的高度赞赏。

（一）注重政务环境建设

通过政府职能改革，进一步简政放权，企业干事创业提速。如：上海市推出“两个15%”改革，即区级机关内设机构精简15%，区级机关行政编制精简15%。浙江省通过注册、人才、科技、金融、政策、中介6个方面的全链条服务，实现了政府对企业全程跟进式服务。创新监督机制，加强事中事后监管。江苏省在全国率先打造省、市两级“三库一平台”，包括社会法人、自然人、金融信用信息基础数据库和统一的信息共享服务平台，将直接关系市场经济秩序和消费者权益的九类失信违法行为纳入黑名单管理。深圳市开通电子监察系统，对实施行政许可全过程进行电子监控。

（二）注重企业经营环境建设

出台各项政策措施，帮助企业降低物流、融资、用电、劳动力等成本。如江苏省出台《关于降低实体经济企业成本的意见》，从5个方面32条措施向实体经济“供氧输血”，帮助企业减轻用能、用地、融资、税费、交易等负担，每年为全省150多万家企业降成本逾千亿元。广东省推出降低税收负担、降低用地成本、降低社会保险成本等七大措施，到2016年底，为企业减负约4000亿元。浙江省出台了降成本举措30条，涉及企业税费负担、用工、用能、融资、用地、物流、外贸、制度性交易等八个方面，每年可为企业减轻负担1000亿元。

（三）注重人力资源环境建设

制定人才引进、使用和留住等政策，打造人才富集地，为企业发展提供强大的人才支撑。如深圳市提出人才优先发展，聚天下英才而用之。实施“孔雀计划”，“十二五”期间共引进50个以上海外高层次人才团队、1000名以上海外高层次人才，吸引带动海外人才来深圳工作1万名以上。

在人才使用上，坚持人才和项目相结合，引进一个人或一个团队带回一个项目，项目落户后作为人才载体又吸引更多的人才。在留住人才上，实施高层次专业人才“1+6”政策，规定凡是引进的人才，可享受一系列优惠和便利，包括住房、子女入学、配偶就业、学术交流补贴等。

（四）注重金融生态环境建设

全国各地通过积极探索，创新模式，做好金融机构引进、金融产品开发、帮助企业上市等相关工作，为企业发展优化金融生态环境。如上海市通过不断优化金融环境，金融景气度位居全国首位。2015 年，上海金融业实现增加值 4052.2 亿元，同比增长 22.9%，占全市 GDP 的 16.2%，比 2010 年提高了约 4.8 个百分点；金融市场交易总额达到 1462.7 万亿元，比 2010 年增长了 2.5 倍。浙江省针对小微企业多、民营经济发达的特点，鼓励小微企业金融创新，探索出路桥模式、桥隧模式、供应链融资、物流融资、网络金融、无还款续贷、海域抵押贷款、仓单抵押贷款等针对小微企业的服务创新和融资模式，为小微企业发展注入活力。

二、宁夏推进营商环境建设的实践及成效

（一）着力优化政务环境

一是精简审批事项。深入推进行政审批制度改革，2013 年以来，先后进行五轮集中清理，自治区级的行政审批事项由 812 项精简为 288 项，精简、取消和调整 422 项，减少 62.6%，清理和减免收费 103 项，非行政许可事项全部清零。制定《审批事项目录管理办法》，严格控制新设行政许可，防止行政审批边减边增、明减暗增。编制政府权力清单，制定《行政职权指导目录》，自治区政府 43 个部门职权由 6264 项压减为 1941 项，清理调整比例达 69%；市级政府部门平均保留职权 2700 项，县级政府部门平均保留 2750 项，平均精简职权事项超过 40%。

二是优化审批流程。深入推进商事制度改革，实施从“三证合一”“五证合一”到“多证合一”改革，为开办企业铺路提速。在全区注册窗口推行“一门一站、一窗一表、一趟办结”式服务，审批事项减少 75%，登记时间压缩 60%，当日办结率提高到 80%以上。

三是推进政务公开，优化办事流程，大力推行一站式、保姆式服务。如银川市行政审批服务局和市民大厅，对一些重点企业和项目特事特办，开辟绿色通道，从用电、用地、用水、道路、技术、市场等方面提供精细化、标准化服务，以快捷服务、真诚服务、优质服务，为企业发展创造良好环境。

四是推进贸易便利化。按照建设“大通关”的要求，创新优化海关和检验检疫监管模式，完善了银川、惠农、中宁陆路口岸功能，同步推进电子口岸和国际贸易“单一窗口”建设，实现“一口受理、并联审批”，不断提高贸易便利化水平。

（二）着力优化社会环境

一是推进营商环境法治化。推进法治宁夏建设，逐步完善并实施了地方性法规规章，健全完善各项决策程序和机制，党员干部法治思维和依法办事能力明显提高，严厉打击破坏市场经济秩序行为，依法保护投资者特别是区外、境外来宁投资客商的合法权益。如，自治区人民法院出台了为优化投资环境提供优质司法服务和保障相关文件，为宁夏营造良好投资环境提供司法服务和司法保障。

二是切实推进“平安宁夏”建设。严密防范和打击境内外各种渗透破坏活动，各类矛盾化解率96%以上，重大刑事案件下降19.1%，为企业营造了安全、放心的社会环境。

三是加快推进诚信体系建设。先后出台了《自治区社会信用体系建设规划（2015—2020年）》《宁夏回族自治区社会信用体系建设2015—2017年重点任务及分工》等7个规范性文件及相应的管理办法、实施方案等，社会信用相关的制度逐渐完善。推进信用信息平台建设，初步建成了以统一社会信用代码和公民身份证号码为识别码的信用信息数据库、信用信息征集和应用系统，建成了五市信用信息平台（银川为自建），实现与全国信用信息共享平台对接。创新信用信息应用模式，使用范围逐步扩大到自治区公务员招考、政府部门资金审批、评奖评优等领域。各市县灵活运用信用信息，比如，固原市、平罗县相继推出“征信+巾帼贷”“征信+养富通”等金融产品。不断健全守信激励和失信惩戒机制。建立联合奖惩的“红名单”和“黑名单”，逐步为构建公平公正营商环境创造了条件。比如，银川市人社、住建等部门先后对94家农民工工资支付诚信承诺企业兑现了优惠政策，有效缓解了农民工工资拖欠问题；对41430名失信被执行人采取强制措施，营造了“守信者畅通无阻，失信者寸步难行”的社会环境。

（三）着力优化经营环境

围绕推进供给侧结构性改革，降低实体经济企业成本，先后出台“工业10条”“降成本30条”“财税20条”“小微企业23条”等一系列等惠企政策，从税费、融资、人工、物流、用能等方面，多措并举降低企业成本。一是通过担保、贴息、风险补偿等政策，撬动贷款超过150亿元，为企业降低融资直接成本5.7亿元；二是推行输配电价改革和电力直接交易，降低企业用电成本29亿元；三是结构性减税、降低企业税负负担26.4亿元；四是降低养老、失业、工伤、生育保险费率，减轻缴费负担11.83亿元；五是降低铁路、公路物流成本8218万元；六是政府定价中介服务的收费标准降幅10%～20%，减轻企业负担290万元；七是加大园区改造，2016年以来，累计投入近2.4亿元，对重点工业园区实施低成本化改造。

（四）着力优化金融环境

一是金融业态日益丰富。2012年以来，宁夏积极实施金融招商战略，出台了《改善金融环境意见》，先后引进69家金融机构入驻，组建了宁夏首家全国性法人财产保险公司，设立总部机构，实现了零突破，银行、证券、保险、基金、担保等多元化发展格局初步形成。组建村级互助担保基金管理公司，并先行在西吉县试点，有效破解“三农”融资难、融资慢难题。加快培育证券、期货、保险、基金等各类金融市场主体，积极推动银川阅海湾中央商务区CBD金融中心建设，支持有条件的企业发行债券、上市融资，支持企业开展资本运作，营造了良好的金融生态。

二是金融服务保障有力。围绕自治区“三去一降一补”重点任务，突出支持“三农”、中小微企业、脱贫攻坚和服务民生，截至2017年7月末，全区人民币贷款余额突破6000亿元大关，达到6161.36亿元，同比增长12.9%；上半年新增贷款493.37亿元，同比增长152.37亿元，创历年新高。

三是普惠性金融深入推进。深入实施“金融服务村村通”工程，累计在农村地区设立物理网点429家，便民自助终端6855台，布设ATM机、

POS 机 1.81 万台，基础金融服务物理网点及机具的行政村覆盖率达到92.5%。永宁、西吉两地村镇银行开业，村镇银行总数达 19 家，县域覆盖率达到 86%。宁夏“信用 + 产业 + 金融”普惠金融工作得到中央改革办肯定，为全国普惠金融工作提供借鉴。

四是金融风险有效防控。组建 164 家债委会，覆盖全区 500 多家企业，涉及贷款 2000 多亿元。在全国首批建立非法集资监测预警平台，涵盖小贷、投资公司等 25 个行业，有效防控非法集资风险。

（五）着力优化人才环境

近年来，宁夏制定了《关于创新体制促进人才与经济社会协调发展的若干意见》《宁夏回族自治区院士后备人才培养计划实施办法》《关于开展自治区首批院士后备人才选拔工作的通知》《关于开展自治区青年拔尖人才培养工程人员选拔工作的通知》等一系列文件，探索建立“柔性引进、刚性干事”的人才引进办法，围绕优势产业、发展重心柔性引进了一批优秀人才，打造西部人才高地。多渠道培养本土人才，着眼发展外向型经济需要，有针对性地在区内高校、职业院校开设学科、专业，在科研院所设立国际合作研究中心，在重点企业建立人才培训中心，培养了一批外向型企业经营管理人才、专业技术人才和实用人才，人才数量和质量不断提高，人才工作机制不断创新，人才发展环境不断优化。目前，宁夏拥有本科院校 4 所、科研院所 2 家、国家重点实验室 2 家。2016 年，有 5 人入选自治区首批“院士后备人才培养计划”，180 人入选自治区“青年拔尖人才培养计划”，有 19 名自治区第三批“塞上英才”建议人选、14 名自治区第三批“国内引才 312 计划”建议人选和 8 名自治区第四批“海外引才百人计划”建议人选。与西北五省区和西部十二省区相比，宁夏人才情况具备一定相对优势，比如，人才密度、人力资本投资占国内生产总值指标位居第 2 名和第 4 名，省级财政列支人才人均专项经费则分别排在第 1 名和第 2 名。

三、宁夏建设营商环境面临的突出问题

近年来，宁夏通过一系列政策措施，优化审批流程，提升了政府服务效率；实施法治化建设，营造了公开平等的竞争环境；实施一系列降成本

措施，切实为企业减轻了负担，为增强企业竞争提供了良好市场环境；金融业态日益丰富，有效缓解了企业融资难、融资贵等问题；优化人才服务和发展环境，培育和引进了一批紧缺人才，为企业发展提供了人才保障。但与国内外营商环境相比，与企业诉求相比，宁夏营商环境仍存在一些差距和不足。

（一）市场公平竞争问题有待进一步解决

主要受市场准入方面限制，一些垄断行业对民营经济进入仍然存在“玻璃门”“旋转门”“弹簧门”现象，尤其是交通、电信、金融、电力等产业进入的门槛仍然很高，民营企业不能获得发展平等、机会平等、规则平等。

（二）依法行政能力和水平有待进一步提高

一些地方政府和部门在执法过程中存在失职、渎职行为，一些工作人员不作为、乱作为，有法不依、执法不严、违法不究，暴力执法、选择性执法、趋利性执法，甚至以权压法，搞权钱交易、徇私枉法等，导致政府职能无法正常和充分发挥，企业利益和市场秩序也难以得到有效保护。在审批制度改革进程中，由于基层承接能力不足、事中事后监管尚不到位、中介服务管理不规范等原因，一定程度上影响了行政效率。

（三）法治意识不强，法规规章有待进一步完善

部分群众和企业法治意识还不强，“信访不信法、信上不信下、信利不信理”，导致缠访、闹访现象时有发生，一定程度上影响政府的法治权威和营商环境。部分企业依法经营、诚信守约还不够强，恶意欺诈、合同诈骗等案件还时有发生。一些法规规章不能适应当前经济发展需要，一些关于知识产权保护、金融调控与安全、经贸流通体系建设、中小企业贷款、构建和谐劳动关系、企业破产及员工安置等方面的法律法规需要进一步健全，以切实保障规则公平、机会平等和权利公平。

（四）社会信用体系建设有待进一步加强

一些群众和企业的信用意识还较弱，特别是在金融领域，许多企业出现虚假信息、实施贷款圈钱以及违约等现象；在企业的生产经营中，也出现许多造假、售假以及商业欺骗等行为，给社会秩序和经济秩序带来较大影响。社会信用体系建设需要进一步完善。在信用体系建设进程中，自治区信用信息共享平台功能尚不完善，存在多重标准、数据口径不一等问题，导致部门、行业或领域的信用信息归集困难，信用资源没有实现相互流通，从而造成信息资源的共享性比较差。

（五）政策落实有待进一步加强

在支持企业发展、吸引外商投资等方面，虽出台了很多好的政策举措，但仍存在执行难、落实难问题。比如，小微企业创业贷款，有5年内不能有商业贷款等要求，使一些创业者很难享受政策支持。又如宁夏的“宁科贷”，一些科技型企业反映审批速度太慢，且额度较小，难以起到支持科技型企业发展的效果。

四、对策建议

落实好党的十九大和自治区第十二次党代会提出的任务，应把优化营商环境作为推进供给侧结构性改革的重要举措，凝心聚力、攻坚克难，通过全区上下联动、加快改革步伐、政策落地见效等举措，营造营商环境新优势，吸引发展要素和科技型企业聚集宁夏，增强发展新动力，激发新活力。

（一）完善相关法规规章，进一步强化法制保障

自治区尽快出台《宁夏开展营商环境实施意见》，加快在人才开发、科技创新、金融创新、司法保障等方面的法规条例，大力推进司法公正，进一步扩大“四项”司法改革试点范围，不断提高解决商事合同纠纷司法效率，健全商事纠纷非诉讼解决机制，完善不动产物权登记制度，加强知识产权保护，完善企业退出机制，营造良好法治环境，把法治打造成宁夏发展的重要核心竞争力。

（二）加快构建更加公平有序的市场竞争环境

进一步放宽民间投资领域，严格执行企业投资项目准入负面清单，坚决破除基础设施和公用事业等重点领域的各类显性或隐性门槛，完善全区统一规范的公共资源交易平台，推进公共资源高效公平配置，规范涉企税费管理，培育专业化服务，发展电子商务平台，建立和完善中小微企业综合服务体系，方便企业获得资金，提高营商基础设施保障能力，完善市场监管体系。

（三）加快推进宁夏社会信用体系建设

重点推进企业与个人的信用体系建设，积极推动自治区信用信息共享平台建设，不断完善信用监管，加大失信打击力度。强化社会信用意识的培养，积极提倡诚信的自律建设，开展广泛的诚信宣传活动，增强全社会的信用意识，营造出良好的社会信用环境。

（四）加大行政审批制度改革力度

一是持续推进“放管服”改革，加大简政放权力度，稳步推进“多证合一”“证照分离”、全程电子化商事登记等商事制度改革，更大程度减轻企业负担，更大限度激发市场活力。

二是管得更科学、更高效。加强事中事后监管，积极探索“互联网＋监管”模式。

三是各级各部门需要发扬店小二精神，为企业提供服务更精准、更贴心；加快推进“不见面，马上办”审批，让数据多跑路、百姓少跑腿。

四是加快推进行政权力“三个清单”制度建设，进一步构建权力运行监控机制，规范权力公开透明运行，构建权界清晰、分工合理、权责一致、运转高效、法治保障的政府职能体系，营造良好的发展环境。

（五）打通政策落实“最后一公尺”

一是加大政策落实督察力度，全面梳理有关政策举措，定期开展政策落实情况督察，针对发现问题，逐一列出问题和责任清单，限期整改；对相关人员要根据有关规定追责。

二是注重倾听和回应企业需求，大兴调查研究之风，摸清企业的“难点”“痛点”和“堵点”，深入研究，分类施策，确保各项政策不折不扣落到实处。

三是改革政府考核评价机制，让市场主体来评判，请专业第三方机构来评估，促进政府提高工作效率和服务质量，确保政策举措落地见效，不断提高企业和群众的获得感、满意度。

宁夏实体经济振兴问题研究

杨巧红　马　雪

党的十九大报告提出，我国社会的主要矛盾已经发生了重大变化，主要矛盾是人民日益增长的对美好生活的需要和不平衡不充分的发展之间的矛盾。满足人民日益增长的美好生活需要，重要的是满足消费升级的需求。而不平衡不充分主要体现在发展的质量和效益不高，创新能力还不够强，实体经济的水平还有待提升、生态环境建设任重道远等。这就要求，“必须把发展经济的着力点放在实体经济上，把提高供给体系质量作为主攻方向”。实体经济的“振兴”和实体经济的“危机”是同一个问题。党的十九大明确提出“要着力加快建设实体经济、科技创新、现代金融、人力资源协同发展的产业体系”。这是宁夏实体经济振兴的方向。

一、宁夏实体经济发展现状

2017 年 5 月，笔者进行了关于宁夏实体经济的实地调研，重点调研了宁夏 5 市及典型县市区的实体经济发展现状及存在的问题，并针对这些实际存在的问题进行了问卷调研。问卷共设计 5 类问题，即企业成本情况、企

作者简介：杨巧红，宁夏社会科学院综合经济所副所长，副研究员；马雪，宁夏人民医院财务处。

业各类收费情况、“降成本 30 条” 政策落实情况、营改增后企业缴税情况等。共发放问卷 200 份，回收有效问卷 178 份。

（一）实体经济虽逐步回暖，但下行压力较大

从全区经济运行情况看，前三个季度，GDP 同比增长 7.8%。规模以上工业增加值同比增长 8.5%，比上年同期加快 1 个百分点，高于全国增速 1.8 个百分点，增速位居西北第 1 位。其中规模以上国有控股企业增加值增长 10.3%，增速比全区平均水平高 1.8 个百分点。重点监测的十大产业呈“八增两降”，其中，医药工业增加值增长 25.8%，电力工业增长 23.2%，机械工业增长 15.4%，有色工业增长 8.1%，冶金工业增长 7.8%，化工工业增长 6.3%，其他工业增长 5.8%，煤炭工业增长 4.8%，轻纺工业和建材工业同期下降，下降速度分别为 0.2%和 1.1%。与前几年相比，企业效益有好转迹象。1—8 月，宁夏规模以上工业盈亏相抵后实现利润总额 114.3 亿元，同比增长 98.4%；规模以上工业实现主营业务收入 2628.4 亿元，同比增长 21.5%；主营业务收入利润率为 4.35%，比上年同期提高 1.69 个百分点。

实体经济下行压力较大，发展后劲不足。从经济走势看，工业、投资等主要经济指标增速逐月回落。2017 年以来，工业投资增速大幅度回落，前三个季度，宁夏工业投资 1019.06 亿元，同比下降 15.1%。投资增长缺乏有效资金保障，前 3 个季度，5000 万以上项目资金保障度仅为 70.1%，部分企业经营困难。截至 9 月末，宁夏 1209 户规模以上工业企业中，停产 122 户，减产 392 户，企业停减产面达到 42.5%。从生产角度看，轻工业增速持续回落，轻工业从第一季度的 14.2%下降至第三季度的 4%。从经营角度看，效益大幅好转的是煤炭、冶金和有色等行业，电力、轻纺、化工三大产业利润同比下降 41.2%、33%和 14%。从企业产销看，前三季度，规模以上工业产销率为 94.9%，比全国平均水平低 2.9 个百分点，居全国第 30 位，仅高于青海省。同时，企业资金紧张的问题比较突出，资产负债率持续攀升，企业普遍感觉发展受限。

（二）民营经济对全区经济的贡献度持续走低，民营经济增速降幅较大

中国经济的周期增长中，1980 年代初、1990 年代初与 2000 年代初前 3 次新周期的开启，都与民营企业获得了较大的发展空间有关。2000 年以来，民间投资曾是中国经济发展中最具活力的部分，对中国经济的高速增长发挥了举足轻重的作用。近年来，我国民间投资增速下降非常明显，甚至一度出现负增长；而国有及国有控股的固定资产投资则呈快速增长态势。这是和过去完全不同的增长格局。国有投资和民间投资剪刀差的扩大，意味着经济增长主要是靠政府投资拉动。2016 年底的中央经济工作会议更是强调“稳定民营企业家信心”和“保护企业家精神，支持企业家专心创新创业”。在这些政策背景下，2017 年初民间投资增速的确出现了明显的企稳回升。前 3 个季度，宁夏民间投资 1592.29 亿元，同比增长 3.4%，增速比上年同期下降 18.7 个百分点，比宁夏投资水平低 1.0 个百分点，比全国民间投资平均水平低 2.6 个百分点。民营经济的不振将严重影响经济发展的潜力。

（三）“营改增”后，部分行业税负有所增加

2016 年 5 月 1 日起，宁夏将建筑、房地产、金融保险、生活服务业纳入“营改增”试点范围，顺利实现了税制平稳转换目标，营改增减税效应日渐明显。一是实现了整体行业税负减少。2016 年 1 月—2017 年 2 月，“营改增”试点改革为全区增值税纳税人总体净减税 31.52 亿元。二是增值税链条全面延伸，增值税专用发票范围扩大，试点企业充分享受进项抵扣、差额扣除等政策，企业在税制转换中全面受益。三是推动了第三产业快速发展。2016 年，全区新增服务业试点纳税人 6194 户，多数集中在服务业，服务业的快速发展带动了第三产业的高速增长，有力推进了宁夏产业结构持续优化。

从问卷分析情况看，“营改增”后企业表示税负减轻的占 57.99%，表示没有变化的占 27.97%，14.04%的企业认为税负加重。从调研实际情况看，建筑行业普遍表示税负加重，主要是购置沙石等原材料时无法取得有效票据进行抵扣。

（四）金融支持实体经济发展存在一些突出问题

与全国一样，金融支持实体经济发展存在一些突出问题，如资金在金融体系内部空转或自我循环，信贷资金过多地流向房地产市场和股票市场，不少资金从银行到信托和其他金融机构再到企业，延长了金融服务实体经

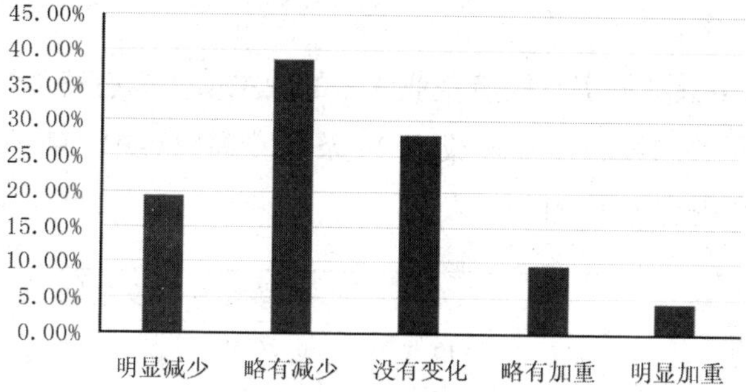

“营改增”后企业缴税有无变化图

济的信用链条，造成实体经济融资成本上升，也降低了金融服务的可得性。所以，尽管货币供应量连续多年增长较快，但实体经济仍然存在融资难、融资贵、资金短缺的问题，即金融“脱实向虚”和“钱生钱游戏”等问题。

金融服务体系作用发挥不够，融资难、融资贵问题依然突出。一是反映融资难比较突出的是中小微企业。中小微企业由于规模小，经营随意性大，管理不规范，财务不透明，信用度不高，缺乏抵押担保资产，过于依赖银行信贷等，一方面贷不到款，另一方面加剧了企业融资风险。如灵武市的羊绒企业，由于企业之间互相担保，导致一家企业资金链断裂其他反担保企业连带还贷，致使其他反担保企业本就十分严峻的资金矛盾更是雪上加霜，呈现“一荣俱荣、一损俱损”的恶性循环，致使羊绒行业面临巨大的债务危机。二是银行业机构业务同质化问题突出。而宁夏金融服务体系建设还不能有效适应企业发展要求，尤其面对中小微企业“短、小、频、急”的融资需求，现有金融体系还不能有效地提供充足的金融产品和金融服务。三是宁夏担保体系还不完善、实力不强，多年来积累的十几个亿的本金目前已所剩无几。全区 75 家担保公司，2/3 已名存实亡。四是资本市场发展程度不高，一些具有创新性质的金融主体在宁夏才刚刚起步，有些还处于空白阶段，无法有效满足各类经济主体多元化的融资需求。五是保险公司在开发特色险种，通过保险方式为中小企业贷款的积极性不高。六是金融机构整体合力不强，各类金融机构，各自分口管理经营，横向之间沟通联系不够紧密，没有形成支持中小微企业发展的金融合力。七是再担保机构发展不充分，信用体系建设滞后，借贷双方信息不对称，加重了企业融资难、融资贵。

（五）各市县降低实体经济企业成本的政策落实尚有待加快

实地调研和问卷，涉及降成本 30 条的 6 项内容中，存在对降成本 30 条没有落实和内容不了解的情况。

内 容	落实(%)	基本落实(%)	没有落实(%)	不了解(%)
降低企业用地成本	16.38	36.21	13.79	32.76
降低企业融资成本	15.52	37.07	16.38	29.31
降低企业物流成本	14.65	35.34	13.79	30.17
降低企业税费和制度性交易成本	16.38	43.10	12.93	23.27
降低企业人工成本	8.62	34.48	21.55	29.31
支持园区和企业挖潜增效	15.52	32.76	6.90	35.34

按照问卷统计分析，降低用地成本、降低融资成本、降低物流成本、降低税费及制度性交易成本、降低人工成本与支持园区和企业挖潜增效的 6 项政策中落实和基本落实的情况分别为 52.59%、52.59%、49.99%、59.48%、43.1%和 48.28%。

（六）制约实体经济发展的乱收费问题得到遏制

清理和规范涉企收费，直接关乎实体经济发展的制度环境。从中央到地方持续推出减费降费措施，目的就是通过简政放权改革，不断为企业减负松绑，让市场在资源配置中的决定性作用更好发挥。从调研结果看，政策对增强企业内生动力、提高劳动生产率和盈利能力等诸多方面，都产生了积极的促进作用。绝大多数企业表示，影响企业发展的乱收费乱摊派问题得到了根本治理，只存在极少数问题。有效问卷①中，仅有少数企业表示，存在强制企业提供担保的问题（0.82%），强求企业参加学会、协会、研究会等社会团体和不必要的会议，要求承担不应当由企业开支的差旅费等各种费用。

①本文的有效问卷是按照企业填写的情况按专题统计的，个别企业个别选项没有填写的全部剔除。

二、宁夏实体经济降成本取得了较好的效果

实体经济运行成本过高，是全国普遍现象，宁夏亦然。尽管缺少系统数据，但是从可获取的数据看，我国实体经济的土地、能源、物流、融资、环境成本都远高于发达国家。“曹德旺跑路现象”不是个案。而其主要原因在于竞争不充分，相关领域的行政性垄断还比较严重，有的领域问题全国趋同，而有的领域和地方政府改革的深度及区域政策也有较大的关系。比较趋同的，譬如土地领域，城市建设用地，地方政府垄断，农村集体土地和宅基地市场化改革进展缓慢；能源领域，石油、天然气是几桶油垄断，电力领域竞争不足；物流领域，铁路建设和运营高度集中，缺少竞争。

2017 年上半年的调研和问卷分析显示，当前实体经济生产经营面临的主要困难，124 份有效问卷中资金压力大（79.84%）、原材料价格上涨（79.03%）、人工成本攀升（75.80%）位列前三位。

内　容	占比(%)
人工成本攀升	75.80
原材料价格上涨	79.03
资金压力大	79.84
融资成本高	52.42
招工难	37.90
市场增长乏力	48.39
市场恶性竞争	33.87
其 他	

降成本是中央和地方政府积极应对经济新常态、助力实体经济转型升级、深化供给侧结构性改革的重要举措。2016 年 8 月，国务院发布《降低实体经济企业成本工作方案》，一系列降成本具体政策相继推出。2017 年，《关于降低实体经济企业成本的实施意见》(宁政发〔2017〕1 号文件）出台，1 号文件涉及 30 条降成本举措。调查显示，企业成本中，人工成本、环境成本、用地成本和原材料成本增长较快。据统计，2017 年前三季度，宁夏降低企业成本和减轻企业负担共 63.98 亿元，其中，降低用电成本 19.93 亿元，降低税费和制度性交易成本 31.54 亿元，取消、停征中央出台的行政事

业性收费41项，地方设立的涉企行政性事业收费全部取消。

（一）关于降低企业税费和制度性交易成本

减税降费效果最明显。2017年，通过全面推行“营改增”，采取大规模结构性减税，清理规范涉企收费，进一步降低了企业负担，激发了市场主体的活力。国家和地方政府一系列刺激实体经济振兴的政策取得效果。各相关厅局对“降成本30条”都加大了落实力度，如国税局降成本在“30条”中涉及3条：一是第十一条“加大小微企业贷款支持力度”中的“推广税银互动”，2017年6月末，共有8家银行业机构与自治区国税局签订了“银税互动”协议，累计为56户企业发放贷款11254万元。二是第十八条“落实固定资产加速折旧及研发费加计扣除政策”，上半年共有34户企业享受固定资产加速折旧税收优惠，折算减免企业所得税111.88万元。2016年共有74户企业享受研发费加计扣除税收优惠政策，共加计扣除3.17亿元，折算减免企业所得税0.79亿元。三是第二十条“落实企业兼并重组政策”中涉及的增值税和企业所得税优惠政策。

涉及自治区人民政府关于降低实体经济企业成本的实施意见，地税部门主要有落实固定资产加速折旧及研发费用加计扣除政策，对困难企业减免土地使用税，落实企业兼并重组政策，延长困难企业缓缴社会保险政策和全面推广“银税互动”等。2017年上半年，累计减免所得税6588.38万元。其中：落实鼓励高新技术发展实施15%优惠税率，减免企业所得税3509万元；落实研发费用加计扣除额12317.51万元，按法定税率计算优惠企业所得税3079.38万元。

对困难企业减免土地使用税。2017年上半年，全区共核准城镇土地使用税困难企业减免税149户次，核准减免税款7517.32万元。从税款所属年度来看，减免2014年度困难企业35户，核准减免税款1225.01万元；减免2015年度困难企业114户，核准减免税款5700.83万元。从核准机关来看，自治区地税局共减免困难企业33户次，核准减免税款5544.23万元；设区的市级地税局共减免困难企业72户，核准减免税款1737.81万元；县（区）级地税局共减免困难企业44户，核准减免税款235.27万元。

落实企业兼并重组政策。严格落实国务院《关于进一步优化企业兼并重组市场环境的意见》和财政部、国家税务总局《关于进一步支持企事业单位改制重组有关契税政策的通知》要求，2017 年上半年共有 34 户企业享受到企业重组改制契税优惠，共免征契税 3039.22 万元。

（二）关于降低用电成本的问题

在 2016—2017 年的区情调研时，企业和工业园区普遍反映电价过高，尤其是和内蒙古与青海对比之后，电价成为实体经济企业成本重要组成部分。降成本的第一条就是关于电价。

国家电网在落实“降成本 30 条”中，涉及 3 条内容：

一是免征 0.01 元 / 千瓦时城市附加费。按照《关于我区工业企业有关电价问题的通知》（宁价商发〔2016〕19 号）、《关于继续实行电价补贴政策的通知》（宁价商发〔2017〕3 号）政策要求，对节能、环保达标的重点企业用电免征 0.01 元 / 千瓦时城市附加费。落实减免征收城市附加费的电量为 212.74 亿千瓦时，降低用户成本 2.13 亿元。其中：减免符合产业结构调整方向的装备制造、食品医药、轻工纺织、电子信息行业企业城市附加费电量为 17.11 亿千瓦时，降低用户成本 0.17 亿元；减免电解铝深加工企业城市附加费电量为 0.37 亿千瓦时，降低用户成本 0.004 亿元；减免公网供电的电解铝企业城市附加费电量为 54.94 亿千瓦时，降低用户成本 0.55 亿元；减免活性炭、金属镁、微合金钢炉料和特种硅合金、电石深加工以及生产电石下游产品的企业城市附加费电量为 54.95 亿千瓦时，降低用户成本 0.55 亿元；减免云计算数据中心城市附加费电量为 0.20 亿千瓦时，降低用户成本 0.004 亿元；减免电石、铁合金、金属锰、碳化硅、钢铁企业城市附加费电量为 85.17 亿千瓦时，降低用户成本 0.85 亿元。6 月 24 日，国家发改委印发了《国网发展改革委关于取消城市公用事业附加合理调整电价有关事项的通知》（发改价格〔2017〕1198 号），要求自 2017 年 4 月 1 日起取消城市公用事业附加费。7 月 19 日，自治区物价局正式印发关于取消城市附加费等电价调整事项的文件，国家电网按文件要求对 2017 年 4—6 月已收取的城市附加费进行清退。

二是公共配电网络建设情况。对全区 54 个县级及以上开发区电网现状进行梳理，并依据饱和负荷预测结果有针对性地开展园区电网布局规划。

在完善强化园区已有公共配电网基础上，稳步推进银川滨河新区等省级及以上工业园区公共配电网建设工作，确保各类园区电网容量充足，提升园区实体经济企业用电环境。

三是对诚信用电企业实行电费旬末结清。按照年初下发的《关于落实自治区降低实体经济企业成本实施意见的通知》(宁电营销字〔2017〕6号)文件，对符合国家产业政策、自治区发展规划和结构调整方向的诚信企业，鼓励其持续经营生产，并在2017年通过实行电费旬末结清制，缓解企业的筹资压力，降低企业的用电成本。对符合电费旬末结清五项基本条件的企业进行梳理，与企业充分协商，签订电费结算协议，缓解企业资金周转压力，降低用电成本。

（三）涉及外贸企业降成本的问题

随着自治区一系列促进外贸回稳向好政策效应逐步显现，2017年，宁夏外贸呈现良好发展态势。2017年上半年，全区实现外贸进出口164.3亿元，同比增长112.7%，其中出口121亿元，同比增长143.4%；进口43.3亿元，同比增长57.1%。《自治区人民政府关于促进外贸回稳向好的意见》(宁政发〔2016〕81号)分别从“支持企业开拓国际市场”“加大对跨境电商平台建设的支持”“培育外贸综合服务企业”“加大进口贴息的支持力度”“切实降低企业物流费用”“规范进出口环节涉企收费”“提升贸易便利化水平”“提升口岸服务功能”“加强知识产权保护”“加大出口信用保险支持力度”“加大外经贸企业融资力度”“落实出口退税政策”等12个方面提出了具体措施。其中，“切实降低企业物流费用”“加大出口信用保险支持力度”和“加大外经贸企业融资力度”三方面对“降成本30条”中的具体内容做了明确规定。

为降低外贸企业生产经营成本，促进宁夏外贸回稳向好，自治区商务厅积极争取商务部、财政部落实2017年外经贸发展专项资金10178万元。

降低企业融资成本方面。2017年上半年，宁夏唯一一家内资融资租赁公司——三实融资租赁有限公司开展了1单融资租赁业务，融资金额9000万元，承租人为宁夏恒力盛泰房地产开发有限公司，业务模式为售后回租，租赁物为93套商品房，未开展设备等实物类融资租赁业务。目前，尚无符合补贴条件的企业。加大对外经贸企业融资担保支持方面。自治区商务厅与财政厅共同设立了外经贸融资担保资金，注入宁夏宁贸通融资担保有限公司，为宁夏外经贸企业提供融资担保和再担保业务。截至2017年上半年，担保公司累计授信总额为23720万元，累计担保额度为13082万元，为34家外经贸企业提供担保业务共计108笔，在保余额为5889万元。融资担保资金帮助外经贸企业增大了授信额度，得到了外经贸企业的充分肯定，逐步成为解决中小企业融资难问题的重要途径。

加大出口信用保险支持力度方面。截至2017年上半年，5市商务主管部门均已启动并完成了2016年第四季度和2017年第一季度出口信用保险项目以及“出口信保全风险覆盖”项目的申报及资金拨付工作，拨付资金497.4万元。出口信用保险充分发挥了政策性职能作用，积极帮助外贸企业规避国际市场风险，保障了出口企业收汇安全，同时为“走出去”企业保驾护航，不断拓展对外投资合作业务。

在对全区外贸企业给予运输费用支持方面。截至2017年上半年，全区已拨付2016年第四季度和2017年第一季度出口企业内陆运输费用补助资金1592万元。其中，银川市891万元，石嘴山市294万元，中卫市321万元，吴忠市70万元，固原市16万元。出口企业内陆运输费用补助有效降低了企业运输成本，增大了企业利润空间，提振了外贸企业信心，对全区促进外贸稳定增长发挥了重要作用。对进口企业的内陆运输费用补助事宜，正在积极推进中。

提高物流运输效率方面。2017年1月，宁夏商务云物流综合信息服务系统（http://wl.nxdofcom.gov.cn）正式上线，并交付宁夏物流与采购联合会开展运营服务。系统具备物流资讯、政策发布、车货供需对接、园区企业展示、冷链物流、物流实用工具等功能。平台注册企业用户已达240余家，物流行业运行监测数据信息采集工作已启动测试，平台已通过全国统一标准数据接口接入宁夏众力北斗卫星导航信息服务有限公司提供的9953辆车辆数据，发布各类信息800余篇。

（四）降低物流成本的问题

2017年4月28日前分两批取消了全区28个政府还贷普通公路（含桥

梁、隧道）收费站收费（2016 年撤销 3 个收费站，2017 年撤销 25 个收费站）。至此，宁夏政府还贷普通公路收费站全部取消。

（五）关于社保政策的落实情况

2017 年，落实《人力资源和社会保障部 财政部关于阶段性降低失业保险费率有关问题的通知》（人社部发〔2017〕14 号）要求，继续实施阶段性降低失业保险费率，2017 年 1 月 1 日—2018 年 4 月 30 日，全区失业保险费率统一由现行规定的 1.5%降至 1.0%。其中，单位按照本单位工资总额的 0.5%缴纳失业保险费，职工按照本人工资的 0.5%缴纳失业保险费。

按照以支定收、收支平衡的原则及国家现行工伤保险行业风险分类，一类至八类行业用人单位工伤保险基准费率分别为 0.2%、0.4%、0.7%、0.9%、1.1%、1.3%、1.6%、1.9%。2016 年 8 月，印发《宁夏回族自治区工伤保险费率浮动管理办法（修订）》（宁政办发〔2016〕134 号），全区工伤保险平均缴费费率控制在职工工资总额的 0.75%左右，二类至八类行业在基准费率的基础上，向下浮动至 80%、50%。

三、关于振兴实体经济的建议

（一）建设创新型政府，深化“放管服”改革，用政府权力的“减法”换取市场活力的“乘法”

1.建设创新型政府，逐步培育具有创新意识的区域精神

2006 年，在全国科技大会提出建设“创新型国家”后，宁夏提出了“走自主创新之路，建设创新型宁夏”的战略。2017 年召开的自治区第十二次党代会提出了未来宁夏发展的三大发展战略，位居首位的是创新驱动战略。无论是实施创新驱动战略，还是建设创新型宁夏，首先要解决的是建设创新型政府。宁夏许多政策和发展模式都走在其他省区的后面，在全国的发言权较少，缺乏一定的话语权，往往不能突出自己的特点。在传统型经济增长形态下，政府政策在很大程度上表现出来的是控制力，而创新型政府更多表现为协调力。宁夏可以多角度尝试建设创新型政府，以更加开放和开明的形象突破地域限制。

宁夏地域文化具有兼收并蓄的文化包容性，为创新文化的形成奠定了

基础。但受自然环境、经济发展状况、人口流动状况、文化积累和文化传承以及体制和政策等方面的影响，宁夏地域文化中缺乏健康积极的创新文化因子，地方文化符号中体现更多的是“温饱则安”“消闲”“过日子”等保守形象，还没有形成一种“鼓励创新、冒险、竞争以及容忍失败，以成就、公正、公平为取向的文化氛围”。创新型经济发展的关键因素不在资源而在想法，想法的产生需要突破传统文化的束缚，培育具有创新精神的区域精神。

2.深化“放管服”改革，政府部门要进行“断舍离”

必须要实现“三个放权”，要向社会放权，把更多权力开放给民间组织，实现自我治理；要向市场放权，凡是市场能解决的问题，政府一律不管，交给市场解决；要向企业放权，凡是企业自己能完成的事，交给企业自己完成。深入推进“互联网＋公共服务”，全面实施“不见面马上办”，让企业和投资者不跑路。要重点整合共享信息数据，相关涉企服务网上申请全覆盖，变企业路上跑为“数据网上跑”。全面实施“一窗受理，集成服务”，坚持问题导向、需求导向和效果导向，对需要跨多个部门或一个部门多个窗口办理的事项，通过建立“前台综合受理，后台分类审批，统一窗口出件”的工作模式，依托政务服务网，形成“资料共享互认，优化业务流程，精简申请材料，服务高效便捷”机制。推行全程代办制，深入推进政府行政审批服务标准化建设，每个项目的受理材料要做到规范精准，消除模糊语言，编制格式统一的业务手册，明确受理标准和审查标准。

3.进一步完善宁夏营商环境发展相关政策，尽管出台新的“放管服”改革方案

“放管服”改革从根本上是要转变政府职能，是一场从观念到体制机制的深刻革命。一要改革以审批发证为主要内容的传统管理体制，二要革除与审批发证相关联的寻租权利和不当利益，三要改变与审批发证相伴的“看家本领”。要根据中央要求，尽可能下放相关行政审批事项，为企业和群众松绑减负，释放市场活力。严格落实国家关于清理和规范涉企收费、推进多证合一改革、市场准入制度改革、“互联网＋政务服务”改革、全面实施清单管理制度改革等改革内容，促进地区经济发展，增强企业活力，

提振发展经济信心。

4.营造公平竞争环境，探索创新宽松、严密透明监管方式

深化“放管服”改革，建立政府部门权力清单、责任清单和项目投资负面清单，最大限度提高行政效率，打造“两优”发展环境，实现自治区级部门对国家鼓励类、允许类制造企业投资项目不再审批。当前，政府更多的是采取自上而下的主导创新模式，支持创新的方式以直接选择企业的研发和建设项目实行点对点的资助为主。其结果导致企业花更多的精力在政府部门跑项目跑经费，容易造成企业间不公平竞争，可能扼杀了一些更好的创新。因此，要减少政府直接选择企业和点对点资助，通过定向的普惠性政策形成各类技术路线和企业公平竞争的环境，让市场机制引导创新要素的配置。积极探索“条件管理 + 事中事后监管”的监管方式，运用大数据、云计算等信息化手段，强化监管的及时性和有效性，发挥社会诚信体系对监管的支撑作用，构建严密透明的监管体系。分领域、分行业制定事中事后监督管理办法，加强对法律法规赋予的监管事项、产业政策明确的调控事项、创新发展需要的服务事项等有效监督管理。

5.建立以信用为基础的综合监管执法体系，打击侵犯知识产权、假冒伪劣和违法生产行为

加强知识产权保护，保障创新者的权益，健全知识产权维权援助体系，保证相关法规的执行落实，为企业营造一个公平、公正的法制环境和发展空间。加强企业法治、信用与社会责任建设，对信用度高的企业减少相关抽查频次，每年评选一批依法管理、诚信经营、履行社会责任的先进企业和优秀企业家，对先进企业在工程招投标、重点项目、融资服务等方面给予加分和倾斜支持。打破制约创新的行业垄断与市场分割，打破地方保护，清除妨碍全国统一市场的规定和做法，加强反垄断执法，为企业创新发展拓宽空间。

6.健全容错纠错机制

创新需要良好的文化氛围。要给改革创新者鼓劲，对创新可能的失败给予更大的容忍度，坚决杜绝短期思维和短期行为。要有坚定不移推进改革创新的决心，有不怕失败的精神，振奋精神，实干兴宁，将创新作为长

远战略贯彻始终。

（二）以创新驱动实体经济振兴，实现新旧动能的转换

创新是宁夏发展最突出的短板，创新首先是观念的创新，要突破固守传统的思维定式，进一步解放思想，真正把创新作为引领发展的第一动力，抓住关键环节，制定一批定位准、思路新、力度大的政策法规，引领、保障宁夏创新驱动发展战略深入实施。在经济社会发展进入新常态后，资源和环境约束强化、劳动力成本快速攀升、投资和出口增速放缓，宁夏地处西部内陆地区，对外开放程度和产业层次较低，受国际市场和国家宏观调控政策影响较大。资本的“脱实向虚”，是经济运行中结构性失衡的一个重要表现，在深化供给侧结构改革的过程中，在压力重重下振兴实体经济，要迎难而上，致力做到：

1.实施自治区新旧动能转换重大工程

积极创建国家新旧动能转换综合试验区，在银川市筹备新旧动能转换先行区管理委员会。加快新旧动能接续转换是促进经济结构转型和实体经济升级的重要途径，是推进供给侧结构性改革的重要着力点。要整合利用好各项政策和资源，推进一、二、三产业融合，促进产业链相加、价值链相乘、供应链相通，实现倍增效应，不断提高经济发展的质量和效益。

2.要重视宁夏老工业基地的振兴发展问题

目前，宁夏南有固原脱贫攻坚问题，北有石嘴山转型振兴问题。这两大问题不能妥善解决，都会影响未来经济社会发展的进程，要像解决固原的脱贫攻坚问题一样解决石嘴山转型发展问题。石嘴山市属于老工业基地，相对其他县市而言，面对国家深化供给侧结构性改革的重要趋势，去产能、环境保护、节能降耗等压力对负重前行的石嘴山影响巨大，如果不能够尽快实现产业结构调整和城市经济的转型，势必在未来会变成全区经济社会发展的掣肘之力。

3.加大创新投入，增强政策稳定性和透明度，形成可预期的投资回报机制

创新需要长期投入，必须有明确的、长期稳定的、可预期的政策，企业才舍得花钱投入，下大力气进行创新。目前，政府的很多产业政策以短

期政策为主，经常依靠行政命令和红头文件，支持与限制交替，企业无法也不敢进行长期创新投入。因此，创新政策需要建立公开透明、长期稳定的激励机制，形成可预期的投资回报，鼓励投资者进行长期技术创新投入。

（三）破除要素瓶颈制约，切实降低企业成本

必须要清醒地认识到，实体经济发展正处于一个高成本时代，降成本有着很大的局限性。在人工成本、资源环境成本增长的情况下，包括原材料和物流等属于由市场决定的原材料等要素成本，主要由市场供需决定，并不是想降就可以降的成本。而政府政策能够挖掘的空间，主要包括政府不合理的制度制定、管制、行政审批和行业垄断等干预所形成的企业成本。

从调研问卷反映的情况看，企业更希望国家和自治区给予的支持政策排序为：减免税收（占 88.14%）；降低融资成本，拓展融资渠道，信用担保（占 88.14%）；取消不必要的审批手续（占 75.42%）；研发和创新补贴（55.08%）；取消不合规的收费和摊派（占 50.85%）；节能减排补贴（占 50%）及加大保险补贴（占 49.15%）；降低行业准入标准（占 49.15%）。减免税收和降低融资成本仍是企业最希望得到的支持。

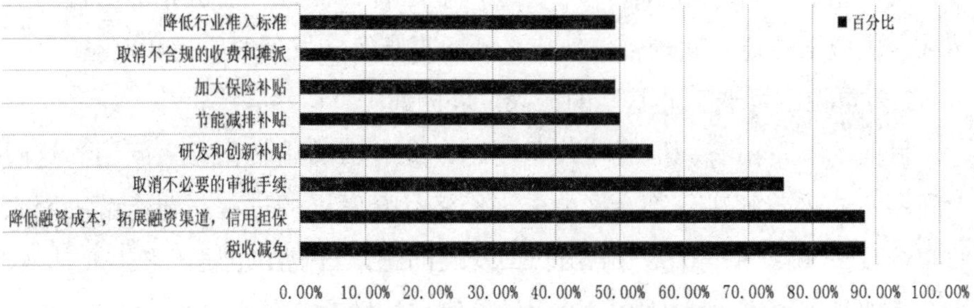

企业希望国家和自治区出台的支持政策

在调研中发现，有两个相对比较集中的问题要引起重视：

一是积极争取国家有关部门支持，推动电价市场化改革。宁夏的基本电价高于周边省区，按最大需量的基本电价比西北五省区平均价高 8.8 元，折合成每度电为 0.0527 元，分别高出陕西 0.0096 元、甘肃 0.0069 元、青海 0.013 元、新疆 0.036 元。同时，电价还存在不合理收费等问题，工业用电企业的用电成本占到了生产成本的 40%～80%，不仅加重了企业生产成本，还大大降低了与周边企业的竞争力。近几年，煤炭价格呈下跌态势，动力煤价格下跌明显，然而上网电价下调不明显，企业用电价格依旧偏高。建议合理核实电费构成，明确电网建设费用按照固定资产投资回收率，降低电费中过网费用，既确保电网企业稳定的收入来源和合理透明的收益水平，又降低企业用电成本。同时，建议尽快改变电网企业以“上网电价”和“销售电价”价差作为收入来源的盈利模式，打破电网在“买电”和“卖电”端的“双重垄断”格局。出台降低宁夏工业的基本电价政策，切实发挥价格调节经济可持续发展作用；调整企业一月中应按 15 分或 30 分钟出现超过容量最大值的平均负荷计收而不是一次就收的不合理收费；调整宁夏大工业用电（35 ~ 110 千伏）综合销售电价，降低宁夏电力公司差价，与西北五省持平，调整差别电价，拉大峰、谷、平段的差别电价；调整提高宁夏发电企业的上网电价，调整降低宁夏输配电价。

二是涉及职工利益的政策要审慎实施。企业普遍反映的“五险一金”缴费过高，挤压了企业盈利空间。如宁夏钢铁集团 2016 年发放工资近 1 亿元，企业缴纳 “五险一金”就占到了职工工资总额的 20%以上。“降成本 30 条”有“降低比例和缓缴住房公积金政策”。公积金缴存比例的降低虽然能够减轻企业缴费负担，但从长远看，会减少职工的总收入，一定程度上影响了职工的积极性，不利于企业职工队伍的稳定。因此，此项政策要审慎实施，可借鉴深圳等地做法，在维持社保缴费比例不变的情况下，针对企业实际，按照普工、中等工、主管等分档核定缴费基数标准，在保证企业经营效益的同时，控制工资总量，搞活内部分配。

（四）金融必须回归到服务实体经济的本质上来

在 2017 年召开的第五次全国金融工作会议上，提出金融是实体经济的血脉，为实体经济服务是金融的天职、是金融的本分、是金融的宗旨，也是防范金融风险的根本举措。金融要把实体经济服务作为出发点和落脚点，要全面提升服务实体经济的效率和水平，把更多金融资源配置到经济社会发展的重点领域和薄弱环节，更好地满足实体经济多样化的金融需求。在 10 月 18 日召开的党的十九大上，再次强调要增强金融服务实体经济的能力。

增强金融服务实体经济的能力，要重点解决两方面的问题：一是金融重点服务哪些实体经济，二是金融如何提高服务实体经济的效率。随着经济进入新常态，经济增长从高速到中高速的转换，未来需要进一步优化经济结构，培育和形成经济增长的新动能。金融支持实体经济应秉持“创新、协调、绿色、开放、共享”的新发展理念，落实国家和自治区深化供给侧结构性改革的任务，把重点放在有利于推动创新驱动战略实施，促进产业结构调整，有利于形成新的经济增长点的经济活动上，对于那些属于过剩产能、污染环境、低水平重复的经济活动，尽管也属于实体经济的范畴，但显然不能作为金融服务的对象。提高金融服务实体经济的效率，由于金融中央控制属性，省区的可控度和自由度较低，要把重点放在发展中小银行和民营金融机构上，提高金融服务地方经济的能力，要针对大型银行推广形成普惠、绿色的发展理念，把金融服务扩大到更多的小微企业、更偏远地区的实体经济。

要尽快落实自治区《关于改善金融发展环境支持金融业健康发展的若干意见》。加快推进工业贷款风险补偿、政策性应急转贷、助保贷等融资模式；加快自治区产业引导资金的落实进度，切实发挥资金引导作用；加大财政风险补偿金规模，扩大覆盖范围，提高政府风险承担比例；实施债转股或资本合作，对盘活企业闲置资产和土地的金融机构或风投公司等给予一定奖励，以此调动金融机构积极参与；加快发展多层次资本市场，积极支持符合条件的企业通过资本市场上市、发行票据和债券筹集资金；支持宁夏银行、石嘴山银行、黄河农村银行做大做强，鼓励保险公司发展壮大，加快业务转型创新；改进宁夏担保集团及市县政府出资的融资性担保机构运作方式，坚持微利原则，简化担保程序，降低企业贷款、担保门槛。同时，各级地方财政在现有担保平台的基础上，追加财政投资，增强政府背景担保公司的担保能力，逐步形成符合国际惯例的、具有宁夏特色的中小企业信用担保预算制度；借鉴经济发达省市经验，发展风险投资，进一步扩大融资渠道，缓解非公企业融资难问题。

（五）振兴实体经济发展，必须要支持民营企业发展，促进民间投资

党的十九大提出，要建立现代化经济体系，把发展经济的着力点放在实体经济上，把努力提高供给体系质量作为主攻方向。进一步促进民间投资，要重点解决不能投、不愿投、不敢投和往哪儿投的问题。对不能投的问题，需要通过简政放权，制定负面清单，使市场更加透明，民营企业自主决策权更大。对不愿意投的问题，要重视建设和使用政府信息平台，特别是诚信体系建设，政府要更加注重诚信，签订的合同要履行，保护民营企业的合法权益。对不敢投的问题，要保护知识产权，培育企业家。往哪儿投的问题，以制造业为代表的实体经济投资增速相对较低，还面临继续下行的压力，大量的资金从实体经济部门抽离，进一步加剧了实体经济的下行压力，民间投资的逐利性本质，意味着如果要促进民间投资向实体经济转移，必须更加重视实体经济的发展。

宁夏扶贫资金替代效益探析

杨桂琴

解决贫困问题、消除贫困人口，是社会主义的本质要求，也是检验和衡量是否建成全面小康社会、实现第一个百年奋斗目标的重要标准。党的十九大报告进一步强调，到2020年，我国现行标准下农村贫困人口实现脱贫，贫困县全部摘帽，解决区域性整体贫困，做到脱真贫、真脱贫。宁夏作为欠发达的西部少数民族省区，自治区党委、政府长期以来十分重视扶贫工作。自治区十二次党代会将“脱贫富民”作为宁夏经济社会发展的三大战略之一，提出要打造全国脱贫攻坚示范区，到2020年现行标准下农村贫困人口全部脱贫。打赢脱贫攻坚战是宁夏“十三五”时期最大的民生工程，也是自治区全面建成小康社会的底线任务，面对中南部地区贫困人口多、贫困程度深的现实，要实现这一奋斗目标，并长期巩固脱贫成果减少返贫风险，亟须创新扶贫开发思路，提高扶贫资金使用效率，探寻精准脱贫的新路径。

一、宁夏扶贫开发的现状

宁夏扶贫开发经历了“三西”农业建设（1983—1993年）、“双百”

作者简介：杨桂琴，自治区发改委经济研究中心副主任，副研究员。

扶贫攻坚（1994—2000 年）、千村扶贫整村推进（2001—2010 年）、百万贫困人口扶贫攻坚（2011 年至今）4 个阶段，历时近 35 年，扶贫攻坚取得了显著成效。目前，宁夏农村贫困人口分布在全区 20 个县（市、区），特别是西吉、原州、隆德、泾源、彭阳、盐池、同心、海原、红寺堡 9 县（区）以及沙坡头区、中宁县的山区，是宁夏扶贫开发的主战场，总面积 4.3 万平方公里，占全区土地面积的 67%，人口约占全区总人口的 1/3。目前，宁夏农村户籍人口为 377.33 万，未脱贫建档立卡贫困人口减少到 41.8 万人，贫困发生率由 1982 年的 74.8%下降到 2016 年的 11.08%。

扶贫攻坚取得的成效，与全社会不断加大扶贫资金支持力度密不可分，扶贫资金在不同阶段不同领域都发挥了重要作用，但解决贫困问题是一个长期、艰巨、复杂的历史过程。从现实情况看，宁夏贫困发生率仍远高于全国 4.5%的水平，脱贫攻坚任务依然艰巨，存在资金缺口大、贫困程度较深、基础条件较差、脱贫路径不宽和返贫风险较大等难题。

二、宁夏扶贫资金投入使用情况分析

长期以来，人们对扶贫资金来源渠道的理解和认识大多只停留在专项扶贫资金上，但实际用于扶贫的资金投入并不只是专项扶贫资金，目前，我国已逐步形成专项扶贫、行业扶贫、社会扶贫等多方力量、多种举措有机结合和互为支撑的“三位一体”大扶贫格局，因此，全社会用于扶贫的资金也远超出了专项扶贫资金范围。本文为了从多角度、多层次客观真实反映宁夏中南部地区扶贫资金投入使用情况，将全社会各类扶贫资金分为大扶贫资金和小扶贫资金两类。

（一）大扶贫资金投入情况分析

大扶贫资金主要指全社会对贫困地区总投入中，与扶贫直接关联或关系十分密切的各行业投资总额。主要包括贫困地区全社会固定资产投资中农林牧渔业、采矿业、制造业、电力、燃气及水的生产和供应业、道路运输业、房地产业、水利、环境和公共设施管理业、居民服务和其他服务业、社会事业 9 个领域的投资。据此范围界定，2000—2015 年，全社会向宁夏中南部地区（仅指 9 县区，下同）投入的扶贫资金累计超过 2484 亿元。

从资金投入领域构成看，投入到电力、燃气及水的生产和供应业所占比重最大，为26.55%；其次是房地产业，所占比重为21.46%；所占比重最小的是社会事业、居民服务和其他服务业，分别只占5.96%和0.46%。

从资金投入领域变化趋势看，投入到采矿业和房地产业的大扶贫资金增长较快，15年来的年均增长率分别高达62%和60%，位居第一和第二；电力、燃气及水的生产和供应业年均增长率也较高，达到49%，位居第三；相比之下，居民服务和其他服务业的投资增速较慢，年均增长率仅为2.5%，位居倒数第一；其他各行业均保持着30%左右的中高速增长趋势。

从投资强度看，人均投资由2000年的176元增加到2015年的29530元，年均增长率37.8%，年均投资6793元；每平方公里投资由2000年的1.58万元增加到2015年的278万元，年均增长率37.4%，年均投资64万元。

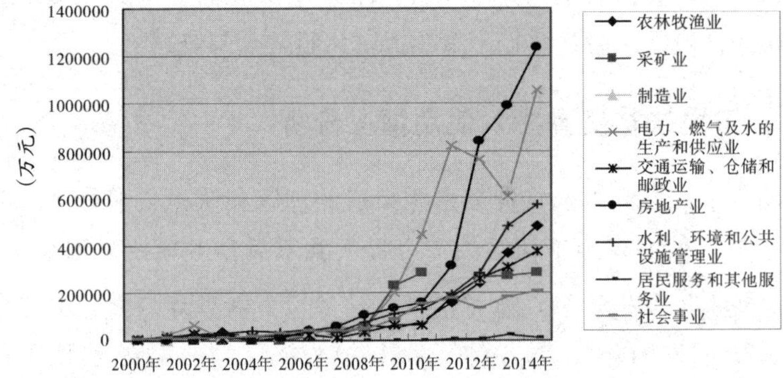

图1 宁夏大扶贫资金投入各行业变化趋势

（二）小扶贫资金投入情况分析

小扶贫资金仅指专门以扶贫专项资金方式投入到贫困地区的各类资金的总和，主要包括中央财政扶贫资金、少数民族发展资金、以工代赈资金、“三西”资金、闽宁协作资金、地方配套资金和扶贫贴息贷款资金等。宁夏扶贫办和宁夏统计局调查队相关资料显示，2000—2015年，宁夏小扶贫资金投入总量累计达到1059亿元。

从资金来源的构成看，中央财政扶贫资金、贴息贷款、以工代赈资金占比位列前三，分别占48%、18%和12%，少数民族发展资金、“三西”资金、闽宁协作资金和地方配套资金分别为5%、8%、3%和6%。

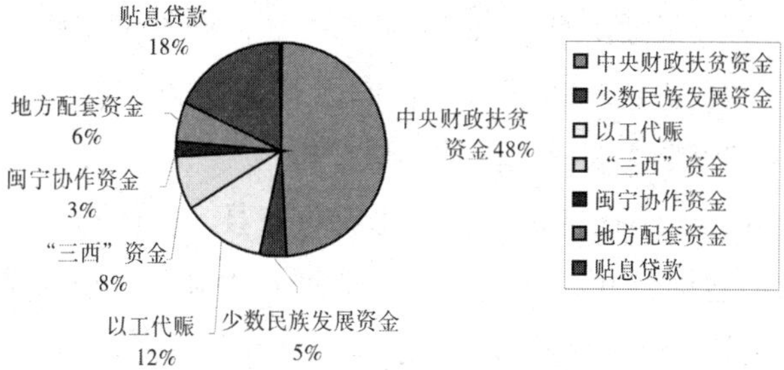

图 2　2000—2015 年宁夏小扶贫投资资金来源构成

从各类资金投入的增速看，小扶贫资金的年均增长率为 9.6%。其中，地方配套资金增速最快，年均增长率达到 26.5%；中央财政扶贫资金增速位居第二，年均增长率为 12.6%；少数民族发展资金、以工代赈、"三西"资金、闽宁协作资金和贴息贷款的年均增长率分别为 8.5%、0.1%、7.0%、3.9%和 –0.3%。

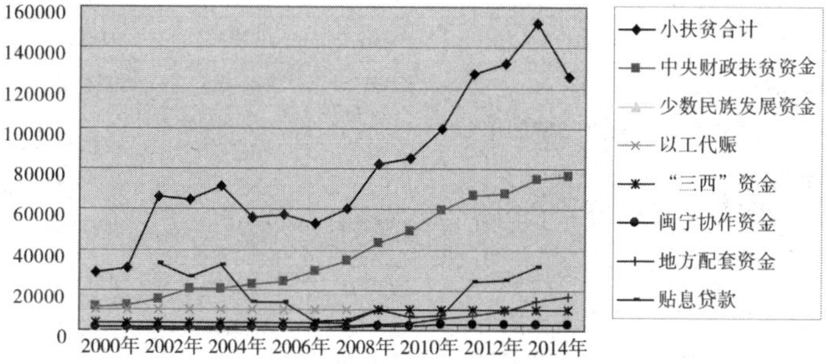

图 3　宁夏小扶贫投资变化趋势

从小扶贫资金的投资强度看，人均投资由 2000 年的 121 元增加到 2015 年的 548 元，年均增长 10.6%，年均投资 289 元；每平方公里投资由 2000 年的 1.19 万元增加到 2015 年的 5 万元，年均增长 10%，年均投资 3 万元。

"十三五"时期，国家进一步加大了扶贫资金的支持力度。2017 年，自治区下达财政专项扶贫资金 42.37 亿元，其中：中央财政专项扶贫资金 18.33 亿元（是 2015 年的 2.4 倍），自治区财政配套 8.94 亿元（是 2015 年的 5.3 倍），自治区脱贫攻坚地方债 14.3 亿元，闽宁协作发展资金 0.8 亿元（是 2015 年的 2.4 倍）。通过加大涉农资金统筹整合力度，已整合中央、自治区涉农资金66.7亿元。截至2017年8月底，固原市200个拟销号村已整合投入各类涉农资金29.96亿元，村均达到1498万元。

（三）小扶贫资金主要投入区域领域分析

从投入区域看，小扶贫资金分别用于重点县、贫困村、国家扶贫工作重点县中的革命老区县和少数民族县；从投入领域看，小扶贫资金重点用于改善贫困地区的基础设施建设和种、养殖业项目，占比分别高达41.8%和34.9%；而用于社会事业的扶贫资金占全部扶贫资金的比例较小，仅占6.2%。

表1　2001—2010年宁夏小扶贫资金使用情况

单位：万元

项目		总计	发展资金	以工代赈	少数民族发展资金
资金投入区域	资金投入总额	415650	272750	100000	26400
	1.用于重点县	319132	209199	83163	10269.6
	(1)用于国家扶贫工作重点县	279959	183460	73973.8	7997.3
	(2)用于省级扶贫工作重点县	39217.8	25784.3	9189.2	2272.3
	2.用于贫困村	279035	186388	69414.5	7999.5
	(1)用于国家扶贫工作重点县中的革命老区县	229539	152137	59126.3	6793.6
	(2)用于国家扶贫工作重点县中的少数民族县	279959	183460	73973.8	7997.3
资金投入领域	1.基础设施建设项目	173962	66800	98500	3302
	(1)农田水利	98311	30108	62843	
	(2)县、乡、村道路、桥梁□	32856	11488	19726	1642
		3013	1066	1769	178
	(3)人畜饮水	11234	9574		1660
	(4)生态建设	31561	15630	15931	
	2.种、养殖业项目	145038	122082		11816
	(1)种植业	61907	49064		6771
	(2)养殖业	83131	73018		5045
	3.科技扶贫	4700	4700		
	4.雨露计划	22647	22647		
	(1)劳动力转移培训	15635	15635		
	(2)农民实用技术	7012	7012		
	5.社会事业	25954	15054		10900
	(1)教育	13305	6247		7058
	(2)卫生	9145	5303		3842

续表

项　　目	总　计	发展资金	以工代赈	少数民族发展资金
(3)基层组织阵地建设	3504	3504		
6.互助资金	18771	18771		
7.连片开发	9450	9450		
8.其他使用投向	15129	13247	1500	382
(1)项目管理费	5727	3845	1500	382
(2)扶贫贴息资金	4366	4366		
(3)固定观测点	35.5	35.5		
(4)特殊类型贫困地区(中部干旱带)	5000	5000		

资料来源:自治区扶贫办。

以上对两类扶贫资金的数据分析显示，近十多年来宁夏扶贫攻坚投入不断加大，大、小扶贫资金投入都呈现较快增长态势，对于增加农民收入、消除贫困问题发挥了重要作用。2000—2016 年，中南部地区农民人均可支配收入增长 5 倍多，贫困发生率降低了 13.4 个百分点。无论是大、小扶贫资金，还是重点贫困县和重点生态移民村扶贫资金的投向，都以基础设施建设、公共服务设施建设和产业发展为重点领域，以改善贫困地区群众生产生活条件为重点方向，切实推进了输血式扶贫向造血式扶贫的重大转变，增强了贫困地区群众的自力更生和可持续发展能力。

然而，由于长期以来宁夏中南部地区生态脆弱，干旱缺水，交通不发达，加上历史欠账较多，因此与其他地区的差距仍然不断加大。据统计，到 2016 年，宁夏中南部 9 县（区）农民人均可支配收入为 7505 元，仅占全区农民人均可支配收入的 76.2%，为全国平均水平的 60.7%，与全区农民人均可支配收入差距从 2011 年的 1217 元拉大到 2347 元，与全国农民人均可支配收入差距从 2011 年的 2784 元拉大到 4858 元。[①] 同时，我们还要看到，虽然各类扶贫资金投入逐年增加，但精准脱贫所需资金缺口仍然较大。

因此，将大量扶贫资金投入基础设施、产业脱贫、生态移民等领域，虽对改变贫困地区贫困人群落后状况能发挥积极有效的作用，但要从根本

①2016 年数据均为统计公报数。

上消除贫困，在2020年实现宁夏与全国同步建成全面小康社会目标，有效解决返贫等难题，需在加大政府、企业、社会对贫困地区资金投入的同时，通过创新扶贫资金使用路径，提高投资效益，调动贫困地区群众创业就业的积极性，增强贫困人群可持续的自我发展能力和自主脱贫的动力，只有这样，才能巩固脱贫成果，做到脱真贫、真脱贫。

三、宁夏扶贫资金替代效益探析

为深入贯彻落实党的十九大精神和自治区十二次党代会精神，真正做到精准脱贫，解决后扶贫时代的巩固扶贫成果、减少返贫现象等难题，建议创新精准脱贫思路和扶贫资金使用路径，因地制宜，探索将投向自然条件恶劣、发展基础薄弱、居住人口稀少的贫困地区的扶贫资金，转用作在贫困地区的创业启动资金，鼓励和吸引贫困地区返乡人才和当地群众创业，以二、三产业带动一产发展和贫困人口就业，进而带动脱贫，最终带动脱贫群众致富，使被动扶贫向主动脱贫转变，切实巩固脱贫成果。

为了能够充分验证替代效益，本文拟选取6个替代效益计算指标：替代效益验证区域总人口和总面积、区域年均扶贫投资总额（年均创业投资总额）、创业成本、创业成功率、带动就业人数。替代效益衡量标准主要取决于将扶贫资金转用作创业启动资金时带动的就业人数。当创业带动就业人数≥实际贫困人口数，为替代效益良好；当带动就业人数＜实际贫困人口数，为替代效益较差。

（一）验证区域选择

根据宁夏实际，我们选择中南部地区海拔在2200米以上、降雨量低于300毫米、交通通达程度不足50%、投资效益十分低下、返贫风险极高的行政村作为验证区域（以下称为低效投资区域），对该区域能够获得的投资进行替代效益分析。按照上述标准，截至2015年，全区低效投资区域共有35个行政村，都集中在中南部地区，该区域总面积为866.78平方公里，人口总数为2815人（见表2）。

表2　宁夏低效投资区域基本情况

单位:公顷,人

序号	地级市	县(区)	乡镇	行政村	面积	人口
1	吴忠市	盐池县	大水坑镇	莎草湾村	6252.76	49
2	吴忠市	盐池县	大水坑镇	新桥村	4194.25	77
3	吴忠市	盐池县	大水坑镇	李伏渠村	6020.36	61
4	吴忠市	盐池县	大水坑镇	王新庄村	3959.74	31
5	吴忠市	盐池县	惠安堡镇	麦草掌村	4658.24	101
6	吴忠市	同心县	王团镇	王家海子村	1281.46	39
7	吴忠市	同心县	王团镇	红沟阳洼村	1818.52	38
8	吴忠市	同心县	王团镇	圈塘村	1554.36	19
9	吴忠市	同心县	田老庄乡	郑家台村	840.6	38
10	吴忠市	同心县	田老庄乡	解放新庄村	1295.91	74
11	吴忠市	同心县	田老庄乡	席家井村	2666.27	65
12	吴忠市	同心县	田老庄乡	麦垛山村	2353.3	8
13	吴忠市	同心县	马高庄乡	计咀子村	312.35	50
14	中卫市	沙坡头区	蒿川乡	韩套村	5528.61	59
15	中卫市	沙坡头区	蒿川乡	浪水村	5747.45	136
16	中卫市	沙坡头区	蒿川乡	麻地村	3153.43	48
17	中卫市	沙坡头区	蒿川乡	沙河村	3597.11	72
18	中卫市	沙坡头区	蒿川乡	北山村	4888.97	71
19	中卫市	中宁县	喊叫水乡	北沟沿村	873.09	49
20	中卫市	中宁县	喊叫水乡	碱台子村	4550.73	22
21	中卫市	中宁县	徐套乡	小湾村	5686.09	43
22	中卫市	中宁县	徐套乡	白套村	4493.92	41
23	固原市	原州区	张易镇	上滩村	1365.36	180
24	固原市	原州区	张易镇	王套村	814.22	113
25	固原市	原州区	张易镇	毛庄村	1027.3	192
26	固原市	原州区	张易镇	三湾村	377.13	106
27	固原市	原州区	张易镇	盐泥村	1614.96	230
28	固原市	原州区	张易镇	陈沟村	1615.87	149
29	固原市	西吉县	新营乡	玉黄沟村	718.66	127
30	固原市	西吉县	新营乡	石岘子村	1495.91	162
31	固原市	隆德县	好水乡	后海村	387.07	79
32	固原市	隆德县	观庄乡	后庄村	637.41	85
33	固原市	隆德县	山河乡	菜子川村	319.66	78
34	固原市	隆德县	温堡乡	北山村	225.76	41
35	固原市	泾源县	大湾乡	南马场村	351.13	82
合计					86677.96	2815

资料来源:宁夏遥感测绘勘察院、宁夏统计局。

（二）替代效益验证数据选择

1.低效投资区域扶贫投资总额

通过对2000—2015年宁夏中南部地区大、小扶贫资金人均年投资（6793元、289元）与全区整村推进实际人均投资17142元、典型生态移民区月牙湖生态移民安置区实际人均投入扶贫资金12753元等相关数据对比，充分证明大扶贫资金与以往实际的扶贫投入资金比较吻合，更接近现实情况，因此，选取大扶贫资金作为替代效益研究中扶贫资金的投入总额上限比较客观，能够相对客观真实地对比和衡量通过创业带动就业、实现脱贫的效益如何。

2000—2015年，宁夏中南部地区大扶贫资金年人均投资6793元，每平方公里投资64万元，据此分别计算低效投资区域的年投资总额，共得出两组数据，即按照年人均投资计算低效投资区域年均扶贫总投资为1912万元，按照年每平方公里投资计算低效区域年均扶贫总投资为55474万元。考虑到低效区域地广人稀的实际情况，本文采用按单位面积计算得出的年均扶贫投资总额，将此作为这一区域的年均创业投入总额。

2.创业成本及带动就业人数

这两个指标主要参照了国家实施“双创”以来，最新大学生、农民创业贷款的相关政策以及《2014中国私营企业调查报告》中的相关标准，确定的新注册企业最低资本金10万元，职工人数14人；新注册个体工商户的最低资本金2万元，职工人数3人。

3.创业成功率

该项指标主要参照了浙江大学、上海交通大学学生所做的关于大学生创业成功率相关研究数据和《银川市开展全民创业建设创业型城市规划》的相关指标，计算得出新注册企业的成功率为11.75%，新注册个体工商户的成功率为3.61%。

（三）验证方法及结论

1.假设检验法

该方法主要是通过假设在三种条件下验证区域的全部人口都去创业，计算出所需创业资金数和新增就业岗位数。计算显示（见表3）:（1）假设

2815 人都用 10 万元创业，需要创业资金 28150 万元，成功创业人数（或企业数）331 人（个），新增就业岗位 4631 个;(2)假设 2815 人都用 2 万元创业，需要创业资金 5630 万元，成功创业人数（或企业数）102 人（个），新增就业岗位 305 个;(3) 假设 2815 人中有一半人用 10 万元创业，另一半人数用 2 万元创业，需要创业资金 16886 万元，成功创业人数（或企业数）216 人（个），新增就业岗位 2468 个。结果表明，在（1）和（3）的假设条件下去创业，需要的创业资金总额分别为 28150 万元和 16886 万元，这均在低效投资区域的年均创业投入总额 55474 万元范围内，并且分别带动就业岗位 4631 人和 2468 人，基本可以解决验证区域 2815 人的就业问题，由此可见，用创业投入替代传统的扶贫资金投入方式效益明显较好。

表 3　假设低效投资区域人口全部创业替代效益测算

三种假设条件	需要创业资金（万元）	参与创业人数	成功创业人数或企业数	带动新增就业岗位(个)
假设 2815 人都用 10 万元创业	28150	2815	331	4631
假设 2815 人都用 2 万元创业	5630	2815	102	305
假设 2815 人中一半人用 10 万元创业,另一半人用 2 万元创业	16886	2815	216	2468

数据来源:整理计算得出。

2.直接代入法

主要是测算将低效投资区域的年均扶贫投入总额 55474 万元全部用于每人注册 10 万元办企业或注册 2 万元办个体工商户，或各占一半扶贫资金用于每人注册 10 万元办企业和注册 2 万元办个体工商户的三种方式下分别能够带动的就业人数。计算显示（见表 4):(1) 当全部用于创办企业时,能带动就业人数 7112 人;(2) 当全部用于个体经商时，能带动就业人数 2341 人;(3)当各用一半资金用于 10 万元 / 人创业和 2 万元 / 人创业时,能带动就业人数 4727 人。在(1)(2)两种情况下，带动的就业人数远大于该区域所需解决的贫困人口数，替代效益良好。

表 4　低效投资区域年均投资全部作为创业资金的替代效益测算

创业资金（万元）	分　类	全部资金用于10 万元创业（人、个）	全部资金用于 2 万元创业（人、个）	各占 1/2 资金分别用于 10 万元创业和 2 万元创业（人、个）
1912	参与创业人数	191	956	574
	成功人数（或企业数）	22	35	28
	带动就业人数	308	105	205
55474	参与创业人数	5547	27737	16643
	成功人数（或企业数）	652	1001	827
	带动就业人	9124	3003	6063

数据来源：课题组整理计算得出。

上述两种方法验证结果一致表明，若创新扶贫资金投入方式，将现行扶贫资金投入方式下，年均投入到低效投资区域的扶贫总资金作为创业资金时，不但能够带动该区域所有贫困人口就业脱贫，而且能够更大程度地巩固脱贫成果，降低脱贫人口返贫风险，实现贫困地区贫困人群可持续发展，真正确保小康路上一户不少、一人不落。

宁夏推进境外产业园区建设促进国际产能合作的发展实践及政策建议

陈生荣　肖永刚

《“十三五”发展规划纲要》强调：“要引导企业集群式‘走出去’，因地制宜建设境外产业集聚区；加快拓展多、双边产能合作机制，建立企业、金融机构、地方政府、商协会等共同参与的统筹协调和对接机制。”目前，作为中国特色产业合作的成功模式，境外产业园区①已成为我国企业“走出去”参与“一带一路”建设的重要载体、对外投资合作的重要名片、开展国际产能合作的重要抓手。境外产业园区的大力发展，有助于发挥国内企业资本、技术、管理等优势，拓展国内优势产能发展空间；有助于规避贸易壁垒，为国内优势产品提供更为广阔的消费市场；有助于契合东道国发展诉求，充分发挥东道国劳动力、资源和政策优势，促进东道国经济发展，巩固和深化多、双边经贸关系。

近年来，宁夏主动融入“一带一路”建设，坚持将发展开放型经济作

作者简介：陈生荣，自治区商务厅副厅长；肖永刚，自治区商务厅对外经济合作处副处长，中级经济师。

①境外产业园区，又称境外经济贸易合作区，是指在中国大陆注册、具有独立法人资格的中资控股企业，通过在境外设立的中资控股的独立法人机构，投资建设的基础设施完备、主导产业明确、公共服务功能健全、具有集聚和辐射效应的产业园区。

为培育内陆地区竞争新优势、实现快速发展的突破口，不断深化与“一带一路”沿线国家和地区的经贸务实合作。为推进企业“走出去”，宁夏相继出台了《关于融入“一带一路”加快开放宁夏建设的意见》《关于支持企业“走出去”的若干意见》（宁党发〔2015〕138号）、《关于加快“走出去”融入“一带一路”建设三年行动计划（2016—2018年）》等一系列文件。上述文件的出台，对于强化宁夏与“一带一路”沿线国家和地区的经贸务实合作，促进开放格局由以“引进来”为主向“引进来”和“走出去”并重发展，逐步提高宁夏的对外开放水平具有重要意义。

宁夏通过在“一带一路”沿线国家和地区建设境外产业园区和经贸合作区，为宁夏与包括阿拉伯国家在内的“一带一路”沿线国家和地区开展经贸务实合作提供了重要平台，为宁夏企业“走出去”提供了可靠的保障，也为国内其他企业落户阿拉伯国家创造了条件，已成为宁夏打造中阿合作先行区的重要依托，并对推动我国与包括阿拉伯国家在内的“一带一路”沿线国家和地区的国际产能合作及深层次交流发挥了重要作用，同时也丰富了国家推行的“一省一国”的境外产业园区发展模式。然而，由于受经济实力、管理水平、融资能力、人才匮乏等因素影响，牵头推进的境外产业园区建设也存在着诸多问题。因此，必须充分利用境外产业园区所具有的产业运作规模化、集约化、便利化及抗风险等优势，借助“一带一路”倡议向纵深发展的新契机，科学研判宁夏境外产业园区建设的问题和挑战，推动宁夏牵头建设的境外产业园区发展更上一层楼，促进传统优势产业和长线产品向境外转移，为高新技术产业发展和产业升级腾出了空间，并促进经济结构调整和优化升级。

一、宁夏推动境外产业园区建设的发展实践

近年来，宁夏积极融入“一带一路”建设，充分发挥中阿博览会战略平台作用，利用“两个市场”“两种资源”，立足人文、地缘、产业等比较优势，吸引区外大型企业，带动区内企业集群式捆绑式“走出去”，在沙特、阿曼、毛里塔尼亚等国家建设境外产业园区和经贸合作区，积极拓展与“一带一路”沿线国家的经贸务实合作，推动与“一带一路”沿线国家

和地区优势互补、合作共赢。

目前，由宁夏牵头推进的中国沙特（吉赞）产业园、中国阿曼（杜库姆）产业园、中国毛里塔尼亚海洋综合产业园、中国迪拜食品工业园、中国埃及纺织工业园、沙特（吉达）中国商品城等境外产业园区和经贸合作区进展顺利，开展国际产能合作取得阶段性成果。中国沙特（吉赞）产业园、中国阿曼（杜库姆）产业园在习近平主席、王勇国务委员见证下签约，中国沙特（吉赞）产业园、中国阿曼（杜古姆）产业园已被列入国家发改委重点推进建设的20个产能合作示范区和商务部推进国际产能合作16个重点境外经贸合作区，中国毛里塔尼亚海洋综合产业园被列入商务部重点推进项目。

（一）中国沙特（吉赞）产业园

中国沙特（吉赞）产业园位于沙特吉赞经济城。吉赞经济城规划面积达到106平方公里，由沙特阿美石油公司负责开发，已累计投入约180亿美元，完成道路90公里，整体路网及城市基础设施和公用设施，包括供水、污水处理、供电以及警察局、消防站、医疗急救中心、保安部队等也启动建设，计划2018年8月竣工，总投资额将达到300亿美元。吉赞经济城三分之二的面积已被规划为先进工业区，重点划分为4个产业区域，从南到北依次是：重工业区、轻工业区、缓冲区、生活区。

按照规划，中国沙特（吉赞）产业园拟在吉赞经济城设立中国企业特别发展区，中国企业特别发展区分工业区和生活区两部分，总规划面积32平方公里。其中，工业区30平方公里，生活区2平方公里。工业区在吉赞经济城规划框架内，不设定具体的物理边界，引进的中资企业按照吉赞经济城现有的产业规划进行布局，享受中国企业特别发展区的相关优惠政策，实行特殊的管理服务机制。考虑到沙特宗教、生活习俗等因素，为满足中国员工的基本生活要求，在吉赞经济城靠近红海海岸线建设中国企业特别发展区生活区，实行封闭式管理，由中方主导开发，主要为中资企业员工提供生活、居住、娱乐、消费等配套服务。

2016年1月19日，在习近平主席和沙特萨勒曼国王见证下，银川开发区育成投资公司、广州开发区工业发展集团公司和沙特阿拉伯石油公司共同签署了《关于通过成立沙特—中国产业服务合资公司 进一步推动沙特本土产业投资进程的战略合作谅解备忘录》。2016 年 7 月 11 日，广州开发区工业发展集团与银川育成公司各出资 7000 万元成立中方合资公司——广银国际投资发展有限公司。2016 年 8 月 31 日，沙特阿拉伯石油公司、朱拜勒和延布皇家委员会、银川开发区管委会、广州开发区管委会共同签署了《朱拜勒和延布皇家委员会、沙特阿拉伯石油公司、银川育成投资有限公司和广州开发区工业发展集团有限公司关于在沙特阿拉伯王国吉赞经济城组建一家合资公司的框架协议》。2017 年 8 月 24 日，由宁夏主导的中国沙特（吉赞）产业园正式进入实体运营阶段。广州泛亚聚酯有限公司石油化工化纤一体化项目是拟投资沙特吉赞经济城的第一个招商引资项目，也是沙特王国建国以来首个外国独资石化项目，被列入沙特国家 20 大重点工程项目，一期项目拟于 2018 年 3 月正式动工。

（二）中国阿曼（杜库姆）产业园

中国阿曼（杜库姆）产业园位于阿曼杜库姆经济特区，特区面积 2000 平方公里，已投资 140 亿美元，建成港口、船坞、机场、水厂、电厂、酒店、住宅、公路等基础设施。

中国阿曼（杜库姆）产业园规划占地 12 万平方公里，总投资为 53 亿元，建设周期为 10 年，分 3 期实施开发建设。按照轻、重工业两大园区规划，重点发展石化、钢铁、建筑建材、清真、海洋、仓储物流等产业。

2015 年 9 月，宁夏与阿曼签订了在杜古姆经济特区建设中国产业园合作框架协议。宁夏顺亿资产管理有限公司、宁夏建工集团、宁夏水务投资集团、宁夏住宅集团、银川方达电子、银川玉顺石油服务公司、宁夏中小企业协会共同出资 2 亿元，组建宁夏中阿万方投资有限公司，作为阿曼产业园区的实施主体，负责园区基础设施建设，并为入驻中国企业提供全方位服务。2015 年 12 月 1 日，中阿万方投资公司与阿曼杜古姆经济特区正式签署关于在杜古姆建立中国产业园整体开发协议。2016 年 4 月，阿曼万方有限责任公司、玉顺油田服务公司、杜古姆宁夏建工有限公司在阿曼杜古姆特区注册成立。2016 年 5 月 23 日，举办了阿曼万方投资有限责任公司与杜古姆经济特区政府关于建设中国产业园 50 年土地租赁开发合作整体协议签约及园区揭牌仪式。2016 年 10 月，一期现场工程营地建设。中国阿曼（杜库姆）产业园于 2017 年 4 月举行了奠基典礼和签约仪式，来自宁夏、河北、大连等地的 10 家企业同阿曼万方有限公司签订了入园协议。

（三）中国毛里塔尼亚海洋综合产业园

中毛海洋综合产业园项目位于毛里塔尼亚首都努瓦克肖特向南 28 公里，项目占地面积 103.47 公顷，总建筑面积 21.70 万平方米，规划分两期建设。项目一期规划水产品加工区、鱼粉加工区、冷链物流区、办公生活服务区、后勤保障区、国际远洋后勤保障区，建设期为 2 年，运营期 25 年（暂定）。一期申请每年 25 万吨捕捞配额以及 82 艘渔船入渔许可，达产后每年保守消耗原料鱼 20 万吨，形成产品 10.9 万吨。

中毛海洋综合产业园项目中方股东目前为中国路桥、中交第一航务工程局有限公司、中交产业投资控股有限公司、宁夏商务投资开发有限公司和宁夏交通建设有限公司。中方股东根据股份比例在国内成立合资公司，合资公司与毛里塔尼亚政府成立园区开发公司，股比分别为 80%和 20%（暂定）。

截至 2017 年 11 月，项目已完成可行性分析、园区招商、融资工作、投资审批及第一轮商务谈判，拟获得每年 40 万吨捕捞配额以及 120 艘渔船入渔许可。在第一轮商务谈判中，双方对捕捞配额及授予主体、捕捞船队享受政策、税费政策中利润税和增值税、优惠政策享受主体等核心内容达成初步一致。同时，毛里塔尼亚政府初步承诺免费提供土地并解决项目外部道路、用水、用电配套工程。中国路桥与毛里塔尼亚政府于 2017 年 12 月开展了第二轮商务谈判。

二、面临的形势

当前，宁夏牵头推进的境外产业园区和经贸合作区，既面临历史难得的机遇，同时也存在难以规避的挑战和制约。

（一）机　遇

当前，我国已成为世界第二大经济体，具备完善的工业体系，部分产业、产品比较优势明显，企业国际竞争力与日俱增，“走出去”开展国际产能合作意愿强烈。特别是随着“一带一路”倡议的深入推进实施，按照“共商、共建、共赢”原则，打造以经贸合作区为纽带、共筑人类命运共同体的发展理念日益为“一带一路”沿线国家接受，在沿线国家建设境外产业园区和经贸合作区，受到普遍欢迎。

推进境外产业园区建设，是国内资金、技术、发展模式和管理理念输出的重要渠道，不仅能有效利用沿线国家消费市场，扩大优势产品的市场占有率，带动产品、技术、服务、标准和劳务输出，加快推动企业“走出去”步伐，还有助于推动与“一带一路”沿线国家的产业合作，深化与沿线国家在产业间、产业内、产品内的专业化分工，增加东道国就业和税收，提升技术水平，促进经济共同发展。以建设境外产业园为契机，对于扩展宁夏面向“一带一路”沿线国家和地区宽领域多层次的全方位经贸务实合作具有重要意义。

（二）挑 战

目前，随着“一带一路”倡议深入实施，中国企业已建成初具规模的境外产业园区和经贸合作区 77 个，纳入商务部统计范围的境外产业园区 100 多个，各省区都在集聚“走出去”资源打造境外经贸合作区。宁夏经济总量小，“走出去”企业数量较少，实力不强，境外产业园区招商难，目前仅靠自身力量还难以形成“联合出海”的集群效应，尚未起到对在建境外产业园区的支撑作用；部分牵头推动的境外园区实施主体实力弱、管理水平不高，导致在建境外产业园区基础设施建设资金压力大、融资难；部分在建境外产业园区建设缺乏科学合理规划，轻重工业并举，主导产业不突出，产业链条不完整，配套能力弱，导致境外园区盈利能力弱、抗风险能力不强，可持续发展能力不足。同时，宁夏作为西部内陆省区，外向型人才匮乏，发展观念滞后，政策咨询、法律服务等中介服务体系不健全，创新推动园区建设的能力水平有待提高。

三、宁夏推进境外产业园区建设的总体思路及对策建议

在“一带一路”倡议背景下，宁夏境外产业园区建设的总体思路是要在准确把握与“一带一路”沿线国家经贸合作战略的对接性、产业合作的

互补性、双方企业的积极性的基础上，认真规划和布局园区，根据不同园区的条件与特点，有针对性地培育和引入园区经营主体，逐步完善园区规划和相关配套服务措施，打造更为优越和更具吸引力的园区运行环境，赋予园区越来越多共享、共赢的产业运行动力，努力打造宁夏与“一带一路”沿线国家经贸合作新载体。

（一）总体思路

基于更高层次、更大规模的视角，统筹“一带一路”沿线国家发展诉求、合作意愿、资源禀赋、投资环境、产业基础条件等，以产业衔接、产能互补为推进理念，按照因地制宜、分类施策、充分发挥所在国比较优势的基本思路，战略性布局规划境外合作区发展，加强与园区驻在国政府政策对接，进一步完善园区规划、开发模式、投融资方案，明确境外产业园建设的重点国别和主导产业，加快各园区基础设施建设，强化园区投融资能力，加大各园区招商引资，引导园区合理布局、有序发展，避免恶性竞争和同质化发展。

（二）基本原则

1.坚持统筹规划

根据国家“走出去”整体战略的要求，统筹考虑各地不同经济发展实力和“走出去”特色，设计境外产业园区整体布局与发展规划方案或指导性意见，坚持企业为主体的原则，同时运用好政府宏观调控，引导境外产业园区的发展始终在科学、理性、有序的轨道内运行。

2.坚持互利共赢

“一带一路”沿线国家境外产业园合作顺利推进和可持续发展的核心原则是风险共担、利益均沾。园区规划中突出强调合作共赢，在合作实施中要关照合作双方彼此的切身利益，选择双方均能获利、均感兴趣的项目和产业作为园区合作重点，以达成彼此关切都能落到实处，夯实合作基础。

3.坚持集约化发展

集约化是园区的生命力和特色所在。坚持高起点打造、集约化发展方向，充分释放其产业对接、资源共享、风险同御的优长，彰显园区的集约效应。

4.突出辐射带动

境外产业园区不仅要成为产业集聚地，还应具备辐射带动力，为境外投资合作确立样板模式，为产业输出提供最佳选择。要把握园区功能培育方向，在产业、技术、人才引进与整合上做好文章，通过优质资源的有机整合，优化提升园区效能，使园区不仅成为境内外产业的集结地，还能引领带动合作双方国家经济的发展和产业实力的提升。

（三）政策建议

建设发展境外产业园区对宁夏“十三五”时期“开放型经济新体制”的形成、对宁夏打造“一带一路”建设支点、对宁夏企业更好地“走出去”均具有十分重要的意义。但要实现上述目标，迫切需要深化宁夏境外产业园区的建设与发展。具体而言，应做好以下几个方面的工作：

1.明确园区功能定位，完善园区产业规划

要积极参照国内外已建及在建境外园区成功经验，在对东道国经济环境、市场条件和优惠政策、法律和安全状况等作出科学、系统、客观分析的基础上，发挥境外园区主导企业自身比较优势，按照能源资源开发、市场拓展，利用土地、劳动力型以及规避贸易壁垒等功能，明确境外园区定位。同时，要结合园区驻在国投资发展规划及市场发展需要，合理确定境外园区主导产业和发展规划，每个境外园区主导产业及主要产品不宜超过3个，突出园区特色，以便为园区后续发展提供明确方向。

2.确定园区开发模式，优化园区融资渠道

境外产业园区建设投资规模大、建设周期长、资金回报率低，商业资金前期进入意愿度不高，尤其是“一带一路”沿线国家和地区的经济发展水平普遍比较落后，投资风险较大。境外产业园区开发应采取“整体规划、分期实施、滚动开发”模式，加强与国内大型央企、名企和园区驻在国政府、企业及国际知名中介机构合作，共同组建境外园区专业开发团队，实现园区共建、利益共享、风险共担。

同时，要采取多元化投资组合，为境外园区建设提供可持续的资金来源。应充分利用国开行、进出口银行等政策性金融机构，以及丝路基金、中国—欧亚经济合作基金、中非发展基金等投资基金，尽可能争取中央、地方政府和上下游产业链企业参与投资，发挥各自优势，共同出资组建境外园区投资基金，也可以通过资本市场发行企业债券来为境外合作区的建设和入园企业筹集资金，保证境外产业园区建设资金的可持续发展。

3.强化园区招商引资，增强园区集聚效应

境外产业园区成败关键在于招商效果和入园企业的可持续发展情况。要积极利用中阿博览会等平台，多途径、多渠道加大境外园区的宣传和推广，建议按照境外园区主导产业上下游，采取定向招商、专业招商、以商招商等形式，积极引进合适企业入园，专注产业相关性和配套性，注重培育园区产业特色、技术特色和品牌特色，力争形成园区产业集聚效应，增强园区可持续发展能力。

4.通过政府推动，加大园区政策支持

境外产业园区建设涉及面较广，需要政府协调推动。境外产业园区作为两国投资合作的重要载体，符合两国的利益和意愿，因此较一般经济园区容易获得双方政府的关切。应充分利用双边联委会、混委会、高委会等高级别联席会议机制，特别是在宁夏举办的中阿博览会平台，推动由政府协调解决境外产业园区建设中遇到的困难和问题。推动宁夏境外产业园区进入国家“一带一路”建设重点支持项目清单，在积极争取国内投资审批、两优贷款、投资奖励等政策的同时，要尽可能争取园区驻在国的土地、税收、劳工、特许经营等方面的优惠政策，尝试在特殊政策支持体系下激发境外园区最大发展活力与运营效率。

5.培育专业化管理团队，提升园区综合服务水平

人才的匮乏对于境外产业园区的发展无疑是个很大的制约因素，尤其是宁夏地处西部地区，更是人才外溢较为明显的省份。要积极培养和引进具有国际化视野、先进管理经验和具备跨国经营素质的人才，组建专业化的咨询、财税、金融、企业管理团队，来运营管理境外产业园区。同时，专业化的运营服务能力是境外产业园区开发模式的核心竞争力所在。要在重视产业园区的各项基础设施建设的基础上，最大限度争取园区驻在国政府管理部门支持，复制并提升国内开发区管理模式，减少或合并项目审批流程，缩短审批时间，以企业为主导和核心，针对入住园区的企业个性化需

求进行量身打造体系化、菜单式、便捷性的“一站式”服务，增强园区对外吸引力和整体竞争力。

6.坚持园区建设本土化战略，做好园区风险防范

境外产业园区是否具备可持续运营能力，不仅取决于其运营的外部环境与条件、经营特色与比较优势、自身盈利能力，而且还需要关切产业园区对东道国当地经济与社会发展的贡献。要想获得园区持续发展，就要更好地融入当地社会，注重行为的本土化，尊重驻在国法律与文化，使园区企业和个人行为符合当地规范；注重人才的本土化，更多地培养和接纳本地员工；注重产品的本土化，在产品花色、外观、性能、包装等方面，充分融入当地元素与民族特色，并在产品的宣传与销售上充分尊重当地习惯与方式；注重社会服务的本土化，在劳工利益维护、生态环境保护、社会公德守护等方面作出积极贡献，塑造起良好的园区形象，为境外产业园区及入驻企业的正常运营提供保障。

同时，境外企业要避免境外投资风险，不仅需要企业自身设立防范措施，也需要和国内保险金融机构合作，最大限度降低风险发生的损失。中国出口信用保险公司已经向境外产业园区的企业提供境外人身险、境外投资财产险等服务，根据园区企业自身的承保政策为企业以及项目进行承保，来防范和降低投资风险。

宁夏城乡居民信息消费差距与经济增长互动关系研究

王 瑜 施 娜

一、引 言

2017年8月24日，国务院出台《关于进一步扩大和升级信息消费 持续释放内需潜力的指导意见》(以下简称《意见》)，提出要进一步升级信息消费，持续释放经济活力和消费潜力。这是自2013年发布《关于促进信息消费扩大内需的若干意见》后，时隔4年，国务院再次发文促进信息消费。正如《意见》中所述，信息消费“已成为当前创新最活跃、增长最迅猛、辐射最广泛的经济领域之一，对拉动内需、促进就业和引领产业升级发挥着重要作用”。根据中国信息通信研究院数据，我国信息消费规模由2013年的2.2万亿元增长至2016年的3.9万亿元，年均增幅高达21%，为同期最终消费增速的2.4倍，占最终消费支出的比重提高到9.2%，对GDP增长贡献达到0.26个百分点。同时，信息产品也从手机、电脑向数字家庭、虚拟现实、智能网联汽车等产品延伸，可穿戴设备、消费级无人机等新产品也不断涌现。此外，信息服务从通信需求转向应用服务和数字内容消费，

作者简介:王瑜，北方民族大学商学院教师，副教授;施娜，宁夏人民教育出版社副社长，副编审。

移动互联网、网络支付等信息消费支撑要素也日臻完善，带动 O2O 生活服务、在线教育、在线医疗等新兴消费市场快速成长。

信息消费提高了人们的生活水平，加速了知识转化为生产力的进程，推动第三产业迅速发展，逐渐成为带动国民经济发展的重要力量。与传统信息消费发展困境产生鲜明对比的是网络时代新型信息消费的繁荣，当前，新型信息消费已经渗透到人类的物质消费、精神消费和劳务消费等各种消费活动中。①根据国际经验，人均 GDP 提高到 6000 美元以上后，人们对健康更加关注，对休闲娱乐、文化旅游、信息通信等精神消费的需求明显提升。②

宁夏人均 GDP 从 2015 年的 6750 美元增长到 2016 年的 7050 美元，消费结构呈现向信息、文化等消费演变的趋势，信息消费正成为扩大内需战略支点。2017 年，随着信息网络的普及和工业产品的智能化，信息消费规模将不断取得新突破，信息消费在总消费中的占比将明显上升。我国的二元经济结构，使得宁夏城乡居民在收入水平、基础条件等诸多方面存在差异，也使得宁夏城乡居民在信息消费方面表现出了不同的特征。正确把握宁夏城乡居民信息消费现状、结构和变化趋势及发展特征，对促进信息消费，引导释放居民消费潜力，扩大内需，稳定经济增长具有重要现实意义。

二、宁夏城乡居民信息消费水平、特征及差距

最早始于情报学研究领域的信息消费，后来逐渐扩展到消费经济学、产业经济学、信息经济学等领域。为促进信息消费大力发展，众多学者对于中国信息消费理论、行为和实证进行了大量研究。一种观点认为，狭义上信息消费与信息产品消费等同，广义上信息消费是指信息需求者吸收相关信息，并根据实际情况加工形成符合自己行动方案决策的全过程。还有观点认为，信息消费是社会信息生产和交流的延续，是信息消费者获取信息、认知信息内容和再生信息等基本环节所构成的社会活动。从目前我国信息消费的阶段和特点来看，信息消费主要是对信息产品和服务的购买、

①中国互联网络信息中心：《第 39 次中国互联网络发展状况统计报告》，2017-01-22。

②工业和信息化部：《2013 年中国工业通信业运行报告》，http://www.miit.gov.cn。

使用过程。①

居民信息消费水平的评价方法大致可以分为两类，第一种是单一指标评价法，第二种是综合指标评价体系。这两类评价方法中，占据主流的是单一指标评价法，其中被广为接受的是信息消费系数评价法。信息消费系数最早见于日本学者的研究，当时是在信息化指数模型中作为一项子指标提出的。日本电讯与经济研究所提出了“社会信息化指数”指标，从信息系数、装备率、信息量及通信主体水平4个方面来测量信息化发展程度。其中的信息系数是指个人消费中除衣食住以外的杂费所占比重。考虑到数据的获取性以及与其他研究的可比性，本文亦将居民的医疗保健、交通通信、娱乐文化三项消费支出额总数作为居民信息消费额。

从微观角度分析宁夏居民信息消费水平，依照国家统计局居民消费水平的测算方法，即按常住人口计算居民信息消费支出，即居民信息消费支出占其消费支出总额的比重。信息消费系数展现了研究信息社会和信息化发展阶段的一个新维度，因信息消费系数与恩格尔系数有相似的计算公式，所以被称为“新恩格尔系数”。宁夏城乡人均信息消费系数在2012—2016年有大幅增长。城镇居民信息消费系数由2012年的0.292增加到2016年的0.37，增幅为26.7%，平均每年增5.34%；农村居民信息消费系数由2012年的0.278增加到2016年的0.38，增幅为36.7%，平均每年增长7.33%（表1、表2）。

（一）城乡居民信息消费增速和结构变化明显

从绝对数看，宁夏城乡人均信息消费额在2012—2016年都有大幅增长。2012年，城镇居民人均信息消费额为4102元，2016年为7200元，增加了3098元；2012年，农村居民人均信息消费额为1564元，2016年为3200元，增加了1636元。（表1、表2）2016年，城镇居民人均信息消费额比2012年增长了75.52%，平均每年增长11.58%；2016年农村居民人均信息消费额比2012年增长了104.6%，平均每年增长17.62%，两者增速存

①国家信息中心:《信息消费：概念、特征以及问题》,http://www.sic.gov.cn/News/455/8045.htm。

表 1　2012—2016 年宁夏城镇居民信息消费情况

单位：元 / 人

年 份	医疗保健	交通和通信	教育文化娱乐卫生	人均总消费	信息消费	恩格尔系数(%)	信息消费系数	全国城镇居民信息消费系数
2012	929	1063	2110	14067	4102	33.9	0.292	0.333
2013	1159	2504	1868	15321	5531	31.95	0.361	0.34
2014	1617	2553	1958	17216	6128	27.85	0.356	0.348
2015	2016	2510	2390	18984	6916	25.72	0.364	0.359
2016	2100	2520	2580	20364.2	7200	24.31	0.370	0.361

表 2　2012—2016 年宁夏农村居民信息消费情况

单位：元 / 人

年 份	医疗保健	交通和通信	教育文化娱乐卫生	人均总消费	信息消费	恩格尔系数(%)	信息消费系数	全国农村居民信息消费系数
2012	518	653	393	5633	1564	29.58	0.278	0.298
2013	652	801	401	6465	1854	26.47	0.287	0.368
2014	857	961	867	7676	2685	29.00	0.35	0.37
2015	926	1071	995	8415	2992	29.45	0.356	0.381
2016	1010	1130	1060	9200	3200	26.26	0.38	0.391

在明显差异，农村居民信息消费支出增速高于城镇居民。

从 2012—2016 年信息消费的构成变动上看，其构成项目的医疗保健、交通通信和文教娱乐各项在城乡居民信息消费中比重变化趋势不尽相同。交通通信在居民信息消费中所占比重城乡都上升较快，但具有不同特点。城镇居民交通通信比重由 2012 年的 25.9%，快速上升到 2016 年的 35%，农村居民交通通信比重从 2012 年的 41.75%逐步下降到 2016 年的 35.31%。居民医疗保健比重，只有城镇居民变化明显，从 2012 年的 22.65%逐步增加到 2016 年的 29.17%，农村居民医疗保健比重从 2012 年的 33.12%逐步下降到 2016 年的 31.56%。文教娱乐比重城乡变动趋势差别较大，城镇居民文教娱乐比重先降后升，由 2012 年的 51.44%逐年下降到 2015 年的 34.56%，2016 年又上升到 38.83%；农村居民文教娱乐比重则稳步上升，从 2012 年的 25.13%逐渐上升到 2016 年的 33.13%（见表 3）。由此可以看出，在城乡的信息消费结构变迁中，交通通信、医疗保健和文教娱乐各自所占比重变化均有较大差异，且城镇变化速度均快于农村。

表 3 宁夏城乡居民信息消费结构变化

单位：%

年 份	宁夏城镇居民医疗保健占信息消费支出比重	宁夏城镇居民交通和通信占信息消费支出比重	宁夏城镇居民教育文化娱乐卫生占信息消费支出比重	宁夏农村居民医疗保健占信息消费支出比重	宁夏农村居民交通和通信占信息消费支出比重	宁夏农村居民教育文化娱乐卫生占信息消费支出比重
2012	22.65	25.91	51.44	33.12	41.75	25.13
2013	20.95	45.27	33.77	35.17	43.20	21.63
2014	26.39	41.66	31.95	31.92	35.79	32.29
2015	29.15	36.29	34.56	30.95	35.80	33.26
2016	29.17	35.00	38.83	31.56	35.31	33.13

（二）城乡居民信息消费差距变化显著

虽然城乡人均信息消费支出的绝对差距在逐渐扩大，2012 年城镇居民的信息消费比农村居民多支出 2538 元，2016 年多支出 4000 元，但增长的相对差距在逐渐缩小，2012 年城镇居民人均信息消费支出是农村的 2.62 倍，2016 年下降到 2.25 倍。（表 4）

表 4 宁夏城乡居民信息消费差距变化

年 份	宁夏城乡居民信息消费差距	宁夏城乡居民消费差距	宁夏城乡居民收入差距	宁夏城乡居民信息消费水平差距	宁夏城乡居民消费水平差距	宁夏城乡居民收入水平差距
2012	2538	8434	13651	2.62	2.50	3.21
2013	3677	8856	14902	2.98	2.37	3.15
2014	3443	9540	14875	2.28	2.24	2.77
2015	3924	10569	16067	2.31	2.26	2.76
2016	4000	11164.2	17301.4	2.25	2.20	2.76

从增速上看，两者增速都比较快，且农村略高于城镇。自 2012 年以来，宁夏城乡居民信息消费额和消费系数增长较快，增速相差不大，说明人们在满足基本生存需求后，用于满足更高层次的精神需要的支出增长较快，但城乡居民信息消费差距有先增后减的趋势。宁夏城乡居民信息消费差距在 2012 年之前快于城乡居民收入差距的变化，但是在 2012—2016 年，

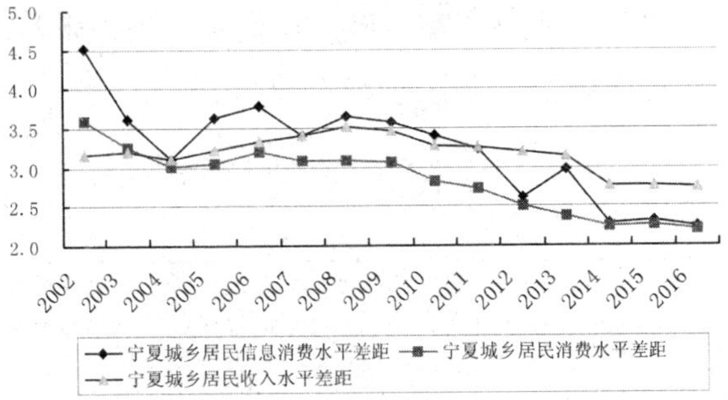

图1　宁夏城乡居民信息消费差距与收入差距变化

低于城乡居民收入差距的变化，且趋于平稳，这说明宁夏城乡居民信息消费日渐成为一种刚性消费，很多居民对信息消费的认识更加理性，因此表现出来时间差异的平稳性。（图1）

（三）城乡居民信息消费倾向和对经济增长贡献变化显著

信息消费倾向是指信息消费支出与其收入的比值，其数值的大小也反映了人们信息消费水平的高低。2012—2016年，城乡居民信息消费的倾向差异显示（见表5），宁夏农村居民的信息消费倾向明显高于城镇居民。考虑到2002年来宁夏城乡居民信息消费的迅猛发展，选取2002—2016年历年《宁夏统计年鉴》数据，以绝对收入假设为基础，建立宁夏城乡居民信息消费函数，得到斜率项可解释为城乡居民的边际信息消费倾向。

表5　2012—2016年宁夏城乡居民信息消费

年份	2012	2013	2014	2015	2016
城镇居民信息消费倾向	0.207	0.253	0.263	0.275	0.265
农村居民信息消费倾向	0.253	0.267	0.319	0.328	0.325
信息消费贡献率(%)	14.9	21.1	33	34.1	21.1
信息消费拉动经济增长率(%)	1.69	2.13	2.23	1.98	1.73

从信息消费函数来看，城镇居民收入每增加100元，平均将有26.5元用于增加信息消费支出；农村居民收入每增加100元，平均将有35.2元用于增加信息消费支出。农村居民的边际信息消费倾向也高于城镇居民。

从信息消费贡献率[①]来看，2012—2016年，宁夏居民信息消费对经济

①信息消费贡献率指最终信息消费支出增量与支出法GDP增量的比重，反映了信息消费增长对经济增长的贡献。

增长的贡献率先逐步提高，然后有所回落，由14.9%上升至34.1%。未来两年，随着信息消费规模的快速提升，信息消费对经济增长的贡献率也将不断提高，预计2017—2018年将超过25%。从居民信息消费拉动经济增长率[①]来看（或者说信息消费拉动经济增长的百分点，该指标能够反映信息消费对经济增长率的拉动程度），居民信息消费对拉动GDP的作用也在逐步增强，由2012年的1.69%上升至2014年的2.23%，随着宁夏信息产业的供给侧结构调整以及GDP增速的放缓，预计未来两年仍将保持在1.7个百分点左右，这也说明宁夏经济增长的信息消费基础在不断打平，但是其结构升级和优化速度与经济增速存在“滞后效应”，具体的滞后程度和相互影响关系需要进一步实证分析。

三、宁夏城乡居民信息消费差距与经济增长关系的实证分析

为了分析宁夏城乡居民信息消费差距与经济增长的影响关系，选用宁夏城乡居民信息消费差距（XJ）和人均国内生产总值（PGDP）分别作为解释变量与被解释变量。解释变量与被解释变量均为经济时间序列，为消除时间序列指数趋势和异方差性，需要对这两个变量取对数处理，并以LXJ和LPGDP表示。（见图2）然后依次对时间序列数据进行平稳性和Johansen协整检验，构建了VAR（向量自回归）模型和VEC（向量自回归误差修正）模型，以及格兰杰因果关系检验，确定了宁夏城乡居民信息消费与国民经济增长之间的因果关系，最后再应用脉冲响应函数和方差分解法，分析了经济增长对宁夏城乡居民信息消费水平差距的冲击响应情况。[②]

平稳性检验结果表明，LPGDP与LXJ分别是滞后二阶和一阶单整序列。Johansen协整检验结果表明，在5%显著性水平下，无论是最大特征根检验还是特征根迹检验，LPGDP与LXJ之间均存在协整关系，也就是说两个变量之间存在着长期稳定均衡关系，即从长远角度来看，信息消费差距

①居民信息消费拉动经济增长率（或者说信息消费拉动经济增长的百分点）指的是一个国家或地区在一定时期内的信息消费贡献率与经济增长率的乘积。

②限于篇幅，未将所有检验图表和数据展示出来，仅对分析结果进行说明。

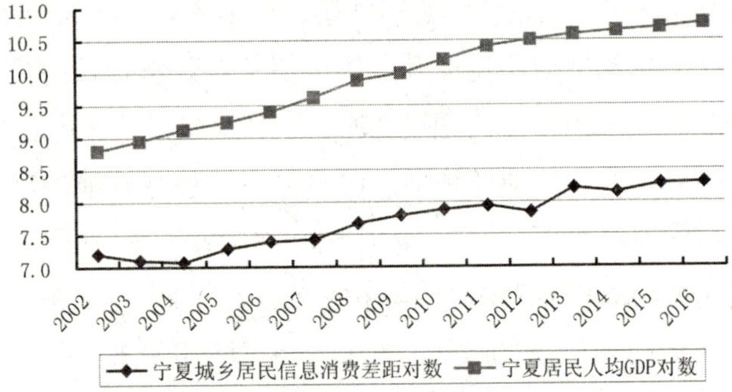

图 2　宁夏城乡居民信息消费水平差距对数与人均 GDP 对数变化

对经济增长存在显著负向影响。

根据 VAR 模型分析可知，从滞后一期看，居民信息消费差距对经济增长的影响是负向的，其影响系数为 0.127，意味着当居民信息消费差距降低 1 个单位时，会使人均 GDP 增加 0.127 个单位。从 VEC 模型分析得出，短期来看，信息消费差距对经济增长产生的影响是不稳定的，存在波动情况；经济增长与居民信息消费差距两个变量存在长期稳定均衡关系，并且呈负相关，信息消费水平差距的扩大可降低国民经济的增长。脉冲响应函数分析也进一步印证，经济增长从第一期开始对居民信息消费差距的响应就为正向，并且响应幅度随着时间的推移，信息消费差距的增大存在放大的趋势，说明随着信息消费差距的不断加大，产业结构经济增长方式的转变，信息消费差距对经济增长的影响也越来越大。最后通过方差分解法，研究 VAR 模型的动态特征，可知，第一期经济增长的波动不受信息消费差距变动的干扰，只受其自身波动的影响，信息消费差距对经济增长的波动冲击在第二期的时候才开始显现，并随着时间的推移，这种冲击的效果不断加强，到 2016 年的时候已达到 71.79%。经济增长对自身的冲击影响从第一期的 100%逐步下降到 2016 年的 28.21%。

综上，宁夏居民信息消费差距对经济增长的拉动作用存在明显的“滞后效应”，且滞后期为两年。因此在经济快速发展的同时，需要增加对信息消费的投入并实施相应的扶植政策，使这种带动作用足够明显。随着经济的发展，必然会引起信息消费需求的扩张，为顺应时代需求，需要加快社会信息化进程、改善信息消费环境等。由于信息产业结构变动、经济增长方式转变加快等原因，其影响效果大于经济增长对居民信息消费差距的作用。同时利用信息消费特有的优势，培养高科技、创新型人才，大力发展信息产业和第三产业，升级人们的消费结构，优化产业结构，转变当前以投资为主导的经济发展模式，实现国民经济可持续发展。不断缩小的城乡居民信息消费差距对经济增长的影响正逐渐增大，意味着如果有一项能适当促进居民信息消费的政策，缩小城乡居民信息消费差距，扩大居民信息消费规模，长远来看会对拉动宁夏经济增长具有重大意义。

四、存在的问题及对策建议

（一）城乡居民信息消费增长迅速，短板依然存在

宁夏城乡居民信息消费大幅增长，反映了社会信息化进程不断加快，也反映出人民生活水平的不断提高。为了适应快速增长的信息消费需求，要继续大力发展现代信息服务业，积极开发科技、教育、医疗保健、新闻出版、广播电视、文学艺术以及社会保障等领域的信息资源，以满足城乡居民对信息服务日益增长的需要。信息消费品拥有量的差距自然导致了城乡居民信息消费量的差距。因此，要进一步落实信息消费品下乡的政策，以优惠的条件促进农村居民信息消费品拥有量的提高，从而缩小全区城乡居民信息消费差距。

（二）信息消费内容和层次仍需大力提升

要继续大力发展数字出版、新媒体互动、移动多媒体等新兴文化产业，促进动漫游戏、数字音乐、网络艺术品等数字文化内容的消费。要继续加快建立技术先进、传输便捷、覆盖广泛的文化传播体系，提升文化产品多媒体、多终端制作传播能力。拓宽电子商务发展空间。要继续完善智能物流基础设施，支持农村、社区、学校的物流快递配送点建设。

（三）农村居民交通通信消费增速高于城镇居民

在城乡居民信息消费结构变迁中，交通通信增长最快，且农村增速高于城镇，这说明农村居民的交通通信信息需求旺盛，需求的增长空间较大，应给予重视并提供丰富的交通通信信息产品服务，且不能忽视农村地区。

要继续打造网络基础支撑新优势，深入实施“宽带中国”战略和提速降费指导意见，加快构建高速宽带、天地一体、泛在智能、安全可控的新一代国家信息基础设施，为经济社会数字化、网络化、智能化发展提供坚实的网络基础。

（四）收入差距仍是制约城乡居民信息消费差距的主要因素

相对来说，收入低的人群比收入高的人群有较高的边际消费倾向，农村居民的边际信息消费倾向高于城镇居民符合这个规律。农村居民的边际信息消费倾向比城镇居民高，如果增加农村居民收入对信息消费的拉动作用将会更大，宁夏社会信息化进程将进一步加快，对整个国民经济的拉动作用也必将更为显著。城乡收入差距是造成信息消费差距的首要原因，因此要快速增加农民收入，缩小城乡收入差距，要继续通过对农村的政策支持和财政投入来提高农村居民的收入，对进一步缩小城乡差距，拉动信息消费乃至经济增长有重要作用。

（五）填补城乡“数字鸿沟”的步伐仍需加快

要增加农村教育投入，提高农村居民文化素质，增强农村居民的信息技术运用能力，政府相关部门应加大对信息消费宣传力度，提高农村居民信息消费意识，从而带动信息消费量的增加。同时，通过各种渠道宣传信息技术，以促进农村居民对信息技术的掌握，从根本上改善农村居民信息消费水平；要加强农村地区基础设施建设，营造良好的信息消费环境。虽然当前农村信息基础设施建设已取得一定成就，但比起城市来说，差距还很大。信息基础设施建设的差距也是导致城乡居民信息消费差距的一个原因，所以，当务之急，政府有关部门及相关企业应积极推进农村信息基础设施建设，开拓农村信息消费市场。

（六）进一步落实国家信息消费政策，扎实推进信息消费试点工作

作为工信部首批国家信息消费试点市（县、区），银川市信息产业发展迅速。要继续加快城市宽带网普及建设，推进农村宽带网延伸覆盖，加快下一代数据中心建设，打造中阿网上丝绸之路，推进“三网融合”发展。①

①《自治区人民政府关于印发“宽带宁夏”建设实施方案的通知》（宁政发〔2015〕51号）。

将“宽带宁夏”建设、“宽带中国”示范城市创建、电信普遍服务试点工作相关支持政策执行情况纳入属地市县效能考核和扶贫考核。①

（七）全面落实自治区第十二次党代会提出的“三大战略”和“五个扎实推进”

重点发挥信息化引领支撑作用，实施新兴产业提速工程，加快发展大数据产业，统筹推进“互联网+政务”、西部云基地、新型智慧城市、新一代信息基础设施和中阿网上丝绸之路经济合作试验区暨宁夏枢纽建设，做好“互联网+”的文章，发展信息消费和数字经济，推进产业转型发展，为实现经济繁荣、民族团结、环境优美、人民富裕，与全国同步建成全面小康社会提供新动能。②

---

①《自治区人民政府办公厅关于加快高速宽带网络建设推进网络提速降费的实施意见》(宁政办发〔2015〕131号)。

②陶少华:《聚焦信息消费，发展数字经济》,http://www.nxcloud.com.cn/hyyw/1116.jhtml。

共享经济背景下宁夏共享物流发展策略研究

杨永光　郝殿君

近几年，随着信息技术的飞速发展，催生了共享经济的新经济现象。从资源的个体占有，到共享使用，共享经济改变了传统消费模式与产业生态，创新了商业模式，对于提升消费便利性、促进我国经济结构转型升级具有重要意义。2015 年，党的十八届五中全会公报提出："要实施网络强国战略，实施'互联网＋'行动计划，发展分享经济，实施国家大数据战略。"新形势下"发展分享经济"，已上升为党和国家的战略规划。在共享经济背景下，共享物流也被赋予更丰富的内涵，并创新了诸多商业模式，如车货匹配、共同配送、共享设备、共享云仓、物流众包、供应链金融跨界服务、共享卡车后市场服务、共享仓库屋顶光伏发电等。

随着资本的追捧，各种共享物流商业模式渐次落地，显现了强大的生命力，但是作为新生事物，它的发展又受到各种因素的制约。当下，大众对共享经济的认识也仅是"共享单车"。共享物流的发展是基于诸多条件的，既需要政府顶层设计与扶持，也需要市场驱动与企业投入，是需要全社会共同行动的、长期性的工程。笔者结合宁夏物流业现状及存在的突出

作者简介：杨永光，宁夏工商职业技术学院物流管理专业教师；郝殿君，宁夏物流与采购联合会秘书长。

问题，分析宁夏发展共享物流的意义与可行性，提出宁夏发展共享物流的建议。

一、宁夏物流业存在的突出问题

“十二五”期间，宁夏物流业整体取得长足发展，但也存在一些突出问题。

（一）缺乏大型龙头企业，战略支持作用不强

近几年，宁夏物流企业正在由单一型物流服务向综合型物流服务过渡，大型龙头企业仍然很少。从抽样调查结果来看，企业资产规模在 2000 万元以下的占 71.1%，2000 万～1 亿元的占 17.5%，1 亿元以上的占 11.3%。企业普遍规模小，资源分散，整体实力弱，受外部经济环境、运营成本变动、市场竞争等综合因素的影响都比较大，亟须壮大自身实力。

（二）企业盈利能力偏弱，融资渠道狭窄

当前，宁夏物流企业普遍营业收入较低、资金匮乏、融资渠道狭窄，除商业银行贷款和政府财政补贴之外，企业几乎无法从其他渠道获得建设资金。金融机构少、手续繁琐、融资时间过长等问题长期困扰着企业，亟须创新企业融资方式，加大政策与金融系统的支持力度。

（三）企业先进信息设备应用率较低，智慧物流任重道远

“十二五”时期，宁夏物流业信息化建设进程加快，部分物流园区建成了信息平台，一些大型企业已使用较先进的信息设备。但从整体看，先进信息化设备的普及率仍然较低。被调研的企业中，79.5%的物流企业已经初步建立了信息系统，但是先进的信息设备的应用率却很低，例如，GPS 使用率为 29.5%，条形码使用率为 29.5%，EDI 技术使用率为 13.6%，RFID 使用率为 2.3%，距离智慧物流的目标还有相当长的路要走。

（四）劳动力素质普遍较低，专业化物流人才紧缺

宁夏物流企业大多是由传统的仓储、运输公司转型而来，从业人员普遍学历层次低、综合素质低。经过调研，当前宁夏物流企业对物流人才的紧缺度排序是：综合型物流管理人才、物流信息管理人才、营销管理人才、运输管理人才、供应链作业人才、国际物流业务管理人才、库存管理人才、特种作业人才等。今后各高校、职业院校在人才培养方面要对接物流企业

的人才需求，加大综合型物流管理人才等多种类型的高素质人才的培养，为区域物流业提供人力资源保障。

二、宁夏发展共享物流的意义

物流业是国民经济的基础性、战略性产业，渗透到工业生产、居民消费、生活服务等各个领域。发展共享物流就是要通过“互联网 + 物流”，创新物流业态，拉动多式联运、城市配送、冷链物流、电商物流、商贸物流高效运行。

（一）有利于整合设施资源，提高利用效率

借助“互联网 + 仓储”，共享仓储资源与库存信息，可以逐步实现仓储业务网上交易与管理及库存实时监控，还可以实现园区业务集中管理，盘活存量资源，优化功能定位，加速物流园区产业集聚，实现物流节点功能互补和联动发展。

（二）有利于壮大企业规模，增强竞争实力

当前，宁夏企业自营物流比较普遍，专业化第三方物流企业发展缓慢。借助共享物流契机，可以推动第三方物流企业，在互联网平台上大范围整合企业、创新商业模式、开展车货匹配与共同配送等共享物流业务，加快发展速度，扩大经营规模，壮大自身实力，形成对区域产业的强大支撑。

（三）有利于提升企业盈利能力，促进共享金融发展

发展共享物流可以在互联网环境下实现集约经营，让众多中小型物流企业抱团发展，形成规模效应，提升企业盈利能力。在共享经济背景下，物流企业的信息更加透明，诚信体系逐步建立，供应链集成度越来越高，非常有利于企业深入开展仓单质押等物流金融业务，拓宽企业融资渠道。

（四）有利于加快信息技术应用，推动智慧物流互动发展

在系统化理论的指导下，有组织地发展共享物流可以加速先进信息技术的推广应用，形成共享物流与智慧物流互动发展的局面。共享物流推进过程中会带动企业积极使用卫星定位系统、地理信息系统、RFID、大数据等先进信息技术，刺激企业融入信息化社会，以信息化助推自动化、智能化物流的实现。

（五）有利于产教融合，提升人才质量

物流业的发展离不开专业化人才队伍，高素质人才又可以推动物流业发展。发展共享物流可以促进物流新技术应用，促进校企双方协同发展。通过校企双方对紧缺物流专业人才的共享对接，有利于院校及时把握行业人才需求动向，调整教学方向与专业设置，拉动教学改革与课程改革，促进教育教学水平提升。

三、宁夏发展共享物流的可行性

虽然当下宁夏物流业发展存在困境，但是始终都在稳步提高，已经具备发展共享物流的基本条件。

（一）智慧城市深入推进，信息化基础逐步夯实

随着智慧城市、中卫云计算基地、银川大数据中心以及“八朵云”的建设，宁夏发展共享物流具备了坚实的信息化基础，可以建立物流信息采集、处理和交换的共享机制，加速联通物流信息资源，消除“信息孤岛”，建立信息共享平台，推动智能物流技术应用，建设共享物流体系。

（二）标准化物流正在推广，设备共享已经起步

托盘标准化与循环共用是实现物流系统互联互通的有效抓手。商务部已经在全国开始推广标准化物流。据初步统计，2016 年全区标准化托盘循环使用量达到 35405 块，企业自购自用各类托盘约 15000 块。宁夏新华百货物流公司等企业已率先在全区零售行业开展托盘置换业务，为宁夏推广标准化物流作出了示范，提供了经验。

（三）物流节点初具规模，共享条件已经具备

近几年，发达地区的物流基础设施逐步走向“云端”。随着宁夏大规模物流节点的建成，各园区信息平台相继投入运营以及先进信息化技术加快应用，宁夏物流节点的“线上”共享条件已经具备，资源集聚效应越来越明显，闲置资源亟待挖潜，物流园区共享化产业生态正在形成。

（四）共同配送先行先试，积累了发展经验

2012 年，银川市被商务部列为首批“国家现代物流技术应用和共同配送综合试点城市”之一。在银川市商务局领导下，分别在新华百货、领鲜物流等企业开展了共同配送试点。各企业建设了共同配送信息平台，引进使用了条码技术、RFID、卫星定位、激光导引无人运输车等先进设备，升级改造了农产品冷藏库，开发使用了冷链信息管理系统，应用了标准化托盘、叉车与包装设备，实现了仓储智能管理、货物实时追踪。通过骨干流通企业的共同配送，为发展共享物流积累了宝贵经验。

四、宁夏发展共享物流的建议

“一带一路”倡议下，宁夏致力于打造新丝绸之路经济带战略支点，本着创新、协调、绿色、开放、共享的发展理念，宁夏发展共享物流可从以下几个方面着手。

（一）加快普及先进信息技术，推动智能物流发展

当前，宁夏骨干流通企业已经使用先进的物流信息设备，大量中小型物流企业的信息技术使用率仍然很低。自建信息平台会浪费大量资金并占用网络资源，因此首先要加快物流公共信息平台建设，支持企业接入物流公共信息平台，分享个体资源的同时获取他人的共享资源。其次，鼓励企业结合实际情况，应用条码技术、RFID、北斗定位、智能仓储等先进技术设备与管理信息系统，提高信息处理速度。近几年，我国用工成本逐年上涨，机器换人已成趋势，宁夏物流业要发展“互联网 + 高效物流”，普及智能技术，推广立体仓库、分拣机、智能机器人等智能设备，借助先进信息技术，提高供应链集成管理水平。

（二）全面推广标准化物流，启动设备共享模式

托盘、周转箱等单元化物流器具的循环共用是标准化物流的核心。近几年，宁夏商贸物流业已经开始推广标准化物流，宁夏物流企业可着重开展以下共享物流设备模式。

1.发展带板运输

带板运输即托盘循环共用或托盘联运，在物流全过程中以托盘为单位，中间不换托盘，一贯化作业。政府要加大标准托盘宣传力度，引导企业了解带板运输的好处与运作方式，加强行业协会的联通作用，制定行业规则，鼓励企业积极融入社会化托盘联运系统与共享平台，淘汰非标托盘，减少

托盘购买投资，采用租赁、置换等方式循环使用联运托盘，以物流企业为“链主”，加强链上企业沟通协调，参与托盘联运。

2.推广周转箱循环共用

标准化物流周转箱是和标准托盘规格相匹配的、可重复使用的包装物。首先，要从农产品物流着手，突出农产品流通企业的主体地位，整合农户、合作社、运输车辆、冷藏库、门店于一体，将周转箱置于共享平台上，从上游农户到下游门店，采用抵押、租赁、置换、回购等方式，循环使用标准化周转箱。其次，要研制开发适合宁夏特色农产品的专用周转箱，减少流通环节损耗。宁夏特色农产品电子商务正在快速发展，要开发适合特色农产品电商物流的轻量化包装箱、可降解包装材料以及可循环使用的专用包装箱，打造绿色物流。最后，要实现周转箱、标准化托盘、叉车、配送车辆的协调共用，建立完善的农产品标准化物流体系，提高流通效率。

3.培育共享叉车市场

叉车是使用最频繁的装卸搬运工具。发展共享叉车，可以满足企业的季节性、临时性需求，节省企业设备资金投入以及后期保养与维护成本。共享叉车企业拥有多种类型与功能的叉车，可以完成一些特殊商品的专业化装卸搬运任务。发展共享叉车，首先要基于信息平台，通过在线实时传递，实现叉车信息共享，提供叉车租赁服务。我国的叉车租赁市场刚刚起步，发展前景广阔，宁夏要推广应用环保电动叉车，加大共享叉车市场的培育力度。

（三）建设物流公共信息平台，构建“共享云仓”

通过物流园区、配送中心的信息平台，在线分享仓储与运输信息，运用智能仓储管理系统、电子标签拣选、自动分拣、智能手持终端等先进信息技术，将分散的物流园区仓储、设施设备信息线上对接，构建“云仓”信息库，匹配闲置资源，实现仓储业务网上交易与管理，提升物流节点的服务功能，减少重复建设，促进各物流园区协作发展，营造共赢的发展环境。

（四）壮大第三方物流企业，打造共享物流经营主体

各级政府、行业协会、企业要鼓励企业物流业务外包，整合、聚焦物流资源，尽快培育现代物流龙头企业，发展壮大本土第三方物流企业。在互联网技术及互联网思维支持下，要让众多中小型物流企业抱团发展，提高物流业务的集中化、共同化程度，从传统物流业务向共享物流业务过渡。

1.广泛开展车货匹配

基于物流公共信息平台、自营信息系统或移动互联网，在虚拟空间整合车源与货源，及时匹配货运资源，提高零担物流信息共享化程度，提高返程配货重载率，解决车货匹配难题。

2.深入推进共同配送

共同配送领域存在多种配送模式，目前宁夏共同配送业务主要集中在骨干流通企业。今后也要着眼第三方物流共同配送，以第三方物流企业为主导，建设城市共同配送信息平台，改造升级共同配送中心，整合上下游资源，开展共享协作经营，通过统一管理实现配送作业规模化、标准化，提升配送效率。

（五）依托行业协会，组建物流联盟

物流联盟是发展共享物流的组织载体，由行业协会作为“盟主”，牵头组建物流联盟，整合商贸流通、生产制造、生活服务、物流等众多企业，利益共享，风险共担，通过共享仓库、车辆、设备等分散资源，减少固定资产投入，扩大经营范围，实现供应链企业协同作业。

（六）深化校企合作，培育共享物流专业人才

近几年，区内高校与职业院校相继开设了物流管理、物流工程等专业。各院校要加强校企合作、沟通与交流，积极开展人才供需对接，尽快培养大批一专多能的复合型、技能型物流人才。政府、行业协会要积极开展共享物流的专业技能培训，创新共享物流培训内容，不断提高物流企业员工素质。

（七）推进诚信体系建设，完善信用管理制度

在共享经济环境下，物流企业与个人的诚信尤为重要。发展共享物流，必须建立物流业信用体系，通过完善的信用制度来规范和管理供需双方。2014 年，国家发改委等几部门联合印发了《关于我国物流业信用体系建设的指导意见》，提出要加强物流信用服务机构培育和监管、加强物流信用体系建设的组织协调等 10 余项措施。政府要发挥统一协调职能，整合工商、税务、交通等部门的信用信息，制定统一管理标准。其次，支持行业协会开展物流企业信用评估的组织和管理工作，建立健全物流业信用采集机制与管理办法，协调多部门实现信息共享，做好信用等级评定、安全管理与风险防控，建设完善的物流业信用体系。

（八）制定系统化发展政策，营造健康的发展环境

共享物流的健康发展离不开各级政府部门的支持。作为新兴的商业模式，首先要完善政策体系，制定发展措施，完善监管体制，宣传推广共享物流，规范引导市场行为，采用资金扶持、税收减免、财政补贴等方式，鼓励企业创新共享物流模式，开展共享物流业务，树立典型示范标杆，创新体制机制，培育市场经营主体，发挥市场在资源配置中的决定性作用，推动企业运用新技术、开创新业态，构建开放共享的区域物流业发展环境。

五、结束语

共享物流是共享经济的一个细分领域，是物流业在“互联网 +”环境下的新发展，除上述外，还有众包物流、共享配送车辆、跨界共享等多种模式，其运行原理有很多相似之处，鉴于篇幅不再赘述。从宁夏区域经济特点与物流业现状来看，可从上述几点思路出发，寻找突破口，协调推进，实现“互联网 + 高效物流”格局，让物流业在共享经济环境下提质增效，实现更高水平发展。

宁夏网购消费特点及趋势研究

余　璐

在中国经济发展进入新常态的背景下，互联网、通信及相关产业正在成为推动经济发展和促进居民消费的重要动力，也为消费品市场的快速发展注入了新的活力。网络购物作为近年来新兴的商业模式，以方便快捷、物美价廉等优势在人们的消费方式中占据越来越重要的位置。根据国家统计局公布的数据，2016 年全国网上零售额 51556 亿元，比上年增长 26.2%，其中网上商品零售额 41944 亿元，增长 25.6%，占社会消费品零售总额的 12.6%。为了解宁夏网购用户消费状况及存在的问题，宁夏调查总队在银川市、石嘴山市、吴忠市抽选了 240 位在 2016 年 9—11 月有网购经历的城乡居民对其进行了专项调查，对居民网购消费特点、网络购物对居民消费习惯的影响及网购过程中存在的问题进行调查分析。

一、网购用户样本基本情况

本次调查所抽取的 240 位网购用户分布在全区 3 个地级市，调查样本兼顾了城乡、性别、年龄、职业、文化程度和收入等方面。从网购用户城

作者简介：余璐，国家统计局宁夏调查总队主任科员，高级统计师，主要研究方向为小微企业抽样调查。

乡分布看，城镇用户占 88.8%，农村用户占 11.2%。从性别构成看，女性用户占 72.9%，男性用户占 27.1%。从教育程度看，初中及以下占 8.3%，高中、中专占 27.1%，大专占 19.6%，大学本科占 40.4%；硕士及以上占 4.6%。从年龄构成看，20 岁以下占 4.6%；20～29 岁占 31.2%，30～39 岁占 35%，40～49 岁占 22.9%，50 岁及以上占 6.3%。从职业构成看，在校学生占 13.4%，党政机关和事业单位职员占 19.6%，企业中层及以上管理人员占 8.3%，企业员工占 27.1%，待业、下岗、求职、离退休、全职在家占 10.4%，自由职业者占 17.9%，其他职业占 3.3%。从收入构成看，月收入 2000 元及以下占 27.5%，2001～5000 元占 57.1%，5001～10000 元占 12.9%，10001 元及以上占 2.5%。

二、居民网购消费特点

（一）城乡居民网购消费金额快速增长

随着经济的发展和社会的进步，城镇居民收入增加，生活水平不断提高，购物习惯也随之发生了改变。网购已成为一种现代流行的购物方式，消费人群不断拓宽，消费金额快速增加。2013—2016 年宁夏住户收支与生活状况调查结果显示，城乡居民网络购物热情不断高涨，通过互联网购买的商品和服务金额由 2013 年的 47.2 元 / 人上涨到 2016 年的 190.8 元 / 人，年均增长 59.3%。

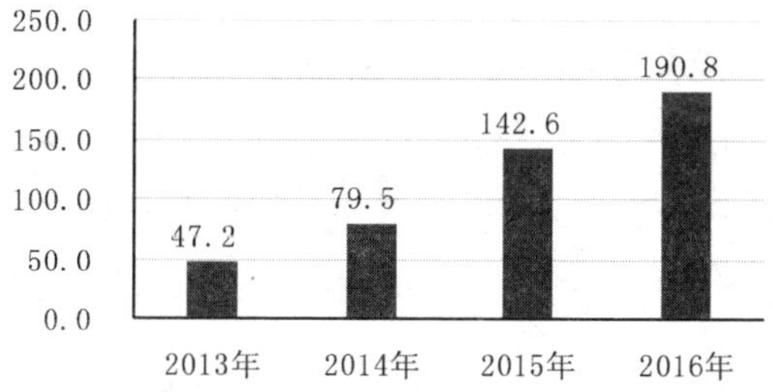

图 1　人均通过互联网购买的商品和服务金额（元 / 人）

（二）服务类消费金额占比呈现较快增长

目前，居民网购的商品已由最初的服装鞋帽、食品饮料发展到家用电器、家具建材、住宿、餐饮、旅游等消费，几乎涵盖了居民消费的各个领域。从网购商品（服务）大类①看，2014—2016年，服务类网络消费增速较快，网购金额占比由2014年的20%增长到2016年的28.1%，上涨了8.1个百分点；耐用消费品网购金额占比下降，由2014年的29.1%下降到21.4%；非耐用消费品占比变动不大，由2014年的47.6%上涨到49.2%。

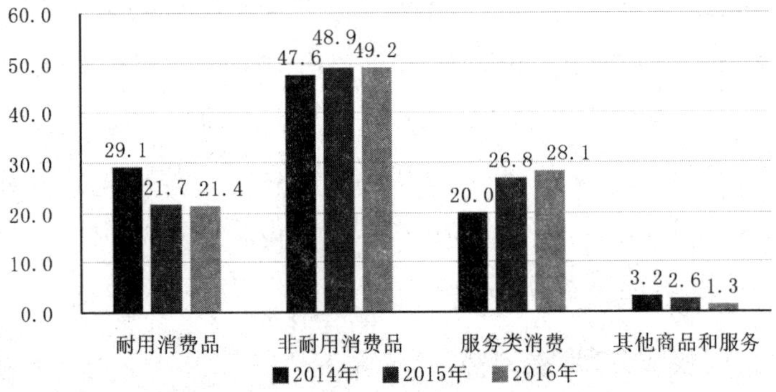

图2　按商品（服务）大类划分的网购金额占比情况（%）

（三）服装鞋帽、家用纺织品消费金额依旧位居榜首

根据调查结果，在问卷设置的18个调查类别中，服装鞋帽、家用纺织品网购消费金额位居榜首，占全部消费金额的30.1%，这一比例虽较上年下降了3.6个百分点，但仍以绝对优势占据各类消费商品的榜首。其次是餐饮旅游住宿、飞机票和火车票，消费金额所占比例均超过8%。而工艺品、收藏品、家政家教保姆等生活服务类别由于受众面小、网络渠道未普及等因素，消费金额占比不足1%。

（四）女性消费者为网络购物的主力军

1.女性网购用户占比大

在现代家庭中，受“女主内，男主外”的传统观念影响，女性往往是家庭消费的决策者和执行者，加之女性爱购物的天性，进而在网购大军中，

①本文中网购商品（服务）大类划分规则：耐用消费品包括家具、手机及配件、汽车用品、家用电器、计算机及其配套产品、数码产品、工艺品及收藏品。非耐用消费品包括家庭日杂用品、个人护理用品、服装鞋帽及家用纺织品、食品饮料烟酒及保健品、书刊及音像制品。服务类消费包括飞机票及火车票、通信及游戏充值、家政家教保姆等生活服务、餐饮旅游住宿、保险及演出票务。

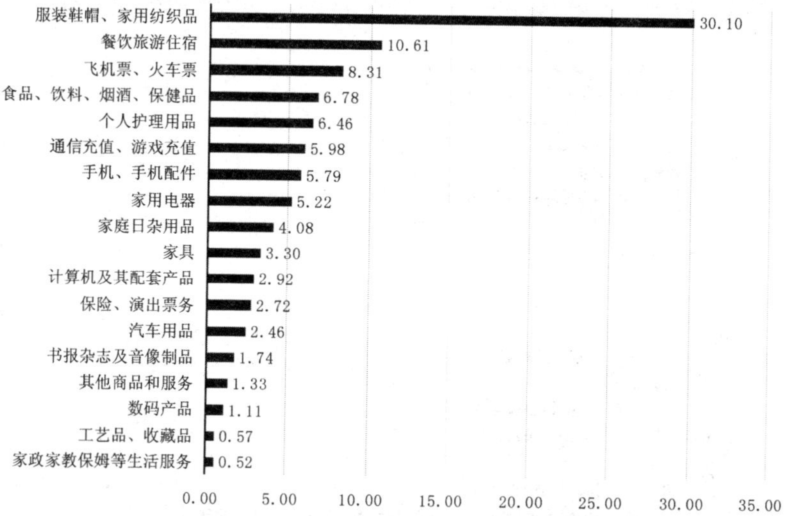

图3　按商品（服务）类别分组的网购金额占比情况（%）

女性用户数量远超男性，成为网购的主力军。此次调查①抽选了网购用户240位，其中，男性网购用户65人，女性网购用户175人，男女性别比达到1∶2.7。

2.女性网购用户消费金额多

从人均消费金额看，2016年9—11月男性网购用户人均消费3085.1元，女性网购用户人均消费3406.5元，比男性网民高10.4%。

3.男女网购用户消费商品不同

受性别特点及在家庭中角色的影响，不同性别的网购用户消费商品（服务）的种类各有不同。从图4可以看出，在手机及配件、家用电器、计算机及其配套产品、汽车产品、数码产品等方面，男性网购用户购买金额比例远大于女性用户；而在衣食住行等生活消费品方面，女性用户的消费量比较大，在服装鞋帽、家用纺织品，通信游戏充值，家庭日杂用品，食

①本次网购用户专项调查样本分为住户调查和一般网民两部分，其中，住户调查样本从2016年第四季度住户收支与生活状况调查中填写“通过互联网购买的商品和服务总额”数据的调查户中，随机抽选调查样本户；一般网民采用滚雪球抽样的方法抽取调查样本。

品、饮料、烟酒、保健品等方面，女性用户购买比例超过男性用户。

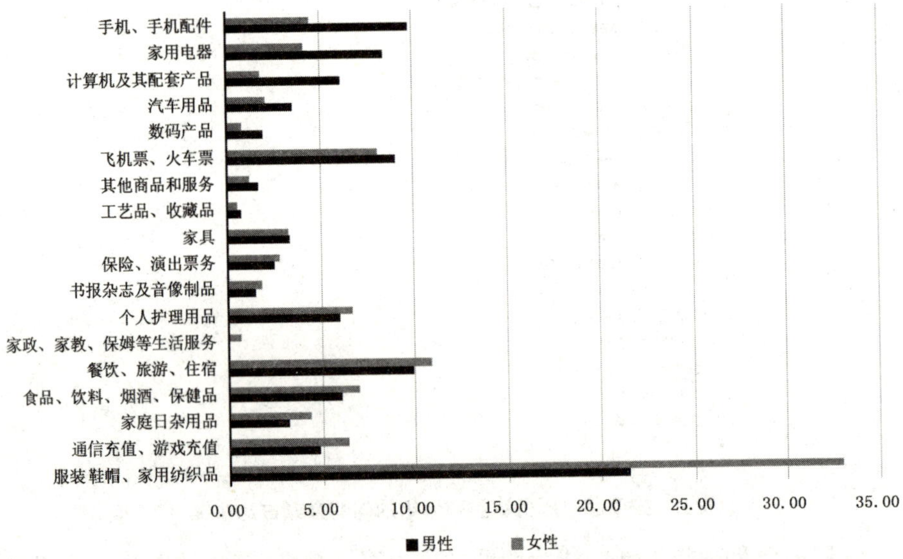

图 4　不同性别按商品（服务）类别分组的网购金额占比情况（%）

（五）高收入群体网购满意更高

不同收入水平消费者的消费观念不同，低收入消费者更加注重商品（服务）的性价比，而高收入消费者更注重产品质量及生活品质的提高。从网购体验满意率看，用户收入与网购满意率呈现明显的正相关关系，随着用户收入的提高，网络购物满意度在不断提高。月收入 10001 元及以上的 6 个调查样本中，满意率更是达到 100%。

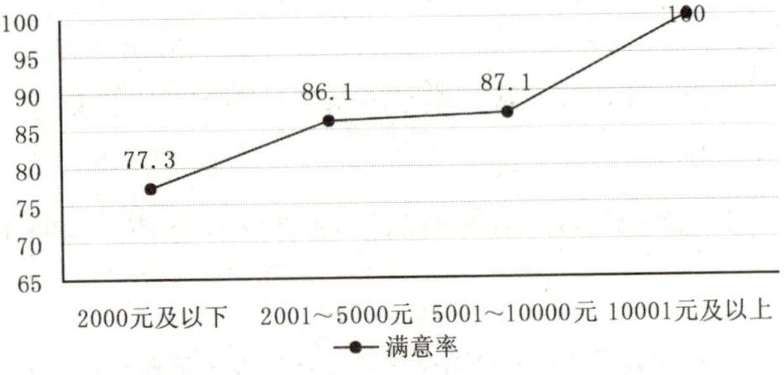

图 5　不同收入网购用户网购体验满意率（%）

（六）网购消费更加趋于理性

网络购物已从一种新鲜事物变得家喻户晓，对消费者的影响也在潜移默化地发生着改变。用户的购物决策不再以价格作为唯一考量因素，而是兼顾品牌、品质、服务、价格等多重因素，网购用户的消费更加趋于理性。调查中，在被问及“如何评价自己的网络购物消费习惯”时，选择“先有购买计划，有针对性地在网上搜索，经过仔细比较后购买”“经常浏览购物网站，寻找价廉物美的商品（服务），根据近期生活需要有计划购买”和“对某一品牌或企业信任度、忠诚度高，购买目标明确”为网购用户最主要的消费习惯，选择比例分别达到 72.9%、42.9%和 33.8%。值得一提的是，与 2015 年相比，网购用户更加注重商品品质，品牌消费意识更强，选择“对某一品牌或企业信任感、忠诚度高，购买目标明确”选项的人数比例提升了 13 个百分点。

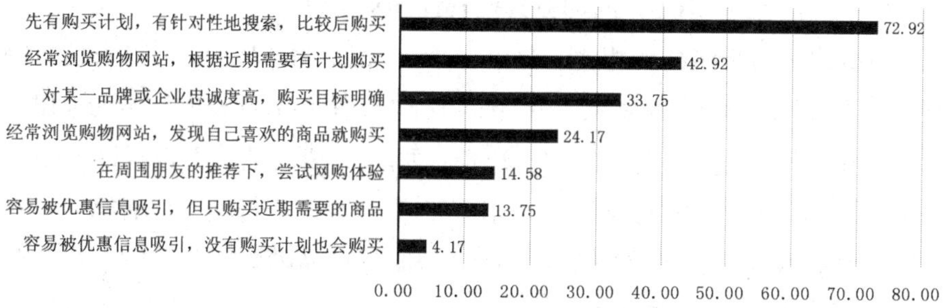

图 6 网购用户消费习惯占比（%）

三、网络购物改变了宁夏居民购物习惯

（一）逾六成网购用户外出购物次数减少

网络购物与传统购物方式相比更加方便、快捷，可以使消费者足不出户购买到心仪的商品，减少外出购物次数。调查结果显示，与未进行网络购物前相比，24.2%的网购用户外出购物次数明显减少，39.6%的网购用户有所减少，31.7%的网购用户外出购物次数与网购前基本不变，仅有 4.5%的网购用户外出购物次数增加。

（二）逾七成用户每月网购两次及以上

随着消费者对网络购物消费模式的接受和认可，通过互联网购物变得越来越普遍。调查结果显示，74.6%的网购用户每月网购 2 次及以上，其中，55%的受访者每月网购 2～5 次，15%的受访者每月网购 6～10 次，4.6%的受访者每月网购 10 次以上。

（三）近半数网购用户生活消费支出增加

网络销售商品物美价廉、品种多样，激发了消费者的购买欲望，进而使消费者增加了生活消费支出。调查结果显示，在网购后，8.8%的网购用户生活消费支出明显增加，增幅在 20%以上；36.7%的网购用户生活消费支出有所增加，增幅在 20%以内；38.3%的网购用户生活消费支出基本不变；仅有 16.2%的网购用户消费支出较网购前减少。

四、网络购物优势明显，发展前景看好

（一）与实体店相比，网购更具便利性和实惠性

网络购物与传统购物相比，具有方便、实惠等优势，受到越来越多的消费者青睐。调查结果显示，在被问及网购商品和服务的主要原因时，72.9%的网购用户选择了“价格比实体店便宜”，成为消费者选择网购最主要的原因；61.7%的用户选择“足不出户，节约时间”选项，位居第二；有 41.7%、38.3%的网购用户选择了“商品（服务）品种丰富，可以进行充分比较”“随时随地可以购物”。

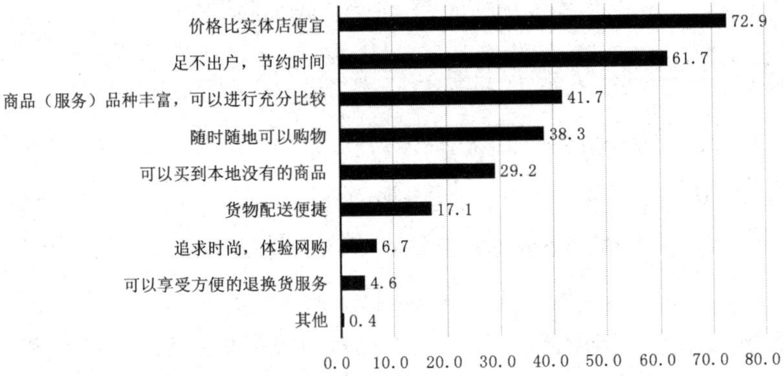

图 7　网购用户通过网络购买商品（服务）的主要因素占比（%）

（二）居民网购满意率保持较高水平

在被问及对网购体验的满意程度时，多数网购用户满意度较高，网购

体验满意率为84.2%，与2015年同期持平，较2014年下降7.5个百分点，仍保持在较高水平。其中，10%的网购用户对网购体验表示“非常满意”，74.2%的网购用户表示“基本满意”，14.6%的网购用户表示“一般”，仅有1.2%的网购用户表示“不满意”或很不满意。

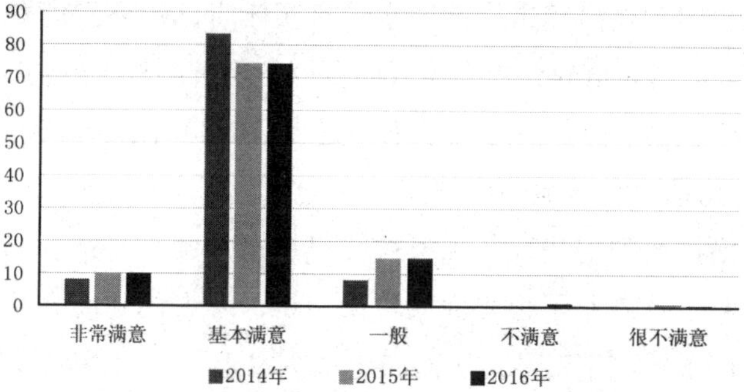

图8　2014—2016年网购用户网购体验满意率（%）

（三）居民认可网购渠道，消费意愿强

在被问及预计今后一段时间网购消费支出占全部生活消费支出的比例时，42.9%的网购用户认为这一比例将会增加，41.7%的用户认为消费比例将会基本不变，7.5%的用户选择说不清楚，仅有7.9%的用户认为这一比例将会减少。由此可以看出，城乡居民对网络购物具有较高的认可度，多数居民计划加大或维持现有的网购消费结构，网购消费意愿较强。

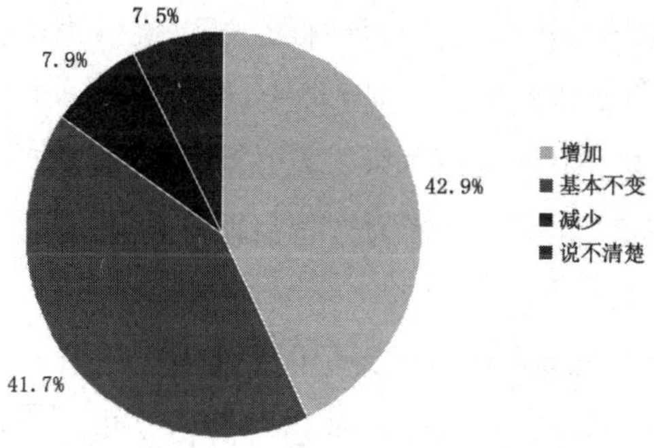

图9　网购用户对未来消费支出预计

五、存在的问题

（一）网购商品质量参差不齐

网络购物在给人们带来便利和实惠的同时，也产生了产品质量难以保证的问题，因为网络销售店铺通常没有实体店，缺乏工商登记注册，导致网上购物的产品质量问题成为监管的盲区。通过调查了解到，70%的网购用户认为网络购物的商品质量参差不齐是当前网购商品和服务的最主要问题。

（二）虚假宣传现象较为普遍

受网络销售的局限性，买家往往只能通过文字介绍、图片、视频的形式了解产品，这就给了很多商家可乘之机，夸大的功能介绍、精修的图片往往会对消费者产生误导，从而产生“买家秀”和“卖家秀”的极大反差。调查中了解到，60.8%的网购用户认为“一些网购商品（服务）存在虚假宣传现象”。

（三）缺乏线下体验

与到实体店购物相比，网络购物商品看得见、摸不着、试不了，消费者很难全面了解商品的实际情况，往往出现实际销售商品与买家期望值之间存在偏差，同时也造成了网购退货率的提高。调查中了解到，43.3%的网购用户认为“线下体验缺乏，消费者难以全面掌握商品实际情况”。

（四）售后服务难以保证

网络购物不能像到实体店消费一样，可以挑挑拣拣，商品到手后若是发现有问题，退换货比较麻烦，特别是家具、电器等大件物品，一旦出了问题无法寄回维修，退换货成本高，已成为困扰消费者的主要问题。调查中了解到，30.8%的网购用户认为“售后服务没有保证，退换货仍有一定困难”。

（五）物流短板成为制约网购发展的瓶颈

由于宁夏地处西北，相对于其他包邮省份来讲，交通较不便利，网购时需要支出较高的运费，商品运送时间较长，网购性价比与时效性相应下降，特别是在“双十一”网络购物节期间，物流短板凸显，在巨大销量的影响下，物流企业显得力不从心，制约了消费者的购买热情。

六、对策建议

（一）引导消费者培养良好的购物习惯

一要摒弃贪小便宜心理。网购商品具有性价比高的特点，但并不能一味地追求低价，要做到货比三家，理性购物。

二要选择信誉良好的商家。网络销售中存在很多山寨网站和欺诈卖家，在商品质量、售后服务等方面都没有保障，购物时要仔细辨别，选择规范的网络销售平台和信誉好的商家，明确售后服务条款，保障网络消费质量。

三要正确维护个人合法权益。在网购过程中，要注意保留购物凭证、聊天记录等信息，当网购商品出现问题时，勇于拿起法律的武器保护自己，维护消费者的合法权益。

（二）加强对网购市场的监管力度

网购市场具有自发性、盲目性的缺点，网络商家为了最大限度地获得利益，不惜牺牲消费者的利益，欺骗消费者，牟取暴利。因此，政府部门要加强对电子商务市场的监管力度，规范商家网络销售行为，加大网购欺诈行为的打击力度，创造良好的网络购物环境。

（三）促进线上线下互动体验

电商要开拓思路，实现线上线下互动体验融入。线上与线下不是非此即彼的关系，而是要互相支持、互相促进，打通线上和线下的壁垒，整合不同的渠道，通过线下产品展示与消费体验让消费者更好地了解商品的实际情况，增强消费者购物的信心，促进消费者更多的消费行为。

（四）提高物流配送效率，打通网络购物的“最后一公里”

加强基础设施建设，在高速公路的建设、物流配送中心的管理等方面加大投入力度，为网购物流配送创造硬件条件。提高物流配送管理水平，做到物流配送手段机械化和现代化、配送管理的规范化和制度化、配送过程的信息化和自动化，切实降低物流运送成本，提高配送时效性。

产业经济篇

CHANYE JINGJI PIAN

宁夏产业转型发展研究

张 谦　　潘海鹰

打造西部地区转型发展先行区，产业是主战场。当前，随着经济新常态特征持续深化，宁夏以传统产业为主导的旧动能和以新兴产业、新经济为代表的新动能加快调整，全区经济时升时落，呈现一定波动性，面临较大下行压力。宁夏必须立足国内外产业技术变革新趋势和市场需求变化新要求，加快推进产业转型升级，着力构建协同发展产业体系，全面增强经济发展内生动力。

一、宁夏产业转型处于爬坡跨越重要关口

（一）产业结构由传统产业为主导向优势传统产业、新兴产业及新经济并重转变

受资源禀赋和历史分工影响，宁夏形成了以煤炭电力、能源化工、有色金属、冶炼加工、机械建材等传统产业为主导的产业体系，发展方式总体粗放，一旦国内外经济形势发生大的变化，这种倚重倚能的产业结构，最易受到较大冲击。近年来，在经济新常态影响下，宁夏传统产业优势地

作者简介：张谦，自治区政府研究室城市处副处长；潘海鹰，自治区政府研究室城市处主任科员。

位开始弱化，对经济支撑作用有所下降。为积蓄增长动力，全区加快转变发展方式，大力实施创新驱动战略，全面推动产业转型发展。一方面，通过加强技术改造、信息化应用、产品升级及品牌化、组织管理和营销模式创新等，催生传统产业“老树抽新枝”。另一方面，瞄准全球产业变革新趋势和市场需求新变化，加强布局和发展现代煤化工、先进装备制造、生物医药、现代纺织、新一代信息技术等战略性新兴产业，积极推进新经济发展，加速培育经济新增长点。目前已初步构建起以新兴产业和新经济“双轮驱动”为引擎，以优势传统产业为支撑的产业体系。但从规模效益看，现阶段宁夏新兴产业与新经济在总体经济中的比重仍然偏低，在工业增加值中的比重不足10%，尚未真正形成支撑经济发展的新主导力量，从传统产业主导型向多元协同发展的产业体系迈进，还面临较多亟待破解的瓶颈。

（二）产业层次加速从中低端向中高端迈进

随着新型工业化、信息化、城镇化、农业现代化的加快发展，宁夏信息化融合应用水平不断提高，一些行业企业开始由单项应用向集成应用推进，重大产品和成套装备开始向智能化、高端化迈进，整体产业发展层次大幅提升。优势主导产业纵横向链条不断延展，其中：煤化工向煤制烯烃、煤制油等多车道发展，加速向现代煤化工迈进；生态纺织向下大力发展亚麻、丝织等高端纺织，向上延伸发展化纤产业，建成从纱线、纱锭加工到高端服装的全产业链；新材料、新能源、装备制造、生物医药等产业配套生产能力大幅提升，产业纵深发展空间持续拓宽。与此同时，部门产品种类日益丰富，特别是附加值较高的中高端产品、拳头产品、名优产品不断增多，共享铸件、智能阀门等一批“单打冠军”“隐形冠军”享誉西北甚至全国。产业规模聚集度进一步提高，全区产值超过100亿元的园区有10个，“吃干榨尽”式循环经济深入推进，综合效益持续提升，有力保障了经济平稳发展。但与发达地区相比，宁夏产业层次整体还不高，竞争优势还不明显。单就衡量产业转型发展水平的服务业来看，宁夏人均服务业增加值仅相当于全国的78.2%，现代服务业和新业态层次低、规模不大、比重偏低问题还比较突出，大力提升产业发展层次还有较长的路要走。

（三）转型路径由要素投入为主向创新驱动转变

作为后发地区，长期以来宁夏高度重视产业项目投资，对引导产业加快转型发挥了积极作用。但受国内外市场变化影响，近年来宁夏优质产业项目投资不断减少，特别是工业投资持续放缓，对产业转型发展掣肘较大。仅从2017年看，工业投资在一季度增长2.8%后，急转直下转为持续负增长，拖累全社会投资增速放缓到个位数，历史性出现投资增速低于GDP增速的情况，标志宁夏投资拉动力及其边际影响力开始减弱。与此同时，宁夏生态环境硬约束也在加速强化，劳动力低成本竞争优势不断减弱，继续依靠大规模增加要素投入引导经济增长已经越来越困难。事实上，《十二五》以来，宁夏就通过加快实施创新驱动战略，深入推进“双创”、《中国制造2025宁夏行动纲要》、“互联网+行动计划”等，开始布局以创新来驱动产业转型发展。2017年前三季度，宁夏传统产业开始焕发生机，新兴产业保持较快发展，新经济风生水起，成为推动产业加快转型的重要力量。但从目前情况看，宁夏科技创新等方面还有较多短板，研发投入、关键技术攻关、创新综合实力亟待加强，由要素投入为主向创新驱动转变过程尚未完成，仍需以提高技术创新为切入点，加快推动形成创新与产业耦合发力的动力机制。

二、加快推进宁夏产业转型发展应注意的几个重点

（一）必须把握新趋势，主动融入国内外产业发展格局

作为后发地区，宁夏的产业转型发展只有顺应全球新一轮产业布局大势，搭上全国产业转型升级快车，才能跟上产业发展的时代步伐。重点是要加强对世界新一轮科技革命和产业变革新趋势的分析研判，准确把握全球产业发展新特征和历史性方位，同时积极对标国家产业转型发展战略安排和部署，自觉把宁夏产业转型纳入国家产业升级大盘子，在更高层面、更大平台上统筹考量，立足实际，聚集主攻方向，完善升级宁夏产业转型发展方向、战略定位、政策举措，积极研究创新转型新路径、新模式及其务实管用的实际办法，高标准改造提升传统产业，推进新兴产业扩规提档，大力发展新技术、新业态、新模式，努力建设实体经济、科技创新、现代

金融、人力资源协同发展的产业体系。

（二）必须抓住关键点，把提高供给质量作为主攻方向

现阶段，宁夏经济已经由中高速增长加快向高质量发展转变。全面提高全要素生产率，大力提升产业转型质量和效益，成为摆在宁夏产业发展面前的一项重大课题。当前，宁夏产业发展既面临部分产能过剩和落后的拖累，也面临有效供给和中高端供给不足的问题，特别是在高新技术、高端制造、高端服务等方面还存在较大短板。因此，必须主动顺应向高质量转变发展的趋势性要求，紧紧抓住供给质量和效益这个关键，突出加强人力资源、先进技术、创新服务等生产要素的开发利用，加大信息化、互联网、云计算、人工智能等的综合应用，积极研发培育精细化、智能型、高端化等高附加值产品，加快建设高新技术产业链条，不断增强产业链配套服务及产业间协作互补，全面推行绿色低碳循环模式，促进产业加快迈向中高端。

（三）必须选好突破口，科学勾画产业转型路线图

从世界经济强国和发达地区的实践发展规律看，当产业发展进入从中低端向中高端迈进的阶段后，先进制造业、生产性服务业的快速发展，就构成了一个国家和地区产业体系建设的重要支柱，也是实现产业转型发展的最佳切入点和突破口。因此，可以说，抓住了先进制造业、生产性服务业的发展，就把握住了产业转型发展的关键。总的来看，宁夏经济已进入新旧动能加快转变的重要窗口期，也是产业转型爬坡过关的重要攻坚期，必须准确把握产业发展的阶段性特征和规律，立足产业实际和构建协同发展产业体系需要，以加强布局发展先进制造业、生产性服务业为突破口，将中高端消费、创新引领、绿色低碳、共享经济、现代供应链、人力资本服务等功能和业态，植入产业转型发展战略范畴，科学合理地规划设计产业转型发展路线图，着力开辟产业转型发展新途径、新空间。

（四）必须夯实主载体，着力增强产业转型发展支撑力

宁夏的国家级及自治区级各类产业园区、创新研发平台发展较快，是推动产业经济发展的重要载体和柱石。目前，随着新常态特征持续深化，这些产业园区和创新平台面临的外部环境、内在条件也发生了重大变化，有的已经难以适应新时期经济发展需要，必须进一步健全完善功能体系，大力提升规模层次和发展水平，全面增强吸引力、竞争力和创新力。重点要以提高规模集聚效应和龙头引领能力为导向，加强产业园区共建共享，加快建设基础设施，健全完善功能定位，统筹布局产业差异化、规模化、集聚化发展，推动各类产业园区向量质并重、创新研发平台向开放共享转变，把这些功能载体真正打造成全区产业转型、经济提质增效的驱动器和压舱石。

（五）必须把好着力点，加快建设协同发展产业体系

党的十九大报告强调，建设现代化经济体系，必须把着力点放在发展实体经济上，并提出“建设实体经济、科技创新、现代金融、人力资源协同发展的产业体系”的“中国方案”。作为国家经济链条中的一环，宁夏必须紧扣国家发展战略安排，立足做优做强实体经济这一着力点，针对产业领域存在的整体链条不长、高端产业不多、产品结构不优、质量效益不高、创新研发不强、发展方式粗放等问题，加强供给侧结构性改革和科技、金融、人力资源等体制机制改革，深入推进“政产学研金”一体化协同发展，聚力提升要素生产率。

三、对策建议

（一）优化营商环境，不断夯实转型发展支撑力

加快建立和完善支撑产业转型发展的政策体系，特别是要加强专项资金、基金管理顶层设计，积极研究设立先进制造、新一代信息技术、大数据等新兴产业发展专项基金，大力推进要素资源整合优化和供给，提升产业转型关键领域和重点环节的支撑条件。深入推进“互联网＋政务”，加快构建“不见面、马上办”行政审批模式，全面推行投资项目“多评合一”改革举措，加快提升招商引资项目落地效率。以新型城镇化、智慧城市、全域旅游、美丽乡村建设为牵引，全面改善交通物流枢纽、公共基础条件、便民服务平台、景区功能设施，大力提升城市功能和企业、社会办事创业便利化智能化水平。创新招商引资模式，把建设现代化经济体系理念嵌入招商选商思路，探索以项目换资源、以资产换资本等招商引资方式，实行机构招商和以商招商、综合招商与专题招商相结合，力争在招商项目质量、技术含量上取得突破。通过循序建设，努力把宁夏打造成政策优、设施全、功能多、服务好、环境美的“营商之都”，着力破解区位劣势造成的竞争力不强等问题，为产业转型发展拓展空间、激发活力。

（二）聚焦战略定位，加速推进产业迈向中高端

坚持世界眼光、国际标准、高点定位，紧扣自治区创新驱动、脱贫富民、生态立区三大战略和打造西部地区转型发展先行区定位，加快布局产业转型发展。重点推进实施传统产业改造提升工程，鼓励装备制造、有色、建材等传统产业，积极利用新一代信息和互联网技术、数字智能制造技术，创新产品和管理方式、服务方式，大力发展智能制造。支持落后企业开展跨地区、跨行业兼并重组和投资合作，引导优势企业利用新技术、新业态、新模式，大力发展深加工、高附加值产品。实施先进制造业优先发展工程，深入实施“互联网＋”协同制造行动计划，全力推进吴忠市创建“中国制造2025”试点示范城市，择优支持一批高端化、智能化、绿色化制造产业项目，大力发展专精特新制造产业，加快打造“拳头产品”，争创更多的“单打冠军”“隐性冠军”。实施现代服务业提档工程，大力发展金融服务、科技研发、现代物流、节能环保等生产性服务业，积极推行个性化订制、在线支持服务、创意服务、融资租赁服务等业态。加快发展文化创意、健康养老、休闲旅游等生活性服务业，全面打造全域旅游示范区。

（三）加强协同创新，大力推进政产学研用拢指成拳

坚持创新引领，加快建立以企业为主体、市场为导向、政产学研深度融合的创新体系，着力破解科技与产业经济“两张皮”问题。加快构建与创新驱动相适应的制度机制，制定出台创新服务指导意见，进一步完善财政资金股权投资、创新投资引导基金、科技成果转化基金、风险补偿等投融资方式，全面规范创新市场秩序，加强知识产权保护。重视和发挥中小微企业产业转型创新“种子”作用，支持中小微企业创业示范基地和公共服务示范平台建设，鼓励有条件的科研机构、大型企业提供研发、检验检测、信息共享服务，以“众智”推动新技术产业快速发展。加快健全“科技支宁”东西部科技合作联席会议长效机制，完善一批重点实验室、工程实验室、企业技术中心等创新平台，建设若干个以龙头企业为主体，大学、科研机构等紧密协作的重点领域产业技术创新联盟，开展前沿先导性技术和战略性产品开发。丰富完善国家级和自治区级高新区、经开区、农业科技园区功能，加快建设沿黄科技创新改革试验区，推动集群创新。大力引进高端、实用人才，积极培育以高新技术企业为骨干的创新型企业集群，推进科技投入成果化、科研成果效益化，全面促进创新创业与产业融合发展。

（四）深化产业融合，培植产业转型发展新动能

顺应一、二、三产业梯次演进规律，利用新技术、新业态、新商业模式，加快探索构建一、二、三产业相互渗透、交叉融合的协同发展产业体系，力争在延展产业链条、拓展产业空间、促进产业功能转型上取得重大突破。围绕“以产兴城、以城促业”，着力构建产城融合、产业合理布局与有序发展的导向机制，完善园区交通路网、生态环境、市镇功能等设施，大力发展生产性服务业，加快建设联动工业园区与城市中心区的新型产业城镇，推动城镇化与农业现代化、新型工业化、服务业网络化协同发展。以产业合作互补、设施互联互通、功能深度对接等为主攻方向，对分布在全区各地的产业园区进行统筹布局，加快建立集资源、科技、产业、资本、配套服务于一体的分类合作机制，全面提高各类生产要素供给能力，建设以同类型产业园区（基地）为载体的经济廊道，着力提高产业聚集度和竞争力，实现园区经济又好又快发展。

（五）增进金融服务，引导实体产业加快转型发展

现代金融是建设协同发展产业体系的重要组成部分。突出服务实体产业，进一步完善政府、金融机构、企业一体化的产业转型政策性金融支持体系，增强金融促进产业转型发展的支撑作用。落实好国家重大科技专项、工业转型升级专项、产业投资基金，发挥自治区国有投资营运集团作用，引导社会资本流向绿色化、高端化、智能化领域，推动产业加快迈向中高端。用好自治区、市各级财政资金杠杆，会同金融机构推动“产业＋金融”合作，完善 PPP 政府投资基金运作机制，撬动社会资金良性投入。支持金融机构积极创新产品，发展多层次资本市场，打造具有新业态、新模式、新载体特色的金融体系，加大对产业转型发展的倾斜服务。重视企业资产负债率和杠杆率较高问题，加强对房地产金融、地方政府融资平台、产能过剩行业等重点领域的跟踪监测，引导金融服务脱虚向实。

（六）培育龙头企业，增强产业转型升级推动力

企业在产业链条中具有决定性作用，是加快产业转型发展的主体力量。重点选择一些规模相对较大、科研力量较强、成长空间明显的骨干企业，加大在资源配置和财政、税收、金融等方面的支持力度，鼓励有条件的企业优先承担自治区产业转型发展计划项目，产品优先列入政府集中采购目录，着力培育发展一批合作关系清晰、掌握核心关键技术、拥有自主品牌、在行业内具有重要影响力的领军企业。支持建设一批企业技术中心，在先进装备制造、现代纺织、现代煤化工等领域拥有一批关键核心技术和知名自主品牌，建成西北地区重要的工业技术创新中心。大力引进和培养一批核心配套企业、产业关联性强的集团型企业，增强产业链条中企业间的功能互补、互为犄角发展能力，形成整合带动产业链上下游关系的核心力量，推动产业加快转型发展。

关于宁夏工业园区发展问题研究

白　华　蔡　珺　刘凯华　牛永生　张存华　杨哲轶

工业园区是建设现代化经济体系的重要平台，对一个地区的经济发展至关重要。党的十九大提出了建设现代化经济体系的新要求，强调把发展经济的着力点放在实体经济上。宁夏作为欠发达地区，建设现代化经济体系，必须要在大力发展实体经济上做文章，以供给侧结构性改革为主线，实施好创新驱动战略、脱贫富民战略、生态立区战略，加快提升工业园区发展水平，使其成为全区转型发展的新引擎和重要支撑。

一、关于产业集聚发展的问题

当前，全球产业的竞争已经从单纯的企业竞争发展成为产业链的竞争，园区作为产业发展的重要载体，是产业链的积聚和体现。依托工业园区，培育和发展特色产业集群，是欠发达地区走新型工业化道路，提高产业特别是工业综合竞争力，实现经济持续健康发展的重要途径。宁夏经过多年

作者简介：白华，自治区党委副秘书长、政策研究室主任、改革办专职副主任；蔡珺，自治区党委政策研究室副主任；刘凯华，自治区党委政策研究室改革协调处处长；牛永生，自治区党委政策研究室综合研究一处副处长；张存华，自治区党委政策研究室综合研究三处副处长；杨哲轶，自治区党委政策研究室综合研究三处主任科员。

的不断发展积累，工业园区初步实现了从杂到特、从散到聚的转变，形成了“五大十特”的工业园区体系。2016年，全区31家工业园区规模以上工业企业885户，占全区规模以上工业企业的71%；完成工业总产值3083.5亿元，占全区工业总产值的比重达到74.4%。工业园区在地区经济总量中占比越来越大、经济贡献越来越高，在经济发展中的支撑作用越来越重要，成为调整产业结构、转变发展方式、培育壮大实体经济的主战场。从调研的情况来看，宁夏工业园区快速发展的同时，也面临着一些突出矛盾和问题。

一是产业同质化。由于资源禀赋相近、优惠政策类似，导致各园区产业结构趋同，缺乏差异化，特色发展、错位发展不足，如有色金属冶炼及压延加工业分布在15个园区，化学原料和化学制品制造业分布在17个园区，在项目资源有限的情况下，产业结构同质化加剧了各工业园区之间的竞争，从而加剧产能过剩，形成恶性循环，影响了园区可持续发展。

二是园区总体规模偏小，大园区带动能力不强。全区31家工业园区中，工业总产值过500亿的仅1家，100亿～500亿的仅9家，还有7家总产值不足10亿元。全区现有国家级园区5家，工业总产值占各园区总产值的50%以上，但龙头带动力不强，无一家进入全国百强产业园区，而与宁夏相近的陕西有3家，甘肃1家，青海1家。

三是产业集聚不够。全区工业园区主导产业产值占园区总产值50%的园区只有2家，除了宁东、银川经济技术开发区等少数园区外，大部分园区尚未真正形成产业聚集优势和功能特色，缺少龙头项目支撑，上下游产业配套不到位，产业链条短，企业关联度低。

四是整体产业层次较低。传统产业倚重倚能特征明显，煤炭、电力、化工三大行业增加值占规模以上工业增加值比重分别为20.3%、16.4%、23.2%。在全区工业园区企业中，采选业、非金属矿物品制造业、化学原料及化学制品业和纺织业等劳动密集型企业占60%以上，其中，煤炭、电力、原材料等高耗能产业占工业的75%以上，总体规模小、层次低、竞争力不强，多数处于产业链前端和价值链低端。

我国经济已由高速增长阶段转向高质量发展阶段，发展的方式从规模速度型转向质量效率型，更加注重质量和效益。这对工业园区发展也提出了更高要求。发达地区通过产业转型“腾笼换鸟”，提高效率“机器换人”、节约资源“空间换地”、促进消费“电商换市”等方式，推动工业园区要素集中、企业集聚、产业集群，培育了新的增长点，形成了新动能。天津滨海新区把智能制造创新、制造业与互联网融合发展、工业电子商务普及推广、中小企业“两化融合”能力提升、绿色制造推广、产业集群能力提升作为扶持重点，通过创新政策支持，引导制造企业向数字化、智能化、网络化方向发展，促进了信息化和工业化高层次的深度融合。当前，宁夏工业园区发展要立足自身实际，按照十九大精神要求，推动园区发展质量变革、效益变革、动力变革。

一是优化园区布局。按照全区“一盘棋”的发展思路，统筹优化工业园区布局，加快推进园区整合，重点整合一批规模小、布局散、产业层次低、环境污染大、经济贡献小的“低、小、散”园区，促进产业集群发展。鼓励重点工业园区引领其他工业园区，原则上 1 个市县（区）只保留 1 个工业园区；鼓励与发达地区、大型企业等合作共建工业园区。

二是引导各园区向专业化、差异化、集约化发展。根据园区资源优势、现有工业基础，明确主攻方向，培育主导产业，发展特色园区，形成特色鲜明、关联度强的园区发展格局。做大做强宁东能源化工基地，推动与银川滨河新区、银川综保区、银川空港物流园协同发展，大力推进沿黄城市带和银川都市圈工业园区优势互补、相互协作、以产兴城、产城融合，使之成为园区发展的核心区和产业集聚区。

三是加速传统产业转型升级。坚持高端化、智能化、绿色化方向，加快用新技术新业态改造提升煤炭、电力、冶金、化工、建材等传统产业，鼓励园区企业运用新技术、新工艺、新材料、新装备改造提升现有产业，提高装备数字化与智能化水平，开展产品形态创新、产品品质创新、制造工艺创新、商务模式创新、组织管理创新，增加产品的技术含量和附加值。瞄准智能制造，大力培育发展战略性新兴产业、生产性服务业和高端服务业，形成有特色有亮点有影响的产业园区。

二、关于产城融合发展的问题

产城融合发展是实现园区提质增效的重要途径，也是创新城市发展的方式。从我国产城融合发展的经验来看，产城融合可以简单地概括为“以产兴城、以城促产、产城融合”，即以优美的生态环境为依托，以现代产业体系为驱动，将居住、商业、生态、文化、休闲、娱乐、公共管理与服务等生产性和生活性服务有机融入园区发展中，形成多元化、多功能的新型产业园区及产业新城。

改革开放以来，产业园区的开发与建设对城市经济发展做出了突出贡献，成为拉动我国地方经济、拓展城市空间、承载体制和技术创新的重要载体。新型工业化、信息化、城镇化与农业现代化的同步推进，对产业园区的开发与建设提出了更高要求，原有的粗放式开发、单一化功能的产业园区已难以承载发展新要求。产业是城镇发展的加速器，城镇是产业发展的孵化器。城镇化与产业发展存在着内在的紧密联系。没有产业支撑的城市只能是“空城”，而没有城市的依托，再高端的产业也只能“空转”。产城融合中，要形成产业结构优化升级与城镇功能提升相互促进，既要以产业发展为城镇功能优化提升提供经济支撑，更要以城镇发展为产业转型升级创造良好的市场环境。因此，产业园区的发展必须适应新形势、新需求，统筹城镇空间布局，通过产城融合使园区走转型发展之路。

从苏州工业园区、杭州经济技术开发区和西咸新区来看，从建设初期就开始贯彻产业发展与城市建设同步的现代化发展理念，摒弃单一发展工业的模式，坚持在城镇建设和产业发展相互协调的框架内布局产业发展，并根据产业发展的不同阶段，适时调整城镇功能定位，高起点、高标准、严要求推进城乡建设，实现产业、城镇、商业、生活相互融合、良性互动。多年来，宁夏各市县持续加大工业园区基础设施建设投入，道路、自来水、电力、燃气、通信、排水排污、热力、绿化等基础设施和医疗、学校、商场、文化休闲场所等生活设施不断完善，产城互动发展不断推进。但仍存在着一些突出问题，比如，受历史因素和开发模式的制约，绝大多数工业园区在基本建成后往往成了区域经济中的“孤岛”，“有产没城”和“有城没产”问题相互交织、同时并存，规划与开发建设只考虑单一的工业，没有考虑居住、服务、消费等多元化的综合配套，导致出现功能结构单一、与城市发展脱节、职住失衡与钟摆式交通等问题。比如，银川经济技术开发区西区有多家装备制造企业，但因企业周边商业、教育、医疗等公共服务设施发展滞后，产业和城市相互促进不明显。石嘴山、吴忠、中卫等大多数工业园区尚未形成新城区，职住失衡，职工存在明显的“上班来、下班回”的特点。各园区普遍存在着生活空间的发展落后于生产空间和城镇功能建设滞后于产业发展的问题，导致配套服务设施不够，产城融合程度低，产城一体化发展失衡。

从长远发展考虑，宁夏工业园区发展要坚持以产兴城、以城促产，实现产业发展与城镇发展相互交融与互促共进。

一是坚持规划引领。按照自治区空间规划总体布局，工业园区规划应做好与自治区空间规划的衔接，同步规划产业发展和城镇建设，坚持把工业园区放在沿黄城市带和银川都市圈建设中率先推进，因地制宜、科学选择产业和城镇空间组合方式，突出产业集群化、园区差异化、运营专业化、服务智能化和绿色化方向，构筑功能定位清晰、优势互补明显、辐射带动强的园区发展格局，使产城相互支撑、互动发展，同时要防止出现离开产业的城镇“空心化”和脱离城镇的产业“孤岛化”，避免造成职工生产生活相互分离的现象。

二是突出以产兴城、以城促产。坚持产业发展与城市功能完善同步推进，在园区统筹协调产业集群、人口聚集、综合服务、生态环保等功能布局，促进园区产业、人口与空间规模相适应，形成产城融合、互动发展格局。加快建设一批新型城市经济载体，促进产业发展、商贸服务、社区建设合理布局，推动工业园区逐步完善城市功能。

三是积极扶持工业园区中小企业和民营企业发展壮大。加快资源整合，引导中小企业向工业园区集聚靠拢，形成企业群集聚，推动产业集聚配套。围绕工业园区产业特色，积极引进相关联的中小企业，努力形成新的产业竞争优势。鼓励工业园区加快建设多层标准厂房，引导中小企业和民营企业向标房集中。

四是注重吸纳转移就业。通过产业发展，创造更多就业岗位。特别是要吸引农村贫困劳动力到园区就业，加快精准脱贫步伐。健全就业和职业技能教育培训体系，完善园区公共服务和社会保障体系，促进居民就业和社会管理一体化，确保城乡居民在产城融合发展中改善生活条件、提升生活水平，共享产城融合发展红利。

三、关于资源高效利用的问题

提高资源综合利用效率，是实现持续发展、绿色发展的重要途径。近年来，宁夏工业园区认真贯彻新发展理念，坚持节约优先，大力发展循环经济，着力提高资源综合利用效率，工业企业自循环利用—工业园区循环利用—区域循环利用的格局基本建立，资源节约集约和综合利用方面成效明显。

由于宁夏工业结构倚重倚能特征明显，发展方式粗放，总体上尚未摆脱高投入、高消耗、高排放、低效率的局面，低碳节约高效利用资源任务十分艰巨。

一是工业能耗较高。“十二五”期间，全区每吨能源消费产出的 GDP 是 0.54 万元，仅为全国平均水平的 34.3%；万元 GDP 能耗是 1.998 吨标准煤，是全国平均水平的 2.8 倍。“十三五”期间，不扣除宁东煤化工项目，工业园区单位 GDP 能耗预计将上升 12%。

二是工业固废综合利用难度大。宁东能源化工基地、石嘴山市、吴忠市和中卫市煤矸石、粉煤灰、冶金类废物（金属镁还原渣和锰渣等）综合利用率偏低，利用领域较窄，高附加值利用比例较低，大宗工业固体废物综合利用压力持续加大。

三是资源循环利用程度不高。企业发展循环经济的积极性不强，并且产业链短、耦合度低，企业间、园区间余热、废气、废水交换利用不充分。宁夏水资源严重短缺，但园区污水处理基础设施欠账较多，园区污水处理设施只有宁东能源化工基地达标，水资源循环利用不高，单位 GDP 用水量较高，是全国平均水平的 2.6 倍。

四是土地利用效率低。工业园区建设用地利用低效、闲置和批而未供土地多、圈占土地面积大等阶段性问题不同程度存在。用地紧张和利用率低并存，1/3 的园区可开发建设用地趋于饱和，部分园区内企业分布零散。截至 2016 年底，全区各工业园区规划用地 2826 平方公里，建成区面积只有 603 平方公里。土地利用效率较低，宁夏工业园区亩均税收 0.87 万元，江苏工业园区亩均税收 56 万元。据统计，宁夏经国家核准的 16 个开发区中，有 8 个容积率达不到国家最低标准，每亩土地的产出不足全国平均值的 1/3。一些地方为了招商引资的需要，随意放宽用地定额标准，建设宽马路、宽绿化带和低密度厂房，土地浪费严重。有的企业因项目资金不到位或经营不善、长期停产等原因，造成许多土地闲置。比如，石嘴山生态经济开发区有 255 家企业，其中就有 20 多家“僵尸企业”。

资源节约与综合利用是工业园区发展的必然趋势。宁夏工业园区在今后的发展中，应注重以下几个方面：

一是推进节能降耗。围绕节能降耗目标，组织开展能效提升专项行动，加快推进钢铁、有色金属、化工、建材、煤电等传统产业绿色改造升级，坚决淘汰落后产能，加大落后工艺、技术和装备淘汰力度，实现可持续发展。

二是发展循环经济。围绕煤炭、电力、煤化工、石油、冶金、有色金属和建材等重点产业，培育发展相关下游产业，延伸产业发展链条，打造具有区域特色和产业特色的循环经济产业链。实施园区低成本化改造项目，建设园区集中供水、污水处理回用、分布式能源、物流集成等配套设施，促进企业循环式生产、园区循环式发展、产业循环式组合。积极创建一批融生态产业链设计、资源循环利用为一体的生态工业园区和循环经济工业园区。

三是加强资源综合利用。加快转变资源利用方式，严格资源开发利用效率准入，不断扩大资源节约和综合利用规模，确保资源的高效开发和有效保护。加快推进“双百”工程建设，在废渣集中的工业园区实施一批煤矸石、粉煤灰、脱硫石膏、冶炼渣、建筑垃圾等综合利用项目。实行最严格的水资源管理制度，支持城市中水、工业废水、矿井水等非常规水处理资源化利用。加强废气、废渣和余热、余压的再利用，在生产的全过程降低资源、能源的消耗。

四是提高工业用地效率。优化国土空间开发，严格执行土地出让制度和用地标准、工业项目建设用地控制指标，提高土地集约利用水平。实施“腾笼换鸟”工程，建立“倒逼”机制，逐步淘汰不符合园区发展要求、附加值低、高污染、高耗能的企业。积极稳妥推进城镇、园区低效土地再利用，依法依规处置“僵尸企业”，全面清理处置闲置土地。加强工业用地“源头控制”，建立亩均投资强度、亩均产值、亩均税收、亩均就业等指标，综合衡量评价土地绩效，真正使集约高效成为项目供地的硬指标和刚性约束，提高土地对经济社会发展的保障能力。

四、关于创新引领的问题

创新是园区发展的内在动力和源泉。这些年，宁夏工业园区在发展思路上注重创新引领，引导企业发挥创新主体作用，瞄准国家重大战略和未来产业发展制高点，多形式、多渠道开展科技创新，企业研发投入保持较快增长，自主研发能力有所提升，研发产出成效较为明显，一批具有创新性、示范性的大型企业开始涌现。但总体上看，由于宁夏科技基础薄弱、科技资源匮乏，园区企业科技创新能力提升还面临一些困难和问题，突出表现在：

一是研发投入较低。宁夏企业普遍存在“大型企业动力不足，不想创新；中型企业怕担风险，不敢创新；小型企业能力不足，不会创新”的问题。目前，宁夏规模以上工业企业共有1209家，其中开展研发活动的仅224家，有科研机构的130家，分别占规规模以上工业企业总数的17.98%和10.43%；全区工业企业研发经费投入24.29亿元，其中规模以上工业企业研发经费投入23.96亿元，投入强度仅为0.66%，低于全国0.94%的平均水平。

二是创新人才匮乏。总体表现为高层次人才急缺，创新型人才总量不足，各类专业人才偏少。2017年，宁夏企业拥有科技活动人员17494人，其中博士143人、硕士477人，仅占企业科技活动人员总数的3.54%，并且从事科技活动的人员比2015年减少820人。

三是创新成果较少。全区工业园区高新技术、科技型中小企业少，缺经费、缺人员、缺平台，科技创新成果不多。从统计数据看，宁夏国家级高新技术企业仅有77家，而苏州工业园区有828家；全区绝大部分工业企业仍处于零专利状态，有专利申请行为的规模以上工业企业仅占企业总数的10%。宁夏万人有效发明是2.51件，全国平均水平是8.03件，江苏18.4件，苏州工业园区115件。

党的十九大报告指出："创新是引领发展的第一动力，是建设现代化经济体系的战略支撑。"宁夏工业园区发展必须走创新驱动的路子，落实好自治区实施创新驱动战略各项政策措施，加快推进工业园区由中低端向高端化、智能化发展，培育全区经济增长新动能。

一是推动企业科技创新。积极发挥工业园区科技创新的载体作用，引导和支持企业建立技术创新和研发中心，开发具有自主知识产权的关键技术和核心技术，形成具有自主知识产权的重大成果。严格落实企业科技创新支持政策，把重大科研经费投入向企业倾斜，鼓励企业加大科技创新投入，努力提高科研经费投入在企业销售额中的比重。探索专利质押贷款、风险投资、有偿资助等创新投资方式，有效引导社会力量增加科技投入，解决企业研发资金需求。

二是推进"两化融合"。加快园区信息化基础设施建设，依托中卫西部云基地、银川滨河数据中心建设，把现代通信技术、互联网技术、精密传感技术等新一代信息化和智能化技术集成并广泛应用于企业研发、生产、管理全过程，鼓励园区企业提高装备数字化与智能化水平，加快推动传统制造向智能制造转型升级。

三是大力培养创新人才。人才是推动园区发展的第一动力。大力实施招才引智工程，采取各种方式引进管理人才、技术人才，推进高端人才培养、引进和聚集，为发展提供智力支撑。加大对工业园区专业技术人员、产业工人的专业技术、职业技能培训力度，完善中小企业人才服务平台和培训体系，建立企业家队伍培养机制，鼓励高校、职业院校与企业联合培养人才。完善创新人才的职称评定、股权激励、现金补贴、表彰奖励等激励机制，广泛吸纳并留住各方英才。

四是提高创新服务水平。健全科技创新平台协同机制，支持开放式创新研发平台建设，推动企业与高校、科研院所建立创新联盟，实现研究资源优势互补。支持园区和企业建立研发中心、创新创业中心、孵化器、技术推广转化平台、检测机构、科技金融服务等各类创新创业载体与平台，培育创新创业生态。积极探索建立以重点实验室、工程技术中心、企业技术中心、大型科研仪器开放共享为核心的服务制度体系，实现科技资源共享共用。

五、关于政策支持的问题

近年来，为加快工业园区发展，自治区相继出台了《关于进一步加快工业园区发展的指导意见》《关于工业园区提质增效的实施意见》《促进国家级经济技术开发区转型升级创新发展的实施意见》《宁夏回族自治区招商引资优惠政策》等一系列政策文件，制定了加强工业园区建设组织领导、政策支持、资金筹措、财政支持等方面的具体措施，园区发展环境不断改善。调研中发现，宁夏在园区支持政策方面还待进一步完善。一方面，有的政策落实不到位。自治区层面出台的支持政策涉及园区基础设施、工业、农业、服务业等，从财政、科技、金融、人才等方面提出全方位的支持措施，各市县也相应出台了优惠政策，但在执行过程中还不同程度存在政策落实不到位的现象。比如，扶持中小企业的贷款贴息政策，许多企业因贷款难，根本就享受不到贴息补贴。另外，人才引进、科技创新后补助、降低企业成本等方面政策还有待于细化完善，更好地落地实施。另一方面，有些政策存在碎片化现象。在招商引资中，经常有快要落户的企业被开出更好条件的地方拉走的现象，这种攀比政策的做法，导致了无序竞争。比如，在税收政策上，自治区发展非公有制经济的意见规定，新办企业房产税、土地使用税实行“三免三减半”，但在慈善园区，企业房产税、土地使用税免征5年，企业所得税地方分享部分实行“五免五减半”，造成执行过程中政出多门，政策碎片化现象比较突出。

招商引资是园区工作的重中之重。应加大政策统筹协调力度，探索招商新模式，招大商、招好商。一是提高支持政策的精准度。对财政扶持、税收优惠、科技创新、人才引进等方面政策进行梳理，一方面应统一规范招商引资政策，一方面应结合每个园区具体发展现状、发展特色和发展需要，根据不同行业、不同领域，制定并落实统一的、差别化的精准支持政策，最大限度发挥政策扶持效应。二是创新招商引资模式。开展专业化招商、定向招商，在引进带动能力强、科技含量高、产品附加值高、环保型的项目上下工夫，吸引更多更具有实力的企业入园发展，增强园区的聚集效应和联动效应。优先发展潜力大、行业前景好、集群特征明显的新材料、新能源和节能环保、智能制造、农业高新技术、生物技术与新医药等重点产业，通过政策引导、资金扶持和环境优化等措施大力推进特色优势产业发展。重点培育和优选一批具有较强创新能力和良好市场前景的龙头企业，提高龙头企业的辐射带动能力，加快形成产业集群。积极营造清新型政商环境和氛围。

六、关于管理体制机制的问题

高效的管理体制和运行机制直接决定着工业园区发展的水平。苏州工业园区管委会对工业园区及周边地区统一行使行政管理权、享受省辖市经济管理权、拥有外资项目自主审批权以及灵活高效的外事管理权和快速的物流通关政策等，做到了充分授权，极大地促进了工业园区快速发展。近年来，宁夏针对工业园区的管理体制问题，也进行了一些努力和探索，为工业园区发展提供了稳定的制度保障。但从调研情况来看，宁夏工业园区在体制机制方面还存在一些问题，主要有：

一是管理职能边界模糊。宁夏工业园区的管理体制大多为政府主导型，园区管委会作为一级政府的派出机构，由于授权有限，不具备经济管理、社会管理、公共服务等完整的政府职能。随着工业园区的不断发展，带动了人口聚集、公共服务需求快速增长、社会事业规模急剧扩张，这些归口于政府的社会事务，使园区管委会不得不担负一级政府的行政职能。这种“准政府”的管理模式既不能像一级政府对区域内的社会事务进行有效管理，又要接受各方面的考核，其经济发展、招商引资、改革创新等功能反而被淹没在繁杂的行政和社会事务中，造成工业园区管理职能不清晰。

二是运行机制不够顺畅。随着各工业园区项目落地，环保、安监、综合执法等监管任务日益繁重，由于目前全区大多数园区没有设置相应的内设机构，导致环保、安监等内设机构不具备行政执法主体资格，缺乏相应管理权限，处于“不管失职、欲管无权、即管侵权”的尴尬局面。

三是考核机制有待完善。一些地方政府尚未建立起科学的考评机制，对园区的考核采取项目数量、投资金额、工业产值等简单量化的经济指标，在园区发展的产业定位、产业发展集中度、单位用地产出、万元工业增加值取水和主要污染物排放等关键指标上不突出。

四是先行先试功能发挥不够。虽然大幅精简了项目审批事项，但仍存在着“重管理、轻服务”现象，审批链条过长、办事流程繁琐、工商登记不便利等问题还较为突出，导致园区企业办事时间较长，成本较高，效率较低。

随着工业园区开发建设的深入推进，迫切需要通过改革解决制约发展的体制机制问题。

一是进一步厘清工业园区管理职能。可借鉴苏州工业园区“大部制”经验，建立精简高效的运行机制，强化政府服务职能，理顺园区管理机构与政府各部门之间的关系，进一步厘清工业园区管理权限，强化工业园区经济管理职能，集中精力抓招商引资、经济发展、企业服务、安全生产、环保等工作，力争做到“园内事园内办结”。政府各部门应加强对工业园区工作的指导，简政放权，支持工业园区建立高效的运行机制。

二是建立科学的考核机制。借鉴外省区经验，按照“技术先进、市场前景、税收贡献”为衡量投资有效性的原则，加强园区考核，实行以亩产效益为中心的综合评价方法，编制投资效益量化评估标准，从投资强度、产业方向、环保、能耗、水耗、建设周期等方面严把落地门槛。加强考核结果的运用。

三是打造深化改革的试验田。以改革的思路、改革的办法、改革的勇气，不失时机深化重要领域改革，攻克体制机制上的顽瘴痼疾，突破利益固化的樊篱。鼓励各工业园区在行政管理体制、户籍制度、社会保障体制、投融资体制等改革和促进创新创业、创新人才引进培养机制，完善对外合作、产业发展机制等方面先行先试，不断提升服务能力，激发园区发展内生动力。

农产品价格低迷背景下的宁夏农业发展研究

白文娟

农产品价格对农业生产、流通、消费具有明显的调节作用。农产品价格的高低不仅会影响农民的生产行为和农产品的有效供给，而且会影响农业可持续发展、国家粮食安全和农民增收等。本文通过对2017年前三季度宁夏农产品价格波动特征及影响因素的分析，探究农产品价格与农业发展之间内在的经济联系，以期解答在推进农业供给侧结构性改革的新形势下，宁夏农业发展路在何方。

一、农产品生产者价格走势

（一）农产品生产者价格总体保持低位

从年度变动情况看，自2014年以来，宁夏农产品生产者价格持续走低。受国际、国内农产品市场价格变动及区域内农产品结构影响，宁夏农产品生产者价格出现“三连降”。分季度看，一季度农产品生产者价格同比上涨0.4%，二、三季度同比分别下降4.4%和1.2%。分行业看，种植业产品价格持平微降，同比下降0.1%；畜牧业产品价格小幅走低，同比下降

作者简介：白文娟，国家统计局宁夏调查总队农业调查处主任科员，高级统计师，主要研究方向为农村与区域发展。

2.7%；渔业产品价格稳步向好，同比上涨1.9%。

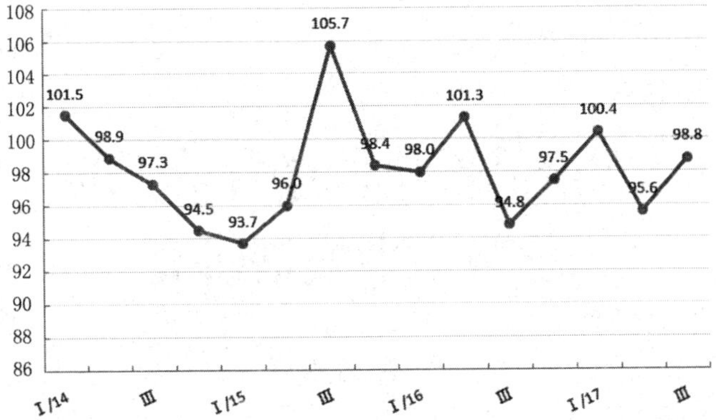

2014—2017年前三季度宁夏农产品生产者价格分季度走势图

（二）种植业产品生产者价格持平微降

分类别看，谷物类产品价格“两升一降”，同比上涨1.1%。其中，小麦、玉米价格同比分别上涨0.5%和2.5%，粳稻价格同比下降0.9%。薯类价格降幅较大，同比下降7.6%。蔬菜价格小幅上涨，同比上涨1.1%，部分品种出现阶段性大涨大跌。水果、中草药材价格大幅下降，分别下降16.3%和11.9%。

（三）畜牧业产品价格小幅走低

宁夏畜牧业产品价格有涨有跌，其中活羊、羊毛价格快速回暖，同比分别上涨10.4%和25.7%；生猪、家禽、禽蛋价格回落明显，同比分别下降16.4%、15.0%和20.9%；活牛、生牛奶价格略有下降，分别下降0.3%和2.4%。

（四）渔业产品价格稳步向好

分季度看，一季度宁夏鲤鱼、鲢鱼价格大幅度下跌，二、三季度鲤鱼、鲢鱼、草鱼、鲫鱼4个品种全面上涨。分品种看，草鱼、鲫鱼价格同比分别上涨10.2%和7.8%，鲤鱼、鲢鱼价格同比分别下降1.6%和5.4%。

二、影响价格波动的主要因素

（一）供需关系引发农产品生产者价格频繁波动

一是受种植结构调整、干旱及病虫害影响，2017年玉米种植面积、单产和总产同降；同时活羊、活牛养殖效益提高，拉动饲料玉米需求，养殖大户和农户自产自用比重提高，供需关系形势转变使得玉米价格逐渐回暖，三季度玉米价格涨幅较大，同比上涨7.0%。

二是受主产区丰收、市场供给增加、终端需求不足、淀粉等下游产品价格下跌影响，马铃薯价格大幅下跌。据调查，10月底固原市原州区混装马铃薯收购均价0.68元/公斤，同比下降10.5%；进入11月，随着新薯大量上市，价格再次下跌，混装马铃薯收购均价0.58元/公斤，比10月底每公斤下降0.1元。

三是硒砂瓜、枸杞价格下降。虽然宁夏硒砂瓜、枸杞在全国具有一定的品牌知名度，但由于农产品的同质性强，周边省区竞相种植造成过度竞争，以假充真现象严重，供给量过大使得价格受到重创，三季度硒砂瓜价格同比下降22.7%。

四是生猪供给偏强，价格回落。2015年二季度至2016年三季度，宁夏生猪生产走出“猪周期”低谷，随着价格的大幅攀升，养殖效益明显好转，生猪存、出栏持续恢复增长。据调查，2017年三季度末宁夏生猪存栏68.7万头，同比增长3.3%；猪肉产量5.9万吨，同比增长5.1%。而在供给相对过剩和进口猪肉冲击等因素作用下，生猪价格自2016年四季度开始持续下跌，2017年三季度生猪跌幅创2014年以来的新低，同比下降24.2%。在这种情况下，部分养殖户为规避风险开始淘汰或抛售能繁母猪，仔猪价格也持续走低。

五是近两年来羊的价格持续低迷运行，市场倒逼部分养殖户退出活羊养殖，供给量减少，拉高市场价格。据畜禽监测调查数据显示，2017年三季度末宁夏肉羊存栏561.3万只，同比下降4.4%，连续7个季度呈现下降的态势，活羊养殖数量减少，价格快速回暖。

（二）相关政策因素的影响

2017年中央一号文件提出，坚持并完善稻谷、小麦最低收购价政策，合理调整最低收购价，形成合理比价关系。2017年，国家在稻谷主产区继续实行最低收购价政策，并对最低收购价格进行小幅微降，这是2004年国家实行稻谷最低收购价以来首次全面下调。其中，早籼稻（三等）、中晚籼稻（三等）和粳稻（三等）最低收购价格分别为每 50 公斤 130 元、136 元和 150 元，比 2016 年每 50 公斤分别下降 3 元、2 元和 5 元。稻谷最低收购价格下调，旨在以价格机制引导种植结构调整，促进优质大米发展。从前三季市场情况看，稻谷销售呈现劣质大米价格下跌、优质大米市场需求较旺、订单大米发展较好的态势。

2017 年以来，中央及地方政府加大环保执行力度。全国多地取缔水库网箱养殖，新增鱼塘报批困难，导致淡水鱼养殖规模缩减，淡水鱼价格上涨。同时，西吉县、隆德县等地部分不符合生产要求及环保标准的淀粉厂停业或关闭，造成马铃薯本地需求减少，价格大幅下跌。

（三）气候和疫情因素影响农产品价格

气候直接影响农产品的生长，并对农产品价格产生重要影响。2017 年，宁夏部分地区在农作物生长及收获期出现低温、干旱、暴雨、冰雹等灾害性天气，异常天气对农产品生产造成较大影响。如玉米受干旱影响产量下降，市场供给减少使得价格上涨。同时，不利天气条件还使得马铃薯、西瓜和枸杞品质欠佳，导致价格下滑。

受外省 H7N9 疫情影响，宁夏当地活鸡、鸡蛋外销受阻，消费需求下降对上半年家禽及禽蛋价格产生了较大影响。随着后期疫情的结束，民众的消费需求快速回升，供给缺口较大造成短期内价格快速上涨，三季度鸡蛋价格同比上涨 7.0%。

（四）其他因素的影响

宁夏农产品生产规模较小，对外依存度高，输入性因素对农产品价格的影响明显。以玉米为例，2017 年玉米价格在供给量减少、需求增加的形势下，价格上涨较快。但由于周边省区如内蒙古等地玉米品质高、价格低，区内企业及养殖场大量收购区外玉米，造成本地玉米收购量减少。宁夏粮食局价格监测数据显示，截至 11 月 13 日，宁夏累计收购玉米 41.2 万吨，同比减少 3.1 万吨，减幅为 7.0%。此外，国际市场价格传导、相关产品价格变动、农产品的区域性和结构性特点等都会对农产品价格的周期性波动产生影响。

三、存在的主要问题

（一）部分农产品生产者价格大起大落

农产品生产者价格波动是市场运行的基本特征和自然属性，但农产品价格剧烈波动是农业生产能力不稳定性的表现，特别是部分农产品价格出现了“过山车”般的波动，应引起足够重视。宁夏生猪价格经历了2015年二季度以来连续6个季度的上涨后，2017年二、三季度出现大幅度下降，其中，生猪平均单价由2016年二季度的20.2元/公斤下降至2017年三季度的14.3元/公斤。而马铃薯价格在一季度高位运行后，二季度跌幅超过30%。农产品生产者价格的大起大落，不仅造成有限农业资源配置的浪费，给生产者带来了巨大损失，还会影响农业发展和农民增收。

（二）农产品的生产与销售信息不对称

由于农产品生产受自然生长周期影响，供给出现阶段性过剩与短缺在所难免，而市场信息在农产品生产者和购买者之间的不对称，加剧了农产品价格的波动。由于缺乏科学的市场引导，以散户为主的农产品生产者规避风险的能力弱，在把握市场走向上易出现盲目跟风、内容趋同现象，很难按照市场需求安排错位生产，最终造成部分农产品滞销与价格飞涨并存的现象。此外，生产与销售信息的不对称，还使得农业生产者所创造的部分价值流向流通领域，造成批零差率较大。

（三）产业化水平低，定价缺乏话语权

目前，宁夏农业产业化生产虽然在政府的各项补贴及优惠政策扶持下有了较大发展，但以散户为主的家庭经营仍占相当大的比重。农产品产业链短，精深加工能力不高，农产品大部分以原料和初级加工品形式出售，加工、流通服务业发展相对滞后，一家一户的小规模生产者在议价中缺乏话语权，在农产品定价中处于被动地位。特别是在一些农产品的丰收年份，常常会出现增产不增收、收购商压价收购、谷贱伤农的现象。以枸杞为例，2014年枸杞价格高企，价格上涨给种植户带来了可观收益。近两年来宁夏枸杞种植规模大幅扩张，青海、新疆、内蒙古等周边省区也在集中种植，供大于求造成自2016年一季度开始枸杞价格持续回落，局部地区价格下跌

达三成左右。枸杞价格大幅跳水，种植户销售困难，蒙受了较大的经济损失。

(四) 农产品成本居高不下，农户生产收益难提高

近年来，农业生产资料价格呈现不断上涨的态势，在农产品价格偏低的背景下，农产品生产成本居高不下使得农业经营效益减退，农民的生产积极性难以提高，不利于农业现代化的纵深发展。2017年前三季度，宁夏农业生产资料同比上涨2.7%，除农药及农药器械、种子、农业生产服务价格下降外，其他类别均呈上涨态势，其中饲料、化肥、农用机油价格同比分别上涨5.5%、3.2%和11.7%，种养殖成本增加，进一步压缩了农业经营效益。

三、促进农业可持续发展的对策建议

在农业供给侧结构性改革背景下，宁夏应该在综合考虑自然条件、农业发展水平、农产品成本收益的前提下，进一步采取有效措施，以市场为导向，积极引导农业结构调整和农产品质量升级，确保农业增效、农民增收。

(一) 加大农业投入，提升综合生产能力

从农产品供给的趋势来看，决定农产品价格波动的最根本因素是供给矛盾，而农业生产能力的高低是决定供给的基础。因此，必须根据区域的资源禀赋和特点，按照市场需求生产有市场竞争力、能发挥资源优势的主导产品，在种植业、养殖业和农产品加工等相关领域进行生产和经营方式的改造，改变农业低投入、低产出的状态，加大农业基础设施、科技和人才投入，增强农业抵御自然灾害和市场风险的能力。通过增加投入，提高土地产出率和劳动生产率，增加农民收入。

(二) 构建较为完善的农产品市场信息体系

由于农业特有的风险与不确定性，政府作为宏观管理的主体，应建立较为完善的农产品信息发布通道，能及时、准确地向生产者和销售者提供生产、库存、气象灾害、价格信息，提供市场预测分析，帮助生产者和销售者按照市场需求安排生产和经营，使农产品信息体系成为调整生产结构、保持市场平稳运行的重要手段。

（三）提高农产品生产的组织化、产业化水平

建立、培育各类专业合作组织和流通组织，包括专业合作社、农村经纪人等，提高农产品生产者的组织化程度，改变一家一户直接面对市场风险的状况。在加大农业生产结构改进与优化力度的同时，还要提升农产品品质、品相和品牌，满足人们对农产品多样化、优质化需求。一要立足市场导向和消费导向，发展市场前景好、效益高的专用农产品生产，减少品质差、一般性的农产品生产，形成更加合理的品种结构，以质代量，以优获利。二要促进一、二、三产业的融合，形成从田间到餐桌的全产业链，积极推广标准化种植，实行统一包装、统一销售，实现农产品生产的产业化开发，促进生产者与购销企业的有效对接，促进产销衔接，降低市场经营风险，重点扶持兼具先进的技术、强大的生产力以及较长的产业链等多重优势的农产品加工企业。三是鼓励优质、绿色粮食生产，大力发展订单粮食，不断延伸农产品产业链，调整初级产品和加工品的结构，提高农产品的加工率和商品率，进一步增强农产品抵御市场风险的能力。

（四）以资源禀赋为基础，优化生产布局

宁夏农业生产要结合不同区域水土资源条件、农业种植区划特点、生产技术水平和增产潜力等因素，根据市场需求变化，不断优化区域结构和品种结构。要加快优势产区的集约化生产步伐，以形成区域分工科学合理、优势价值充分彰显的农业生产布局。如引黄灌区地势平坦、光热资源丰富、水利灌溉便利，要充分利用得天独厚的粮食生产优势，发展水旱轮作、间套作、高效复合种植和全程机械化生产，以优质水稻、专用小麦、特用玉米为重点，建立具有区域种植优势、生产基础设施良好的高标准化粮食生产基地。中南部山区地形复杂，生态脆弱，应把改善生态环境和粮食生产有机结合起来，积极发展旱作节水生产，培育和引进小杂粮新品种，推广高效种植栽培技术，增加谷子、荞麦、糜子、豆类等种植，并通过轮作、休耕、退耕等多种方式开展综合治理，走农业可持续发展道路。

（五）推进适度规模经营，促进农业生产节本增效

农业生产中存在的规模经济决定了只有达到一定的适度规模经营才能提高产能、降低成本，适度规模经营是解决农业劳动生产率和效益低下、提高农业综合生产能力的重要切入点。习近平总书记曾在中央全面深化改革领导小组第五次会议上明确阐述了农业规模生产的重要性，同时国家还鼓励农户积极投身规模化生产和经营上来，以帮助其提升经济效益。首先，要采取有效的措施和策略来加大对农业大户以及家庭农场等新型农业经营主体的培育力度，进而推进规模生产，提高农业生产的规模效益。同时，进一步完善农产品流通和价格机制，确保农产品价格相关政策的连续性和稳定性，加强农产品生产的资金、技术等补贴扶持措施，稳定农业生产资料价格，控制农业生产成本，保障农业经营收益，提高生产者积极性。

宁夏"丝绸之路经济带"建设中的产业发展战略研究

马　琴

党的十九大报告指出："要以'一带一路'建设为重点，坚持引进来和走出去并重，遵循共商共建共享原则，加强创新能力开放合作，形成陆海内外联动、东西双向互济的开放格局。"指出未来中国开放要"优化区域开放布局，加大西部开放力度"。其中，"东西双向互济的开放格局"和"加大西部开放力度"，为宁夏的对外开放发展提供了巨大的机遇。宁夏位于"丝绸之路经济带"的重要节点之上，在未来的发展中应该发挥优势，积极主动地融入"丝绸之路经济带"建设中，加强与东部沿海地区的合作，形成对外开放的新局面。

一、宁夏"丝绸之路经济带"建设中产业发展现状

近年来，宁夏对外贸易额逐年增加，对外开放程度逐步提高。开通了中阿班列和部分国际航线，在阿曼等国正在建设产业园区，积极对接国内外重要港口和口岸等。在"丝绸之路经济带"建设中，宁夏已经取得了一定的成果。

作者简介：马琴，宁夏社会科学院综合经济研究所助理研究员，研究方向为金融与经济发展。

(一) 对外贸易额逐年增加

宁夏进出口贸易总额总体呈现逐年增加的趋势，如图 1 所示。1978—2014 年，宁夏进出口总额逐年增加；2015—2016 年，由于世界经济波动，宁夏进出口额出现了小幅下降。2017 年，进出口总额开始回升。据海关统计，2017 年前三季度，宁夏实现进出口总额 261 亿元，增长 81.2%，其中：出口 194.7 亿元，增长 82.6%；进口 66.3 亿元，增长 77.3%。9 月，进出口总额 37.9 亿元，增长 81%，其中：出口 28.9 亿元，下降 4%；进口 9 亿元，增长 158%。①进出口总额呈现回升的趋势。

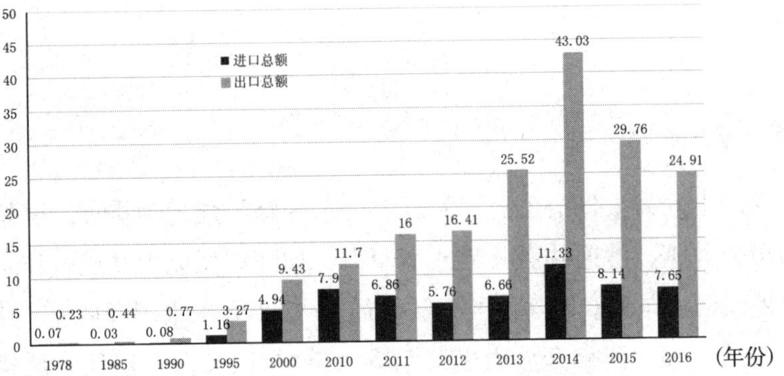

图 1　1978—2016 年宁夏进出口总额（亿美元）

注：数据来源于宁夏回族自治区党校，宁夏回族自治区统计局:《宁夏区情手册(2015—2016)》，银川：宁夏人民出版社，第 33 页。2016 年数据为作者根据《宁夏回族自治区 2016 年国民经济和社会发展统计公报》数据测算而得。

形成了以银川市为中心的对外贸易高地。2017 年 1—10 月，银川市实现进出口总额 227.55 亿元，同比增长 78.45%，占宁夏进出口总额的 80.17%。其中出口 168.06 亿元，同比增长 64.27%；进口 59.49 亿元，同比增长 135.99%。对美国、欧盟、日本及中国香港分别出口 36.02 亿元、32.73 亿元、7.11 亿元、18.80 亿元，同比分别增长 163.06%、111.07%、16.20%、26.04%。四者合计占银川市进出口总额的 41.55%。新兴市场中，对韩国、马来西亚、印度分别出口 10.83 亿元、4.22 亿元、5.67 亿元，同比

①数据来源于宁夏回族自治区商务厅网站：http://www.nxdofcom.gov.cn/wmsjpa/4407.jhtml。

分别增长 124.28%、51.37%、18.82%。对“一带一路”沿线国家出口 43.85 亿元，同比增长 33.60%，出口商品主要为抗菌素、赖氨酸酯及盐、氨基醇酚、红霉素及其衍生物等。银川综合保税区在 2017 年 1—10 月，实现进出口总额 138.64 亿元，同比增长 153.31%，占银川市进出口总额的 60.93%，成为持续拉动银川市进出口增长的主要力量。其中出口 122.21 亿元，同比增长 147.71%；进口 16.43 亿元，同比增长 204.54%。①

宁夏近年来对外贸易发展取得了一定的成就，但是，与其他省份相比还存在一定的差距。如图 2 所示，2015 年全国各省份进出口总额，宁夏处于全国倒数第三，仅比青海、西藏高。宁夏的外向经济产业结构与全国其他省份相比，优势并不突出。从 2015 年的数据可以看出，在经济全球化的浪潮中，宁夏处于边缘位置，并未真正地融入经济全球化中。

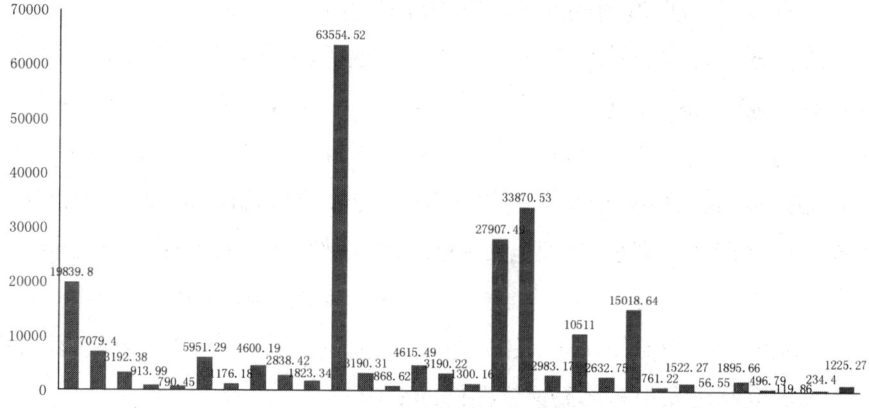

图 2　2015 年全国各省份进出口总额（亿元）

注：数据来源于宁夏回族自治区党校，宁夏回族自治区统计局:《宁夏区情手册（2015—2016）》，银川：宁夏人民出版社，第 144~145 页。

（二）联通国内外的口岸建设初见成效

宁夏主要口岸已经与国内重要港口口岸建立了合作机制。石嘴山市惠农口岸已经建设了与天津港铁水联运通道，建立了陆上物流渠道。在通关便利化方面，宁夏口岸正在推行货物一次申报、一次查验、一次放行便利

①数据来源于宁夏回族自治区商务厅网站：http://www.nxdofcom.gov.cn/xwdt/4506jhtml。

通关模式。“一次申报”，即企业只需一次录入申报数据，可分别向海关和检验检疫部门发送；“一次查验”，即同一批货物需要关检实施查验、检验检疫的，海关与检验检疫部门按照各自职责共同进行查验、检验检疫；“一次放行”，即对于运抵口岸的货物，按照集中审单、集中查验、集中转检“三集中”模式。石嘴山市海关税收就地缴库业务自2015年6月1日起正式开通，实现了石嘴山市进出口企业海关通关业务全程本地办理，为全市和周边地区外贸进出口企业更好地提供了通关结算及就地缴库服务，极大地减少了进出口货物的通关时间。银川市继续推动与阿拉山口、霍尔果斯口岸信息互换、监管互认、执法互助；深化与天津、青岛、上海等口岸合作，提升口岸服务能力；配合推进电子口岸和国际贸易“单一窗口”建设，完善口岸和外贸公共服务平台，不断提升贸易便利化水平。

（三）打造互联互通的陆上、空中丝绸之路

陆上通道建设方面已经初步形成了联通国内与中亚的物流运输通道。在铁路运输方面，宁夏已经开通了三条通往中亚的国际班列，极大地缩短了宁夏与中亚地区货物运输的距离。银川市的 “中阿号”铁路货运班列，已经落户银川公铁物流园区，正在建设常态化的运营模式、机制以及硬件设施；中卫市的中阿班列也已经开通，并实现运营；石嘴山市开通了“中阿号”中亚国际货运班列，开通了直达天津港的“陆港号”集装箱专列，实现了国内国际物流的联通。正在建设中的银西高铁与筹建中的包银高铁，将实现宁夏与国家中东部高速铁路网的衔接。

在空中丝绸之路建设方面，银川河东国际机场三期于2016年底投入运营，银川河东国际机场同时开通了第三、第四、第五航权，2016年5月阿联酋航空开通郑州—银川—迪拜航线，正式进入银川运营，银川已成为了我国第四大对阿联酋航空口岸。以空中丝绸之路为契机，已经形成了黄金珠宝、皮草加工的国际加工贸易网络。目前，银川机场已开通了银川至乌海、包头、榆林、长治等58个区域通航城市的航线航班，总计达70条航线，是全国第5个实现“省会（首府）通”的城市。此外，银川河东国际机场相继开通了至迪拜、曼谷、大阪等11条国际（地区）航线，基本形成了覆盖日韩和东南亚、连接中东的国际航线网络。

（四）推动国际产能合作

推动建设境外产业园区。当前宁夏积极融入“丝绸之路经济带”，创新国际产能合作模式，探索在境外建设产业园区，正在建设的境外产业园区有中国—沙特（吉赞）工业园区和中国—阿曼（杜库姆）产业园区。银川育成投资有限公司与广州开发区工业发展集团有限公司合资成立广银国际投资发展有限公司，共同推进中国—沙特（吉赞）产业聚集区项目的发展。中国—阿曼（杜库姆）产业园占地 11.72 平方公里，拟建项目规划总投资 670 亿元人民币，包括石油化工、建筑材料、电子商务等 9 个领域。产业园区将分为重工业区、轻工业综合区、五星级酒店旅游区，预计投产项目 35 个，包括原油冶炼、建筑材料生产等重工业项目，以及太阳能光伏项目、物流、汽车组装等轻工业项目，还有培训中心、学校、医院等配套服务设施。已经有 10 家企业入驻中国—阿曼（杜库姆）产业园区。

二、宁夏“丝绸之路经济带”建设中产业发展存在的问题

“丝绸之路经济带”是一个横跨亚、欧、非三大洲的国际经济走廊，是中国在新时期提出的新型国际经济发展倡议，沿线国家主要是发展中国家。从长远看，发展中国家经济增长潜力较大，尤其是“丝绸之路经济带”沿线国家之间的经济要素互补，共同推进“丝绸之路经济带”建设有利于拓展沿线国家的市场，易形成较强的区域内分工合作贸易网络，有利于沿线国家产业结构转型升级。在“丝绸之路经济带”建设中，宁夏产业存在优势不突出、交通基础设施建设配套低、对外经济合作的体制机制不健全等问题。

（一）产业优势不突出

宁夏产业发展处于国内产业结构和梯度布局的中低端。在高新技术产业、金融业、互联网企业、装备制造业、健康产业等方面与发达省份相比存在一定的距离，在产品的深加工和研发方面力度不够。2016 年，宁夏主要出口产品为有机化学品、其他贱金属、金属陶瓷及其制品、杂项化学产品，从 9 个“丝绸之路经济带”沿线省份的出口产品结构来看，处于产业链低端。从进口产品结构来看，宁夏主要进口的产品为无机化学品、贵金属、稀土金属、放射性元素及其同位素的有机及无机化合物、矿物燃料、

矿物油及其蒸馏产品、沥青物质、矿物蜡、锅炉、机器、机械器具及零件。[①]从宁夏主要进出口产品的结构来看，宁夏特色优势产业并没有发挥出进出口优势。从5个地级市的产业布局来看，产业发展有同质化趋势，譬如灵武市的羊绒产业和吴忠市同心县的羊绒产业、中卫市的硅材料和银川市的硅材料、中卫市的西部云基地与银川滨河新区的大数据中心。宁夏中卫、石嘴山、银川市分别开通了“中阿号”班列，打通了宁夏至中亚的陆上运输通道，但是，面临的问题都是返回货源不足，列车返回时带的货物较少，增加了列车运营成本，仅依靠政府补贴难以长久运营。宁夏5个地级市之间的产业链循环尚未建立起来，宁夏各个市县（区）的企业有两个特点：一是原材料供应地和产品销售均在外省或者国外，产品加工在宁夏，与宁夏本地企业关联度较低；二是初加工企业较多，高新技术企业占比较低，在宁夏境内建立完整产业链的市县（区）并不多。

特色优势产业发展还有待进一步提高。从宁夏产业发展的现状来看，具有发展外向型经济的特色优势农产品主要有：枸杞、葡萄酒、中药材、马铃薯等，但是，这些农业企业还没有充分发挥出优势，农产品加工企业面临融资难、产业链短、规模小、科技含量低等问题，尤其是农产品的出口标准达不到国家标准，严重影响了出口。宁夏由于具有独特的地理优势，生产的枸杞、酿酒葡萄、大米、马铃薯等产品品质可以达到世界一流，属于宁夏特色优势产业，但是，从当前的发展来看，宁夏特色优势产业的引领作用不突出，全产业链发展还没有建立起来，特色优势产业对经济的带动作用有限。石嘴山市属于宁夏老工业基地，在工业发展方面具有一定的基础和优势，具有进一步发展智能制造、循环经济、装备制造的优势，但是，在供给侧结构性改革中传统企业转型升级压力较大，面临的形势较为严峻。

基于宁夏现有的产业基础而形成的经济运行机制与开放宁夏建设存在一定的距离。宁夏由于历史发展原因，对外贸易发展起步晚，经济外向程度不高，尤其是在国际贸易、国际金融、贸易投资便利化等方面的机制建

①数据信息来源于海关信息网。

设还不够完善。宁夏内陆开放型经济试验区自成立以来，在对外经济交往方面进行了很多尝试，但是，在对内对外开放的体制机制建设方面还需要进一步完善，譬如通关便利程度、跨进人民币贸易融资、人民币海外结算等方面与宁夏发展对外经济的需求还存在一定的差距。银川综合保税区当前已经成为宁夏对外经济发展的桥头堡，但是，还存在财税体制、人才引进培养机制、通关便利化等问题，尚待完善。

（二）交通基础设施薄弱

铁路建设是宁夏经济社会发展的短板之一。铁路是地区经济发展的重要动脉，虽然，银西高铁已经开工建设，但是从现状来看，宁夏还没有建成一条可以连接到全国高铁网络的铁路，在铁路互联互通方面排位在全国靠后，交通运输网络建设的短板直接制约了宁夏人员流动和生产要素流通，给宁夏经济发展造成了一定的影响。在交通运输动脉建设方面，与全国其他省份相比存在较大的差距，譬如，银川市是宁夏经济发展较好的城市，交通便利化程度位于5市之首，但是，银川市目前只有石银高速、京藏高速、青银高速、包兰铁路、太中银铁路、宝中铁路等构成的运输大通道，仍然存在东西向运输通道缺乏的问题。此外，宁夏城际铁路建设相对较慢，联通自治区外的高速公路和国道建设滞后，尤其是南部山区的交通不便利，从一定程度上影响了地区的人流、物流发展，提高了当地企业的运输成本，增加了运输时间，给当地发展旅游业造成了一定的困境。

（三）产业聚集效应低

宁夏地处内陆地区，土地面积较小，人口集聚效应低。在已有的产业发展中，能够融入“丝绸之路经济带”的产业较少，各个地级市的特色优势产业在发展过程中有不同的问题，譬如固原市特色农产品在融入“丝绸之路经济带”中面临的最大困难是冷链物流和产品的深加工；特色食品用品以及现代纺织是吴忠市融入“一带一路”建设的关键产业和优势品牌，经过几年的发展，取得了长足的进步，但仍然未脱离小、散、低的格局。目前，吴忠市和其他地市对外开放多局限于利用政府优惠政策来吸引外部资本，在贸易投资便利化、对外投资管理体制、招商引资模式等方面，还不能完全融入“一带一路”。

三、宁夏产业发展融入“丝绸之路经济带”建设的对策建议

中国对外开放的高地集中在东南沿海地区。在经济全球化的国际贸易分工合作网络中，中国以劳动力的优势建立了一批初级产品加工厂。宁夏由于地理位置和经济基础薄弱等问题，外向型经济发展基础薄弱。在新的发展时期，中国提出了“一带一路”发展倡议，得到了沿线国家的积极响应，尤其是“丝绸之路经济带”的提出，将会成为打通亚欧大陆经济走廊的重要举措，同时也为沿线省份发展外向型经济提供了机遇。宁夏应该把握住国家重大发展战略的历史机遇，根据自身产业发展的实际情况，积极融入“丝绸之路经济带”的建设中，充分发挥在“丝绸之路经济带”的重要节点位置优势，转变发展模式，大力推动特色优势产业发展，培育一批重要的外向型企业，为经济发展注入新的动力。

（一）集中资源发展特色优势产业

宁夏的土地面积较小，人口数量少，经济社会发展较发达省区存在一定的距离，产业发展处于国内产业发展的中下游，经济社会转型发展的压力较大。由于地理位置的特点和历史发展原因，铁路交通和人口资源是宁夏经济发展的短板，在人口、资源、技术、资金等条件有限的情况下，宁夏应该集中资源重点发展特色优势产业，以点带面，以特色优势产业发展辐射带动经济社会全面发展。对已有的外向型经济进行政策扶持，尤其是已经具有一定对外贸易实力的企业，加大扶持力度，继续扩大优势，不断扩大外向型经济发展的规模和影响力，形成宁夏对外经济发展的制高点，从而带动上下游企业的发展。着力培育具有发展对外贸易优势的地方特色产业，地方特色优势产业是宁夏具有一定竞争优势的产业，应该尽快制定扶持发展政策，打造出宁夏特色产品品牌。

一是优化区内的产业布局和分工协作。集中优势资源打造地方品牌优势，以特色优势产业作为宁夏融入“丝绸之路经济带”的切入点，突出产业的差异化，从而为宁夏地方产业发展拓展出市场空间。5 个地级市根据自身优势重点发展本市特色优势产业，形成辐射宁夏境内和周边省区的产业协作分工网络与消费市场。银川市产业基础较好，应该大力发展新兴产

业，推动互联网经济、共享经济、大数据、云计算、航空物流、国际金融等新兴产业，成为宁夏新经济的领头羊。大力发展贺兰山东麓葡萄酒产业，打响宁夏特色优势品牌，培育地方特色产业，以特色优势体现产品的差异化，从而拓展市场。中卫市应该大力发展全域旅游、健康产业、西部云计算、硒砂瓜、交通物流。固原市六盘山区是国家重要的生态保护区，应该大力发展旅游和特色农业，形成马铃薯种植、中药材等的衍生产业链，打造生产、加工一条链的发展模式。吴忠市应该发展民族特色风情游、特色产业，大力发展黄河文化旅游。石嘴山市是宁夏的老工业基地，在深化供给侧结构性改革中转型压力大，应该给予大力支持，利用已有的基础大力发展装备制造业，成为宁夏的智能制造和装备制造业的基地。

二是加大传统产业的转型升级，积极培育新兴产业，以创新驱动经济发展。传统产业转型难是当前经济发展中比较突出的问题，在看到困难的同时也要看到机遇，传统产业转型成功就意味着更大的生存空间，意味着更强的比较优势。在已有的资源型企业和传统装备制造业基础之上，推动企业转型升级，延伸企业产业链，降低企业成本，尤其是高耗能企业的电价，与周边省份存在一定的差距，无形中增加了企业的成本，给企业造成了一定的压力，应该降低宁夏境内企业的电价，提升企业的竞争力。大力推动智能制造，加强企业研发投资力度，以科技创新引领经济发展。在推进供给侧结构性改革的过程中，宁夏传统的经济增长方式受到了极大的冲击，从下表可以看出，2015—2016 年宁夏全社会固定资产投资急剧下降，其中房地产投资在 2015 年呈现负增长，传统的经济增长方式已经不足以带动宁夏经济的发展，需要以创新引领传统企业的转型升级，要加强对企业科技创新、制度创新的引领和支持，只有在不断地创新中才会有新的发展机遇，才能产生企业真正的竞争力，从而为企业融入“丝绸之路经济带”的发展创造机会。

三是大力提升宁夏科技创新能力。宁夏在创新投入、企业技术中心、国家级重点实验室建设等方面与全国平均水平相比存在一定的差距。2015 年，宁夏 R&D 投入强度为 0.92%，与全国 2.1%的投入水平相比，还存在一定的差距。在科技创新平台建设方面，宁夏的国家重点实验室、企业技术

2012—2016年宁夏全社会固定资产投资及结构表

单位：亿元，%

年份	全社会固定资产投资		基本建设投资		房地产开发投资		国有及国有控股经济投资		非国有经济投资	
	金额	增长	金额	增长	金额	增长	金额	增长	金额	增长
2016	3835.46	8.6	2552.65	6.6	728.16	14.9	1716.56	3.2	2118.9	13.3
2015	3532.93	10.4	2393.53	14.8	633.64	–3.2	1663.47	19.4	1869.46	3.4
2014	3200.98	19.4	2084.6	20.6	654.8	17.1	1393.1	21.9	1807.89	17.5
2013	2681.14	27.1	1728.4	26.9	558.97	30.2	1143.13	30.5	1538.01	24.7
2012	2109.52	27.5	1361.49	28.8	429.15	27.6	876.21	4.6	1233.31	51.1

注：表中数据是作者根据2012—2016年宁夏回族自治区国民经济和社会发展统计公报整理而得。

中心、技术创新中心的引领作用不强。2016年末，全区拥有国家级工程技术研究中心3个、自治区级工程技术研究中心41个；国家重点实验室3个，省部共建重点实验室4个，国家重点培育基地3个，自治区级重点实验室15个；国家级企业（集团）技术中心（含分中心）14个，自治区级企业（集团）技术中心62个、技术创新中心167个。[①]在新一轮的经济发展中，科技对经济的引领作用日益突出，但是，科技研发创新是宁夏经济社会发展的短板，宁夏应该加大力度补齐科技创新的短板，缩短与发达省区的差距，在注重原创性研发的同时大力引进先进的科技成果进行吸收集成再创新，大力提升科技创新能力。建立企业、科研院所、科研人员的创新鼓励机制，调动科研院所、大中专院校和企业的积极性。建立多元的科技资金投入机制，形成企业、科研院所等政、产、学、研一体的科技研发应用体系，以科技创新驱动经济发展，从而形成宁夏产业发展的整体竞争优势，只有具备较强的竞争优势，才能在更大的市场上形成较强的产品优势，才会在“一带一路”发展机遇中走向世界市场。

（二）打造宁夏全域产业链条

打造宁夏境内的完整产业链条。发挥5个地级市的特色，建立宁夏境内的产业链，培育完整的产业链条，减小宁夏境内产业趋同化的趋势，构

①数据来源于《宁夏回族自治区2016年国民经济和社会发展统计公报》，2017年4月18日。

筑具有地方特色的产业发展体系，形成宁夏与“丝绸之路经济带”沿线省份的比较优势。宁夏5个地级市的经济发展水平和特点各异，应该因地制宜，发挥各个地级市的特色优势，建立全域优势产业链条。宁夏各个市县（区）的产业有趋同化趋势，这样不利于产业结构优化升级，也不利于形成产业的比较优势，应当根据各个市县（区）已有的基础和优势，重点培育和发展本市的特色优势产业，譬如固原市应该大力发展特色农业，六盘山区在注重生态保护的基础上重点发展旅游业，建立固原市与中卫市的城际铁路，打造中卫市和固原市之间的旅游路线，将固原市连接到宁夏已经在建的城际铁路网中，打造沙湖、水洞沟、西夏王陵、沙坡头到固原六盘山的旅游线路，全力打造宁夏全域旅游线路。中宁县充分发挥“中国枸杞之乡”的优势，全力打造枸杞全产业链，将枸杞发展成为宁夏的高端产品名片。石嘴山市应该加大对传统工业的转型升级，优化产业布局。银川市应该大力发展新经济等。建立5个地级市之间的产业梯队，在产业差异化的同时注重产业链之间的有序衔接，形成宁夏境内的完整产业链条，从而优化经济结构，合理布局产业，充分发挥各地的特色优势。

（三）打通连接国内核心经济圈的铁路线路

交通基础设施是宁夏经济社会发展的短板。目前，全国只有西藏和宁夏两地没有高速铁路，随着银西高铁的开工建设，宁夏将建成第一条高速铁路；随着国家高铁“八纵八横”线路的建设，宁夏吴忠市至中卫市的路程时间减少至1个小时，宁夏将融入国家高铁网络，这极大地改善了宁夏的交通基础设施。但是，在融入“丝绸之路经济带”建设中，建立交通基础设施只是一小步，产业基础薄弱是建设开放宁夏的一个重要短板，在优化宁夏产业布局的同时，应该注重借助国内重要经济圈的产业优势，通过打通国内重要经济圈的交通线路，将宁夏建设成为联通中亚至东部沿海地区的物流枢纽，尤其是宁夏至中亚的铁路线路已经开通，应该大力推动宁夏至国内重要经济圈的物流通道，尤其是环渤海、长三角、珠三角经济圈。“一带一路”发展倡议提出以后，得到了沿线国家的积极响应，在建设的三年中，“一带一路”的市场优势逐渐突显，“丝绸之路经济带”沿线国家与我国的经济合作和贸易往来会越来越频繁，宁夏应该抓住“丝绸之路经济带”建设的有利契机，充分发挥地理区位优势，全力打造联通国内外经济圈的物流通道，以交通物流通道优势带动外向型产业的发展。

（四）发挥内陆开放型经济试验区的体制机制优势

继续深化宁夏内陆开放型经济试验区体制机制建设。宁夏内陆开放型经济试验区自2012年成立以来，在体制机制建设方面取得了一些成果和良好的经验，对内陆地区的宁夏来讲是一个重要的尝试和试验。应该在取得的成果基础之上进一步深化内陆开放型经济试验区的建设，主要在以下几个方面不断完善：一是通关便利化。要不断地完善口岸功能，与国内重要港口进行合作，继续加强惠农陆路口岸与天津港海关的合作，引进国内大型物流公司，建设国际物流园区，继续探索将国内其他省份的货物通过宁夏至中亚的铁路线路运送至“丝绸之路经济带”的沿线国家。二是积极推动贸易便利化，在推行属地申报、口岸验放的基础上，加强与天津海关的合作，实行口岸放行进、出口提运单电子化，推行无水港货物一次申报、一次查验、一次放行便利通关模式。

（五）发挥综合保税区的政策优势，大力培育外向型企业

充分发挥银川综合保税区的政策优势，大力发展保税加工、保税物流、保税服务的功能，大胆尝试，发挥先行先试的政策优势，打造以银川综合保税区为桥头堡的对外开放高地，形成银川综合保税区的集聚优势，辐射周边的发展模式。着力打造加工贸易产业聚集区、国际物流分拨中转区、现代服务业创新区，全面提升商务配套服务、开放政策辐射和开放型经济服务三种能力。将银川河东国际机场的“空中丝绸之路”建设与银川综合保税区的政策优势结合起来，大力发展对阿拉伯地区的贸易，以航空优势带动银川综合保税区引进和发展对阿拉伯地区的商品贸易。

宁夏羊绒产业转型升级研究

田晓娟

2017 年 6 月 6 日，自治区第十二次党代会明确提出要大力实施创新驱动战略，加快经济转型发展。报告指出，产业转型升级是适应经济发展新常态的必然选择。对过剩产能、落后企业，要加大兼并重组力度；对优势企业要延长产业链，提高附加值，做大做强；积极发挥现代纺织园聚集作用，推动现代纺织向上对接能源化工，向下开发高端产品。为进一步构建以产业创新为基础、以科技创新为核心、以开放创新为引领、以人才创新为支撑的区域特色创新发展格局，2017 年 9 月 26 日，出台了《宁夏回族自治区党委 人民政府关于推进创新驱动战略的实施意见》(下称《意见》)，《意见》提出：要立足产业优势，聚焦产业转型，加快推进供给侧结构性改革，坚持有所为有所不为，促进经济提质增效，实现存量优化升级和增量崛起壮大，增强产业核心竞争力，推动宁夏产业迈向中高端。其中针对羊绒产业提出要加速提升传统产业，重点支持现代轻纺行业开发高端产品，延伸产业链，提高附加值。

羊绒产业是劳动密集型和资金密集型产业的典型代表，其参与全球产业分工的程度不断加深，但依然处于全球价值链的低端位置，创造的附加

作者简介：田晓娟，宁夏社会科学院综合经济研究所助理研究员。

值较低。通过自治区党委、政府规划园区、出台优惠政策等措施，宁夏羊绒产业基础日渐雄厚且已形成绒毛原料采购、初加工、毛渣购销、羊绒深加工及相关配套产业的完整产业链条。

一、宁夏羊绒产业发展现状

（一）发展现状

宁夏羊绒产业发端于20世纪六七十年代，以产业园区建设为分界点，产业发展经历了3个阶段：产业蓄势起步阶段（20世纪90年代至2002年）、产业快速成长阶段（2003—2012年）和产业升级成熟阶段（2013年至今）。经过凤凰涅槃般重生，羊绒产业已发展成为宁夏的优势特色产业和纺织行业的支柱产业。截至2016年，宁夏羊绒产业实现产值近200亿元，各类羊绒加工企业达90多家，解决就业2万多人。其中，产值过亿元的有32家。羊绒加工能力逐步提高。境内加工流通原绒8000万吨，约占全国羊绒产量的60%，占世界的50%，形成了年生产加工无毛绒5000吨以上、羊绒条1200吨、羊绒纱3000吨、羊绒衫1300万件的能力，形成了集羊绒分梳、绒条、纺砂、制衫、面料为一体的完整产业链；精品羊绒的市场地位逐步提升。2016年，羊绒纱线出口70.9亿元，增长16.8%；羊绒衫出口6.84亿元，下降1.2%。培育了“千堆雪”“绒典”“菲洛索菲”“灵州雪”等一批自主品牌，拥有了“托德邓肯”和“布朗艾伦”世界知名品牌，产品销往意大利、美国、英国、日本、瑞士、法国等43个国家和地区；培育出中银绒业、圣雪绒、嘉源绒业、荣昌绒业、马斯特羊绒、德海、生海绒业等为代表的一批龙头骨干企业。目前，中国的2000多家羊绒企业，实际控制了全世界93%的羊绒原料，全国70%的山羊绒原料在宁夏集散，65%的分梳山羊绒在宁夏加工，35%的无毛绒从宁夏出口，宁夏羊绒产业已经具有较强的国际影响力，羊绒产业已成为引领全国羊绒产业发展的排头兵，宁夏是全国乃至世界重要的羊绒集散地和羊绒制品加工基地，赢得了“世界羊绒看中国、精品羊绒在灵武”的美誉。目前，宁夏羊绒产业依据产业基础和资源特点，已形成以银川高新技术开发区（灵武羊绒产业园）、同心羊绒产业园为核心，以吴忠毛纺织产业园、中宁恩和毛纺织园为补充的羊绒产业发展格局。

（二）发展困境

在供给侧结构性改革的背景下，中国羊绒产业增速逐渐趋缓，造成增速趋缓的因素主要有两个方面：一是羊绒产业面临来自发达国家和发展中国家的双向挤压；二是羊绒产业低端要素比较优势减弱，高端要素比较优势尚未形成。宁夏作为西部欠发达地区，主要表现在中高端人力资本和自主研发能力不足两方面。从人才总量上来看，宁夏复合型及创新型的人才奇缺；从人才密度及高端人才的数量来看，宁夏高端人力资本极其稀缺，大大制约了宁夏自主创新能力的提升，阻碍了羊绒产业在全球价值链位置上的提升。

二、宁夏羊绒产业转型升级的对策建议

当前，随着经济下行压力的持续加大，羊绒制品售价持续下跌①，大部分羊绒产业经营陷入困境，宁夏羊绒产业也进入瓶颈期和阵痛期。笔者认为，影响宁夏羊绒产业转型升级的制约因素主要为贸易开放程度不高、创新驱动不足、人力资源极度匮乏、产业结构不合理、企业研发能力弱、品牌建设滞后等。其中贸易开放度主要影响工艺流程升级和产品升级环节，人力资源水平和企业研发投入主要影响产业链升级环节，产业结构则对羊绒产业转型升级每一环节都有影响。为有效解决羊绒产业发展突出问题，助推羊绒产业持续健康发展，本文紧密结合《宁夏回族自治区党委、人民政府关于推进创新驱动战略的实施意见》，提出了加快宁夏羊绒产业转型升级的对策建议。

（一）提升宁夏贸易开放度，调整羊绒产业结构

产业转型升级的基本内涵之一就是转变产业的生产方式和经营形态，由低产出、低质量、低效益向高质量、高产出、高效益转型，从粗放式发展向集约型发展升级，产业布局从分散型向集聚型升级。羊绒产业结构当

①据银川海关统计，2016 年，宁夏羊绒纱线出口 7.09 亿元，增长 16.8%；羊绒衫出口 6.84 亿元，下降 1.2%。

前存在的产业链条脆弱、产业体系单一、产能整体过剩等问题，已经不适应全球资源要素和产业链配置的羊绒产业发展形势。因此，消化过剩产能、推进优化重组、打造领军优势企业、形成规模经济和整体竞争集约优势，是宁夏羊绒产业适应国内外产业环境变化和发展趋势、提升国际市场竞争力、实现转型升级创新突破的有效策略。

一要加快“腾笼换鸟”，盘活闲置资源。羊绒产业园现有闲置土地 330 亩、闲置厂房近 16 万平方米，生态纺织园现有闲置土地 120 亩、闲置厂房近 1.2 万平方米，全民创业园现有闲置土地 90 亩、闲置厂房近 3 万平方米。通过淘汰整治、就地转型、搬迁集聚、改造提升、兼并重组等方式，形成“腾笼换鸟”长效机制，推动产业结构优化升级和园区竞争力提升。鼓励企业到羊绒主产区建厂进行初加工，为发展精深加工腾出空间和资源。加快引进和落地一批高新特优项目，重点引进现代纺织精深加工、高档服饰、纺织机械、新型纺织材料及上下游辅料配套等项目。挖掘资源存量，优化空间布局，腾出发展空间，释放园区有限资源和闲置企业资产潜能。

二要推进企业兼并重组，打造领军优势企业。加快中银绒业并购重组，通过梳理资产、内部重组、组建置出公司、剥离部分资产等途径，解除中银绒业退市风险，并通过政府平台参股的混合所有制的经济模式，逐步将中银绒业负债降到合理水平。结合园区企业发展实际，推进其他中小企业并购重组，通过资产收购、债务重组、股权收购、股权合作、资产置换等方式，清理退出“僵尸企业”，打造充满活力的新型企业。组建成立羊绒收购公司和羊绒加工公司，确保企业轻装上阵，生产经营稳中有升。

三要实施羊绒企业兼并重组的集约化战略。以提升产业竞争力为目标，实施羊绒企业兼并重组的集约化整合战略。目前，羊绒市场流通方面虽然形成了以巴彦淖尔市、清河县、灵武市为代表的三大羊绒集散批发中心，但仍需进一步规范与整合区域批发市场资源，避免重复建设，避免产业内盲目竞争。因此，整合宁夏羊绒集散批发市场和羊绒生产加工企业、实施集约化经营是提高产业链价值的重要途径。

（二）坚持创新驱动发展，提高企业核心竞争力

《意见》明确提出：坚持以企业为主体，增强创新发展能力。鼓励企业加大创新投入，引导各类创新资源向企业聚集，通过产学研协同创新，引进消化吸收再创新、实用技术创新和创新成果转化应用，加速科技投入成果化、科研成果效益化。

一是加大科技创新投入力度。重点用活政府财政 R&D 科技投入和《意见》中引导企业加大创新投入政策，引导促进产学研合作、科技研发、产品设计和科技成果转化。

二是支持产学研协同创新。坚持需求导向和产业化方向，探索多形式协同创新模式，深化产学研、大中小企业配套协作，促进产业链和创新链深度融合，重点与科研院所、高校联合建设高水平的创新平台。羊绒企业应进一步深化与西安工程大学、天津科技大学、东华大学、武汉纺织大学和中国纺织科学研究院等知名纺织院校、科研院所产学研合作，攻克和掌握一批达到世界领先水平的产业核心技术，力争羊绒产业工艺、技术和装备达到国际先进水平。

三是抓住行业的关键环节和重要领域，加快技术研发及产业化步伐，加强新技术在羊绒制品上的应用，进一步推动羊绒分梳、多纤维混纺交织、印染及后整理等技术领域的发展，拓展产业发展空间，提升羊绒产业发展层次和水平。

四是培育羊绒产业创新集群，引领羊绒产业转型升级。提升银川高新技术开发区转型升级的引领能力，推动政策集成、资金聚集、资源整合，着力形成有竞争力的羊绒产业创新集群。

（三）加大区域品牌和自主品牌培育力度，提升羊绒品牌美誉度

品牌的运营、市场销售占据着羊绒产业链利润和附加值最高的产业链曲线右端，要想形成竞争优势，提高盈利能力，必须着力于品牌培育。此外，羊绒自主品牌建设总体上处于探索和成长阶段，是其一大短板。因此，羊绒产业要想形成竞争优势，必须加大品牌培育力度。品牌引领作用，利用已经形成的灵武精品羊绒区域品牌，实施培育品牌发展战略，将区域品牌与企业品牌建设同步推进，增强企业自主品牌意识，把园区建设成领先国内、影响国际的羊绒纺织创意产业基地。加大对“菲洛索菲”“绒典”“灵州雪”等自主品牌培育和扶持力度，鼓励羊绒企业创建优质无毛绒、面料、服饰等方面品牌。精心策划办好第六届国际羊绒节，“请进来”与“走出去”相结合，适时举办高端纱线、服饰等羊绒产品流行趋势发布会和品牌发布会。利用中央电视台等媒体品牌栏目平台，打造“灵武羊绒礼品”，以赞助产品、节目奖品等多种形式宣传推广“灵武精品羊绒”品牌，让“世界羊绒看中国、精品羊绒在灵武”美誉真正誉满全球。

（四）推进金融、互联网与羊绒产业融合发展

一是加速“金融 + 羊绒产业”融合发展。实施“引金入宁”计划，培育多层次的资本市场，加速“金融 + 羊绒产业”融合发展，切实解决企业融资难、融资贵的问题。一方面，设立发展基金。设立羊绒产业发展专项基金，主要用于扶持龙头骨干企业、特色工业园区建设，用于重大技术改造项目和招商引资项目的奖励与补贴（贴息）、新产品开发项目的奖励和贴息、创名牌的奖励、引进人才的奖励、出口奖励。另一方面，加大金融支持。落实国家对羊绒业的信贷政策，进一步创新信贷产品，允许羊绒企业以自有不动产、动产以及注册商标等无形资产进行抵押贷款，不断加大对纺织服装企业的信贷支持力度，逐年增加对羊绒产业信用贷款、担保贷款的额度。积极争取国家、自治区关于扶持羊绒产业发展的专项资金，优化资金投向，每年包装一批有发展潜力的重点项目，确保向上争取资金逐年增长。

二是深入推进“互联网 + 羊绒产业”。做好“互联网 +”的文章，推动大数据产业与羊绒产业融合发展。组建中国羊绒电子交易中心，由宁夏现代纺织投资有限公司发起，依托中银绒业，联合内蒙古、河北、江苏、浙江等地羊绒收购、羊绒加工、羊绒贸易及与羊绒相关的其他投资企业，开展现货交易，并通过电子交易、资金服务、物流服务和信息服务，实现商品贸易、商品投资和价格发现三大功能，最大限度地掌控羊绒资源和话语权。推进物联网、云计算、大数据等新一代信息技术在企业供产销中的深度融合，实现智能化制造和管理、营销模式的创新，提高企业的整体运营效率。积极引导企业大力发展电子商务，建立与客户电子商务系统对接的网络制造管理系统，发展以销定产、个性化订制生产方式，提高企业网络营销能力及产品市场占有率。

（五）加快人力资源建设，提升羊绒企业经营管理水平

《意见》明确提出：深入实施人才强区工程，坚持不求所在、不求所有、但求所用，采取更加灵活的措施，引进与培养同步，高精尖缺人才与实用技能人才并重，激发人才创新创造活力，着力打造引得进、稳得住、用得好的西部人才高地。

一是加强羊绒产业人才队伍建设。人才是产业和企业的活力源泉。首先，重点培养一批具有国际视野和现代经营管理水平的优秀企业家和高素质企业经营人才。其次，培育一批专业基础知识扎实、掌握关键技术的工程师、技师等高素质专业技术人才。最后，培养一批具有实际操作能力，并在具体工作中能解决关键技术和工艺操作难题的技能型人才。

二是提高羊绒企业经营管理水平。推动产业深化改革，积极寻求符合产业自身特点并适合市场竞争的企业组织形式和资本组织形式，加强对企业法人和管理人员的培训教育力度，帮助企业建立和完善各项规章制度，不定期组织羊绒企业经销人员到外地考察学习，树立现代企业管理理念，改变目前宁夏羊绒产业的传统家族式管理模式。

三是构建以电子商务系统、应用服务系统为一体的宁夏羊绒产业信息系统平台和信息门户网站，开发具有网络办公、管理、服务和宣传功能的羊绒工业园区管理信息化系统，推动企业规范化管理。羊绒产业要进一步提升管理水平，引进先进的管理理念和方法，不断革新技术工艺水平，提高羊绒产业的综合实力。

（六）扩大对外开放合作，推进羊绒产业开放式发展

《意见》明确提出：坚持以开放汇聚创新发展力量。主动融入国家创新体系，“走出去”和“请进来”并举，加强与发达地区的创新联动，汇聚国内外创新要素，不断增加宁夏创新力量，全面提升创新发展水平。

一是积极响应国家“一带一路”倡议，充分用好宁夏内陆开放型经济试验区和中阿博览会平台，按照平等互利的原则，提高招商引资效果，积极引进一批大企业、大项目，提升宁夏羊绒产业发展水平。

二是大力推进对内对外开放，加快产业对内协作和国际化合作，鼓励区内企业加强与国际国内先进纺织地区的交流和合作，开展跨区域产业投资与贸易合作，以财政资金补贴、行政事业规费减免、政府性产业基金支持等激励措施，支持引导国内外知名纺织服装企业到宁夏羊绒产业园区发展，支持鼓励本地羊绒骨干企业到国内、国外羊绒主产地、市场前沿投资设厂。

三是加强与国内外行业协会、团体和知名羊绒企业的联系，寻求更多的合作机会，加快构建全方位、多层次、宽领域、高水平的开放型现代纺织产业经济新格局。

四是积极引进各类创新平台。着力做好专家顾问团、博士后科研工作站、工程（技术）研究中心、企业技术中心、羊绒研究院、羊绒产业技术创新联盟等创新服务机构建设，加快推进全国首个羊绒现代纺织院士工作站建设，形成完整的产业创新体系。围绕做活羊绒及其制品质量监督检验中心“国字号”平台，创制羊绒及其制品国家和行业标准，提升产品质量安全水平，掌控国际羊绒行业内产品质量标准和议价定价的话语权。

深化供给侧结构性改革下的城市垃圾处置问题探索与策略研究

——探索宁夏水泥窑协同处置城市废弃物之路

吴灵捷　姚　鑫　朱立红　范锦顺　梁多勇

随着宁夏城市化步伐不断加快，生活水平持续提高，生活垃圾、污泥、危险废弃物等城市废弃物呈快速增长趋势。传统的填埋、焚烧、堆肥等处理方式，逐渐暴露出许多问题和缺陷。积极推进水泥窑协同处置城市废弃物，实现废弃物无害化、资源化和减量化处置，彻底解决宁夏废弃物处理矛盾，对于大力实施生态立区战略、深入推进绿色发展意义重大而深远。

一、宁夏城市废弃物增长迅猛

《中国城市建设统计年鉴》显示，2013年，全国城市生活垃圾清运量达到17238.58万吨；北京每天产生生活垃圾1.86万吨，焚烧处置比例低于1/3；上海、广州生活垃圾日清运量分别达2万吨和1.8万吨。垃圾在流转、堆放、填埋过程中腐败，滋生病原微生物，它们日复一日、年复一年地积累，造成水体、空气、土壤的二次污染和疾病传播。

作者简介：吴灵捷，自治区党委台湾工作办公室秘书联络处处长，宁夏社会学会常务理事；姚鑫，自治区经信委节能与综合利用处副调研员；朱立红，中共西夏区委统战部副部长，西夏区工商联党组书记；范锦顺，自治区环保厅固体危险废物和化学品管理局重金属污染管理科科长；梁多勇，自治区党委政策研究室农村处副主任科员。

2013—2015年，宁夏生活垃圾产生量分别为128.25万吨、162.11万吨和177.04万吨，3年平均增长率为4.4%，照此增速，到2020年，将达219万吨左右；危险废弃物产生量分别是5.08万吨、5.34万吨和9.75万吨，3年平均增长率为20.2%，照此增速，到2020年，将达到24万吨左右。由于国家对污泥的产生量在2016年之前没有要求统计，从2016年初，开始纳入城市废弃物统计系统。截至2016年11月底，全区污水处理厂共产生污泥15.2万吨。随着人口的增加、经济的发展，污泥产生量还会持续增加。城市废弃物迅猛增长，如此严峻的发展形势，使我们面临着巨大考验。

二、宁夏城市废弃物处置面临“五大问题”

近年来，宁夏城市废弃物处理体系日趋完善，处理设施不断增加，城市环境总体改善。但随着经济社会持续发展、人口增长和城市扩张，导致城市废弃物处置出现诸多问题。

(一) 在填埋处理方面，剩余库容不足

宁夏建有城镇生活垃圾无害化处理设施23座，其中，有22座生活垃圾填埋场，1座焚烧垃圾发电厂。吴忠市、固原市、盐池县、西吉县、海原县、泾源县的填埋场已经超出使用年限，同心县的填埋场2017年也达到使用期限。按照设计处理能力及使用年限，截至2020年，全区将有14座填埋场达到设计库容，占比63%，填埋场库容将严重不足，废弃物面临何去何从的严峻形势。在填埋场渗滤液处理上，除银川、石嘴山、吴忠、中卫等市的10座填埋场，配套渗滤液处理设施外，剩余12座均采用回喷蒸发方式处理渗滤液。渗滤液中含有大量有机物、氨、氮以及重金属等有毒有害成分，如果处理不彻底，易造成环境二次污染，不仅会污染土壤和地表水源，甚至会污染地下水和空气，产生的沼气还容易发生爆炸。填埋场埋下的都是高污染、高风险的隐患，会给生态环境和人体健康带来巨大危害。

(二) 在焚烧处理方面能力较弱

目前，仅有银川市建有1座垃圾焚烧发电厂，日处理能力为1000吨。2013年，在灵武市建成1座危险废物处理中心，年处理能力1.2万吨。截至目前，共处理危险废物2万多吨，其中，2015年处理6000多吨。全区

垃圾焚烧设施处理能力较弱，仅占无害化处理总能力的21%，与国务院办公厅印发的《"十二五"全国城镇生活垃圾无害化处理设施建设规划》中规定的"2015年，全国城镇生活垃圾焚烧处理设施能力达到无害化处理总能力的35%以上，其中东部地区达到48%以上"的目标，还存在很大差距。垃圾焚烧发电不仅投资惊人，而且用地选址困难，易遭到群众反对。排放的烟气中含有二噁英致癌物质，其剧毒性对人体和环境危害很大。

（三）在堆肥处理方面，前景令人揭担忧

污泥主要来源于污水处理厂，全区日产生量362吨。其中，用于堆肥221吨，占比61%；用于填埋108吨，占比29%。银川市的污泥用于好氧堆肥，石嘴山市的污泥则用于堆肥和焚烧，其他市县的污泥大部分是填埋处理。现有的污泥处置方式在消纳能力、环保指标上，均不能满足标准和要求。因为在现行条件下堆肥技术还不成熟，采用的堆肥处理系统不稳定，处理水平较低，影响堆肥效率和质量。污泥中的大量重金属等有毒有害成分无法去除，农业部政策性控制污泥堆肥，禁止在食物链等相关农业引入生物堆肥，这些关键性制约因素，导致污泥有机肥销路不好、市场萎缩，缺乏竞争力。污泥填埋处理，埋下的更是高污染、大隐患，破坏环境，贻害后人。

（四）在垃圾收集方面，分类发展梗阻

人们对环保的重要意义有较深认识，也不缺乏参与环境保护的愿望和热情，但要转化为实际行动，形成良好习惯，还需付出很大努力。最近几年，宁夏积极推进垃圾分类试点工作，特别是银川市垃圾分类试点工作效果明显。但碍于居民生活习惯，垃圾分类任重而道远。如许多居民将垃圾分类工作看作是简单的废品回收，忽略其环保作用，意识不到其产生的经济、环境效益，刚开始还坚持分类，没多久又混合投放。源头减量意识不强，分类标准不清，过分依赖后期分拣，无形中给垃圾分类收集带来难度。分类收集设施不完善、运行保障机制不健全等诸多因素，导致分类收集和回收利用存在许多问题与困难。垃圾分类收集也仅仅是有限的减量，不能达到无害化和资源化。

（五）在废物特性方面，成分复杂难控

生活垃圾混合投放严重，多采用混合式袋装或散装收集，且成分复杂，主要有厨余物、废纸、废塑料、废织物、废金属、废玻璃及陶瓷碎片、废旧电池、废旧灯管、废渣土、小区废弃物等。有机类垃圾约占60%，无机类垃圾约占40%，主要特点是灰渣含量高，可回收利用成分较低。污泥中含千余种病原体，还有重金属、苯、氯、酚等有害物质，且含盐量较高，对植物根系伤害较大。堆肥后的污泥仍含有重金属，对土壤和水体造成污染。危险废弃物主要有医疗废物、农药废物、化学品废物、染料涂料、废矿物油、木材防腐剂废物、有机溶剂废物等49大类479种，具有腐蚀性、毒性、易燃性和感染性，对人和环境危害十分严重。

三、水泥窑协同处置垃圾的积极效应

一边是经济的快速发展，一边是不断增长的各种垃圾，或埋或烧已陷入“两难”。在应对日益严峻的“垃圾围城”中，水泥窑协同处置技术应运而生，并迅速得到国内外的广泛采用。《巴塞尔公约》指出，水泥生产过程危险废物的协同处理方法已经被认为是对环境无害的处理方法。在许多发达国家，危险废物的水泥窑协同处置已有30多年历史，对于危险废物的处理处置发挥了巨大作用。

相比垃圾焚烧，利用水泥窑协同处置危险废物具有显著的环境效应以及经济效应。一方面，水泥窑协同处置燃烧过程充分，可减少二噁英等污染物的排放；废物中重金属离子被固化，大幅减少飞灰的产生。另一方面，水泥窑的改建可减小投资规模，且处置成本明显低于焚烧。从社会影响来看，水泥生产企业通常地处较偏僻，邻避效应较小。所以，水泥窑协同处置，是一种新型的循环经济形态，具有较高的推广价值。

在我国，水泥厂主要处理常规的一般工业废物，如电厂粉煤灰、烟气脱硫石膏、煤矸石、钢渣等。而生活垃圾、危险废物的协同处置还处于起步阶段。20世纪90年代，上海万安水泥厂在国内首创水泥窑共同处置危险废物的实践；1995年，北京水泥厂开始系统处置危险废物的试烧实践，研发了全国第一条协同处置工业（危险）废物的环保示范线，危险废物年

处置量达到10万吨。

近年来，国家积极推动水泥窑对固体废物的共同处置。2013年，国务院《循环经济发展战略及近期行动计划》提出，力争到2015年，水泥窑协同资源化处理废弃物生产线比例达到10%。2016年，环保部出台《水泥窑协同处置废物污染防治技术政策》，分析了我国水泥窑协同处置的技术现状，同时也对水泥窑的建设、运行、环保防护等提出了规范要求。水泥窑协同处理危险废物在国外已经有多年成功运行的经验，近年来受政府的政策推动明显。从需求端来看，危险废物处置能力不足，缺口巨大，短期供不应求的情况无法改善。从供给端来看，国内目前有水泥企业约4000家，行业产能过剩、盈利下滑，水泥企业具有转型环保业务的意愿。工信部《绿色制造工程实施指南（2016—2020年）》指出，产业绿色协同发展，必须"推进水泥窑协同处理生活垃圾、污泥和飞灰等，促进产城融合"；2016年11月，南京市政府出台了《关于进一步加强固体废物污染防治工作的意见》，明确提出"推动南京市水泥窑协同处置城市垃圾工作"。

四、水泥窑协同处置城市废弃物的五大优势

国际国内已有成熟的水泥窑协同处置废弃物的先进做法，为处理废弃物提供了新型处置技术路径和方式，水泥窑协同处置城市废弃物有着比其他处置方式不可替代的优越性，对于缓解城市废弃物处置能力不足、削减环境污染负荷、改善环境质量、保护生态环境、推进绿色发展具有重大意义。

（一）国际国内发展迅速

20世纪70年代，美国、德国、荷兰等发达国家开始利用水泥窑协同处置城市废弃物，广泛应用在生活垃圾、污泥、危险废弃物处理上，作为水泥行业节能减排的重要方法，在处置废弃物中发挥着重要作用。20世纪90年代，我国开始研究水泥窑协同处置废弃物的利用技术，体系逐渐完善，消纳废弃物数量和品种不断增加。如今，中材水泥、海螺水泥、华新水泥、越堡水泥等企业，利用水泥窑处置城市生活垃圾、污泥、危险废弃物、飞灰等成效显著。甘肃省平凉海螺水泥厂，投资1亿元，花了10个月时间，建成两条2×5000吨的协同处置生活垃圾生产线，年处理垃圾10万

吨，2014 年 11 月投入运行。采用等离子除臭技术，整个处理过程处于负压状态，没有任何异味。在与处理生产线只有一墙之隔的咖啡厅里，可以一边目睹垃圾处理，一边品尝咖啡糕点。北京水泥厂于 1998 年启用水泥窑协同处置污泥和危险废弃物，运行 18 年来，基本实现了城市废弃物处置减量化、资源化、无害化目标，消化处理全市 94%的废弃物，年处理危险废弃物 6 万吨、污染土 10 万吨、生活污泥 10 万吨，涉及危险废弃物 49 类中的 30 种，囊括电子、医药、化工等多个行业。北京琉璃河水泥厂年处理工业飞灰 9600 多吨，大大降低了飞灰对环境的压力。水泥窑协同处置废弃物，不仅做到了“吃干榨尽”，而且实现了废水、废气、废渣零排放。

（二）政策体系日趋完善

近年来，为鼓励和加快利用水泥窑协同处置废弃物，国家出台一系列意见、技术规范和标准，构建了水泥窑协同处置废弃物的完整政策体系。国家《“十二五”规划纲要》提出“支持水泥窑协同处置城市生活垃圾、污泥生产线和建筑废弃物综合利用示范线建设”；2011 年，住建部实施《水泥窑协同处置工业废物设计规范》（GB50634—2010）；2013 年，《关于修改产业结构调整指导目录（2011 年本）》（国家发改委第 21 号令），鼓励水泥窑协同处置生活垃圾、污泥和废弃物；2013 年，国务院印发《关于化解产能严重过剩矛盾的指导意见》，提出利用水泥窑协同处置废弃物作为当前水泥行业化解产能过剩的重要政策；2014 年，国家发改委等 7 部门联合发布《关于促进生产过程协同资源化处理城市垃圾及产业废弃物工作的意见》，提出重点推进水泥窑协同处理危险废物；2014 年，全国政协主席俞正声主持政协双周协商座谈会，就利用水泥窑协同处置垃圾废弃物问题，各委员、专家积极建言献策；2015 年，国家质检总局颁布《水泥窑协同处置固体废物技术规范》（GB30760—2014）；2016 年，工信部、财政部联合印发《绿色制造 2016 专项行动实施方案》，鼓励水泥窑协同处置生活垃圾。环保部发布《水泥窑协同处置固体废物污染防治技术政策》。工信部、财政部支持贵州省 8 个水泥窑协同处置固废。

（三）协同技术日趋成熟

水泥窑协同处置生活垃圾技术主要由垃圾前处理及供料、垃圾气化、灰渣处理和污水处理等系统组成，整个系统处于负压状态，不易出现烟气、粉尘泄露等问题，该项技术为世界首创。水泥窑协同处置除了具有传统垃圾焚烧法的优点外，有害成分排放还远远低于垃圾焚烧炉。水泥窑协同处置污泥技术是利用水泥窑废气余热烘干污泥，再送入水泥窑分解炉焚烧，分解炉温度高、热熔大，使污泥能快速、完全燃烧，烧尽后的灰渣随物料进入窑内，经高温煅烧后固化为水泥原料。污泥中的有机有害物、无机有害物被充分燃烧并完全分解。水泥窑协同处置危险废弃物技术是在水泥回转窑的基础上，通过新建危险废弃物预处理系统，可燃危险废弃物直接进入回转窑焚烧代替部分燃料，不可燃废弃物直接与石灰石一起破碎后，作为水泥原料进入回转窑煅烧形成熟料，燃烧过程中有毒气体固体完全分解，有害成分去除率可达 99.99%以上。回转窑对危险废弃物种类适应性强，无论是固体还是液体，是絮状还是粒状，均可燃烧殆尽，对水泥熟料质量不会产生影响。

（四）协同处置优势明显

一是低成本优势。水泥窑协同处置的投资、建设与填埋、焚烧相比具有不可比拟的优势。不需要另建厂，只需在水泥厂内加装设备；不需要新申请用地，只需在厂内完善部分设施。据统计，水泥窑协同处置投资约为 20 万元 / 吨，远低于焚烧投资 100 万元 / 吨、堆肥 78 万元 / 吨、填埋 39 万元 / 吨的标准。

二是无害化优势。水泥窑内温度可达 1600℃，远高于垃圾焚烧炉 850℃的温度。高温将废弃产生的二噁英等有害物质彻底燃烧并完全分解，避免了大气污染。重金属在高温作用下被固定在氧化物固体中，扼制重金属污染。

三是资源化优势。能够充分利用废弃物，作为水泥生产过程中的替代原料与燃料，减少对不可再生燃料和自然资源的开采。

四是减量化优势。利用窑体内的高温，使废弃物充分燃烧，减少废弃物体积与质量，实现废弃物减量化处置。

五是多样化优势。水泥窑不仅可以协同处置生活垃圾、污泥，还可以消纳危险废弃物、飞灰等多种废弃物。

(五) 协同处置条件有利

宁夏石灰岩储量丰富，建材工业发达，是重要的水泥生产基地，主要的水泥企业有赛马水泥等。全区水泥熟料产能2500吨/日以上的水泥窑生产线有19条，其中5000吨/日的生产线有4条，2500吨/日~3000吨/日的生产线有15条。水泥企业面临着节能减排、淘汰落后产能和环境保护的巨大压力。推广利用水泥窑协同处置城市废弃物，宁夏具有得天独厚的优势，这些大规模的回转窑完全具备了协同处置废弃物的条件和能力，是城市废弃物无害化、资源化、减量化处置的有效手段。可将水泥企业转型为环保服务型、生态友好型制造业，既能促进水泥行业转型升级、绿色发展，又能环保、经济地处理城市废弃物，必将带来良好的环境、社会和经济效益，实现高污染高耗能企业与城市和谐发展。

五、对策建议

党的十九大指出，要加强固体废弃物和垃圾处置，要“加快建立绿色生产和消费的法律制度和政策导向，建立健全绿色低碳循环发展的经济体系”。水泥窑协同处置废弃物，是环保、安全、经济、有效、彻底的处置方法，在技术上是成熟的，环保指标上是合格的，资金投入上是经济的。从国内外发展经验来看，水泥窑协同处置废弃物既是宁夏废弃物处置的发展趋势，也是水泥行业转型升级、绿色发展的必由之路。

(一) 统筹协调，积极推进，掀起水泥窑协同处置废弃物新革命

坚决贯彻落实党中央、国务院关于支持水泥窑协同处置城市生活垃圾、污泥和建筑废弃物综合利用的相关决策部署，启动部署宁夏水泥窑协同处置废弃物工作。把水泥窑协同处置作为宁夏整治环境污染，深入实施蓝天、碧水、净土“三大行动”的重点工程，作为“十三五”对水泥工业重点支持项目，作为水泥工业节能减排的重点推广技术，力促循环经济上新台阶、环保技术创新水平。建立水泥窑协同处置废弃物统筹协调机制，形成职责明晰、协同推进的工作格局。水泥窑协同处置废弃物工作由自治区经信委、发改委会同自治区科技厅、财政厅、环保厅、住建厅等有关部门共同组织实施。各地区要根据本地实际制订具体落实方案，纳入本地区发展规划，

并做好与自治区的衔接，认真组织落实。

（二）合理布局，科学谋策，着力做好既有设施统筹

科学布局、合理谋划各种废弃物处理方式，使之有效发挥“净化器”的作用。将水泥窑协同处置废弃物纳入基础设施建设，在一定城市半径内，统筹规划填埋、焚烧、堆肥和水泥窑协同处置，并优先选择水泥窑协同处置方法，原则上不再新批垃圾焚烧发电项目。根据城市规划“五线”标准、城镇基础设施和水泥企业布局现状，以城市周边水泥窑为主体，研究制定水泥生产企业处置废弃物数量配额制度，强化政策引导和政府监管，探索建立市场化运作模式，既要做到废弃物处理的有效补充，又要防止多种处理方式或多家企业之间抢夺资源，营造公平公正的市场秩序。

（三）突出重点，分业施策，着力发挥政府主导作用

充分发挥政府的主导作用，结合现有填埋、焚烧等设施，积极推进水泥窑协同处理生活垃圾、污泥等废弃物项目工作。合理布局，选择产能符合要求、技术水平先进、管理严格、基础条件好、社会责任感强和自律意识高的水泥企业开展协同处置城市废弃物项目。通过协同处置项目进一步优化技术，提高装备水平，完善生产规范和市场运营机制，研究制定收费标准、产品质量标准、环境标准和许可制度，探索建立宁夏水泥窑协同处置废弃物的运营模式，确保这项产业健康有序发展。

（四）完善政策，着力加大财税支持力度

政府有关部门要参照焚烧、填埋等补贴标准，研究落实相应的财税政策。充分利用各级工业转型升级、技术改造、节能减排、科技计划（专项、基金）等资金渠道，加大对水泥窑协同处置相关专项支持力度。完善绿色产品政府采购和财政支持政策，落实资源综合利用税收优惠政策、节能节水环保专用设备所得税优惠政策。水泥窑协同处置需要对现有炉窑、进（配）料系统进行改造，在项目立项、建设、资金、环评及经营许可等环节给予支持。按照水泥窑协同处置数量达到一定比例要求，对部分水泥产品实行增值税即征即退政策，允许项目设备投资额部分抵免企业所得税。通过综合施策，降低企业成本，实现水泥企业和生态社会环境“双赢”，促进水泥企业转型，成为废弃物处置、资源利用的新兴环保产业，推动宁夏水泥企业向环境服务型、生态友好型发展。

（五）加大约束，严格监管，着力监督废弃物生命链

着力完善监管措施，加强城市废弃物管控和环境安全监督，真正做到对废弃物的收集、贮存、运输和处置利用的生命链的法规约束，保证废弃物在交易和处理过程中的安全。彻底杜绝少数企业传统焚烧、填埋和自主处理废弃物，甚至私下贩卖或无法控制其流向的现象发生，避免由此所引起的大气污染和水污染，造成生态环境破坏和社会恐慌。传播绿色理念，从发展循环经济、加快生态文明建设高度，通过广播、电视、报纸等媒体，加强舆论宣传，进一步提升全社会绿色意识，提高参与度和积极性，广泛宣传水泥窑协同处置废弃物在保护环境、节约资源中的作用，为积极推进水泥窑协同处置废弃物创造良好的社会环境。

区域发展篇

QUYU FAZHAN PIAN

2017年银川市经济发展报告

张旭霞

2017年，面对复杂多变的发展环境和经济压力持续加大的严峻形势，银川市委、政府团结带领全市人民深入学习贯彻十九大精神，认真落实中央和自治区系列决策部署，按照在全区“走在前、做表率”的总要求，坚持稳中求进工作总基调，深入践行新发展理念，凝心聚力，迎难而上，担当实干，奋勇争先，推动经济发展取得新进展，全市经济总体呈现平稳发展态势。

一、2017年银川市经济运行主要特点

（一）总体经济平稳发展，第三产业支撑有力

2017年，银川市委、政府把提高政治站位作为基本遵循，在全国全区发展格局中找准定位，把持续加快发展作为第一要务，抢抓发展新机遇，应对发展新挑战，加快转变发展方式，持续优化经济结构，助推经济持续健康发展。初步预计，2017年全市地区生产总值同比增长8%左右。前三季度，全市实现地区生产总值1273.29亿元，同比增长8.0%，分别高于全区、全国0.2个百分点和1.1个百分点。其中，第一产业实现增加值40.30

作者简介：张旭霞，银川市统计局副调研员。

亿元，同比增长 4.2%；第二产业增加值 674.43 亿元，同比增长 6.8%；第三产业增加值 558.56 亿元，同比增长 9.9%。第三产业增速分别比一季度、二季度提高 1.9 个百分点和 0.5 个百分点。三次产业比达到 3.1∶53.0∶43.9，三次产业贡献率分别达到 1.9%、44.4%和 53.7%，分别拉动经济增长 0.2 个百分点、3.6 个百分点和 4.3 个百分点，第三产业贡献率分别比一季度、二季度加大 12.7 个百分点和 4.7 个百分点。第三产业增速的加快、贡献率的加大，有力支撑全市经济平稳健康发展。

（二）农业经济保持平稳，现代农业步伐加快

2017 年，银川市着力推进农业供给侧结构性改革，紧紧围绕“1+2+4”特色优势产业，重点实施“特色产业增效、现代农业园区提升、龙头企业升级、农字号品牌创优、智慧农业引领示范和新市民培育”六大工程，全市农业经济实现平稳发展。预计全年农林牧渔业总产值同比增长 4.5%，粮食总产达 85.43 万吨。前三季度，全市实现农林牧渔业总产值 80.87 亿元，同比增长 4.2%，增速比上半年加快 0.7 个百分点。农林牧渔业增加值达到 43.27 亿元，同比增长 4.3%，比上半年加快 0.3 个百分点。

一是经济作物稳中向优。前三季度，全市蔬菜产量 128.83 万吨，同比增长 3.1%；花卉产量 7749 万枝，同比增长 36.9%。

二是畜牧产业稳中向好。累计实现畜牧业总产值 20.2 亿元，同比增长 5.8%。猪、牛、羊肉产量 3.48 万吨，同比增长 2.5%；奶产量 36.6 万吨，同比增长 4.6%；禽蛋产量 16241 吨，同比增长 8.4%。

三是适水产业稳中有增。全市水产品产量达 5.7 万吨，同比增长 3.5%。

四是现代农业步伐加快。新增有机水稻 7 万亩，新增酿酒葡萄 5337 亩，年产葡萄酒 6000 万瓶，农产品加工转化率达到 64%，乡村旅游收入同比增长 22.2%。全市龙头企业积极申请注册商标，先后荣获中国驰名商标 7 个、中国名牌产品 2 个、绿色有机农产品博览会金奖 22 个。

（三）工业经济平稳运行，新兴产业优化升级

2017 年，银川市扎实推进工业供给侧结构性改革，工业经济转型升级成效不断显现，产业结构调整和新动能成长持续取得新进展，工业经济总体保持平稳发展态势。预计全年规模以上工业增加值同比增长 8.5%。1—

11月，全市规上工业增加值同比增长8.5%。

一是支柱行业支撑突出。全市32个大类行业中18个行业保持增长态势，其中，石油加工炼焦业同比增长7.3%，拉动规上工业1.8个百分点；煤炭开采洗选业增长8.3%，拉动规上工业1.2个百分点；化学原料和化学制品制造业同比增长12.5%，拉动规上工业2个百分点；电力、热力生产和供应业同比增长18.5%，拉动规上工业2.5个百分点；医药制造业增长20.9%，拉动规上工业0.6个百分点。

二是大中型工业平稳增长。规模以上大中型工业企业增加值同比增长7.3%，增速比1—8月、1—9月、1—10月分别加快1.5个百分点、1.1个百分点和0.8个百分点。

三是战略性新兴产业和高技术产业快速增长。规上工业中战略性新兴产业和高技术产业增加值同比分别增长28.9%和34.5%，增速分别比全市规上工业快20.4个百分点和26.0个百分点。

四是新动能快速蓄积。工业产品中单晶硅、多晶硅产量同比分别增长76.5%和60.7%，金属切削机床产量同比增长39.4%，工业机器人产量同比增长10.6%。

（四）投资增速持续回落，民间投资支撑明显

2017年，受经济环境、宏观政策等因素影响，投资增速持续回落。但银川市委、政府坚持经济工作项目化、项目工作责任化，加大项目协调力度，发挥县（区）、园区主体作用，鼓励民间资本和民营企业投资，保证项目建设推进，促进全市固定资产投资保持正增长。预计全年完成全社会固定资产投资1206亿元，同比增长1.0%。1—11月，全市完成固定资产投资1537.01亿元，同比增长1.0%。

一是三次产业投资增速“两增一降”。第一产业完成投资61.43亿元，同比增长1.2倍；第二产业完成投资528.38亿元，同比下降18.3%；第三产业完成投资947.20亿元，同比增长11.8%，三产投资比重由上年同期的55.6%提高到61.6%。

二是工业投资下拉明显。全市完成工业投资525.11亿元，同比下降18.6%，下拉全市投资增速7.9个百分点，其中，采矿业完成投资48.14亿元，同比增长 12.1 倍；制造业完成投资 379.08 亿元，同比下降 1.3%；电力、热力、燃气及水的生产和供应业完成投资 97.89 亿元，同比下降 62.0%，投资额较上年同期减少 159.64 亿元。

三是民间投资支撑明显。全市完成民间投资 872.59 亿元，同比增长 16.6%，占全市投资比重的 56.8%，拉动全市投资增长 8.1 个百分点。

四是房地产开发投资降幅收窄。1—11 月，全市完成房地产开发投资 381.07 亿元，同比下降 10.7%，降幅比 1—10 月收窄 2.6 个百分点。

（五）消费市场平稳运行，物价水平温和上涨

2017 年，银川市扎实推进供给侧改革，着力促进消费结构转型，狠抓商业结构调整和“互联网 + 流通行动”，大力发展商业新模式、新业态，不断拓宽消费领域，改善消费环境，全市消费市场呈现平稳有序运行。预计全年完成社会消费品零售总额 563 亿元，同比增长 9.5%，比上年同期提高 1.8 个百分点。一季度、上半年和前三季度分别增长 9.2%、9.7%和 9.5%。

从限上商品零售类值看，一是限上零售额持续增长。限额以上单位零售额增速自 2016 年 1—9 月由负转正以来已连续 15 个月实现正增长。1—11 月，限额以上法人企业实现消费品零售额 313.38 亿元，同比增长 5.9%，比上年同期提高 3.6 个百分点。

二是吃喝类呈现刚性需求。1—11 月，粮油食品类和饮料类分别增长 15.5%、19.7%，比上年同期分别提高 5.1 个百分点和 3.2 个百分点。

三是重点商品加快增长。1—11 月，石油及制品类增长 16.1%，比上年同期提高 9.6 个百分点，比 1—10 月提高 0.5 个百分点；汽车类增长 2.0%，比 1—10 月提高 0.4 个百分点。

四是消费升级类商品增长较快。1—11 月，全市化妆品类实现零售额 5.06 亿元，同比增长 19.4%；体育娱乐用品类实现零售额 1.26 亿元，同比增长 43.4%；家用电器和音像器材类实现零售额 114.96 亿元，同比增长 6.4%。

从物价水平看，1—11 月，全市居民消费价格总水平比上年同期上涨 1.7%，涨幅比 1—10 月回升 0.1 个百分点。调查的八大类消费品呈现“七升一降”态势，其中，医疗保健类价格上涨 6.4%，居住类价格上涨 3.1%，交通和通信类价格上涨 3.0%，教育文化和娱乐用类价格上涨 2.6%，其他用品和服务类价格上涨2.4%，生活用品及服务类上涨2.1%，衣着类价格上涨1.1%，食品烟酒类价格下降1.3%。

（六）财政收支稳定增长，金融信贷平稳运行

2017年，银川市加大预算统筹力度，优化财政支出结构，提高财政有效供给质量和效益，完善金融发展环境，加大金融业对实体经济的支持力度，不断强化措施，持续发力，全市财政、金融保持平稳运行。预计全年完成公共财政预算收入176亿元，同比增长7.5%。1—11月，全市完成地方财政收入189.66亿元，其中，公共财政预算收入158.22亿元，同口径增长12.6%。全市完成地方财政支出335.31亿元，其中，公共财政预算支出297.72亿元，同比增长5.3%。11月末，全市金融机构人民币各项存款余额3571.43亿元，同比增长9.0%；各项贷款余额4392.06亿元，同比增长8.2%。

（七）居民收入稳步提高，民生保障持续改善

2017年，银川市始终把促进居民持续增收作为民生工作的重中之重，紧紧围绕转型、跨越发展的战略目标，认真贯彻落实党的惠民富民优先方针政策，深入实施脱贫富民战略，强化措施，多渠道、多途径、多领域拓展城乡居民增收空间，不断加大民生保障力度，促使居民收入增加、民生保障改善、幸福感增强。预计全年城镇、农村居民人均可支配收入分别达到32950元和13060元，分别增长8.1%和8.5%。前三季度，城镇居民人均可支配收入达到23112元，同比增长8.6%，增速比一季度、二季度分别加快1.5个百分点和0.7个百分点，比上年同期提高1.4个百分点；农村居民人均可支配收入达到10532元，同比增长8.5%，增速比一季度、二季度分别加快0.9个百分点和0.3个百分点，比上年同期提高0.7个百分点。民生领域支出和保障力度不断加大。1—11月，用于民生支出236.93亿元，同比增长7.4%，民生支出占财政一般公共预算支出的80%，比上年同期提高2.0个百分点。城乡居民最低生活保障标准分别提高30%和20%。

（八）供给侧改革持续深化，“去降补”稳步推进

2017年，银川市以推进供给侧结构性改革为主线，全力落实“三去一降一补”五大任务，“去降补”取得实效。去产能持续推进。1—11月，全市原煤产量增速自年初逐月回落。淘汰7万吨原油加工、3万吨煤加热再生铝和350万套铅酸蓄电池等落后和过剩产能。去库存效果明显。11月底，全市商品房待售面积640.22万平方米，比上年同期减少39.68万平方米，同比下降5.8%。去杠杆取得成效。1—11月，规上工业企业资产负债率67.8%，比上年同期提高0.2个百分点。降成本成效明显。1—11月，规上工业企业每百元主营业务收入中成本为79.59元，同比减少0.61元，主营业务收入利润率3.9%，同比提升0.2个百分点。补短板力度加大。1—11月，全市一般公共预算支出297.72亿元，同比增长5.3%。其中，重点领域民生支出得到较好保障，增长较快，科学技术、节能环保和医疗卫生与计划生育支出分别增长103.2%、74.7%和20.7%。

二、2017年银川市经济发展存在的主要问题

2017年，银川市经济发展的基本面仍然向好，但在全市经济发展新征程上仍然存在一些突出问题，面临不少挑战。

（一）工业增长后劲不足

一是停产企业情况严重。11月，全市474户规模以上工业企业中停产企业45户，1—11月累计减少产值51.21亿元，下拉产值增速3.2个百分点。受环保督查、大气污染防治等因素影响，停产企业将会进一步增加。

二是轻工业增速大幅回落。1—11月，全市规模以上轻工业增加值增长2.7%，增速低于全市规上工业5.8个百分点，比1—9月回落3个百分点，比1—6月回落10.6个百分点，比上年同期回落9.8个百分点。

三是企业亏损面扩大。1—10月，全市规上工业企业亏损面25.2%，比上年同期提高2.1个百分点；亏损总额达55.41亿元，同比增长55.4%。

四是部分行业生产下降。规上工业十大行业中，煤炭、电力、食品、轻纺等4个产业增加值增速比1—10月分别回落7.1个百分点、2.5个百分点、4.9个百分点、2.9个百分点。

（二）投资下行压力犹存

一是项目支撑不足。截至11月末，全市在库新开工项目998个（不含房地产开发项目，下同）。全市5000万元及以上新开工项目231个，同比仅增加2个，同比增长0.9%；完成投资789.92亿元，同比下降5.4%。年度

投资项目储备不足，缺乏大项目支撑，投资大幅下跌局面短时间难以扭转。

二是产业支撑乏力。1—11 月，工业投资比上年同期减少 120.06 亿元，下拉全市投资增速 7.9 个百分点；房地产开发投资比上年同期减少 45.56 亿元，下拉全市投资增速 3.0 个百分点。

三是企业自主投资意愿不强。由于市场需求总体偏弱，工业企业整体仍处在去库存阶段，自主投资意愿不强，缺乏扩大再生产的投资意愿。

四是政府及融资平台投资能力受限。受公共财政收入低速增长、土地出让收入大幅减少以及偿债高峰期等因素影响，政府可用于投资建设的财力明显不足，引导带动社会资本的能力较弱。

（三）消费提速难度加大

一是汽车类商品增长乏力。随着汽车保有量的增大，增速很难有较快的提高。1—11 月，全市汽车类商品零售额 114.85 亿元，占限上零售额的 36.6%，同比增长 2.0%，较大的占比，较低的增速，直接影响全市消费品市场的增长步伐。

二是医药品零售额增速下降。1—11 月，限额以上中西药品类零售额 36.40 亿元，占限上零售额的 11.2%，同比下降 11.4%，比上半年回落 3.2 个百分点。

三是电子商务对全市传统限上企业零售市场造成第二波冲击。1—11 月，全市快递业务进港量 6281.71 万件，同比增长 37.6%，连续两年保持高速增长，网购对传统消费造成的分流作用明显，在很大程度上造成了购买力分散，影响传统商业企业的发展，进而对消费品市场的发展产生影响。

四是商品供给侧不适应需求侧结构问题显现。当前居民消费升级的空间十分广阔，但从节假日全市居民大量外出旅游、购物等都集中反映出商品供给与需求之间的矛盾。

（四）居民增收渠道单一

一是缺乏新的增资政策。城镇居民增收主要依靠政策性增资，2017 年出台的增资政策受益面有限，相对上年增收项目减少，致使城镇居民增收乏力。

二是政策性的翘尾增资减弱。城镇居民收入八成以上来自工资性收入和转移净收入，两项收入主要依赖政策性增资，随着翘尾增资的减弱，城镇居民增收压力加大。

三是部分农产品价格下降。前三季度，大棚菜、西瓜、生猪价格等同比分别下降 29.0%、57.0%和 14.7%，部分农产品价格持续低位，直接影响农民经营收入。

四是惠农补贴政策趋弱。每年增加的各项惠农补贴标准已处于较高水平，新的农民增收政策出台趋弱，直接影响农民转移性收入增长。

三、促进银川市经济发展的对策建议

2018 年是银川市全面贯彻落实党的十九大精神的开局之年，是决胜全面建成小康社会、实施“十三五”承上启下的关键一年。全市上下按照中央、自治区和市委、政府的决策部署，坚持稳中求进工作总基调，按照高质量发展要求，以供给侧结构性改革为主线，全力做好稳增长、促改革、调结构、惠民生、防风险等各项工作，促进银川市经济持续健康发展。

（一）着力推动经济高质量发展，不断增强经济发展后劲

紧紧围绕推动高质量发展，做好深化供给侧结构性改革，加强和改善宏观调控，保持价格总水平基本稳定，把短期调控政策和长期发展政策结合起来，坚持实施扩大内需战略，充分挖掘银川市内需的巨大潜力，加快形成消费、投资协调拉动经济增长的新局面。坚持问题导向部署经济发展新战略，加快转变经济发展方式和调整经济结构。继续坚持走区域特色新型工业化道路，推动信息化和工业化深度融合，改造提升制造业，加快培育发展战略性新兴产业。按照高端化、国际化方向，加快一、二、三产融合发展，加快构筑以新兴产业为先导、高端服务业为主题、新型工业和现代都市农业为基础的现代产业体系，以产业升级版打造经济升级版，推进传统产业发展提质、结构优化、效益提升，大力推动经济高质量发展，不断增强经济发展后劲，力争全市经济增长达到 8%。

（二）着力推动特色产业品牌工程，不断增强农业发展后劲

认真贯彻党的十九大提出的把解决好“三农”问题作为全党工作重中之重。实施乡村振兴战略，坚持绿色高效发展理念，加快建设农业“三大

体系”，推动“1+2+4”特色优势产业全缓解升级、全链条增值。调整优化农业产业区域功能布局，支持两县一市发展优质水稻、供外瓜菜、名优水产等特色产业，支持金凤区、西夏区发展创意休闲、田园综合体和精品农业，支持兴庆区做大高端花卉产业和灵武长枣产业。培育一批精品酒庄和知名品牌，打造国际葡萄酒之都。着力构建“龙头企业 + 专业合作社 + 家庭农场”等新型联合体，健全绿色农业标准体系和农产品全程追溯机制，打造全国农业可持续发展试验示范区、农业绿色发展试点先行区。力促优势特色产业扩规提质增效，推进区域化布局、标准化生产、产业化经营，提升农业现代化水平，不断增强农业发展后劲，力争全市农业增加值增长达到 5%。

（三）着力推动新兴产业提速工程，不断增强工业发展后劲

以发展战略性新兴产业为重点，打造新能源新材料产业集群、现代装备制造业集群。抢抓“互联网 +”发展机遇，促进新一代信息技术与制造技术融合，按照“高端化、智能化、融合化、服务化、绿色化”要求，巩固提升传统支柱产业，加快壮大特色主导产业，着力培育发展战略性新兴产业，限制发展产能过剩产业，着力实施园区升级、千星培育、两化融合、品牌提升、战略性新兴产业突破、节能降耗对标达标六大工程，加快形成结构优化、技术先进、绿色安全、竞争力强的新型现代化工业体系。坚持差异化、特色化、集群化发展策略，不断提升产业层次，扩大产业规模，提升全市工业化水平，增强企业发展实力和核心竞争力，不断增强工业发展后劲，力争工业增加值增长达到 8%。

（四）着力推动现代服务业提档工程，不断增强服务业发展后劲

大力发展现代服务业和优势特色产业，进一步明确服务业发展战略定位，打造会展经济和旅游休闲产业集群，制定和完善现代服务业的发展规划，加强政策扶持和引导力度，提升生产性服务业规模和层次，打破服务行业垄断，引进市场竞争机制，提高服务业的对外开放水平，主动承接国际服务业转移。培育新的消费增长点，制定落实消费支持政策，优化发展传统服务业，积极创新拓展新型服务业，激活服务业发展活力。加快实施“互联网 +”流通行动计划，完善网络服务体系和物流配送体系，加快现代商贸流通项目带动、商贸功能区集聚平台建设，做大现代商贸物流业，全面扩大服务业发展规模，不断增强服务业发展后劲，力争第三产业（服务业）增加值增长9%以上。

（五）着力推动重点重大项目工程，不断增强投资发展后劲

继续坚持经济工作项目化，优化投资结构，提高投资效率，发挥有效投资对经济增长的拉动作用。围绕国家“互联网+”、中国制造2025、电子商务、智慧城市等新业态，培育投资新的增长点，形成投资新需求。进一步提升产业投资特别是服务业投资的比重，鼓励、引导资本投向先进制造业、战略性新兴产业、服务业新业态新模式等领域，支持传统优势产业通过技改等方式加快产业转型升级。增加民间投资和外来投资比重，全面推进政府和社会资本合作，激发社会投资增长动力。大力推进重点重大项目建设，对标中央和自治区发展走向、政策方向、资金投向，谋划实施一批增动能、打基础、利长远的重点重大项目，不断增强投资发展后劲，力争固定资产投资增长8%。

（六）着力推动脱贫致富战略工程，不断增强收入发展后劲

坚持把不断提高人民生活水平作为发展的根本出发点和落脚点，实施各项鼓励扶持政策，激励全民创业，大力提高城镇居民的经营性收入；建立健全社会保障体系，建立规范合理的转移支付机制，增加城镇居民的转移性收入；不断拓宽居民投资渠道，全面提高城镇居民的财产性收入水平。深入实施脱贫富民战略，大力开展健康扶贫、金融扶贫、培训就业等精准脱贫工作，积极落实各项支农、惠农政策，构建促进农民增收的长效机制。加快农业新技术推广，增强农产品市场竞争力，提高农业生产效益，有效增加农民经营性收入。做大做强劳务产业，增加农民非农业收入。进一步完善政府引导、市场调节、保障有力、运行规范的民生保障机制，不断增强居民收入发展后劲。

2017年石嘴山市经济发展报告

杨建宁

一、2017年经济社会发展情况

2017年，石嘴山市围绕打造经济升级版，打响“山水园林·尚工逸城”城市品牌，以供给侧结构性改革为主线，大力实施招商引资“一号工程”、实体经济“一号引擎”、新经济新业态培育“一号任务”，坚持资金围绕项目投、人才围绕项目引、政府围绕项目转，统筹稳增长、促改革、调结构、惠民生、防风险等各项工作，全市经济社会发展稳中有进、稳中提质。预计全年实现地区生产总值580亿元，同比增长7%；完成固定资产投资550亿元，同比增长8%左右；一般公共预算收入22.8亿元，可比增长4%；城乡居民人均可支配收入分别达到28050元、12840元，同比分别增长8%和8.5%；完成了自治区下达的节能减排目标任务。

（一）转型升级取得新成效

出台开发区转型升级三年行动计划、企业亩产效益综合评价办法等32项政策措施，打好转型升级组合拳。开展“双百”大会战、“无冬闲”活动，114个重点项目完成投资241.4亿元，重大产业、工业技改、高新技术

作者简介：杨建宁，石嘴山市发改委综合科科长。

产业投资同比分别增长11.5%、17%、21%，民间投资保持较好增长势头，投资结构不断优化。做好“浴火重生”“腾笼换鸟”文章，实施54个传统产业改造提升项目，兼并重组企业12家，处置“僵尸企业”41家，清理闲置土地7975亩，淘汰落后产能6.3万吨，退出煤炭产能525万吨；杉杉能源正极电池材料等项目建成投产，新材料、先进装备制造等新兴产业增速加快，预计规模以上工业增加值增长7%。实施企业成长培育计划，完成个转企58家、小升规19家，在“新三板”挂牌2家、区域性股权交易中心挂牌26家。不断推动农业供给侧结构性改革深入推进，国家农业科技园区通过验收，农作物制种等优势特色产业带动作用明显，农业生产保持稳定，预计增加值增长4.5%。“三争”工作成效明显，争取各类资金60.3亿元，同比增长19.3%；成功列入全国首批老工业城市和资源型城市产业转型升级示范区，制定出台三年行动计划纲要并加快推进落实。老工业基地调整改造工作得到国务院通报表扬。

（二）经济发展增添新动力

做好“无中生有”文章，新经济新业态新产业发展势头良好，预计服务业增加值增长8.5%。与阿里巴巴全面开展合作，共建互联网城市，网络经济产业园建成运营，入驻企业25家，淘宝大学宁夏培训基地落户石嘴山市。出台支持金融产业发展“17条”，科技金融广场建成开业，入驻企业18家，实现交易额30亿元。与自治区食品药品监督管理局共建大健康产业园，西北健康谷挂牌运营。大沙湖旅游区运营体制改革方案和开发规划得到自治区的肯定与支持，中华奇石山、北武当生态旅游区成功创建国家4A级景区，全市接待游客320万人次，旅游收入23亿元，同比分别增长12%和18%。文化创意产业园、黄河国际数字电影小镇、汉唐九街“煤城·记忆”特色街区建设加快推进。保税物流中心（B型）完成主体工程，曹妃甸港设立石嘴山内陆港，惠农陆路口岸发运各类货物592万吨，同比增长25%。

（三）创新能力实现新提升

实施科技创新“双倍增”三年行动计划，新增高新技术企业8家、科技型中小企业30家、国家级创新创业孵化器6家，预计R&D投入占GDP

比重达到1.15%，万人有效发明专利拥有量达到4.6件，同比增长47%，增幅居全区第一。建成石嘴山科技园，入驻科研平台及服务机构28家。出台支持“双创15条”，新增各类市场经营主体11400户、小微企业2610户。加大招才引智力度，引进高层次人才110名、科技创新团队2个。新申请注册商标270件，新创建农产品品牌4个，“惠农枸杞”成功注册国家地理标志证明商标。以改革促创新，率先在全区开展“最多跑一次”改革，推行并联审批、网上审批、模拟审批，政府投资项目、企业投资项目办理时限分别压缩23个和29个工作日。完成空间规划（多规合一）改革试点，农村土地制度改革3项试点工作得到国家部委肯定，城市公立医院综合改革经验在全国推广。

（四）开放合作迈出新步伐

深入推进东西部合作交流，与杭州、金华、绍兴、苏州等城市签订友好合作协议，在产业合作、干部交流等方面达成20多项合作事项。与江浙企业和商会达成17项合作协议，计划总投资170亿元。设立环渤海、长三角、珠三角3支专业招商队伍，选派13名干部到江浙地区挂职，学习先进理念。创新“三包三带”方式，开展精准招商，实际到位资金445亿元，增长10%。对外经济稳步扩大，全市实现进出口总额35亿元，同比增长56%。

（五）生态环境得到有效改善

大力实施“三治”工程，整改完成中央环保督查反馈问题23个。以壮士断腕的决心打好贺兰山清理整治攻坚战，清理整治点118个，修复治理面积近5万亩，保护区内所有企业及保护区外围93家储煤场、洗煤厂关闭退出，贺兰山面貌明显改善。坚决打赢蓝天保卫战，淘汰燃煤锅炉377台，超低排放改造火电机组4台，淘汰小火电机组11台，空气质量优良天数达254天，比上年增加18天。全面推行河长制，完成沙湖与星海湖水系连通工程，取缔入黄排污口7个，提标改造城镇污水处理厂6座，实施水污染防治项目39个，沙湖和星海湖水质由劣Ⅴ类提高到Ⅴ类，黄河石嘴山段Ⅲ类水质达标率为100%。深入开展城乡环境综合整治，新增营造林面积2.7万亩、生态公园2个。

（六）城乡建设步入新阶段

扎实开展“六城联创”，举全市之力成功创建全国文明城市、国家卫生城市。启动“城市双修”十大工程，改造棚户区6303套、老旧住宅小区108万平方米，建设城市地下综合管廊4.7公里。出台房地产去库存、高校毕业生落户购房补贴政策，销售商品房74.4万平方米，房地产去库存成效明显，人口外流态势得到有效遏制。启动特色田园小镇、田园乡村建设，加快推进新型城镇化，共同缔造美丽家园。红果子镇列入全国特色小镇，陶乐镇庙庙湖村列入全国美丽宜居村庄。

（七）民生事业收获新成果

保障民生力度持续加大，民生支出占财政支出的75%，十件民生实事全面完成。脱贫攻坚扎实推进，3009名建档立卡贫困人口实现脱贫，完成324户1590人易地搬迁安置任务。大力促进就业创业，新增城镇就业2.3万人，城镇登记失业率控制在3.8%。实施教育“三名”工程，基础教育各项指标均居全区前列，成立浙江师范大学石嘴山教师培训中心，宁夏理工学院与浙江工业大学开展合作办学，星海中学建成并投入使用。实施卫生“三名”工程，互联网医联体上线运营，在全区率先开展家庭医生签约服务，公共卫生服务水平不断提高。全面放开养老服务市场，提前实现“十三五”每千名老人拥有机构养老床位目标。开展“广场文化艺术节”等演出465场次，承办第十五届中国戏剧节演出6场次，举办了环星海湖绿色骑行节等系列赛事，丰富了群众文化体育生活。开展食用农产品市场准入试点活动，餐饮行业“4D”管理经验在全区推广。开展“三减”专项行动，启用智慧城市指挥中心暨“12345”便民服务中心，安全事故死亡人数、环保投诉、刑事发案、信访总量同比分别下降23.3%、13.9%、19.3%、12%。全面贯彻落实党的民族宗教政策，促进民族团结、宗教和顺。

总体来看，经过全市上下不懈努力，2017年经济社会发展情况良好。但仍面临不少困难和问题，主要是：发展不平衡不充分问题仍然突出，创新能力不强，传统产业层次不高，工业发展粗放，现代服务业弱；经济增长基础不牢固，大项目、好项目偏少，新的增长点支撑作用不足，财政收支矛盾突出；长期积累的生态环境问题正在集中显现，环境保护、污染治理和生态修复任务艰巨，节能降耗形势严峻；城市能级偏低，产城融合、协调发展不够，对人口的集聚和吸附能力不强；教育、医疗、文化、就业等公共服务水平，与群众日益增长的美好生活需要还有一定差距。

二、2018 年重点工作

（一）以项目为支撑，不断扩大有效投资

提速项目建设。坚持资金围绕项目投、人才围绕项目引、政府围绕项目转，开展“双百”大会战，健全完善市级领导“四联系”制度，实施135 个重点项目，完成 5 个自治区 60 大庆项目建设。围绕工业转型升级，实施 36 个工业项目；围绕新经济新业态新产业发展，实施 20 个服务业项目；围绕推动乡村振兴发展，实施 14 个农业项目；围绕城市能级提升，实施 42 个社会事业项目；围绕交通和环境改善，实施 23 个基础设施项目，重点项目完成投资 230 亿元以上。

狠抓招商引资。把招商引资作为一号工程，紧盯战略性新兴产业、新经济新业态，充分发挥 3 个驻外招商联络处、各地商会的作用，着力招大引强、招高引新、招群引链。建立健全项目引进—生成—前期—落地“一条龙”协作服务机制，对重大产业项目引进进行奖励，全年招商引资到位资金增长 10%以上，总量达到 480 亿元以上。

优化投资结构。着力推进“四提高、两下降”，重大产业、工业技改、高新技术、民间投资同比分别增长 13%、15%、20%、10%以上，进一步降低房地产投资和政府投资比重。扎实开展“三清理”，清缴税费 1 亿元以上，清理闲置和低效用地 5000 亩以上，清理盘活处置国有资产。加大“三争”工作力度，争取资金增长 15%以上。

（二）以工业为根本，做大做强实体经济

突出工业主导地位，推进产业高端化、智能化、集聚化发展，规模以上工业增加值同比增长 8%以上。

发展智能制造。加大“互联网 +”“机器人 +”“标准化 +”力度，大力推进“两化融合”，重点抓好 100 个工业技改项目，着力增链、延链、补链、强链。建立新材料、电石化工等产业技术联盟和创新战略联盟，对标

对表推动冶金、煤机装备制造等传统产业改造提升，加快发展新材料、新能源、先进装备制造等新兴产业，新兴产业产值增长 20%以上，占规模以上工业比重达到 15%以上。

提升企业品质。实施企业成长培育行动计划、企业上市和并购培育计划，深入推进“四换三名”，鼓励引导民营经济大发展，支持优势企业开展兼并重组，重点培育一批行业龙头企业和“隐形冠军”，新增产值 30 亿元以上企业 2 家、20 亿元以上企业 3 家。力争创建中国驰名商标 1 个、宁夏名牌 10 个，推进质量强市和品牌强市建设。

提档升级园区。围绕“五化四链”目标，统筹推进产业差异化发展，高新区大力发展以新材料、先进装备制造业为主的高新技术产业，培育发展大健康产业，加快追赶发展；经济技术开发区重点发展新能源和精细化工产业，培育发展轻质材料产业，加快换道发展；生态经济区推动特色冶金、电石化工产业循环发展，培育发展汽车零部件产业，加快绿色发展。推进产业集聚区建设，切实抓好工业开发区转型升级三年行动计划落实，全力打好“四退四进”攻坚战，持续开展电网改造、土地整理、生态绿化、废弃老旧厂房清理“四个专项整治”，狠抓设施配套完善，工业园区投资、产值和税收同比分别增长 15%以上，加快推动工业园区向现代产业园区转型。

（三）以“三新”为引擎，再造转型发展优势

实施现代服务业发展三年行动计划，提速发展新经济新业态新产业，加快培育形成新动能，服务业增加值增长 9%以上。

大力发展全域旅游。以大沙湖旅游区开发建设为龙头，推动沙湖星海湖板块联动发展，推进大武口、平罗全域旅游示范区创建。加快汉唐九街“煤城·记忆”特色街区建设，积极利用工矿遗址等资源，打造旅游新景区。坚持补短板、强弱项，加快推进“厕所革命”，大力发展观光旅游、休闲旅游、体验旅游、康养旅游、民宿旅游，延长旅游产业链，拥抱全民旅游时代。

加快发展现代物流。高标准建设保税物流中心，创新发展服务外包产业，提升惠农陆路口岸功能，发挥“口岸＋保税”的独特优势，突破发展跨境物流、电子商务，促进公路、铁路、水路多式联运，吸引更多货物从石嘴山市集港并中转，实现进出口总额同比增长 50%以上。推进惠农富海冷链物流、大武口快递物流园区、国际物流园平罗站改扩建等项目，建设现代物流产业集聚区，现代物流业增加值同比增长10%以上。

突破发展新兴业态。加快数字经济的深度融合，推进网络经济产业园扩容提质，新增企业40家以上，实现网上交易额15亿元以上。大力发展电子商务，培育综合性电商龙头企业和行业性电商平台10家以上。实施促进科技金融发展三年行动计划，科技金融广场新增企业20家以上，实现年交易额80亿元以上。加快文化创意产业园、黄河国际数字电影小镇建设，基本建成电影学院、电影公园，开发体验性影视游演艺节目，创建名人工作室20家以上，引进线上线下影视制作关联企业100家以上。推进划行归市，培育专业街区、专业市场。积极培育养老、健康等新消费热点，西北健康谷新引进企业15家以上，构建大健康产业体系。

（四）以创新为引领，增强发展动力

突出创新平台建设。石嘴山科技园新增各类创新主体20家以上，年内创建成为自治区级科技孵化器。支持企业组建技术协同创新中心和产业联盟，在高新区、经开区、生态经济区建立科创中心，助推产业转型发展。扩展全国小微企业双创示范基地建设成果，新增众创空间、科技孵化器5家以上，培育科技型初创企业50家以上，新增市场经营主体1万户以上，打造“双创”升级版。

推进科技成果转化。加大对中小企业创新支持力度，设立科技创新基金，鼓励企业增加研发投入，新增自治区级及以上研发中心、技术创新中心5家，新增高新技术企业8家、科技型中小企业30家，推进产学研一体化，促进科技成果转化。加快推进100个科技合作项目建设，万人发明专利拥有量达到4.6件，科技进步贡献率达到52%以上。

加快创新人才集聚。全面落实人才政策，引进一批科技领军人才、青年科技人才和高水平创新团队，培养一批具有工匠精神的高技能人才，造就一支具有“四千”精神的企业家队伍。全年引进创新创业人才200名以上，柔性引进区外专家50名以上；培训企业经营管理人才、专业技术人才、农村实用人才2万人次以上，鼓励回乡创业，努力形成产业高地、人才洼地。

（五）以创新为重点，不断深化改革开放

加快审批制度改革。大力推广“互联网＋政务”，扩大“多证合一”覆盖范围，推行淘宝式全流程网上审批办理、移动端APP应用，打通各部门信息数据通道，形成“互联网＋政务服务”零上门机制，让数据多跑路，让群众少跑腿。推行不见面审批服务改革，建立重大项目审批“绿色通道”，构建网上办、集中批、联合审、区域评、代办制、不见面的审批模式，网上在线审批达到100%，不见面办理事项达到80%。

深化重点领域改革。深化投融资体制改革，创新财政投入方式，组建市属国有资本投资运营公司，做大做强国有投融资平台，政银企合作设立产业基金。深化市属国有企业改革，发展混合所有制经济，健全现代企业制度，激发发展活力，提高市场竞争力。深化生态文明体制改革，实施环保执法扁平化管理，促进生态文明建设。深化园区管理体制改革，完善市、辖区、园区行政审批体制，建立园区投融资平台，增强园区发展内生动力。深化农村综合改革，稳步推进集体产权制度改革，统筹推进“三权分置”，重点抓好平罗县改革试点扩面提升。

扩大对外合作交流。以“学习新经验、扩大朋友圈、招引好项目”为目标，深化东西部合作交流，扩大与杭州、苏州等城市的合作成果，加快产业、项目、技术、人才交流合作。举办与深圳、宁波、无锡、镇江等城市的合作交流活动，既注重资金、资本、项目的引进，也注重发展理念、发展模式、高端人才的引进。办好呼包银榆经济区第六届联席会议，构筑优势互补、良性互动的区域发展新格局。

2017年吴忠市经济发展报告

王风全

2017年，面对经济下行压力持续加大的形势，吴忠市坚决贯彻中央和自治区党委、政府重大决策部署，牢固树立新发展理念，全力抓好稳增长、促改革、调结构、惠民生、防风险等各项工作，经济社会保持了稳中有进、健康向上的良好发展态势。预计全年实现地区生产总值增长8%。

一、经济运行主要特点

（一）农业经济特色凸显

扎实推进农业提质增效“十大行动”，农业现代化进程不断加快。预计2017年全市完成农业增加值61.2亿元，增长4.6%。

一是粮食喜获丰收。2017年，全市粮食播种面积321.6万亩，增加1.1万亩，增长0.3%；粮食总产量97.7万吨，增长0.1%，实现“十四连丰”。其中夏粮播种面积59.1万亩，增长11.7%；夏粮总产量9.8万吨，下降4.9%。秋粮播种面积262.5万亩，下降1.9%；秋粮总产量87.9万吨，增长0.7%。

二是特色种植优化提升。积极压玉米、扩经饲，调整优化种植结构和布局，新增瓜菜、杂粮、葡萄、枸杞、黄花、中药材、油料作物等特色种植20.8万亩。

作者简介：王风全，吴忠市统计局副局长，统计师，宁夏社科院吴忠分院特约研究员。

三是优势养殖扩规节本。全市奶牛存栏达到22万头，养殖规模化率提高到96%，鲜奶产量达到39万吨；肉牛肉羊肉驴饲养量分别达到43万头、630万只和2万头。全力推动节本增效，牛奶公斤成本降低0.1元左右，肉牛单头成本降低100~200元。

四是品牌效应逐步显现。实施优质特色品牌塑造行动，打响“盐池滩羊、扁担沟苹果、宁夏大米”等地理标志品牌，积极创建“亚麻籽之乡”。新认证绿色、无公害农产品29个，累计认证“三品一标”农产品244个。

五是富硒产业加快发展。全力打造“中国塞上硒都”，实施富硒功能农业技术研究及标准化示范基地、富硒产品检测和展示展销中心等项目，建成富硒基地15个，面积达到11万亩。

六是休闲农业发展迅速。上桥镇牛家坊村、叶盛镇被评为全国“一村一品”示范村镇。桃园农庄等12家企业被评为自治区休闲农业示范点，吉水湾度假村等休闲企业被评为中国乡村旅游金牌农家乐。全市休闲农业企业发展到118家。

（二）工业经济持续走强

1—11月，全市规模以上工业增加值同比增长10.6%，增速比2016年同期提高1.3个百分点，呈现出稳定向好的发展态势。预计全年规模以上工业实现增加值增长10%。

一是轻、重工业增速差距缩小。1—11月，全市规模以上轻工业同比增长4.8%，对全部规模以上工业增长的贡献率为12.5%，拉动全部规模以上工业增长1.3个百分点。全市规模以上重工业实现增加值占全市总量的75.7%，同比增长12.8%，对全部规模以上工业增长的贡献率为87.5%，拉动全部规模以上工业增长9.3个百分点。轻、重工业差距由1—7月重工业比轻工业增速高13.8个百分点，逐月缩小，到1—10月缩小为8.4个百分点，1—11月差距为8个百分点。

二是股份制企业加快增长，支撑作用明显。1—11月，全市规模以上股份制企业实现增加值占全部规模以上工业的83%，同比增长12.5%，增幅高于全市平均水平1.9个百分点，对全部规模以上工业的贡献率达95.9%，拉动全部规模以上工业增长10.2个百分点。

三是六成行业实现增长，部分重点行业贡献突出。1—11 月，全市规模以上工业涵盖的 30 个行业大类中，有 18 个行业增加值同比实现增长，增长面为 60%。十大主导行业实现增加值占全市总量的 90.3%，同比增长 11.7%，拉动全部规模以上工业增长 10.4 个百分点。其中，石油加工炼焦业累计增加值同比增长 27%，电力热力生产和供应业增长 21.1%，非金属矿物制品业（建材）增长 3.5%，有色金属冶炼和压延加工业下降 2.3%，纺织业增长 16.4%，烟草制品业下降 3.1%。食品制造业结束连续 5 个月负增长后转正，同比增长 0.8%。从重点行业看，电力热力生产和供应业、石油加工炼焦业两大行业仍然是全市工业经济平稳较快发展的支撑力量。1—11 月，石油加工炼焦业、电力热力生产和供应业合计实现增加值占全部规模以上工业的 43.1%，同比增长 23%，对全部规模以上工业增长的贡献率达 84.6%，拉动全部规模以上工业增长 9 个百分点。

四是山区县域工业增速领跑全市。红寺堡区、盐池县、同心县 3 个山区县域工业经济保持快速增长，规模以上工业增加值增速连续 10 个月高于全市平均水平，对全市工业经济发展发挥了重要支撑作用。1—11 月，红寺堡、盐池县、同心县规模以上工业合计实现增加值占全市总量的 32.9%，拉动全市规模以上工业增长 6.8 个百分点，增加值增速分别高于全市平均水平 7.4、8.7、3.5 个百分点；利通区、青铜峡市和太阳山开发区增加值增速分别低于全市平均水平 1.4、5.7 和 1.3 个百分点。

五是中央及区属工业增速低于地方工业。1—11 月，全市规模以上中央及区属工业增加值占全市总量的 40.4%，同比增长 10.3%，对全部规模以上工业增长的贡献率为 39.1%，拉动全部规模以上工业增长 4.1 个百分点。地方工业增加值占全市总量的 59.6%，同比增长 10.8%，拉动全部规模以上工业增长 6.5 个百分点。

六是新建投产企业发挥积极作用。截至 11 月末，全市新增 21 家新建投产规模以上工业企业，占全市联网直报平台规模以上工业企业单位数的 5.8%。1—11 月，21 家企业合计实现增加值占全市总量的 3%，对全部规模以上工业增长的贡献率为 30.7%，拉动全部规模以上工业增长 3.3 个百分点。

七是单位工业增加值能耗下降。1—11 月，全市规模以上工业能源消费量为504.2万吨标准煤，同比增长3%；单位工业增加值能耗比上年同期下降6.9%。

（三）服务业稳中发展

2017年，全市服务业呈现健康向好的发展态势，预计全年实现服务业增加值148.6亿元，增长7.5%；社会消费品零售总额112亿元，增长9%。

一是会展经济渐成规模。成功举办2017年中国吴忠食品科技与产业、第二届中国亚麻籽产业等发展论坛，青铜峡市黄河拜水盛典、民间厨艺大赛、特色美食节、滩羊文化旅游节、航空嘉年华等展会22场次，进一步推动特色产业发展，拉动消费增长。

二是电子商务稳步发展。扎实推进“互联网+商贸”行动，盐池、同心电商进农村示范县项目基本完成，红寺堡、青铜峡电商进农村示范县项目稳步推进。全市发展电商企业188家、电商平台71个，预计全年实现电商交易额11.5亿元。吴忠市获准创建国家级电商示范市。

三是现代商贸加快发展。万达广场、大水坑铁路物流园等项目加快建设，金龙商业广场、汇金时代、E时代等大型商业综合体投入运营，宏泰牛街、罗湖商业广场等6条特色商业街区入驻商户84家。

四是全域旅游加速推进。盐池县、同心县列入自治区第二批全域旅游示范县，中华黄河楼成功创建国家4A级景区，宁夏引黄灌渠古渠被评为世界排灌工程遗产，盐池长城关景区被评为2017全国通用航空旅游示范单位。预计全年接待游客671.7万人，实现旅游收入38.1亿元，分别增长19.2%和29.7%。

（四）固定资产投资较快增长

1—11月，全市固定资产投资完成783.1亿元，同比增长9.5%。预计全年完成固定资产投资846亿元，增长8%。

一是中央、区属投资保持快速增长。1—11月，中央、区属投资完成98.9亿元，同比增长72.3%，比地方投资快70.8个百分点的增速，拉动全市增速5.8个百分点，所占全市投资比重从2016年同期的8%提升到12.6%，提高了4.6个百分点。

二是房地产开发投资增速加快，去库存成效显著。1—11月，全市房地产开发投资完成 68.8 亿元，同比增长 19.2%，拉动全市投资增长 1.6 个百分点。全市商品房销售面积 138.4 万平方米，同比增长 6.6%，其中，商品住宅销售面积 121.4 万平方米，同比增长 8.6%。全市商品住宅销售均价 3502 元 / 平方米，其中，市区 3619 元 / 平方米。全市商品房待售面积 134.6 万平方米，同比减少 67.3 万平方米，下降 33.3%，其中，商品住宅待售面积 74.1 万平方米，同比减少 42.4 万平方米，下降 36.4%。

三是重大项目投资稳定增长。1—11 月，全市新建、续建固定资产投资项目共有 866 个，其中，完成亿元以上投资项目 123 个，完成固定资产投资 463.6 亿元，同比增长 8.6%。

（五）财政收支良好

1—11 月，全市一般公共预算收入 29.4 亿元，同口径增长 9.2%。其中，税收收入 19.6 亿元，同口径增长 16.6%；非税收入 9.8 亿元，同比下降 3.2%。预计全年一般公共预算收入 31.7 亿元，同口径增长 8.6%。

1—11 月，全市一般公共预算支出 181 亿元，同口径增长 14.3%。

（六）金融健康运行

截至 11 月末，全市金融机构人民币各项存款余额 694.4 亿元，同比增长 12.5%。其中：住户存款增长 9.2%，非金融企业存款增长 15.8%，广义政府存款增长 18.1%。全市金融机构人民币各项贷款余额 581.3 亿元，同比增长 19.5%。其中，中长期贷款余额 257.5 亿元，增长 23.5%；短期贷款 296.5 亿元，增长 12.2%。

（七）城乡居民收入增加

2017 年，全市加大出台、落实各项惠民政策，促进城乡居民收入稳步提高。预计全年城镇居民人均可支配收入 25210 元，增长 8%；农村居民人均可支配收入 10880 元，增长 9.5%。

（八）消费价格涨势温和

1—11 月，居民消费价格同比上涨 1.3%。居民消费价格调查的八大类商品及服务价格比上年呈现“六升两降”态势。其中：衣着类上涨 0.7%，生活用品及服务类上涨 1.4%，交通和通信类上涨 3%，教育文化和娱乐上涨 1.9%，医疗保健上涨 6%，其他用品和服务上涨 2.2%，食品烟酒类下降

0.4%，居住类下降0.2%。商品零售价格总指数同比上涨2.1%。

（九）深化改革不断显现

2017年，全市以扩大开放促深化改革，持续拓展转型发展空间。

一是重点改革成效显著。深化商事制度改革，在全区率先启动个体工商户便利化登记改革，全市新增商事主体7265家，总数达到97013户，创业密度不断提升。全面开展综合执法改革，组建了吴忠市综合执法监督局和利通区、红寺堡区综合执法局，市直部门下放执法事项468项。

二是农村改革激发活力。利通区被列为全国第二批村集体资产股权权能改革试点县，同心县开展国家级农村土地承包经营权抵押贷款试点，累计办理土地承包经营权抵押贷款1375户6370.5万元。

三是对外开放不断扩大。深入推进“挺进大中城市”战略，新建重庆、广州等20个展示展销中心。“涝河桥”“宁鑫”等品牌产品出口东南亚、中东等多个国家和地区，宁杨公司在吉尔吉斯斯坦、哈萨克斯坦设立调味品销售窗口。预计全年实现进出口总额5亿元，同比增长15%。

四是创新驱动成效明显。制订了实施推进创新驱动战略行动计划，加快建设落实沿黄科技创新改革试验区。鑫浩源生物科技等3家企业被认定为国家级高新技术企业，君星坊食品等25家企业被认定为自治区级科技型中小企业。吴忠仪表高端控制阀产业技术协同创新中心顺利通过专家评审，严酷工况流体控制国家重点实验室稳步推进。吴忠仪表A系列控制阀等重点产品列入工信部2017年首（台）套重大技术装备保险补偿补助项目，君兴坊食品被自治区政府批准为“宁夏亚麻籽产品及蛋白科学研究院士工作站”，佳能创科化工等33家企业被认定为自治区“专精特新”中小企业。

二、经济发展中的主要问题

2017年，吴忠市顶住经济下行压力，积极研判、全力调度、真抓实干，使全市经济总体平稳、稳中有增。但在发展中还存在一些困难和问题。

一是长期以来依靠高投资拉动经济增长，使固定资产投资基数不断加大，继续保持快速增长压力增大。

二是服务业在总体经济中的占比仍然不高，内部结构仍不合理，交通运输业和营利性服务业占比仍然较低。

三是受经济增速放缓、企业效益下滑影响，企业职工工资性收入收缩，农民工外出务工转移就业空间收窄。

四是受政策性因素影响，人民银行收紧各金融机构表外理财，主要金融产品收益相继回落，群众财产性收入增收渠道进一步缩窄。

五是稻谷、玉米、瓜果蔬菜等主要农产品价格下降，农村居民种植收入下降。

三、加快吴忠市经济发展的建议

2018 年，是贯彻落实党的十九大精神的开局之年，是实施“十三五”规划承上启下的关键一年，也是全面决胜小康社会的冲刺阶段，吴忠市要紧盯目标、发挥优势、补齐短板，坚持创新驱动、区域协调、脱贫富民、生态优先、民生为本，在打造“两个先行区、两个示范区”上干在实处，着力从速度扩张型向质量效益型转变，做大经济总量，提高发展质量，增强综合实力，使全市经济实现新跨越。

（一）农业经济提档增效

坚持农业农村优先发展，实施品牌战略，促进一、二、三产业融合发展，培育农业经济新动力。

一是优化调整种植结构。实施种植业结构调整行动，压减籽粒玉米，增菜、增草，增加种植苹果、枸杞、文冠果经济林。扩大冬麦后复种水稻“一年两熟制”试验示范，推进现代农业科技示范等项目。

二是扩规提档畜牧产业。积极落实利通区、青铜峡市国家级“奶牛大县”、同心县“肉牛大县”，推进盐池滩羊全产业链融合发展，扩大肉驴养殖规模。

三是做大做强品牌农业。实施优质特色品牌塑造行动，进一步打响“盐池滩羊”“青铜峡大米”等特色品牌。积极创建“亚麻籽之乡”，鼓励企业申请专利，争创驰（著）名商标、名牌产品。

四是积极推进业态融合。不断拓展农业功能，推进农业与休闲旅游、教育文化、健康养生等深度融合，发展观光农业、体验农业、创意农业等新产业新业态，优化农业资源要素，提高土地集约利用水平，促进农村产业多元化发展。

五是全面推进脱贫攻坚。因村因户因人落实“五个一批”，深入实施盐同红脱贫富民攻坚工程，开展“互联网+社会扶贫”工作，实现脱贫需求与帮扶资源的有效对接，提高就业增收能力。

（二）工业经济提质扩量

围绕创建“中国制造 2025”试点示范城市，实施吴忠智能制造推广计划，深入实施工业转型升级行动计划。改造提升传统产业，着力培育新兴产业，做优做强特色产业，推进工业经济持续健康发展。

一是帮扶企业，做好存量。认真落实自治区“降成本 30 条”“创新驱动 30 条”等政策。建立工业企业问题台账销号制度，及时帮助企业协调落实煤、电、油、运、气等生产要素供给，力促重点企业进一步释放产能，新纳规企业持续发挥效益。

二是强化运行，培育增量。充分运用宁夏工业大数据综合管理与应用系统，优化完善“周监测、月分析、季调度”运行监测机制，使重点项目尽早达产达效。鼓励中小企业向“专精特新”方向发展，支持成长型企业扩规提质。

三是整合园区，提高效率。以“一县一园、一园多区、功能互补、错位发展”为切入点，完善园区服务功能，全面筛查已入园企业，核查投资强度，强化项目建设管理，盘活僵尸企业。

四是绿色发展，降低能耗。鼓励引导企业从生产、流通、消费等各环节向低碳循环生态方向发展，支持骨干企业加快研发生态产品和绿色产品。严控铁合金、电石、水泥、焦炭等高能耗新增产能，依法依规淘汰落后产能。

（三）三产经济提速升级

深入实施服务业融合发展，不断优化服务业发展环境。

一是培育壮大新兴产业。大力发展信息、健康、养老、体育、教育、文化、旅游等新消费领域，增强消费辐射能力。出台支持会展业发展政策措施，创新会展模式，培育会展品牌，增强吴忠消费市场吸引力，引导消费向吴忠集聚。

二是加快电子商务发展。全力推进电子商务示范市、电商进农村示范县创建工作。支持传统商贸企业依托实体经济，开展“互联网+商贸业”联动线上线下，提高流通信息化、标准化、集约化水平，提高流通效率，降低流通成本。

三是优化金融生态环境。建立完善风险补偿基金和担保基金池，最大限度撬动银行信贷资金。加大中小微企业贷款财政贴息力度，创新政保贷、税联贷、小微贷、循环贷等信贷产品，降低企业贷款门槛。

四是推进全域旅游创建。深化旅游经营管理体制改革，全方位整合旅游资源，串点成线、以线带面，打造精品旅游线路，提升旅游服务质量，争创全域旅游示范市。

（四）持续扩大有效投资

储备一批前景好、产业链条长的重大项目，既抓投速保投量，更抓投向促投效，助推绿色经济结构调整。

一是深化项目储备深度。紧紧围绕党的十九大和自治区十二次党代会明确的发展方向，健全“谋划一批、储备一批、推进一批”项目工作机制，谋划储备一批特色优势农业、高端装备制造、节能技改、现代服务业、旅游业融合发展的产业转型升级项目。

二是加快项目建设进度。合理利用冬歇期，以钉钉子精神做实做细做好项目前期工作，保持投资平稳增长。

三是加大上争资金力度。紧紧围绕供给侧结构性改革、乡村振兴战略、银川都市圈、沿黄生态经济带等利好政策，努力争取更多的项目、资金、政策落户吴忠。

四是加强招商引资准度。加大与重点目标企业的对接力度，瞄准食品加工、先进装备制造、健康产业、战略性新兴产业、现代服务业等有利于吴忠市经济结构调整的产业开展定向招商。

（五）有力激发创新动能

实施“创新驱动18条”，构建以企业为主体、市场为导向、产学研深度融合的技术创新体系。

一是坚持产业创新。提升传统产业和培育新兴产业，推进科技企业“两化融合”发展。加强与高校、科研院所合作，促进产业链和创新链深度融合，在精细化工、精密仪器、高端轴承等领域实现新突破。

二是坚持开放创新。围绕吴忠特色优势产业与各地高新技术企业合作，共同开展技术攻关，以多种形式，运用市场手段共建研发平台，促进成果转移转化。

三是坚持特色创新。围绕高端智能控制阀、滚动轴承、精密汽车零部件、焊接自动化设备、现代纺织等产业，积极引进和建设各级各类创新平台，打造沿黄科技创新改革试验区。

四是坚持人才创新。以培育本土人才、引进外来人才、外出培养人才等多种形式，壮大科技人才队伍。加大人才柔性引进力度，实施企业家素质提升计划，培养产业领军人才。

（六）全力融入银川都市圈

坚持以空间规划为统领，在协调发展中形成发展优势，增强发展后劲。

一是加快利青一体发展。加快推进利青一体化发展实施，加快交通、水利和生态等基础设施互联互通，推进城市融合集聚和产业协同发展，推进文化教育、医疗卫生、社会保障等资源共建共享。实施利青公交同城化，拉近城市间距离，形成同城效应和整体优势，奋力打造都市圈南翼增长极。

二是构筑互联互通网络。加快快速通道等项目实施，打造多元交通体系，构建银吴“半小时经济圈”。

三是提升城市服务功能。提升城市承载力，建立畅通便捷城市路网体系，增加城市吸引力。

四是建设特色美丽乡村。实施乡村振兴战略，践行城乡融合发展。以建设产业兴旺、生态宜居、乡风文明、治理有效、生活富裕新农村为出发点，围绕一乡一色、一镇一品，推进家庭农场与现代农业发展有机结合，深入发展特色产业。提升公共服务水平，使农村人居环境进一步改善。

五是深化开放的吴忠。推进改革开放，向改革要动力，以改革增活力，激发经济活力。推进开放吴忠建设“十大行动”，持续深化“挺进大中城市”战略，发展二级销售网络，鼓励、引导更多吴忠特色餐饮走出去，引导吴忠特产组团出海、借梯发展，抢占国内中高端市场，促进吴忠市经济社会健康有序发展。

2017年固原市经济发展报告

计发斌

2017年，全市认真学习和贯彻落实党的十九大精神和自治区第十二次党代会精神，以求实创新精神科学定位和谋划固原经济社会发展，继续秉持稳中求进的工作总基调，深化结构调整，增强经济发展动能，不断提高经济运行的质量和效益。全市经济总体运行态势较为合理，内生动能不断孕育，但经济发展环境复杂多变，经济结构性问题比较突出，经济下行压力较大。

一、固原市经济运行情况

2017年固原市经济一季度实现“开门红”，但随着增长动能逐步减弱，经济增长呈回落态势，增速由一季度的9.9%回落到三季度的7.2%，经济运行趋于平稳。全年实现生产总值270亿元，同比增长8%左右，其中，第一产业增加值54亿元，增长4.2%；第二产业增加值73亿元，增长11%；第三产业增加值143亿元，增长8%。具体呈现以下特点：

（一）农业经济稳中有增

2017年，农业生产开局良好，春播顺利，农作物生长期间，出现不同

作者简介：计发斌，固原市统计局。

程度的干旱、冰雹等自然灾害，部分地方受灾较为严重，夏粮面积减少，夏粮减产，秋粮面积增大，全年粮食产量持平。2017 年，全市种植农作物 588.8 万亩，其中粮食作物 424.5 万亩，粮食产量 78 万吨。新增设施农业面积 2.77 万亩，种植面积达到 26 万亩，产出效益提高。畜牧业舍饲养殖规模扩大，肉牛饲养量达到 101 万头，羊饲养量达到 200 万只以上，畜牧业成为农业经济发展的主导。但农业整体效益低下，农业对经济增长的驱动能力较弱，预计全市实现农业增加值 55 亿元，同比增长 4.3%。

（二）工业经济波动较大

全市规模以上工业增速 2—11 月在 11%～17%波动，生产不稳定，但增速较快。1—11 月，全市规模以上工业完成增加值 17.5 亿元，可比增长 13.5%。增幅同比提高 11.3 个百分点，增长速度保持全区五市领先。具体呈现以下特点：

一是县（区）工业“四增一降”。原州区规模以上工业增加值可比增长 14.1%，增幅环比提高 0.8 个百分点；西吉县规模以上工业增加值可比增长 22.5%，增幅环比提高 18.6 个百分点；隆德县规模以上工业增加值可比增长 7.6%，增幅环比提高 0.6 个百分点；彭阳县规模以上工业增加值可比增长 26.1%，增幅环比回落 6 个百分点；泾源县规模以上工业增加值由 10 月的增长转为下降，可比下降 2.5%。全市规模以上工业与上年同期相比，整体回升，原州、西吉、彭阳回升较快。

二是规模以上工业增长单一驱动有所改善。2017 年以来，全市规模以上工业增长由原来的煤炭行业单一驱动逐渐转变为煤炭、盐化工、电力、建材等多行业驱动。占全市规模以上工业 27.5%的煤炭行业经过 13 个月的大幅度恢复性增长，随着生产周期的重合，增幅逐步回落，至 11 月末，总产值同比增长 72.2%；盐化工增长势头迅猛，总产值同比增长 3.7 倍；六盘山热电厂迎头赶上，增幅逐步提高，同比增长 8.6%；中鼎盛建材同比增长 2 倍。

三是淀粉行业整体下降。全市 9 家规模以上淀粉企业，8 家企业生产下降，淀粉行业同比下降 30%。

四是一成企业停产。11 月末，全市停产企业 7 家，其中，原州区 2

家，西吉县 2 家，隆德县 1 家，泾源县 1 家，彭阳县 1 家。预计全年实现规模以上工业增加值 19.5 亿元，同比增长 13%。

（三）固定资产投资明显回落

2017 年以来，全市固定资产投资增幅逐月回落，1—10 月增幅回落至全年目标任务以下，1—11 月增幅持续回落至 10%以下。全市累计完成固定资产投资 382.52 亿元，同比增长 8.5%，同比回落 3.7 个百分点，增幅比全年目标任务低 4.5 个百分点。截至 11 月底，施工项目 616 个，同比增长 19.2%，其中 500 万～5000 万元项目 466 个，同比增长 11.3%；5000 万元以上项目 150 个，同比增长 55.6%。房地产项目 97 个，同比增长 6.6%。投资运行主要特点：

一是县（区）投资增幅差距较大。原州区完成投资 151.01 亿元，占全市投资的 39.5%，同比增长 0.6%，增幅环比回落 2.7 个百分点；西吉县完成投资 62.17 亿元，占全市投资的 16.3%，同比增长 18.2%，增幅环比回落 0.8 个百分点；隆德县完成投资 56.66 亿元，占全市投资的 14.8%，同比增长 12%，增幅环比回落 1.5 个百分点；泾源县完成投资 50.86 亿元，占全市投资的 13.3%，同比增长 14.7%，增幅环比提高 0.8 个百分点；彭阳县完成投资 61.82 亿元，占全市投资的 16.2%，同比增长 12.7%，增幅环比回落 0.8 个百分点。由此可以看出，原州区占比较大，增幅低，是影响全市投资回落幅度较大的主要原因。

二是地方投资支撑较强。1—11 月，全市地方项目投资完成 245.75 亿元，占全社会投资的 64.2%，同比增长 22.4%，对全社会投资贡献率为 149.9%，拉动全社会投资增长 12.7 个百分点。

三是第二产业投资下降。在地方中，第一产完成投资 24.72 亿元，同比增长 1%，占地方投资的 10.1%，对地方投资贡献率为 0.5%，拉动地方投资增长 0.1 个百分点；第二产完成投资 36.45 亿元，同比下降 42.4%，占地方投资的 14.8%，对地方投资贡献率为 –59.5%，下拉地方投资 13.3 个百分点；第三产完成投资 184.58 亿元，同比增长 63.3%，占地方投资的 75.1%，对地方投资贡献率为 159%，拉动地方投资增长 35.6 个百分点。

四是厅局投资持续下滑。厅局项目投资从一季度开始一直持续下滑，累计完成投资 40.7 亿元，同比下降 39.9%，占全社会投资比重 10.7%，对全社会投资贡献率为 –90.2%，下拉全社会投资 7.6 个百分点。

五是房地产投资增幅收窄。房地产投资完成 96.07 亿元，同比增长 14.3%，增幅环比收窄 1.9 个百分点，占全社会投资总额的 25.1%，对全社会投资贡献率为 40.3%，拉动全社会投资增长提高 3.4 个百分点。12 月，固原市已进入冬季封冻时期，年度投资已到收尾阶段，只有少量的室内装饰和安装工程工作量，对全年投资影响不大。由此，预计全年完成固定资产投资 435 亿元，同比增长 10%。

（四）消费品市场持续活跃

2017 年，在供给侧改革的推动下，居民购买力有所增强，促进了全市消费品市场持续活跃。预计全年实现社会消费品零售总额 71 亿元，同比增长 9%，比上年提高 0.6 个百分点。其主要特点：一是城镇消费仍占市场主导。城镇实现零售额占全社会消费品零售总额的 82%，同比增长 9.4%；农村实现零售额占社会消费品零售总额的 18%，增长 8.7%。二是住宿餐饮业增长较快。批发业实现零售额同比增长 5%，零售业增长 8.5%，住宿业增长 15%，餐饮业增长 14%。

（五）财政金融运行良好

2017 年，受税收收入大幅度增长带动，一般公共预算收入实现快速增长。全市完成地方财政一般公共预算收入 16.68 亿元，同口径可比增长 20.7%，其中：税收收入 10.07 亿元，同比增长 25.6%；非税收入 6.61 亿元，同比增长 14.1%。全市地方财政一般公共预算支出 226.44 亿元，同比增长 8.3%。金融业贷款增幅高于存款，存贷比持续提高。11 月末，金融系统各项存款余额 551.29 亿元，同比增长 17.2%，增幅环比回落 2.1 个百分点；贷款余额 447.8 亿元，同比增长 36.6%，增幅环比回落 1.3 个百分点。全市金融业贷款增幅比存款增幅高 19.4 个百分点，金融存贷比达到 81.2%，同比提高 11.5 个百分点。

（六）城乡居民收入稳步提高

从前三季度看，全市城乡居民收入呈现稳步增长态势，农村居民收入增幅高于城镇居民收入，城乡居民收入差距缩小。预计全年城镇居民人均可支配收入 24700 元，同比增长 8%；农村居民人均可支配收入 8500 元，同比增长 10%。

二、主要工作措施

（一）抓好精准脱贫帮扶

销号 200 个贫困村，减贫 9.6 万人，全市贫困发生率下降到 7%以内。隆德县、泾源县、彭阳县脱贫摘帽，贫困发生率下降到 3%以内；原州区、西吉县贫困发生率下降到 8%以内。干好整村推进项目，整合投入 25 亿元，新建、改建农村公路 62 条 500 公里，农村自来水入户率达到 85%。结合新型城镇化、美丽村庄建设，采取回购城镇住房、插花安置、就近建设安置点等方式易地搬迁安置 2.1 万人。增加农民工资收入，开展“冬季大培训、提振精气神”活动，精准培训 5 万人。转移农村劳动力 30 万人以上，创收 60 亿元以上。继续实施“5·30”及其倍增计划，做实做强到户脱贫产业，确保建档立卡贫困户收入增速高于农村居民。扩大金融扶贫范围，整合扶贫产业担保和风险补偿基金 12 亿元，探索建立商业保险担保机制，撬动银行贷款 80 亿元，实现有发展能力的建档立卡贫困户和脱贫销号户贷款全覆盖，贷款需求全满足。

（二）抓好特色产业升级

重点推进五河流域产业带建设。做优生态农业，实施国家农业科技园区一期工程，建成园区科技创新服务中心、蔬菜育苗中心及道路、水利等配套设施，同步推进四县农业科技示范园建设。草畜产业突出抓点示范、全产业链建设，提高基础母牛“见犊补母”补助标准，新建标准化养殖园区 5 个、示范乡镇 5 个、示范村 10 个，肉牛饲养量达到 111 万头。林业和林下经济因地制宜、规模发展，建设油用牡丹基地 3 万亩、万寿菊基地 10 万亩，种植中药材 3.5 万亩，发展特色经果林 1.45 万亩、中蜂 5000 群、珍珠鸡等林下养殖 78 万只。马铃薯产业加强良种扩繁体系建设，生产脱毒原原种 1.5 亿粒，创建万亩马铃薯原种、一级种薯标准化生产基地 10 个 26 万亩，主食化品种面积 2 万亩。扶持国圣、勇兴等企业开展主食化产品研发，马铃薯淀粉加工能力达到 15 万吨。冷凉蔬菜产业创建标准化示范基地

10个，生产面积达到61万亩。创建外埠六盘山生态农产品营销网点5个。建成固原公益性农产品批发市场。引进培育带动能力强的龙头企业2~3家，新培育专业大户200户，规范发展家庭农场30家、农民合作社100家。提升全域旅游，建成固原至张易、火石寨至西吉等4条旅游环线和黄铎堡至须弥山等12条旅游精品线路。抓好原州区须弥山沿途景观、中庄和沈家河水库旅游景区、彭阳县茹河瀑布风景区、梯田公园建设等项目，提升改造西吉将台堡、震湖湿地保护，隆德老巷子，泾源二龙河，六盘山长征景区，高标准建成六盘山国际滑雪场并投入运营。大力发展乡村旅游，建成杨岭等乡村旅游示范村10个、六盘山民宿示范户200户。引进1家有实力的大企业开发固原旅游。壮大新型工业，出台加快经济技术开发区发展意见，完善开发区"一区三园"基础设施配套，引进入园企业20家，新增工业产值5亿元。金昱元盐化工循环经济产业链一期建成投产，支持发展下游产品项目。加快推进煤电铝一体化项目工作进程。

（三）抓好重点项目建设

实施精准扶贫、旧城改造、五河流域发展、全域旅游、交通、美丽固原、工业、社会事业八大工程共63个项目，计划总投资1302亿元，年度计划投资357亿元，其中续建项目16个、72亿元，新建项目47个、285亿元。安排资金5000万元，重点支持国家农业科技园区、将台特色旅游小镇、隆德县城乡供水工程、杨岭美丽村庄、茹河瀑布风景区等8个市县共建项目，争取把五河流域综合治理、固原一中初中部扩建等项目列入自治区60周年大庆献礼项目库。建立驻京争项目、争政策工作长效机制，争取国家专项建设资金（基金）50亿元，撬动民间投资200亿元以上。提升城乡改造质量，建成博物馆、城隍庙、西湖路等4个片区100万平方米棚改工程，博物馆文化产业城9月投运。投资50亿元，加快清水河两岸、文化巷等片区1万户150万平方米棚改进程。完成文化路、政府路、南城路、中山街两侧建筑物立面改造和北京路、上海路街景风貌改造。基本建成古城墙遗址公园，完成清水河市区段综合治理项目。改造海绵化市区道路16条18公里、海绵型建筑小区90个323万平方米，完成120个海绵城市建设项目总工程量的80%，确保大部分城市建设工程2018年基本完工，实现国家园林城市创建目标。继续实施县城棚户区改造，建成西吉县城集中供热改造、隆德“三馆”、泾源盈德生态旅游文化城、彭阳茹河街道路及供排水等县城建设项目，提升综合服务功能。集中建设5个特色乡镇和15个美丽村庄。加速交通项目建设，加快建设S25线泾源至华亭、S60线西吉至会宁省际高速公路，完成投资16亿元；抓好G327线彭阳至沟圈等6条国省干线公路改造，完成投资10亿元；争取开工建设G85线银川至昆明高速公路固原段和宝中铁路扩能改造项目。完成固原火车站和六盘山机场改扩建等项目前期工作。提升水利保障能力，出台中南部城乡饮水安全工程运行管理办法，提高使用效益。实施六盘山集中连片特困地区水资源高效利用项目，发展节水灌溉面积5万亩，累计达到50万亩；新建乔家沟等5座水库，完成沈家河等6座水库清淤治污。建成隆德县城乡供水工程，力争开工建设引黄入固一期工程。提高信息服务水平，建成智慧城市展示中心、市级数据交换共享平台和政府综合服务平台；行政村光纤宽带全覆盖；建成京东“宁夏扶贫特产馆”，培育电商龙头企业5家、扶贫示范村5个，地方特色农产品网络销售额突破1亿元。

（四）抓好生态环境保护

安排1000万元先行建立市域内生态补偿机制。整合资金8.5亿元，实施六盘山重点生态功能区400毫米降水线以上区域造林绿化工程，新增营造林29万亩、补植补造13万亩。新建3000亩以上集中连片绿化点5个，完成城乡大绿化2万亩，抓好东岳山、北山、龟山、泾河源、茹河等城市休闲森林公园提升，全市森林覆盖率达到25.1%。治理小流域300平方公里。加大环境治理力度，完成清水河、葫芦河、渝河、泾河、茹河河道综合治理，淘汰万吨以下马铃薯淀粉加工企业，生产企业废水达标排放；提标改造污水处理厂，新建新材料产业园和三营、兴隆等重点乡镇污水处理厂6座，全面取缔工业和生活污水入河入库直排口，泾河出境断面水质稳定在Ⅱ类以上，清水河、葫芦河、渝河、茹河出境断面水质稳定在Ⅳ类以上。淘汰全部黄标车和20蒸吨以下燃煤锅炉，通过湿法清扫、喷雾降尘等措施治理建筑工地扬尘，扭转PM_{10}不降反升局面，空气质量优良天数达到90%。加强农村环境综合整治，农田残膜回收率达到86%以上。

三、2018年主要目标任务

2018年是固原市决战扶贫攻坚和决胜全面建成小康社会关键之年。经济社会发展总体思路是：以新时代中国特色社会主义思想为指导，深入学习贯彻党的十九大精神，全面贯彻落实自治区第十二次党代会精神，认真实施自治区“三大战略”，把握“生态优先、富民为本、绿色发展”定位要求，坚持稳中求进工作总基调，坚持新发展理念，以扶贫攻坚为统揽，紧扣加快构建现代产业体系，全力打好“六场硬仗”，奋力建设“四个示范市”。主要预期目标：实现地区生产总值增长7.5%，全社会固定资产投资增长10%，地方公共财政一般预算收入同比增长8%，城乡居民人均可支配收入分别增长8%和9%，社会消费品零售总额增长9%。

四、对策建议

（一）增强创新驱动发展能力

一是搭建科技创新平台。加快产品创新、品牌创新、产业组织创新、管理创新、商业模式创新体系建设，形成创新产业链。建立政府、企业和科研机构相结合的机制，支持龙头企业建立研发中心和重点实验室，推动农业、农副产品精深加工、新能源材料等方面的技术创新和成果转化。围绕高效节水技术、优良品种引进农业机械化等领域，建立现代农业科技创新平台。支持企业加强自主创新，开展新产品、新工艺研发，创造新供给，开拓新市场。

二是构建创新保障机制。健全以扶贫开发、产业发展、生态建设和改善民生为重点的考核奖惩机制，强化目标责任管理；健全经济社会发展综合评价机制，加强经济运行分析研判，强化重大决策、重点项目、重要工作跟踪督查。加快培育一批急需的创新创业领军人才，大力引进高层次专业技术人才、经营管理人才；搭建各类“双创”平台，创建示范基地。

三是创建产业新模式。着力健全结构优化、清洁低碳、带动力强、附加值高的“3+X”产业体系。现代生态农业要围绕健全产业体系、生产体系、经营体系，推动五河流域特色农业发展。打造全国安格斯肉牛繁育基地、马铃薯种薯生产基地、冷凉蔬菜产业基地。大力发展花卉、中药材、生态养殖等林下经济。引进龙头企业，培育壮大新型农业经营主体，形成生产、加工、销售一体的农业产业链，打响六盘山生态农产品品牌。旅游产业要按照全域发展模式，引进大型企业，整合开发旅游资源，建成六盘山国际旅游休闲度假区、国际滑雪场，以旅游环线和精品线路衔接联通4个重点景区、特色旅游小镇、精品旅游村、自驾营地和梯田公园，为游客丰富难忘的旅游体验，让“天高云淡六盘山”生态旅游品牌驰名全国。推进旅游与扶贫、产业、文化等深度融合发展，促进从“门票经济”向旅游券产业链转型。加快商贸物流业发展，把固原打造成丝绸之路经济带上重要的物流节点；推动金融、电子商务、养生、家政、教育培训、文化体育等新业态向专业化、高端化发展。新型工业要坚持生态、环保、节水优先的发展理念，采取市县共建共享机制，促进工业园区扩容升级、错位发展，重点发展劳动密集型产业，选择发展新能源新材料产业，打造特色农产品加工业集群和能源新材料产业集群。依托盐化工产业链，打造继宁东能源化工基地之后宁夏又一重要的国家级盐化工产业基地。

（二）建设宜居宜业美丽家园

一是统筹城乡发展。加快推进旧城改造，加强历史文化遗迹保护，彰显城市文化底蕴。建设丝路公园、九龙公园、下沉式绿地和道路绿化带，打造黄土高原干旱半干旱地区海绵城市建设示范区。

二是促进产城融合。发挥特色街区、公园园区、五河流域城镇的资源优势，积极发展现代服务业、商贸物流、农产品精深加工、连锁经营等业态，不断提高城市的辐射带动功能。实现城区、园区有机相连，产业与就业同步发展。加快特色城镇从单一的居住型向生产、服务、居住、消费等多点支撑转型。

三是加强精细管理。建设“智慧固原”，实现电子围栏全覆盖和城市管理信息化、基础设施智能化和社会治理精细化。进一步理顺城市管理体制，制定主次干道、背街小巷保洁和公园广场管理标准。提高市民文明素质，营造“人民城市人民管”的良好局面。开展“五城联创”，积极争创国家森林城市、卫生城市和文明城市。

（三）营造青山绿水生态优势

一是践行绿色理念。优化生态、产业和城镇空间布局，划定生态红线，引导和约束开发行为。倡导绿色消费，推广绿色建筑，大力发展循环经济，推动生活方式绿色化，促进生产方式低碳化。加快节水型社会建设，强化全民节水意识，实行最严格的水资源管理制度和阶梯水价，加强中南部城乡饮水安全工程运行管理。

二是织牢绿色屏障。围绕构建“三屏五带”生态安全格局，打造西部重要生态屏障，坚持不懈开展全域绿化行动，实施天然草原与湿地保护、荒山造林、绿色廊道、移民迁出区生态修复等生态重点工程。实施清水河城市段综合治理、沈家河湿地保护等项目，打造城市生态绿心。加强水源涵养保护和禁牧封育，巩固生态建设成果，创建西北生态文明示范区。

三是护好绿色家园。开展蓝天碧水绿色城乡专项行动，实施五河流域水环境综合治理工程；推进大气污染联防联控，彻底淘汰燃煤茶浴炉；深入推进农村环境综合整治，完善农村垃圾污水处理设施系统；实施五河流域综合治理，实现出境水质稳定达标。

四是发挥绿色优势。争取建立六盘山跨省生态补偿机制，打好生态牌，引进新理念、新技术和大企业，做强做优以生态为核心的特色农业、旅游休闲、健康养老等业态，形成绿色生态产业集聚区，让绿色资源释放“生态红利”，走出一条生产发展、生活富裕、生态良好的路子。

（四）拓展跨越发展合作领域

一是优化发展环境。深化行政审批制度改革，市、县、乡权利清单、责任清单全覆盖；加强电子政务建设，大力推广“互联网＋政务”，全面推行网上审批和并联审批。推动农村、土地“三权分置”、财政金融、城镇化、社会保障体制、文化体制、社会管理体制等重点领域改革，全面优化发展环境。

二是建设开放通道。打通连接庆阳、宝鸡、兰州等地的高速断头路，改造提升省道、县道、农村公路，构建“两纵三横”高速公路、“五纵五横”普通公路、旅游环线公路网络总骨架。实施宝中铁路扩能改造和固原火车站改扩建，争取建设兰州—固原—平凉—庆阳快速铁路，开通固原至石嘴山城际铁路。改扩建六盘山机场，加密、开通更多航线。深入实施“互联网+”行动计划，建设“宽带中国”示范城市，构建全区信息高速公路和民生智慧平台。

三是搭建合作平台。主动融入丝绸之路经济带战略支点建设，以六盘山国际旅游休闲度假区为窗口，拓展与阿拉伯国家的开放合作；鼓励支持骨干企业走出去，建设境外产业园区和经贸合作区；加强与西兰银省会城市在商贸物流、文化旅游、交通建设等领域的对接合作，不断提升区位优势。

2017年中卫市经济发展报告

陆　升

2017年，在自治区党委、政府及市委、政府的坚强领导下，中卫市以“三大战略”为牵引，以供给侧结构性改革为主线，以“6+4”重点工作重大项目为抓手，坚持稳中求进工作总基调，牢固树立新发展理念，振奋精神，实干兴卫，统筹推进稳增长、调结构、惠民生、防风险各项工作，保持了经济社会发展的良好态势。

一、经济运行进一步向好

积极应对经济下行压力，建立了三级决策会商制度，密切关注全市经济运行情况，对出现的倾向性、苗头性问题，定期召开固定资产投资和经济运行季度分析会议研究，提出对策措施，全市经济呈现稳中向好、稳中有进的态势。预计到年底，全市实现地区生产总值365亿元，增长6%左右；全社会固定资产投资完成358亿元，与上年持平；地方公共财政预算收入23.6亿元，同口径增长8%；社会消费品零售总额72.5亿元，增长10%；全市城镇常住居民人均可支配收入完成25186元，增长8%；农村常住居民人均可支配收入完成9360元，增长9%。

作者简介：陆升，中卫市发改委办公室主任。

二、产业结构进一步优化

（一）工业经济平稳发展

认真落实自治区工业稳增长“30条”，推动传统产业向高端方向发展，宁钢60万吨高速线材、隆基硅1GW单晶硅棒、新澧化工硫化钠等12个项目建成投产，中化锂电池、都阳公司3GW单晶硅拉棒、天元锰业2×350兆瓦热电联产自备电厂、华夏特钢高硅锰等32个项目开工建设，中铁凤凰智能化成型钢筋加工配送、紫光10万吨蛋氨酸、宁夏润华20万吨熔盐、宁夏天和四方轨道交通、山川集团医用新材料、江苏振发集团10万套光伏发电模板等项目签约落地，锦宁巨科、银阳新能源等9家企业被确定为自治区龙头企业。

（二）现代农业加快发展

大力实施特色品牌工程，“中宁枸杞”品牌位列全国农业区域品牌价值四强，“香山硒砂瓜”荣获全国“一村一品”十大知名品牌、2017年最受消费者喜爱的中国农产品区域公用品牌和宁夏区域公用品牌。提请市委、政府印发了《中卫市现代农业发展扶持政策》，国家级科技农业示范园区及现代农业示范园区建设推进顺利，新培育市级农业产业化龙头企业20家，培育市级农民专业合作社示范社15家、示范家庭农场15家，认证无公害农产品246个、绿色农产品89个、有机食品12个、地理标识农产品8个。全年农产品加工企业预计完成总产值52亿元，实现销售收入44亿元，实现利润6.4亿元，同比分别增长5.2%、6.8%和6%。

（三）现代服务业快速发展

云计算产业发展迅速。亚马逊AWS合作数据中心2.5万台服务器正式商业运行。美利云数据中心二期年内主体完工，中国移动数据中心年内投入使用。启动建设军民融合产业基地，高分辨率对地观测系统宁夏数据与应用中心、西部军民两用飞艇基地、火冰新型环保消防灭火器、“宁夏一号”卫星地面接收站等项目加快推进。加快创建全国全域旅游示范市，深化与港中旅战略合作，黄河悬索桥改造等项目建成投运，沙坡头南岸半岛、腾格里金沙岛景区提质扩容、海原非物质文化遗产传承基地等40个项目进展顺利。成功举办2017中国全域旅游暨文旅特色小镇创新高峰论坛、亚洲旅游小姐大赛总决赛等重大活动，中卫被评为国家级旅游业创新先行区和避暑旅游观测点城市。1—10月，全市共接待游客659.64万人次，实现旅游总收入52.1亿元，同比分别增长35.7%和37.2%。加快构建交通物流枢纽，吴忠至中卫城际铁路、中卫高铁南站、中国物流中卫物流园等项目顺利推进。扎实推进"一港四区"（中卫国际陆路港及中宁陆路口岸、中卫铁路口岸、中卫铁路综合货场、沙坡头机场航空口岸）建设，实现进出口额14.8亿元，增长27.7%。

（四）供给侧结构性改革积极推进

依法淘汰煤炭、钢铁、电石等落后产能83万吨，取缔"地条钢"企业4家，拆除燃煤锅炉78台，淘汰报废黄标车1185辆、老旧车3270辆。高耗能行业去产能95.3万吨，其中电石13.2万吨，碳化硅0.5万吨，水泥80万吨，硅铁1.6万吨。房屋待售面积88.2万平方米，同比下降16.6%。加大降成本力度，40家工业企业累计直接交易电量134.6亿千瓦时，降低企业成本3亿元，41家企业获新型工业化项目贷款贴息6297万元，为宁钢集团等18家企业贷款融资48批23.5亿元。

三、城乡面貌进一步改善

巩固环保整治成果。沙坡头、南华山国家级自然保护区环保整治进展顺利，目前，沙坡头国家级自然保护区内第一批、第二批88处违建项目已全部整改到位，第三批遥感监测35个区域66处正在加紧整改。依法关闭南华山国家级自然保护区内砂场7家，对27处风电开发项目实施生态恢复。加强生态环境建设。完成人工造林14.55万亩、生态防护林6.25万亩，退耕还林3.65万亩。大力推进城市园林绿化工程，工业园区西云大道等4条新修道路绿化和新老城区绿化提升工程全面完成。加快建设美丽城乡。改造老旧小区31个27万平方米，完成棚户区改造任务10929套。旅游新镇二期、福兴苑、新墩东区等项目建成投运，金河三期B区、新墩西区、五里等棚户区改造项目开工建设。城市供热管网工程全面完成，现已开始运行。中宁第三污水处理厂项目正在积极推进。

四、民生福祉进一步加强

全力打赢脱贫攻坚战。坚持将新增财力的70%用于改善民生，12件民生实事全部办结。大力实施五项脱贫行动计划，全市40个重点贫困村脱贫销号，3.67万人精准脱贫，搬迁安置移民1826户7814人，69个贫困村实现“五通八有”目标，宁夏中部干旱带西部供水工程海原县三塘片区提前通水，中宁县喊叫水扬水工程顺利推进，贫困地区群众灌溉难问题得到有效解决。与福建漳州市结成帮扶对子，签订了扶贫协作对口支援和旅游合作协议，闽宁协作实现新突破。

社会事业全面发展。加大教育投入力度，完成了中卫十一小、中卫五小、海原二小等60所义务教育薄弱学校基础设施及学校标准化操场改造，切实改善了义务教育薄弱地区的办学条件。全面推进教育信息化“三通两平台”建设，全市宽带网络“校校通”实现率达95.9%，教学资源“班班通”实现率达87.5%，网络空间“人人通”实现率达85%，促进了优质教育资源互通共享。出台了《中卫市医疗卫生服务体系规划（2016—2020年)》和《健康中卫2030发展规划》等配套文件，解决了全市1491名离岗乡村医生待遇问题。市人民医院医技楼项目、市疾病预防控制中心大楼主体工程正在进行内部装修。市中医医院迁建、妇幼保健院开工建设。全市职工养老保险、医疗保险、工伤保险、失业保险、生育保险参保人数分别达到16.16万人、9.72万人、9.76万人、6.28万人、6.53万人，城乡居民养老保险、医疗保险参保人数分别达到37.75万人和99.46万人。落实职工养老金待遇提标政策，全市养老金平均增幅达到5.5%，人均调增138元/月，惠及5.8万名退休职工。

市场物价平稳运行。争取自治区专项补贴资金支持174万元，开展了沙坡头区基本蔬菜价格政策性保险试点和蔬菜生产基地冷链设施建设试点工作。积极争取自治区价格调控专项资金1000万元支持，将南关市场升级改造为平价农贸市场。对市区22家农副产品平价商店与7个行业的收费行为进行了巡查和执法检查，受理办结价格投诉举报132件，涉案物品价格鉴证82件。

五、改革发展进一步深化

深化水利体制改革。出台了《中卫市全面推行河长制实施方案》，并召开了总河长第一次会议及全市河长制工作推进会，市、县、乡共落实河长234名，235条河（湖）名录整理完成，全面推行河长制工作取得阶段性进展。农业水价综合改革、水资源使用权确权登记、小型水利工程管理体制等各项水利改革工作也在稳步推进。深化“放管服”改革。整合“12345一号通”政务服务热线，全面实施告知承诺制，加快构建“不见面、马上办”审批模式，力争做到网上办、集中批、联合审、区域评、代办制、不见面。推进“多规合一”试点改革。加快行政执法“三项制度”改革，深化农业农村改革和电力体制改革，推动园区共建共享，学习借鉴安徽滁州市合作共建园区的先进做法，探索以合作共建共享模式，推动中卫、中宁工业园区相向发展、整合发展。深化价格机制改革。落实输配电价改革政策，下调输配电价0.0115元，每年减少工业用户用电负担9050万元。加大天然气价格改革力度，积极下调工业大用户用气价格和管输费用，为紫光公司等两家企业年减轻用气负担5270万元。全面取消了市级公立医院药品加成，对两家市级公立医院1303项医疗服务价格进行调整，减轻患者医药负担770万元/年。

2018年，全市将以认真贯彻党的十九大和自治区十二次党代会精神为重点，紧紧围绕自治区“三大战略”和“五个扎实推进”工作任务，以供给侧结构性改革为主线，牢牢把握稳中求进工作总基调，坚持新发展理念，发挥投资对优化供给结构的关键性作用，加快发展全域旅游、大数据及军民融合、交通物流、现代农业等新兴产业，推动经济发展质量变革、效率变革、动力变革。经济社会发展的主要预期为：经济保持平稳增长，地区生产总值增长6.5%左右，地方公共财政预算收入增长8%左右，社会消费品零售总额增长10%左右，固定资产投资增长8%左右。生态环境逐步改善，全面完成节能减排控制性指标。价格总水平基本稳定，居民消费价格涨幅控制在2%以内。人民生活水平进一步提高，城镇、农村常住居民人均可支配收入分别增长8%和9%左右。重点抓好以下工作。

（一）实施创新驱动战略，促进新发展理念在中卫落地生根

认真贯彻落实创新、协调、绿色、开放、共享的发展理念，以供给侧结构性改革为主线，大力实施创新驱动战略，推动经济发展质量变革、效率变革、动力变革，在打造西部地区转型发展先行区上走在前列。

一是以创新加快产业转型升级。坚持有所为有所不为，持续推进供给侧结构性改革，做优存量，做强增量，努力提高发展质量和效益。实施传统产业提质、新兴产业提速、现代服务业提档“三大工程”，改造提升煤炭、电力、冶金、化工、建材等传统产业。大力发展智能制造、大数据、新能源、新材料、新经济等战略性新兴产业，加快建设西部云基地、中小客户数据中心孵化基地、军民融合产业园，培育转型发展新动能。大力发展全域旅游、交通物流、电子商务、现代金融、健康养老、新一代信息技术等现代服务业，促进现代服务业扩大规模、提档升级。加快推进沙坡头娱岛、孟家湾现代农业旅游开发项目、海原非遗传承基地布展等 14 个旅游项目，积极推进国道 338 线改造、沙坡头机场扩能改造、镇罗铁路物流中心等 46 个交通物流项目。

二是着力培育创新发展主体。强化企业科技创新主体地位，按照建设一批创新平台、实施一批重点科技项目、培育一批高新技术企业、培养一批高新技术人才“四个一批”的思路，不断加强创新体系建设。加快推进中卫、中宁工业园区整合发展，充分盘活各类资源，鼓励企业技术创新，壮大云计算、金属锰、蛋氨酸等行业领先、技术领先的产业和企业。加快新技术、新工艺、新产品产业化，积极推动网上成果对接常态化。创新人才培养引进机制，优化人才发展服务环境。深化科技体制改革，建立健全技术创新体系。

三是实施乡村振兴战略。建立健全城乡融合发展体制机制和政策体系，加快推进农业农村现代化。巩固提升“中国枸杞之乡”“硒砂瓜之乡”等品牌优势，做大做强枸杞产业，培育壮大富硒产业。启动建设中国“塞上硒谷”，以硒砂瓜产业为重点，围绕“一个中心、三大基地”总体要求，注册成立富硒农产品股份合作公司，发展一批富硒明星产品，带动全市所有农产品开发富硒价值。深化农村土地制度改革，落实承包地“三权”分置制度和农村土地承包制度。

四是实施区域协调发展战略。科学界定主体功能区，严控建设用地规模，严守基本农田红线，促进经济社会持续健康发展。推进市县融合发展，加快产业连城、生态连城、道路连城步伐，构建级配合理、优势互补、特色鲜明、空间紧凑的新型发展格局。

（二）实施脱贫富民战略，让改革发展成果更多更公平地惠及全体人民

一是坚决打赢脱贫攻坚战。加大产业扶贫、金融扶贫力度，建立脱贫致富激励制度，激发贫困人口内生动力。加快推进宁夏中部干旱带西线供水工程、海原大县城建设，进一步完善贫困地区基础设施，改善贫困人口生产生活条件。健全完善帮扶制度，深化闽宁对口扶贫协作。

二是大力实施富民工程。建立健全覆盖城乡的公共就业服务体系，大规模开展职业技能培训，做好重点群体就业工作，增加低收入劳动者收入。认真落实各项惠民富民政策，大力推进大众创业、万众创新，不断提高农民工资性、经营性、财产性、转移性收入。

三是加快推进公共服务均等化。办好人民满意的教育，加快优化教育资源均衡配置。落实健康中国战略，深化公立医院综合改革，建立科学合理的医疗服务价格动态调整机制。合理确定住房保障规模和准入条件，加快公租房分配入住，推进公租房货币化。进一步完善覆盖全民、城乡统筹、权责清晰、保障适度、可持续的多层次社会保障体系。

（三）实施生态立市战略，努力建设美丽中卫

牢固树立“绿水青山就是金山银山”的发展理念，大力实施生态立市战略，坚定不移推进绿色发展，确保经济发展与生态文明建设、民生改善相适应，努力打造天蓝地绿水清、宜居宜业宜游的美丽中卫，在建设西部地区生态文明建设先行区上走在前列。

一是着力推进绿色发展。科学布局生产、生活、生态空间，建立健全绿色低碳循环发展的经济体系。大力发展节能环保、清洁生产、清洁能源产业和战略性新兴产业。严格落实能源和水资源消耗、建设用地等总量与强度双控行动，研究制定主导产业准入负面清单。加大淘汰落后产能力度，逐步关停小水泥、小冶金等落后产能。

二是着力解决突出环境问题。实施“蓝天、碧水、净土”三大行动，持续推进城乡环境综合整治。深化环保监测执法体制改革。启动运行环境应急指挥中心。严格落实中央环保督察反馈问题整改要求，坚决完成沙坡头国家级自然保护区、南华山国家级自然保护区内违建项目清理、整改工作。以工业“三废”为重点，进一步加大整治力度，精心呵护好碧水蓝天。

三是加大生态系统保护力度。完成生态保护红线、永久基本农田、城镇开发边界三条控制线划定。大力实施南部水源涵养林、中部生态经济林、北部防沙治沙综合示范区、生态草原治理区、沿黄生态治理带、平原绿网提升带、城市园林景观带建设，着力打造宁夏西部最重要的生态屏障。全面落实河长制，健全市、县、乡三级河长责任机制，实行领导干部生态环境损害责任终身追究制度，坚决制止和惩处破坏生态的行为。

（四）稳步推进重大项目建设，推动经济持续增长

将2018年确定为“项目建设年”，精准过好“准备之冬”，统筹谋划2018年重点项目，积极与国家、自治区发改委对接，做好项目计划编报和资金争取工作，及早落实项目规划、土地等建设条件，为项目及早开工提供保障，力促2018年各项工作实现“开门红”。重点抓好中医院迁建等3个自治区60大庆项目和8个自治区重点建设项目。同时，实施“四个一批”项目，即美利云数据中心二期、中化锂电池等一批达产达效项目，中卫高铁站黄河大桥、振发10万套光伏模块装备制造、苏化集团高端导热油、旅游服务中心等一批开工建设项目，协鑫二期、紫光三期、乌玛高速公路中卫段、国道338改线、中卫至海原高速公路、海原至平川高速公路、沙漠沙世界、沙漠太阳酒店等一批项目，加快谋划海原纺织园区、天元锰业锰酸锂、电信数据中心等一批谋划储备项目，力争完成全年固定资产投资目标任务。

附

2017年宁夏经济大事记

王愿如

1月

3日　宁夏盐池和福建泉州产业合作经贸洽谈会在银川市举行，签订3项合作协议，意向投资近17亿元。

4日　泾源至华亭、西吉至会宁、彭阳至镇原3条省际出口路全线开工，全长13.87公里，总投资9.22亿元。

5日　太阳山—六盘山—平凉750千伏输变电工程投运，与西北主网联系的第二通道打通。

6日　2017银川阅海湾中央商务区推介签约会在北京举行，金凤区新业态招商实现开门红，18家公司现场签约199亿元。

7日　宁夏正式发布《宁夏保险业发展“十三五”规划纲要》，明确了“十三五”期间保险业发展总体要求、工作目标、重点任务和政策措施。

8日　贺兰县举行宁夏昊晶新材料产业园项目签约仪式，填补了贺兰县高端制造业的空白，成为当地经济转型、动能转换的新动力。

9日　《省级空间规划试点方案》正式发布，宁夏等九省区被纳入省级攻坚规划试点范围。

10日　银川市被列入建设通用航空产业综合示范区试点城市。

11日　宁夏8家水产养殖场通过第十一批农业部水产健康养殖示范场省级考核验收和农业部审查，获得“农业部水产健康养殖示范场”称号。

12日　2017智慧农业创新发展论坛在银川开幕，区内外农业行业权威献策智慧农业的宁夏模式。

同日　银川经济技术开发区管委会为园区38家企业44个科技创新后补助项目，兑现配套资金2374.32万元。

17日　自治区水利厅编制完成《宁夏水利扶贫“十三五”专项规划》，确定“十三五”期间投入水利扶贫资金106.76亿元。

19日　全区经济社会发展情况通报会举行，通报了2016年全区经济社会发展情况，以及2017年工作思路和总体要求。

同日　南京证券同心营业部暨金融扶贫工作站正式挂牌运营，并与同心县5家计划IPO的公司达成合作意向。

22日　经工信部批复，吴忠市正式成为创建“中国制造2025”试点示范城市。

24日　银川综合保税区首次进口水貂皮，货值4.4万美元，标志着非食用动物产品指定存储仓库投入使用。

2月

3日　春节期间宁夏接待游客158.84万人次，实现旅游收入6.14亿元。

同日　石嘴山市拿出3500万元奖励累计产值增长10%及以上的亿元企业。

7日　全区农业工作会议召开，2017年将着力打造优质农产品整体品牌形象，力促更多“宁字号”特色优质农产品“走出去”。

9日　《宁夏回族自治区人民政府关于降低实体经济企业成本的实施意见》发布，对全区对外贸易企业运输费用给予支持。

10日　宁夏科技保险试点框架合作协议签约仪式在银川举行，宁夏科技厅分别与中国人保财险宁夏分公司、阳光财险宁夏分公司签订了科技保险试点工作框架合作协议。

同日　宁夏发布“十三五”脱贫攻坚行动指南，到2020年，9个贫困县（区）农民人均收入万元以上，贫困村、贫困县贫困发生率下降到3%以内。

同日　自治区工商局与农业银行宁夏分行举行服务市场主体战略合作协议签约仪式，着力解决市场主体融资难、融资贵问题。

11 日　宁东“十三五”开发总体规划正式出炉，宁东将瞄准打造成国内一流能源化工基地、国家级新区和宁夏工业经济发展航母，实现“再造一个宁夏经济总量”的目标任务。

13 日　《银川综合保税区 2016—2020 年发展规划》正式出炉，银川综保区将成为宁夏对外开放新门户，2020 年进出口额将占全区六成。

同日　宁夏水务投资集团年供水量突破 2 亿立方米，5 个市县（区）、9 个工业园区，超 200 万人受益，为宁夏经济社会发展提供水务保障。

15 日　全区葡萄酒产业工作会议召开，贺兰山东麓葡萄酒“产区品牌建设年”正式启动。

16 日　中国人民银行向自治区人民政府正式回复了《关于宁夏回族自治区开展金融扶贫示范区创建活动的复函》，支持宁夏开展金融扶贫示范区创建活动，标志着宁夏开始打造全国首个以省为单位的金融扶贫示范区。

20 日　宁夏公共资源交易实现自治区、市级两级电子平台全覆盖，每年减少交易成本约 3.92 亿元。

21 日　自治区政府与中国贸促会召开 2017 中阿博览会筹备工作座谈会。

22 日　中阿创投园投资人迅猛增长，已累计缴纳个税 3200 余万元。

23 日　自治区与泰康保险集团签署战略合作协议。

24 日　国家工商总局商标局宁夏商标受理窗口在自治区政务服务中心正式揭牌。

同日　全球最大单体单晶硅生产工厂总投资 30.6 亿元的隆基硅 3GW 单晶硅棒、3G 切片、500MW 电池组件项目在银川经济技术开发区试投产。

同日　银川河东国际机场新航空货运站正式投运。

28 日　宁夏、浙江两省区在杭州签署重点领域项目合作会谈纪要。

3 月

1 日　宁夏特色产业技术性贸易措施信息服务平台在宁夏检验检疫局正式启动。

同日　自治区住房和城乡建设厅与自治区经济和信息化委员会联合发布了《宁夏绿色建材评价标识管理办法（试行）》。

4日　自治区科协、农牧厅、扶贫办3部门联合下发《关于组织实施“科技助力精准扶贫工程”的通知》，加大科技供给，助力精准扶贫。

7日　银川iBi园区企业银川中小在线资信服务有限公司成功开发的科技创新券管理平台正式上线运营。

8日　宁夏地区科技企业投融资路演在银川举行，促进了宁夏中小企业与投资机构有效对接。

9日　宁夏登记结算中心系统正式上线，与3家银行签署合作协议，正式接入1家交易场所。

14日　宁夏2016年十大消费投诉热点公布，交通工具投诉居首，食品安全备受关注。

15日　宁东年产20万辆新能源乘用车项目签约，填补了宁夏新能源汽车产业的空白。

16日　吴忠市红寺堡区举行教育扶贫基金成立暨首批资金发放仪式，首批发放资金1593万元，惠及6223人。常态教育扶贫基金重点资助建档立卡户学生，每年筹措不少于1000万元，每阶段每人可获得1000～7000元不等的资助。

17日　由银川市与中国纺织业协会主办的国家智慧型纺织基地建设暨战略合作框架协议签约仪式在北京举行，国家智慧型纺织基地落户银川，千亿元世界级“纺织航母”蓄势起航。

同日　自治区政府产业引导基金子基金设立签约暨宁夏国投基金管理公司开业仪式在银川举行，中小企业振兴、健康养老、扶贫产业、新材料产业、农村基础设施建设、旅游文化产业、体育产业、锰产业8只子基金将形成500亿元规模。

20日　自治区金融局工作局举办“新三板”和高新园区企业融资及金融服务对接会，为资金供给方与需求方打通渠道，服务全区经济转型升级。

21日　自治区出台“项目推进年”活动实施方案，确保全年完成全社会固定资产投资4220亿元，增长10%左右。

22日　自治区物价局取消核发服务价格登记备案证，加强服务价格事中事后监管。

同日 银川综合保税区迎来首批来自丹麦哥本哈根的8317张、货值178.13万元人民币的生水貂皮，标志着银川成为继北京、上海、大连之后，国际裘皮进入中国市场的又一入境城市。

24日 银川市金凤区印发《关于加快发展现代服务业的指导意见》，确立了金融业、电子商务、专业服务等11项产业重点，每年安排3000万元服务业发展专项基金，推动现代服务业总量扩大品质提升。

25日 宁夏“中宁枸杞”以161.56亿元的品牌价值进入全国农业区域品牌价值十强，位列第四。

27日 宁夏“十三五”工业发展及“两化融合”规划经自治区政府常务会议审议通过。

28日 长城国瑞证券公司与彭阳县人民政府“一司一县”对口帮扶合作协议签约仪式在银川举行，标志着宁夏是全国首个也是目前唯一一个实现证券公司“一司一县”对口帮扶全覆盖的省份。

同日 贺兰县出台《贺兰县关于支持实体经济加快发展的政策意见》，建立实体经济发展专项资金，每年安排不少于2000万元，并以不低于财政预算收入增长比例递增，支持实体经济做大做强。

29日 银川经济开发区TMT智能机器人研发取得重大突破，“小V”2.0版研制成功，能认路、认人、与人交流，还会做复杂动作，标志着TMT职能机器人研发迈上更高的台阶。

30日 在第八届亚洲葡萄酒质量大赛上，宁夏贺兰山东麓葡萄酒产区共获得70个金奖中的24个，金奖杯获得率高达34%。

31日 宁夏首次以政企合作的方式正式建立宁夏环保产业基金，总规模为10亿元。

4月

1日 宁夏对外贸企业全面停征出入境检验检疫费用，停征后将为全区外贸企业免去约350万元的费用。

2日 中国（宁夏）—阿根廷安格斯牛良种繁育中心合作项目奠基仪式在贺兰县举行，标着《中国（宁夏）—阿根廷安格斯牛引进及生产基地建设战略合作协议》全面落实，将开启中阿牛产业深度合作的新篇章。

3 日　宁夏大坝发电等 3 家企业被列为国家级“两化融合”标杆示范企业，吴忠仪表研发的宁夏工业云平台被工信部列为全国首批 21 个工业应用示范平台之一。

4 日　自治区政府审议通过《自治区节能降耗与循环经济“十三五”发展规划》，提出到 2020 年宁夏轻、重工业比例达到 25∶75，单位 GDP 能耗比 2015 年下降 14%。

5 日　宁夏生态林业建设计划对 9 个贫困县（区）林业投资 8 亿元，指导贫困县（区）因地制宜发展林下养殖、林产品采集加工、森林景观利用等林下经济。

6 日　同心县规划建设葡萄特色小镇，将联合打造韦州古城开发，打造集文化、旅游、健康、养老、特色种植等于一体的特色小镇，带动 2000 余人就业，实现年产值 10 亿元。

同日　宁夏·青岛产业合作交流恳谈会暨银川青岛商会成立揭牌仪式在银川举行，为宁夏、青岛两地企业搭建交流合作平台，促进两地经济社会融合发展。

同日　固原马铃薯种薯良种搭乘“中阿号”国际货运班列陆续运往哈萨克斯坦阿斯塔纳火车站销到中亚，相对于海运节省 20 天时间。

7 日　自治区财政厅在 2017 部门预算中安排 5000 万元改革专项资金，支持全区深化供销社综合改革。

8 日　全球首条枸杞糖肽生产线在中宁县新水农产品加工创业园区正式投产，进一步延伸了中宁枸杞产业发展链条，增加了枸杞产品附加值。

9 日　《宁夏现代农业“十三五”发展规划》发布，明确了“十三五”期间宁夏现代农业发展的主要目标，并确定了供给保障、质量效益、可持续发展、技术装备、产业规模经营和支持保护 6 个方面的 36 项量化指标。

11 日　中卫与中矿普霖环境科技投资有限公司、黑龙江凯达通用航空有限公司、民基生态大数据公司签订战略合作协议，将重点围绕通航小镇、生态大数据中心建设等方面开展合作。

12 日　在第二届意大利“五星葡萄酒”大赛上，宁夏贺兰山东麓产区参评的 16 款葡萄酒获得意大利“五星葡萄酒”称号，标志着宁夏产区与意大利精品葡萄酒互评交流活动正式启动。

13 日　银川市政府与比亚迪股份有限公司举行合作项目签约仪式，比亚迪银川产业园正式落户永宁县闽宁产业城，预计年产值超过百亿元，将有力助推宁夏产业结构调整。

同日　银川市政府与北京摩拜科技有限公司及北京拜克洛克科技有限公司签署框架合作协议，首期投放 1 万辆自行车，最终达到 3 万辆，每小时收费 1～2 元。

14 日　海湾阿拉伯国家合作委员会制定的《进口食品控制指南》生效，宁夏食品企业出口难度或增加。

同日　全国工商联在宁夏举行直属商会会长秘书长联席会议暨直属商会“百名企业家走进宁夏”活动，其间召开了降低实体经济企业综合成本座谈会，签订了总额超百亿元的战略合作协议。

15 日　吴忠至中卫城际铁路和银西铁路银川至吴忠段两个项目顺利进行，预计将在 2018 年建成银川经吴忠至中卫高铁，比原计划提前实现宁夏人民的“高铁梦”。

17 日　自治区商务厅（口岸办）、旅发委和西部机场集团宁夏机场有限公司、阿联酋航空公司及全区多家旅行社，联合在山西长治、临汾、运城举行阿航迪拜至银川航向旅游推介会，打开晋南市场。

18 日　宁夏旅游发展委员会与中国银行宁夏分行签订“旅游 + 金融”战略合作协议，双方将在推动宁夏旅游产业融资、招商引资、产业升级、智慧旅游等方面进行合作。

同日　平罗县举行首批农村集体经营性建设用地入市签约颁证仪式，7 宗 36.02 亩地全部为工业用地，使用期 50 年，出让价款 216.12 万元。

19 日　自治区党委、政府召开 2017 年第一季度经济形势分析会，总结一季度经济工作，分析经济形势，研究部署下一步工作：坚定信心，鼓足干劲，狠抓项目建设，扩大有效投资，推动工作落实，继续保持经济发展良好态势。

20 日　神华宁煤集团甲醇分公司首次工业化试生产 40 吨纺丝级增韧

聚甲醛产品，填补了国内聚甲醛产品的空白，将聚甲醛产品推进高端市场。

同日　全国10多家上市公司及国内30多家知名企业负责人齐聚固原，为该市经济社会发展建言献策，并签订了总投资16.2亿元的合作项目，项目涉及养老、垃圾处理等方面。

同日　国际环保纺织协会发布最新版OEKO—TEX Standard100认证标准，对纺织品中有害化学残留监管达到了“史上最严”程度，新标准的实施使宁夏出口纺织产品面临巨大的技术壁垒。

21日　自治区政府与中国铁建股份有限公司签订战略合作框架协议，“十三五”期间，中国铁建在宁夏投资建设规模将达到1500亿元以上，建设领域涵盖轨道、铁路基础设施、公路、水利基础设施及城镇综合开发。

22日　宁夏休闲农业推进年活动全面开启，旨在推进观光娱乐、康养健身、农耕体验、民俗度假等新业态发展，实现特色产业、美丽乡村与生态文明建设和休闲农业及农村旅游业的深度融合。

23日　石嘴山市与保集控股集团有限公司签订战略合作框架协议，双方在搭建合作交流平台、推进经贸务实合作，实施康养小镇项目、低密度休闲酒店项目、大健康产业园项目、结队帮扶工程等方面开展务实合作。

24日　吴忠市与香港新华集团在银川签订了投资建设同心县罗山东麓葡萄酒特色小镇合作协议，该项目将规划建设集有机富硒葡萄种植、葡萄酒文化艺术中心经营、养老旅游度假等配套于一体的葡萄酒特色小镇，总投资60亿元。

同日　宁夏首家三类生物类医疗器械企业——上海威宁整形制品有限公司——健康医疗项目落户银川经济技术开发区，填补了宁夏三类生物类医疗器械生产企业的空白。

25日　自治区交通运输厅计划对全区公路、水运交通基础设施固定资产投资220亿元，其中高速公路年度投资首次突破100亿元大关，达到106亿元。

26日　中国·银川第四届老年产业博览会在银川国际会展中心召开。本届老博会是通过市场化运作，集老年机构、康复医疗、健康养生、生活护理、养老地产、福利设施、老年食品服饰、老年服务于一体的综合型老年产业博览会。

27日　全区7家企业以稻为盟，正式组成宁夏大米产业联盟，标志着宁夏大米产业开始由稻谷生产加工经营为主迈向品牌经营之路。

同日　第九届中国西部（银川）房·车博览会在银川国际会展中心盛大开启，15家房企近50余个楼盘参展，40家家装、建材企业，68个汽车品牌参展。

同日　宁夏旅游营销团队赴山西、内蒙古等省区进行旅游宣传推介，并签订客源互达等合作协议，共同开拓旅游市场，为游客提供更丰富的旅游产品，合作推广自驾游、亲子游、精品旅游线路，建设跨区域旅游目的地。

同日　银川市出台《关于促进电竞产业发展的实施意见》，在人才培养、产业服务等方面给予政策支持，这是全国首例扶持电竞产业发展的实施意见。

28日　中国银监会召开以“宁夏银监局引导银行业金融机构助力脱贫攻坚战”为主题的银行业例行新闻发布会，26家央媒高度关注。宁夏银行业扶贫贷款余额740.23亿元，助力宁夏19.3万人脱贫。

同日　沙特（吉达）中国城项目推介会在银川召开。

同日　宁夏首家粮食产后服务中心在中卫市挂牌，标志着宁夏粮食产后服务体系建设正式启动。

5月

1日　1000台第四媒体促巴卡落户银川，这是促巴卡在西部的首次亮相，也是宁夏报业传媒集团公司积极转型、优化经营结构的有益尝试，创新宁夏品牌传播和消费模式。

2日　宁夏出台《龙头企业带动大米、肉牛、滩羊、蔬菜、硒砂瓜产业融合发展推进方案》，以供给侧结构性改革为主线，通过建立市场倒逼品牌、品牌倒逼品质、品质倒逼品种以及标准化、集约化生产，龙头企业带动的产业推动机制，力促龙头企业带动特色产业融合发展，加快推进宁夏优质粮食、蔬菜、草畜产业现代化建设。

3日　自治区财政厅出资1亿元设立中小微企业转贷资金，作为政府专项“过桥贷”资金，帮助中小微企业平稳转贷。

4日　自治区党委办公厅、政府办公厅印发《关于加快特色小镇建设若干意见》，明确宁夏将结合新型城镇化、新农村建设、特色产业培育发展等，利用3~5年时间分批择优培育一批特色小镇。

6日　银川市出台《银川市国有及国有控股企业职业经理人管理办法》和《银川市国有及国有控股企业职业经理人经营业绩考核办法》，企业连续两年收益率累计未达到20%，领导团队自行解散，在国企改革上破局。

同日　宁夏·中国特产中心在银川奥特莱斯宁浙电商创业园开业。

同日　全国农业社会化服务体系银川管理中心在银川iBi育成中心挂牌成立，该中心将帮助涉农企业完成订单式、托管式合作，提供政策、法律等一体化的服务，实现农业发展接轨“互联网+”。

7日　自治区政府办公厅出台《关于加快推进宁夏特色优质农产品品牌建设的意见》，以品牌农业引领农业供给侧结构性改革，力推“宁字号”特色优质农产品走出去。

9日　自治区住房和城乡建设厅、发展改革委、财政厅联合下发《宁夏棚户区改造工作激励措施暂行实施办法》，助推全区各地扎实推进棚户区改造工作。

10日　自治区农牧厅、金融工作局联合在灵武市召开银企对接会，6家金融机构和5家农业产业化龙头企业代表开展交流座谈，双方达成了初步贷款合作意向。

11日　宁夏天元锰业在加纳的高品位矿山正式投入生产，标志着这个世界最大的电解金属锰企业借助“一带一路”布局全球市场的进程进一步加快，在世界范围内配置资源的能力进一步增强。

14日　《2016年全国重点预应力钢筒混凝土管（PCCP）企业产量情况报告》发布，宁夏青龙管业再获全国PCCP管道企业年产量第一。

15日　国家首批道地中药材中宁枸杞标准认证会议召开，中宁枸杞被列入国家首批道地中药材品种。

16日　国家旅游局数据中心卫云基地在宁夏中关村科技产业园揭牌，该项目将有利于国家旅游大数据的挖掘、分析、应用及中阿国际交流，将促进中卫当地云计算、大数据产业与旅游产业的深度融合。

17日　宁夏金融学会在固原市主办题为“共谋金融精准扶贫·助力宁夏脱贫攻坚”的塞上金融论坛，旨在推进宁夏金融扶贫向纵深发展，为宁夏打赢脱贫攻坚战提供有力的金融支持。

18日　自治区属国有企业宁夏德坤环保科技实业集团公司增资扩股项目在宁夏科技资源与产权交易所顺利签约，成为宁夏首家通过公开进场增资扩股方式完成混合所有制改革的国有企业，标志着宁夏混合所有制改革试点工作取得阶段性成效。

同日　2017宁东基地环渤海经济区经济技术合作交流会在天津举行，宁东基地与环渤海地区企业达成11项合作意向，涉及科技平台建设、科技成果转化、人才培养和产学研合作等。

19日　宁夏粮食产销协作暨战略洽谈会在银川举行，共签约粮食购销协议142份，签约粮食购销达141万吨，对化解粮食供需结构性矛盾推进供给侧结构改革具有积极推动作用。

同日　国家智能铸造产业创新中心在宁夏共享装备股份有限公司成立，这是宁夏首个国家级产业创新中心，通过建立多方协作、多元投资、军民融合、成果共享、开放合作的新机制建设智能铸造技术研发平台、创新服务平台、成果转化平台、创新孵化平台。

20日　自治区政府出台《关于促进服务业加快发展的意见》，宁夏将以城市中心区、产业园区、服务业集聚区为重点，引导服务业集聚、集群、集约和融合发展，到2020年，服务业增加值占GDP的比重达50%以上。

22日　宁夏9个品种的调味酱，顺利出口塔吉克斯坦，这是宁夏首次出口调味料。

23日　吴忠市利通区毛纺织产业园在全国纺织产业转移工作会暨智能制造和生态发展研讨会上，荣获2016年“中国纺织服装行业十大产业园”称号。

同日　经宁夏银监局批复同意，宁夏银行固原分行正式挂牌成立，标志着宁夏银行助推固原经济发展力度再上新台阶。

25日　宁夏第一批科技金融专项补贴投入1550万元，对99家科技型中小微企业开展科技成果转化或产业化项目贷款的费用、利息进行补贴，撬动金融资本12.2亿元，有效降低了科技型中小微企业融资成本。

同日　国家发展改革委员会网站发布《真抓实干推进老工业基地调整改造及转型升级典型经验介绍之五——宁夏石嘴山市》，对石嘴山市近年来推进老工业基地调整改造及转型升级典型经验和做法进行推广，下一步将制定支持石嘴山市发展的一揽子政策。

31日　美国、欧盟、日本、韩国、沙特阿拉伯/海湾阿拉伯国家、新西兰、南非、土耳其等相继发布SPS措施通报，拟对食品农产品相关法规进行修订，对宁夏食品农产品出口将造成一定影响。

6月

2日　2017中国—阿拉伯国家博览会新闻发布会在北京举行，宁夏通过中外媒体向世界发出邀请函，诚邀各界宾朋9月做客银川，共享发展机遇，求真务实合作。

同日　自治区人大常委会向自治区政府交办了《对全区“三去一降一补”工作情况报告的审议意见》，建议自治区政府统筹兼顾，坚持用法治的思维、市场的机制、创新的举措，将“三去一降一补”向前推进。

3日　宁夏正式印发《科普中国·百村千校万村行动实施方案(2017—2019年)》，计划到2019年实现“科普中国”在宁夏社区学校乡村落地全覆盖。

4日　自治区财政厅下达专项资金1000万元，支持实施科技扶贫指导员项目。

5日　银川比亚迪新能源客车项目建成交车仪式在永宁县举行，首批30辆电动公交车正式投入运营。

6日　石嘴山市大武口区总投资1.5亿元的年产10万吨碳酸饮料、果蔬项目进入最后设备安装阶段，全部投产将带动近千人就业，填补了大武口区食品深加工空白。

7日　自治区住房和城乡建设厅、财政厅制定了《宁夏回族自治区绿色建筑示范项目资金管理暂行办法》，通过验收评估的绿色建筑和配套建筑示范项目可获得专项资金支持。

9日　神华宁煤煤制油分公司2240S聚丙烯产品首次进入美的集团，2240S可直接注塑成型家电部件，标志着宁煤集团聚丙烯产品顺利进入高端家电领域。

12日　自治区交通运输厅出台《宁夏回族自治区城市公共交通“十三五”规划纲要》，提出到“十三五”末，宁夏基本建成与全区经济社会发展相适应的城市公共交通体系，构筑城际快速公共交通通道，实现城乡客运基本公共服务均等化，城市客运信息化技术得到广泛应用。

同日　江苏无锡智众科技有限公司投资8亿元的智能装备、精密零部件及高端轴承产业小镇落户银川经济技术开发区，项目建成后可实现年产值20亿元以上，创造500多个就业岗位。

13日　宁夏再担保集团公司与隆德县政府、隆德融资担保公司、隆德农村信用联社签订“5221”风险合作协议，标志着宁夏“5221”型政企银担合作模式正式落地，宁夏再担保体系多层次风险分担及补偿机制已由创新研究转向实时操作。

同日　银川经济技术开发区iBi育成中心企业——宁夏凤翔九天影视文化传媒股份有限公司在全国股转系统“新三板”正式挂牌，成为宁夏第一家在新三板挂牌的影视文化公司。

14日　石嘴山市出台《石嘴山市科技创新“双倍增”行动计划(2017—2019年)》，力求实现高新技术企业、科技型企业数量倍增，产业结构明显优化，科技创新能力显著提升，工业综合实力大幅增强的目标。

15日　宁夏证监局召开宁夏上市公司业绩情况说明会，宁夏12家上市公司经营状况回暖，假日拉升银川居民消费价格总指数。

16日　主题为“加强苏宁交流合作 推进宁夏创新发展”的“百名苏商走进宁夏”活动在银川举行，活动上签约13个项目，总投资126.19亿元，涉及现代农业、旅游开发、新能源、新材料、机械制造、环卫设施建设等领域。

18日　宁夏出台《关于加快新型智慧城市建设的实施意见》，旨在通过新型智慧型城市建设，构成全区一体化的大数据中心，以信息化应用技术和服务模式，打造会思考更智能新型智能城市。

同日　在宁夏检验检疫局举办的首批“同线同标同质”产品发布会上，宁夏12家农产品出口企业登录“三同”平台，标志着宁夏消费者不用迈出国门就能购买到同国际市场同款的宁夏特色优质农产品。

19日　兴业银行银川分行开业暨捐赠仪式在银川举行，向石嘴山市特殊教育学校、吴忠市红寺堡区同源移民村各捐赠100万元，与自治区环境保护厅、宁夏旅游投资集团、中宁青银村镇银行签订了战略合作协议。

同日　中卫至兰州高速铁路（宁夏段）开工大会在中卫举行，项目建成后，银川、兰州两省会城市通行时间由10小时缩短为2小时。

同日　同心县与建设银行宁夏分行签订金融扶贫合作协议，这是同心县在全区县一级率先签订“一行一县”对口合作协议。

20日　宁夏共享生物化工有限公司生产的92.5吨、货值15.3万美元的工业糠醛出口印度尼西亚，时隔20年之后宁夏糠醛再次进入国际市场。

22日　石墨烯规模化制备及下游应用项目正式在银川滨河新区落地，补全了宁夏石墨烯规模化制备级及石墨烯涂料下游应用产业链。

29日　宁夏出台《关于加快推进产业扶贫的指导意见》，提出将通过加大财政、金融、保险等支持力度，积极发展特色优势产业，依托新型农业经营主体带动，激发贫困群众内生动力，实现贫困人口持续稳定脱贫。

30日　自治区政府与国家粮食局在银川签署《共同维护粮食安全 推进粮食产业经济发展战略合作协议》，双方将在推进粮食流通基础设施和现代物流体系建设、提升粮食产业发展水平、加快粮食质检体系建设、推进粮食产后服务体系建设、强化地方粮食储备、加强政策研究和管理创新方面展开合作。

同日　中卫市在全国设立12个硒砂瓜专销区，不断扩展硒砂瓜市场，力促产业持续增效、瓜农持续增收。

同日　宁夏农作物种业联盟成立大会暨品种授权维权签约仪式在贺兰县举行，6家单位打包购买宁夏农作物研究所、永宁县农作物种子育繁所选育并通过审定的春小麦品种使用权，实现统一生产、统一质量、统一品牌、统一经营，统一聘请专业律师团队进行市场维权，提升“宁字号”春小麦品种品牌知名度，提高宁夏种业市场竞争力。

7月

1日　国际快件实现由宁夏直接入境，并在本地完成报关报检和查验、放行等手续，标志着宁夏国际快件业务流程全面打通，具备了正式运营的条件。

2日　宁夏区首次出口冷冻薯条，2批5061箱、货值7.86万元的冷冻薯条，顺利进入泰国市场。

4日　银川市在宁夏股权托管交易中心设立的科技板正式开板，首批13家科技型企业挂牌。科技板将帮助全市科技型企业“零距离”对接资本市场，有效破解融资难融资贵问题。

5日　银川经济技术开发区与启迪清洁能源集团、中国节能工业节能公司、中国能源工程集团公司签署四方合作协议，共同打造智能化园区，实现银川经济技术开发区企业低成本化、用能智慧化、服务一站式。

6日　年产180万片8英寸半导体硅抛光片项目在银川经济技术开发区西区投产，填补了国内8英寸以上硅抛光片量产的空白，打破国外公司对中国半导体硅片材料市场的垄断。

7日　建信财产保险有限公司宁夏分公司正式开业，建行宁夏分行与建信财险的业务合作全面启动，双方携手推进业务发展，打造完整金融综合服务生态圈。

11日　助推银川丝路经济园建设发展恳谈会在银川举行，银川丝路经济园将成为“一带一路”经贸往来的重要组成部分。

12日　民营企业助推宁夏创新发展大会在银川举行，会议期间共签约合同项目566个，计划总投资5188.29亿元。

同日　中卫至银川的中银快线航班正式开通，成为宁夏首条低空旅游观光航线，并且填补了中卫与银川空中连接的空白。

13日　银川河东机场口岸获批成为汽车整车进出口口岸，这是继北京首都国际机场后的全国第二家汽车整车进口航空口岸。

同日　中卫市在全区率先启动科技保险试点工作，科技型企业可以不提供抵押或担保，通过购买“贷款保证保险”的方式获得银行贷款，费率为贷款额的5%。

17日　《宁夏回族自治区战略性新兴产业发展“十三五”规划》印发。到2020年，战略性新兴产业成为全区经济社会发展和产业转型升级的重要推动力量，增加值占地区生产总值的比重达到12%以上。

同日　宁夏已初步建立水利PPP项目库，有10多家上市企业与贺兰县、吴忠市利通区、中卫市沙坡头区和彭阳县、中宁县签署了总投资87亿元的框架协议。

18日　2017·中国企业家财富论坛暨魅力贺兰行活动在银川国际交流中心举行，19个项目集中签约，项目涉及装备制造、农业、生物科技等领域，总金额305.6亿元。

19日　《“十三五”闽宁扶贫协作规划》发布，将组织在宁闽企吸纳8万宁夏贫困人口就业，西海固地区建设100个闽宁协作示范村，推进闽宁产业园和村级“扶贫车间”建设，支持福建民企与宁夏贫困村、户开展共建。

20日　由中国社会科学院社会学研究所和宁夏社会科学院共同主办的“精准扶贫宁夏论坛”在银川举行，来自区内外的150多名专家学者参加。

21日　宁夏智慧农业创新发展论坛暨院士专家工作站揭牌，宁夏挂牌成立的院士专家工作站数量已增至38家，产生直接经济效益6400万元。

23日　银川市出台《加快打造特色小镇实施意见》，力争在“十三五”期间推动形成一批特色鲜明、产城融合、充满魅力的特色小镇。

24日　第四届银川茶产业博览会在银川国际会展中心举行，四川茶企与宁夏部分枸杞芽茶生产企业达成合作意向。

25日　中国沙漠旅游联盟在中卫成立，该联盟将促进我国沙漠旅游联动发展、转型升级、提质增效，树立中国沙漠旅游精品景区和优秀旅游城市品牌。

28日　中国宁夏·石嘴山（平罗）第四届种业博览会启幕，国内外4000个瓜菜、玉米优良品种集体亮相。

30日　融资担保公司风险资产管理专题培训在银川召开，旨在学习先进典型风险资产管理经验，落实中央金融工作会议精神，防范金融风险。

31日　宁夏枸杞、贺兰山东麓酿酒葡萄、盐池滩羊肉、固原马铃薯、西吉西芹等5种宁夏特色农产品的免费公益广告登陆中央电视台。

同日　国内大宗建材电商平台“钢源城”和物流服务平台“大智运”正式落户银川望远现代金属物流园。

8月

1日　宁夏企业首次发行的境外债券，同时在香港联交所和迪拜交易所上市，上市后走势良好，美元债收益率攀升。

同日　银川市制订《促进科技和金融结合试点实施方案》，明确持续加大财政支持科技创新力度，2018年市县（区）等各级财政的科技投入年均增长须达20%以上，全社会研究与开发经费占GDP比重2018年提高至2.1%，全市银行对科技企业和项目的贷款余额须突破300亿元。

2日　西北五省区第二十四次人大常委会财经工作座谈会在银川召开，来自西北五省区及受邀8个省区市的代表就经济运行中的热点难点、人大财经监督助推经济社会发展等议题进行深入研讨。

3日　自治区国税局、地税局和宁夏银监局联合举办全区“银税互动”工作推进会，工商银行宁夏分行、招商银行银川分行与自治区地税局、国税局签订合作协议。

同日　《自治区工业企业贷款风险保证金及补偿管理暂行办法》出台一系列促进中小企业发展的融资政策和措施，缓解中小企业融资难。

4日　宁夏再担保集团中宁分公司揭牌成立，填补了中宁县没有国有背景担保机构的空白，推动中宁县实体经济的发展。

同日　中国保险资产管理业助力实体经济发展研讨会在银川举行，围绕完善社会风险保障、保险资金服务国家发展战略、保险业服务形式创新等进行交流。

同日　银川市出台《科技创新战略实施意见》，目标要在“十三五”期间，建成国家创新型城市。

5日　吴忠国家农业科技园区院士专家工作站挂牌成立，推动农业科技创新和农业高新技术产业化，促进科技成果转化。

8日　闽宁互学互助对口扶贫协作第二十一次联席会议在福建省福州市召开，两省区就深入贯彻落实习近平总书记在东西部扶贫协作座谈会上的重要讲话精神，进一步深化闽宁对口扶贫协作进行研究部署。

12日　宁夏商协会联盟成立大会在银川iBi育成中心举行，8家行业协会自愿结盟，与行业、企业之间以及与社会、政府之间进行横向联系。

13日　自治区政府审议通过了《宁夏新型城镇化“十三五”规划》，规划到2020年把宁夏建设成为宜居宜业的新型城镇化示范区。

14日　石嘴山市出台《石嘴山市市辖区房地产去库存实施意见（试行）》《石嘴山市高校毕业生落户购房补贴暂行办法》，采取大力鼓励农民进城购房、严格落实税收优惠政策、实施购房补贴政策、强化教育、加大货币化安置力度等措施，全力推进房地产去库存。

18日　“科技支宁”东西部合作推进会暨宁夏沿黄科技创新改革试验区建设启动会在银川召开，有关部门、企业签订了科技项目协议104项。

同日　2017亚布力中国企业家论坛夏季高峰会企业家座谈会在银川召开，自治区政府与亚布力论坛发展研究基金会及各意向企业签署了战略合作协议，亚布力论坛企业与宁夏有关部门、市县（区）及合作企业签订了项目合作协议。

19日　自治区财政厅通过政府采购公开招标方式，首次向区内外招聘预算绩效管理服务第三方机构，深化预算管理改革，加强预算绩效管理。

20日　第八届中国能源科学家论坛在银川举行，全国能源领域的知名院士专家为宁夏能源产业创新发展建言献策。

21日　出台《关于进一步加强枸杞行业经营管理的通知》，制定了坚决不使用国家明令禁止的剧毒、高毒、高残留农药以及其他违禁投入品等6条禁令，切实维护“宁夏枸杞”和“中宁枸杞”两个区域公用品牌。

22日　宁夏评选出首届中国（宁夏）特色优质农产品品牌，宁夏大米、中宁枸杞、西吉马铃薯、盐池滩羊肉、香山硒砂瓜、贺兰山东麓葡萄酒等6个品牌被评为宁夏农产品区域公用品牌。

23日　石嘴山市大武口区网络经济产业园建成运营，吸引了阿里巴巴、宁特商贸、美团等16家大型电商企业进驻。

24 日　2017 年宁夏社科学术年会召开。年会紧扣宁夏经济社会发展脉搏，从绿色金融的角度研究探索推动产业转型升级和生态文明建设的方法。

同日　盐池县出台《盐池滩羊地理标志产品保护管理办法》，并成立盐池滩羊地理标志产品保护管理委员会，进一步规范盐池滩羊地理标志产品保护及专用标志的申请、使用和管理。

25 日　宁皖沪三省区在银川签署特种设备检测战略合作协议，打造特检机构跨省合作新模式，实现人员交流与培养、技术经验共享与科研项目共同研发、信息化共享、应急援助、建立决策沟通机制合作，建立全方位互相支撑合作关系。

同日　中国西北石膏产业基地揭牌仪式在盐池县青山乡石膏工业园区举行，标志着盐池县加快了石膏产业由低端化向高端化、智能化、绿色化改造提升的步伐。

28 日　第六届贺兰山东麓国际葡萄酒博览会在银川拉开帷幕，国内外专家学者把脉宁夏葡萄酒产业发展及葡萄酒品牌建设。

同日　宁夏金融资产管理公司正式开业，与中行宁夏分行、建行宁夏分行、民生银行银川分行、华夏银行宁夏分行、宁夏银行、黄河农村商业银行等 10 家金融机构签订了合作协议，为金融市场“解套”和企业解困。

30 日　自治区与京东集团战略合作签约暨京东宁夏特色产品专区发布仪式在银川举行，银川市与京东集团医药城签订医药领域战略合作协议，固原市与京东集团签订全面战略合作协议。

9 月

1 日　第九届中国花卉博览会在银川市中国花卉博览园启幕。

4 日，自治区与华为技术有限公司签署战略合作协议，助力宁夏信息技术、“互联网 +”产业发展和“智慧城市”建设。

同日　2017 中国—阿拉伯国家旅行商大会在银川开幕，自治区政府、宁夏旅游发展委员会、旅行社与有关国家和地区的旅行商共签署了 34 项旅游合作协议。

5 日　银川至德黑兰的国际货运班列运行，运载六大类 20 多个产品，货物总重约 567 吨，价值约 160 万美元。

同日　江苏省与宁夏回族自治区商务、旅游领域战略合作签约仪式在银川举行，双方将在商贸流通、旅游产业、对外开放等方面展开更深层次的合作，促进相关产业发展，造福两省区群众。

6 日　2017 中国—阿拉伯国家博览会在银川隆重开幕，国家主席习近平致贺信，对会议的召开表示热烈祝贺。

同日　中阿合作论坛第七届企业家大会暨第五届投资研讨会、2017 中国—阿拉伯国家工商峰会在银川举办，会议形成了凝聚共识的《银川宣言》，17 个机构签署了 12 个协议和备忘录、4 个企业间项目。

同日　2017 中国—阿拉伯国家高铁分会在银川开幕。

同日　2017 宁夏—香港经贸交流对接会在银川举行。

同日　2017 中国—阿拉伯国家国际物流合作洽谈会在银川举行。

7 日　2017 中国—阿拉伯国家博览会合作成果发布暨项目签约仪式在银川举行。本届博览会签约项目 253 个，计划投资 1860.5 亿元。

同日　宁夏与新西兰马尔堡大区签署友好关系协议，双方将在经贸、农业、教育、文化等领域加强交往交流，分享彼此的发展经验，促进共同繁荣进步。

同日　2017 中国—阿拉伯国家技术转移暨创新合作大会在银川举行，大会正式启动了中阿技术转移综合信息平台，并进行了 19 项科技合作项目的签约。

同日　2017 中国—阿拉伯国家科技合作项目推介对接会召开，共有现代农业、智慧城市、工业科技等领域的 30 多个项目对接交流。

同日　2017 中国—阿拉伯国家博览会国际产能合作论坛在银川开幕，22 个境外投资合作项目签约，投资金额 170 多亿元。

同日　2017 中国—阿拉伯国家博览会农业合作论坛在银川举办，发布了《“一带一路”沿线国家信用状况综合报告》等研究报告。

同日　2017 中国—阿拉伯国家现代农业展暨中国（宁夏）园艺博览会在宁夏园艺博览园开幕。

同日　中埃投资贸易推介会在银川举行，签署 6 个合作协议，项目总金额50亿元人民币，涉及工业制造、汽车船舶、纺织、农业、信息技术等领域。

同日　2017中国—阿拉伯国家汽车合作分会在银川开幕。

8日　2017年中国飞来者大会暨第三届银川西部航展在银川月牙湖通用机场拉开大幕，8个总投资约19亿元的通航合作项目正式签约。

12日　全国首个地方人才综合服务平台——“银川人才云”平台正式上线，该平台整合人才公共服务、市场化服务、人才招聘、企业需求对接等功能于一体。

14日　自治区政府与中国人寿保险集团签订战略合作协议，中国人寿到2020年年底前投入宁夏重大项目建设和战略性新兴产业发展的保险资金力争不低于200亿元。

15日　在第二十届中国农产品加工业投资贸易洽谈会产品评选活动中，宁夏11个产品获评“金质产品”，获奖数量、获奖产品比例均居全国第一。

同日　2017全国大众创业万众创新活动周宁夏分会场启动仪式在自治区科技馆举行。

16日　亨通集团、中国港桥控股有限公司、华融证券股份有限公司分别与天元锰业集团、宁夏国有资产投资控股集团、银川市签署合作协议，在宁夏设立产业基金。

18日　宁夏投资环境推介会暨名优产品对接会在厦门举办，共签订12个项目，签约额达251亿元。

22日　宁夏与印度尼西亚共和国西努沙登加拉省建立友好区省关系协议书签署仪式在银川举行，两省区将在经济、贸易、科技、文化、教育、体育、卫生、人才等方面开展多种形式的交流与合作。

同日　首批10家国有控股员工持股试点企业之一的宁夏神耀科技有限责任公司成立，这是宁夏国有企业混合所有制改革的有益尝试。

24日　在第十五届中国国际农产品交易会上，宁夏在农交会实现现场贸易额3.8亿元、现场零售额80万元、网上销售额220万元。

25日　银川市台湾同胞投资企业协会成立大会在银川市举行，填补了宁夏台商协会的空白。

27 日　自治区实施创新驱动战略推进会在银川召开，出台《关于推进创新驱动战略的实施意见》，以科技创新为核心，以产业创新、企业创新、人才强区等内容为重点，共提出了五大方面 30 条政策措施、70 多个政策点。

同日　2017 中国国际煤化工发展论坛在银川开幕，与会嘉宾围绕行业发展热点进行专题研讨。

28 日　自治区政府审议通过了《关于做好当前和今后一段时间就业创业工作的实施意见》，提出建立经济增长与扩大就业联动机制、产业发展与挖掘就业潜力协调机制和新经济新产业新业态拓宽就业机制。

29 日　自治区金融工作会议在银川召开，强调紧紧围绕服务实体经济、防控金融风险、深化金融改革三项任务，完善金融市场体系，做大金融总量，优化金融生态，促进宁夏经济和金融良性循环、健康发展。

10 月

8 日　银川市与中关村管委会、中关村发展集团在北京签订战略合作框架协议，双方就在银川建设中关村创新创业科技园等展开合作，打造北京—银川协同创新示范区。

9 日　宁夏国际贸易“单一窗口”平台正式上线营运，贸通关可实现“马上办、网上办、一次办”。

10 日　吐鲁番—银川—西安货运定期航线正式开通，这是宁夏首条货运定期航线。

12 日　宁夏争取到亚洲开发银行贷款 1 亿美元（时合 6.6 亿元人民币），配套资金 9.9 亿元人民币，贷款期限 26 年，利率约为 2%，支持六盘山扶贫公路项目。

13 日　宁夏第一家国有独资的互联网小额贷款公司——国投（宁夏）互联网小额贷款公司创立。

15 日　银川丝路经济园第一批入园项目签约仪式在银川国际交流中心举行，共有 20 家企业的 20 个项目签约入园，首批签约项目涵盖了金融、商贸、智慧产业等领域。

19 日　国家发展改革委审核通过了《银川市通用航空产业综合示范区实施方案》，银川市等 26 个城市列入国家第一批通用航空产业综合示范区。

同日　2017 首届西部（银川）产业与资本峰会在银川举行。

20 日　银川市产业基金管理公司联合山东如意收购的法国时尚集团 SMCP 成功登陆巴黎泛欧证券交易所，银川产业基金管理公司此次海外并购项目投资收益预计将超 100%。

11 月

1 日　“中国制造 2025”企业与教育发展论坛在银川举行。

同日，宁夏 80%的进口货物入境将实行“审单合格评定”后直接放行，促进贸易便利化。

3 日　自治区政府下发《关于推行良好农业规范认证工作的意见》，提出到 2020 年建成 3 个以上国家良好农业规范认证示范县（区）、5 个以上国家良好农业规范认证示范创建县（区），引领全区农业标准化、绿色化、现代化、国际化发展。

5 日　自治区政府审议通过了《关于完善集体林权制度的实施方案》，在稳定并完善集体林地承包关系、放活集体林地生产经营自主权、引导集体林地适度规模经营、加强集体林业管理和服务 4 个方面提出 16 项具体措施，进一步完善全区集体林权制度。

6 日　《自治区党委人民政府关于推进脱贫富民战略的实施意见》正式发布，用 36 条力度大、针对性强、含金量高、普惠面广的政策措施，更精准、更可持续地解决宁夏贫困地区发展难题。

11 日　炫云平台全球发布暨西部云渲染基地奠基仪式在中卫西部云基地举行，该基地建成后将成为中国最大的云渲染基地，可直接面向“一带一路”国家提供更大规模的云渲染服务。

13 日　影响宁夏经济 100 品牌专题调查活动正式启动，宁夏第一次对全区品牌现状进行全面深入调查和全方位展示。

17 日　阿里云计算有限公司服务节点落地签约揭牌仪式在宁夏中关村科技产业园·军民融合产业园举行，标志着阿里云公司服务节点项目落户中卫，并已进入实质性建设阶段。

20日　国务院扶贫办向全国印发了《关于进一步加强银行业金融机构助推脱贫攻坚的实施意见》，推广宁夏金融扶贫的17条措施。

21日　自治区高级人民法院出台《关于全区法院加快推进创新驱动战略全面提升司法公信力的实施意见》，明确提出18条司法审判措施服务，保障自治区第十二次党代会提出的创新驱动战略的实施。

同日　中卫市与中商投实业控股有限公司、北京三强核力辐射工程技术有限公司签订合作协议，民用非动力核技术应用产业正式落户中卫。

22日　全国碳市场能力建设（上海）中心宁夏培训基地落户宁夏产权交易所，宁夏在国家碳排放权交易中取得了新进展。

同日　宁夏与国家国防科技工业局举行高分辨率对地观测系统宁夏数据与应用中心揭牌仪式，中心运营后，每年将为宁夏节省卫星数据采购费用3000万元以上。

23日　自治区质监局公布了12项宁夏地方标准，包括《奶牛养殖环节饲料安全使用规范》《淡水鱼养殖环节沉性饲料安全使用规范》《乡村公路工程技术标准》《光伏扶贫电站施工规范》《数字式温湿度表校准规范》等，涉及农牧、交通、扶贫、发改、气象等领域。

同日　自治区住房和城乡建设厅与中国建设银行宁夏区分行签署了住房租赁金融战略合作协议，建行将授信200亿元支持宁夏住房租赁市场的发展，为宁夏构建租购并举的租房体系提供全方位的金融支持。

24日　宁夏亚麻籽油产业联盟在吴忠成立，该联盟将通过扩大种植基地、研发功能产品、制定质量标准、强化品牌建设和搭建融资平台，实现亚麻籽产业转型升级。

30日　全区农村承包地确权登记颁证总结会暨深化农业农村改革工作会议召开，宁夏在全国率先完成农村承包地确权登记颁证工作。

12月

4日　石嘴山、固原国家级农业科技园区分别通过科技部验收，宁夏通过国家验收的农业科技园区总数达到4个。

5日　2017深圳·银川文化旅游创意产业合作发展高峰论坛在银川开幕，举行了深圳文化产权交易所西北大区运营中心成立揭牌仪式，深圳市与银川市签订了文化旅游及创意创新发展战略合作协议。

8日　国家质检总局正式批准宁夏筹建国家葡萄及葡萄酒检测重点实验室，为宁夏葡萄产业提供技术支撑和技术服务，补齐葡萄酒产业发展检测技术能力的短板。

13日　《关于申报建设自治区级大众创业万众创新示范基地的通知》印发，2018年起启动自治区级双创示范基地建设工作，自治区财政厅将给予每个基地500万元的奖励资金，5年累计安排奖励资金1亿元左右。

14日　首批中国特色农产品优势区出台，中宁县中宁枸杞和盐池县盐池滩羊成为首批中国特色农产品优势区。

同日　自治区与东航集团签署战略合作框架协议，双方将共同推动银川河东国际机场航线网络建设，东航集团将推动航空运输相关产业在宁夏发展，不断提升在银川河东国际机场的市场占有率。

15日　银川体育旅游产业投资开发有限公司与西部（银川）通用航空有限公司在月牙湖通航机场签署了银川市低空旅游项目框架合作协议，共同见证了西部通航直升机空中游览验证飞行。

16日　银川经济技术开发区、吴忠金积工业园区被国家知识产权局确定为2017年国家知识产权试点园区，宁夏首次跻身国家知识产权试点园区行列。

17日　自治区政府与中国银行在北京举行战略合作框架协议签署仪式，今后5年，中国银行将为宁夏提供不低于1000亿元的融资支持。

18日　自治区政府出台《关于支持社会力量提供多层次多样化医疗服务的实施意见》，放宽社会办医的“准入门槛”，形成多元办医新格局。

同日　全国马铃薯主食开发成果展示交流会召开，宁夏已研发生产马铃薯100多种主食化产品，累计销售总量1.63万吨，销售总收入达1.84亿元。

同日　贺兰山东麓金山国际葡萄产业试验区41家酒庄共同签订品牌建设合作协议，通过建立联合体、打造统一葡萄酒品牌，全面提升宁夏葡萄酒市场竞争力。

20 日　创新中国行之走进宁夏暨银川·中关村创新中心揭牌活动在银川市举行，基地项目力争通过 5 年时间引进 300 家企业，产值突破 100 亿元，使其成为带动银川经济发展的“新引擎”、西北地区创新产业“新标杆”。

21 日　自治区党委召开常委会议，传达学习中央经济工作会议精神，研究贯彻意见。会议强调，要扎实做好岁末年初各项工作，抓好效能考核、农民工工资支付、安全生产、维护社会稳定等工作，安排好困难群众生产生活、节日市场供应，以及“两节”期间的党风廉政建设，确保全年工作圆满收官。

同日　银川产业技术研究院、中国葡萄酒产业技术研究院、贺兰山东麓葡萄酒产业技术研究院在银川市揭牌，银川市将着眼做响做强产区品牌，倾力打造国际葡萄酒之都。

同日　银川市政府与比亚迪股份有限公司签订投资合作协议，推动云轨生产基地、纯电动客车生产基地、纯电动乘用车生产基地“三个产业”落地。

同日　银川市政府与中国华录集团签订“城市数据湖 + 智慧银川”项目，该项目是融合数据感知、存储、分析为一体的智能化综合信息基础设施。

22 日　《银川都市圈建设实施方案》正式发布，用 100 项具体推进任务，给出了打造以银川为核心，辐射带动石嘴山、吴忠、宁东基地协同发展的银川都市圈，形成同城效应和整体优势，带动沿黄生态经济带发展，提升区域整体竞争力，形成推动宁夏发展新增长极的实现路径。

23 日　西北地区第一家葡萄酒主题酒店——宁夏同程葡萄酒酒店——落户宁夏贺兰山东麓葡萄酒产区，标志着宁夏葡萄酒产业与旅游产业融合发展又迈出一步。

26 日　年产 400 万吨煤炭间接液化示范项目实现了油品 A 线、B 线及油品总负荷 3 个 100%，打破了国外对煤制油化工核心技术的长期垄断。

27 日　石嘴山市出台《石嘴山市促进旅游业发展奖励办法（试行）》，对组织旅游包机、切位、旅游专列以及来该市旅游住宿的旅行社给予奖励，并对旅行社组团游客实行免收 3A 级以上景区门票的优惠政策，借此带动当地旅游人气指数和旅游消费。

28 日　宁夏中南部城乡饮水安全工程、盐池滩羊产业扶贫模式、同心县扶贫 + 精准扶贫模式、贺兰国家农业产业园，入选全国 2017 民生示范工程。

同日　宁夏扶贫基金会官方网站（http://nxfpjjh.com/）正式开通。

同日　由固原市政府、京东集团主办的京东—固原扶贫馆正式在中国特产·固原扶贫馆启动。固原市近 30 家企业进驻京东—固原扶贫馆。

29 日　宁夏对水资源费实施“费改税”，居民和一般工商业企业正常用水税额标准基本不变，高超采区取用地下水、超计划取用水和高耗水特种行业税额标准，促使企业主动采取措施减少用水量，调整用水结构和转变用水方式。

30 日　全长 57.2 公里、总投资 29.5 亿元的青银高速宁夏段改扩建工程完工，高沙窝西、宁东南、水洞沟、滨河新区 4 个新建收费站投入使用。